통일이념으로 개천절 때 단군릉에서
남북, 해외가 공동선언 한

단군주의

俭子 지음

민족회의

저자 서문

단군주의!
우리는 단군주의를 통해서 인류 역사상 최초로, 이념 안에 수행법을 넣어, 진정한 이념은 수행법이 있어야 한다는 것을 밝히고, 종말이 없는 이념을 완성하였다.
이념은 인본을 이루고자 하는 것인데, 어찌 인간을 위한 수행법이 없겠는가? 단군주의는 수행법을 통해서, 체화 공부를 하며, 우주의 진정한 주체가 되는 공부이고, 유토피아의 설계도이다. 우리는 단군주의를 통해서, 자기의 완성인 민족의 뿌리, 즉 단군을 각 나라마다 찾아주고, 각 민족의 민족주권을 세워 수고자 한다.
민족주권! 그것은 값으로 따질 수 없는 정신과 역사의 결정체이고, 금자탑이다. 이같이 단군주의는 정신의 드높은 쾌락을 주고, 이윽고 물질의 풍요로움을 주고, 무한한 생명력의 기운을 준다. 이것이 진정한 홍익인간 이화세계이다.

　이미 민족주권이라는 삼태극기는 단군주의자들이 땅 깊이 박아, 하늘 높이 세웠다. 우리는 분열과 갈등과 배반을 하지말고 힘찬 단군주의의 기치 아래 모여, 하나로 되어, 힘을 합쳐 나가야 한다. 이것이 인류의 사명이다.

　우리는 끝없이 실천하고자 한다. 그리고 수행하고자 한다.
　우리는 지구촌의 올바른 길인 무한한 생명과 무공해와 행복의 뉴그린로드 대장정을 함께 떠나고자 하는 것이다.

　그 과정 중 이념국가인 북한이 자기들의 이념인 주체사상을 포기하고, 남북의 공통 분모인 단군주의로 통일을 하기로, 단군릉에서의 개천절 남북공동행사를 통하여 남북, 해외 공동선언하고, 이를 노동신문에 게재하였다.
　그러나 많은 사람들이 이를 모르고 있다.
　이에 우리 단군주의자들은 뼈를 깎는 반성을 하고, 본 책자를 내면서, 민족통일과 세계평화와 홍익인간 이화세계를 이루는데 박차를 가하고자 한다.
　단군주의는 인류 역사상 많은 사상들의 오류와 방황을 거쳐, 인류의 마지막 사상으로서, 전 우주의 생명체들의 진정한 자유와 평등과 무한한 생명력을 위하고자 한다.

　단군주의는 검자가 대학교 1학년 때부터 꿈꾸던 사상이었다. 꿈많던 대학 1년 시절, 검자는 비록 경영학과였지만, 문학청년이었다. 문학을 공부하다보니, 우리 민족 고유의 원초적 문학 형태는 무가(巫歌)였고, 무가는 힘차고 무한한 생명력이 가득했다. 현실에 있어서 사이비 무당들이 많지만, 진정한 무당에 관해 공부하다보니, 무당의 뿌리는 단군이라고 결론 되었다. 그러다보니 자연스럽게 단군에 대해 공부하게 되었다.

그리고 이념 동아리에서의 수많은 사상들의 연구와 토론 결과, 이 시대에는 〈단군주의〉가 필요하다고 생각되었다. 그 꿈꾸던 사상이 그동안의 유인물 등을 통해서 많이 발표도 되었지만, 이제 정식으로 책자로 내게 되었다.

동지들과 함께 공들이며 치열하게 가꾸어 온 단군주의!
세월이 흐르다 보니, 단군에 관한 공부와 체험이 45년 정도, 지금 검자가 살고 있는 집도 45년 정도, 세월이 그렇게 흘러갔다. 치열하게 살아온 인생 역정과 많은 사상들의 전쟁에서, 단군주의는 승리하여, 통일이념으로 노동신문에 2002년, 2003년 남북, 해외 공동선언된 것이다.

이제 우리는 누르고 눌렀던 민족혁명이 새벽의 태양처럼 웅비해야 할 시대이다.

남북의 공통 분모는 오직 단군이다. 생각이 같아야 통일된다. 단군주의 책자를 내면서, 통일운동의 일화를 얘기하고 싶다. 2000년도 4월, 남북간 6·15 공동선언이 되기 2달 전에 남북의 민족진영은 중국 북경에서, 개천절 남북공동행사를 실무적으로 협의하기 위하여 만났다. 긴장된 실무회담을 한 첫날 밤, 개천절 남북공동행사의 집행위원장인 검자, 내 방에 새벽 1시쯤 누가 호텔 방문을 두드렸다. 아닌 밤 중에? 누군가 했더니, 북한 대표단이었다. 그들은 들어오자마자 홍두깨 같은 질문을 내던졌다.

"도대체 어떻게 해야 통일이 되겠는가?"
그런데 갑자기 잠에서 깬 나는 비몽사몽 간에 무의식적으로 "생각이 같아야죠" 했다. 그러자 북 대표단은 말하길 "지구 전체가 같이 죽으면 죽었지, 남한의 미제 자본주의로 통일되기도 싫고, 통일될 수도 없고, 그렇다고 주체사상으로 통일될 것 같지도 않은데, 어떻게 생각이 같아지냐?"는 것이었다.

그래서 나는 얘기했다. "김일성 주석이 2백만 평의 땅 위에, 그 어려운 고난의 행군을 하면서, 국제적으로 따져 1억 불을 들여, 단군릉을 개건한 것은, 남북의 공통 분모는 오직 단군이니, 단군사상으로 통일하라는 유시를 내리신 것과 같습니다. 그래서 우리가 개천절 남북공동행사를 하기 위하여, 지금 만난 것이 아닌가요?" 하였다.
그랬더니, 북 대표단은 감격적인 표정이었다. "그러면 되겠군요. 그럼 이번 6월의 남북정상회담도 이루어지겠네요" 하는 것이었다. 그 순간 나는, 북 대표단이 "우리 남측대표단이 북의 자기네들처럼 국가 최고 결정에 따라 북경에 회담을 하러 온 국가적 실무 대표단"으로 생각한다는 것을 깨달았다. 우리는 힘없고 돈없는 민간 민족대표단인데…

　사실 이러한 실무 회담 얘기만 해도 이야기는 몇 권 책 분량이다. 여하튼 나중에 알고보니, 북 강성파들은 남북정상 회담을 반대한다는 풍문이었다.

　그때 나는 "단군사상은 다름이 아니라, 통일시대에 주체사상이 업그레이드, 즉 한차원 상승된 것이니, 북에서는 안심을 해도 된다"고 역설했다. 그런데 다시 서울에 돌아오니, 좀 있다가, 갑자기 김대중 대통령이 단군릉을 방문한다는 얘기가 나오고 기독교계에서는 난리가 났다. 김대중 대통령이 단군릉에 가면 안되니, 남북정상회담을 반대한다는 것이었다. 남북 양쪽 정상이 일부 세력에 의해 반대에 부딪친 것이었다. 그러자 김대중 대통령은 단군릉을 가지 않겠다고 하면서 기독교계를 무마했다. 그러나 나중에 김대중 대통령의 일정을 보니, 딱 정확하게 단군릉을 다녀오는 시간 만큼 공백이 있었다.

　이렇게 〈단군주의〉는 통일을 향하여 고난의 행군을 시작했다. 그러나 결국 2002년도, 2003년도 개천절 남북공동행사에서 다행히 개천절 행사가 헛되지 않게 통일이념은 단군이념으로 공동선언 되었다.
　이제 단군주의는 얼마나 빨리 퍼지고, 실체화, 강력화 되는냐의 시간 문제만 남은 것이다. 그리고 그후 2011년, 민족운동 사상 처음으로 우리는 서울시청 광장에서 개천절 행사를 하게 되었다. 그런데 갑자기 나중에 무슨 기독교협회 회장이 된 전광훈 목사가 갑자기 만나자고 하면서, 개천절 행사를 함께 하자는 것이었다. 만나 보니, 단군은 성경에 나오는 욕단이어서 우상이 아니니, 앞으로 기독교는 단군을 인정하고, 개천절에는 단군 찬양 예배를 올리겠다는 것이었다. 이 얼마나 다행한 일인가? 역시 민족의 공통 분모는 단군일 수밖에 없는 것이다.

여하튼 기독교계도 다행히 단군의 품에 들어온 것이었다. 어쩌면 그것이 민족의 품 안에서, 더 나아가 세계사에서 기독교가 살아 남는 유일한 길일 지도 모르겠다.

여하튼 우리는 우리가 가진 진정으로 귀한 보물들을 모르고 살아가고 있다. 인생의 가치는 그 보물들을 즐기고 아끼는데 있다. 그리고 그것들은 바로 우리의 원시조 단군으로부터 내려온 것이다.

철학! 역사! 수련법!

이 세 여의주로 우리는 우리가 원하는 모든 것을 얻을 수 있다. 사실 이 시대는 민족혁명의 시대이다. 역사는 이러한 혁명의 시대를 알고, 치열하게 살아가는 소수의 사람들에 의해 만들어져 간다.

나는 이 책을 통해 그러한 사람들을 찾고 싶다.

우리는 드디어 만날 것이다.

"36聖衆의 무리가 후천을 연다"라는 봉우 스승님의 말씀을 믿는다. 그런데 나는 중국 역사 탐방 중 신비로운 체험을 했다.

2009년 중국에 역사탐방을 갔을 때였다. 의무려산 북진묘에 500년간 봉금된 한민족의 위대한 영령 120인을 깨운 것이다.

그 얘기를 본 책자 서두에 싣고자 한다. 나는 우리 국조 단군이 얼마나 위대했는지를 믿는다.

이 책은 대학시절부터 오랜 동안의 연구와 수련을 통해 인류 최고의 이념이며, 인류 최고의 수련법이자 총체적 이념인 〈검학〉과 그 정치사상인 〈단군주의〉를 밝혔다.

단군의
"단"은 천(天)이고,
"군"은 순수 한글로는 검이다.
이는 원래 ㄱ.ㅁ 이다.
황금인간이다.
'君'은 원래 '皇'이나 "帝" 보다 높은 '上皇, 上帝'의 개념이다.
우리의 진정한 민족운동가들이, 민족청년들이,
우리의 꿈나무 청소년들이,
이 책을 통하여 대덕, 대혜, 대력의 신비한 기운을 받고,
하늘로 승천하는 용처럼, 봉황처럼, 웅비의 태양이 되어,
세상을 밝히기를 원한다.

말과 글에는 靈과 氣가 서려 있다.
이 책을 읽는 사람은

읽을수록
하늘로부터
靈光을 받을 것이다.
天符를 받을 것이다.
검의 힘을 받게 될 것이다.
검학은 그리고 그 중 정치사상인 단군주의는 하늘 지도이다.
무한한 생명력을 가진 인간들이, 어떻게, 어떤 길로 이 우주에서 살아가야 하는 지를 보여주는 하늘 지도이다.

그 하늘 지도를 제대로 올바르게 비행하는 무한한 생명력의 우주선은 우리를 위해 산화하신 독립운동가, 광복군 선조들의 영혼과 올바른 삶을 산 지구촌 사람들의 영혼들이 함께 하고 보우하시는 우리 민족회의 통일준비정부이다.

하나님 산이자, 우주의 수미산인 삼각산 밑,
기천검자재에서

한기 9218년 신축년 겨울에 들어가면서

저자 검 자

2002년 10월 4일자 노동신문

2003년 10월 4일자 노동신문
〈통일이념이 단군이념임이 게재된 노동신문〉

개천절때 단군릉에서 통일이념으로 남북공동 선언된 단군주의!
노동신문에 게재 된 단군주의!

영원할 단군주의!
우리는 그러한 동지들을 원하고 구한다.
*단군*이라는 단어 한마디에 무언가 가슴이 뛰고 벅차오르고, 희망에 차고, 용기 백배하고, 희생 봉사하는 뜨거운 피의 청년을! 진정한 청년은 나이로 따지지 않는다.

1993년도 중국 장백산 서파길로 올라간 북한 땅 백두산에서 통일천제를 지내고.
단군단 대표 검자
만주 벌판과 한머리땅이 흰구름으로 배경이 되어 나타나며,
한머리땅 경주 부근에서 한줄기 푸른 서기가 뿜어 나와 천지를 관통하다.

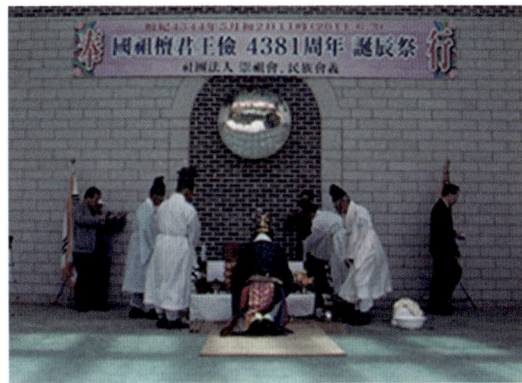

검자가 주창하여, 단군탄신절을 국경일로 할 것을 남북 정부에 건의하며 서기 2000년도부터 단군탄신제 시작하다.

민족회의와 강화도의 (사)숭조회가 공동주최

네덜란드 헤이그의 ICJ에 간도 반환 제소로 민족주권을 세운 민족회의에 영적인 힘을 불어준 이준 열사의 추모제를 치루고 기념 촬영.

단군릉에서의 남북공동개천절 행사

단군주의자인 조만제 삼균학회 회장님(맨 오른쪽), 리홍범 박사님(왼쪽 두 번째)을
우리들은 잊을 수 없다.
왼쪽부터 검백, 민족회의 미국 회장 리홍범 박사, 검의, 검자, 조만제 원로주석

목 차

저자 서문	03
추천사, 기념사, 축사	20
서두 얘기	49

제1편 단군주의 선언을 위한 준비의 장

제1부 이 시대는 단군사상이 필요한 격동의 시대   87
제1장 요약 설명   89
   1. 다물, 민족중건의 태양   89
   2. 단군의 역사적 기운   91
   3. 국조 단군의 3가지 보물
     – 역사, 철학, 수련법의 3대 공부   95
   4. 단군 운동의 역사   98

제2장 왜 단군운동인가?   101
   1. 단군운동이 이 시대에 절실한 이유   101
   2. 단군단 취지문   108
   3. 배달의 형제선언   112
   4. 30년을 꿈꾼 이념-[侴(검)思想], 단군주의와 기천   116

제2부 단군이 주신 세 가지 보물 (단군 공부의 3대 분야)   131
제1장 단군의 철학(심법)   133
   1. 개괄   133
   2. 전부경   134

    3. 삼일신고   147
    4. 참전계경   173
    5. 통천록   174
    6. 性의 여의주 공부법   181

제2장 단군의 역사   184
    1. 통일과 광복의 상징, 단군   188
    2. 상고사 개괄   197
    3. 신사기-상고 三代의 역사서   221
    4. 부도지-인류의 최고 상고사   229
    5. 한단고기-단군민족 역사의 결정체   232
    6. 규원사화, 단기고사-민족혼의 기록   235

제3장 단군의 수련법   238
    1. 검학의 기초, 기지개 검공의 효능   238
    2. 검학 입문서   241

제3부 단군주의 운동의 역사 요약 (별도의 책자로 출간예정)   269
    1. 전체적 고찰   271
    2. 대종교 청년회시대   276
    3. 우리 찾기 모임시대   280
    4. 민족회의   281
    5. 우리가 나아가야 할 방향과 목표   299
    6. 우리가 시작해야 할 일   300
    7. 민족회의 통일준비정부의 결정체 만주땅 간도   302

제2편 단군주의(검학) 선언

단군주의(검학) 선언 309
단군주의(검학) 선언 연혁 311

제1부 배달의 형제, 민족운동가들의 "단군주의(검학)" 선언 317
제1장 서언 319

제2장 검학(단군주의) 운동 방향 325
  1. 전체적 고찰 325
  2. 홍민의 길 327
  3. 홍민의 구심점과 공부 330

제3장 검학(단군주의) 운동 방향 333
  1. 단군의 개념 333
  2. 단군 개념의 분야별 정의 336
  3. 단군조선의 개념 341
  4. 국조 단군의 후예 개념 343
  5. 성씨 분석을 통한 동북아 평화 세계 창출
    (동북아 평화공동체를 생각하며) 349

제4장 검학의 체계 352
  1. 국조 단군 사상의 체계 352
  2. 한민족운동의 이념 구성 354

제5장 검학운동을 어떻게 할 것인가? 358
  1. 국조 단군 사상의 체계 358

2. 體의 검학 운동　　　　　　　　　　359
　　3. 用의 검학 운동　　　　　　　　　　363
　　4. 검학 운동의 구체화, 실천화　　　　365

제6장 민족 분석　　　　　　　　　　　389
　　1. 민족 구성원 분석　　　　　　　　　389
　　2. 사회의 구분　　　　　　　　　　　393

제7장 홍익인간 이화세계를 통한 대융합　394
　　1. 대융합의 사상　　　　　　　　　　394
　　2. 깨달은 종교인들이 민족을 통일시킨다　398

제8장 정치를 위한 단군 議政書(삼태극통일론 포함)　408
　　1. 자연스런 통일, 상징적으로라도 통일을　409
　　2. 민족의 뿌리인 민족 철학으로…　　　411
　　3. 연합안과 연방안을 모두 만족시키는 통일　413
　　4. 삼태극 조국의 영토를 국제적 관광단지로…　415
　　5. 삼태극 조국은 고조선에도 있었다　　416
　　6. 남북 공동 비밀투표로 이 시대의 정신적
　　　 지주를 선출하자　　　　　　　　　418
　　7. 삼태극 조국은 아시아 민족공동체, 나아가 세계의
　　　 민족공동체를 꿈꾼다.　　　　　　　420
　　8. 민족공동체 통일정부, 삼태극 정부를 제안하며…　422
　　9. 한·미 정상 회담에 바라는 성명서　　425
　　10. 민족회의 통일준비정부 선언　　　　427
　　11. 노인들의 혁명이 필요한 시대　　　435

제9장 재세이화의 과학, 팬다임 과학   440

제10장 결 어   484

제2부 민족회의 소개서

단군주의 결정체 : 민족회의 통일준비정부   487

제1장 민족회의 소개서   489

    1. 연 혁   489

    2. 목 적   491

    3. 민족회의 경과보고   492

    4. 준비 30년간의 민족회의 업적   497

    5. 조직   503

제2장 단군주의의 결정체 : 민족회의 통일준비정부   509

    1. 연 혁   510

    2. 목 적   511

    3. 정통성과 맥, 그리고 업적   514

    4. 시대적 상황과 활동계획   517

    5. 통일준비정부 조직   524

    6. 진행방법   526

후기얘기   529
부 록   553
저자 주요경력   582

추천사

통일준비정부 천부(天符)통령
한들 朴 鍾 九

    단군주의(檀君主義)는 오늘날 우리 민족에게 반드시 필요한 통일 이념이다. 현재 남북이 평화적으로 통일하기 위해서는 공통분모가 되는 사상이나 이념이 있어야 하고 이를 중심으로 하여야만 하나가 될 수 있기 때문이다. 단군주의를 다른 말로 한다면 검학(金學) 중 정치사상이다.

    그렇다면 단군주의는 무엇인가? 바로 홍익인간(弘益人間), 이화세계(理化世界)가 단군께서 가르치신 바의 요체(要諦)이며, 그 가르침이 곧 천부경(天符經), 삼일신고(三一神誥), 참전계경(參佺戒經)에 들어 있다. 이 천부삼경의 내용을 간략히 말한다면, 천부경은 우주의 과학법칙 즉 만물의 생성, 운행, 변화 등 무한 순환의 진리를 가르치고, 삼일신고는 천부경의 핵심이 되는 내용을 하늘(天), 하늘님(神), 하늘궁전(天宮), 세계(世界), 사람과 물건(人物)의 5가지로 나누어 각 정의를 내리고 풀이하고 있으며, 참전계경은 또다시 성신

애제화복보응(誠信愛濟禍福報應)의 8개 항목으로 하여 완전한 인간이 되는 데에 알고 지켜야 할 계율을 366조목으로 상세히 가르치고 있다.

홍익인간으로 세상을 이치대로 다스려지게 하려면, 우선 인간이 천지인(天地人)의 합일체(合一體)임을 깨달으며 우주의 법칙을 알아 스스로 하늘님의 화신(化身) 내지는 씨앗(子孫)으로서 살아야 한다는 사명감을 가져야 하는 것이다. 하늘은 하늘답고, 땅은 땅답고, 사람은 사람다워야 한다. 사람은 하늘과 땅의 조화로 생겨난 천지의 화신으로서 세상을 주재하는 주체인바, 조화(造化) 교화(敎化) 치화(治化)의 주재자로서 선(善)을 행하며 덕(德)을 베풀어 다른 사람과 만물을 살리고 세상을 평화롭게 만들어야 한다.

이 지구상에서 전쟁은 사라져야 한다. 어떠한 전쟁도 상대편에서 보면 결국 다른 사람을 상하게 하는 악행이 될 수 있다. 결코 생명을 해치는 일은 하늘과 땅과 사람이 바라는 바가 아니다. 생명을 살리고 이롭게 활용하여 풍족하고도 행복하게 사는 세상이 바로 따로 있지 아니한 지상천국(地上天國)인 것이다.

역사적으로 변혁기마다 변란이나 전쟁이 있어왔다. 즉 심신을 상하고 피를 흘리며 목숨을 빼앗기는 등의 원한을 쌓는 비참함을 겪었다. 이러한 비극을 초래하지 않기 위하여 우리의 개국 성조(聖祖)들께서는 진정한 참 사람이 되라고 가르치고 전쟁을 최대한 억제하셨다. 바로 천부경, 삼일신고, 참전계경의 가르침으로써 온전한 인간이 되도록 기회를 부여하였던 것이다. 그리하여 한인천제(桓因天帝)의 한국(桓國)시대 3301년, 한웅천왕(桓雄天王)의 배달나라(檀國) 1565년, 단군(檀君)의 조선(朝鮮)시대 2096년은 소위 홍익인간의 지상천국이 실현되었다.

서기전 238년경 단군조선 이후 열국시대로 접어들어 같은 문화, 같은 피를 나눈 인접 국가들과 벌이는 전쟁과 사상의 분열의 시대를 지나고, 이제 날카롭게 세운 칼날을 무디게 하고 하나가 되도록 우리 단군민족을 하나로 융합할 단군주의라는 민족주권을 주창한 주인공이 나타났으니 통일준비정부 집행본부 김영기 총재이다. 僉子인 김영기 총재는 20살 대학 시절부터 민족운동, 통일운동을 하며 40여 년 이상을 민족운동과 통일운동에 바친 훌륭한 후배이다.

단군주의는 민족운동 청년들의 오래된 꿈이며, 검자(僉子) 김영기 총재가 이러한 꿈을 그 동안의 통일운동 경험을 토대로 통일이념으로 실체화 한 것으로써 단군민족 상생의 기운을 결집하는 정수(精髓)라 할 것이다.

국가주권으로는 남북이 서로 대치할 수밖에 없는 상황에서 민족주권이라는 대의로써 단군주의로 상호 소통하면 남북통일과 민족의 통합이 가능하다 할 것이다. 북도 이미 단군주의에 참여한 상황이므로 앞으로 단군주의로 소통함에는 문제가 없으며, 오히려 남쪽

보다 단군의 역사를 확실하게 재조명하여 단군릉을 조성하는 등 실존하였던 역사로 확고히 정립한 상태이다.

　우리 남과 북의 통일은 단군주의에 의한 민족주권으로 충분히 가능하다고 본다. 2002년과 2003년에 단군릉 개천절 남북공동행사가 치르진 예를 보더라도 그 가능성은 열려있다. 단군이념은 통일이념으로서 이미 공동선언 되어 노동신문에 게재되었다. 이로써 남과 북은 서로 신뢰를 가지고 소통하면 결국 민족통일이 조만간 이루어지리라 의심치 않는다.

　단군의 피를 나눈 겨레여, 천손(天孫)들이여! 홍익인간 이화세계 실천이념으로 남과 북이 하나되고, 지구상에 흩어진 단군민족이 하나 되며, 천부경의 가르침을 유전자로 지닌 배달겨레, 한겨레여! 인류평화 세계평화를 이루어 지상천국 이룹시다!

천부 72400년, 한기 9219년, 개천 5919년, 단기 4355년
임인년 서기 2022. 10. 3

통일광복민족회의 상임의장 겸
통일준비정부 천부(天符)통령 한등 朴 鍾 九

기념사

동학민족통일회 상임대표의장
민족회의 통일준비정부 국무령

談園 盧 泰 久

통일이념(이데올로기)으로서의 단군주의

1. 단군주의가 민족의 평화통일을 위한 한국민족주의의 이데올로기로 정립되는 전개과정을 소개함으로써 출판 기념사를 대신하고자 한다. 이런 의미에서 이데올로기와 휴머니즘의 관계를 단군(민족)주의의 보편성과 전통성과 관련하여 살펴보는 것이 도움이 된다. 사람의 생명이 그 어느 존재나 가치보다 고귀하다는 것을 믿는 것이 휴머니즘이다. 그러나 인간의 생명보다도 이익추구가 앞설 수가 있다.

인간보다는 신의 권능을 위주로 했던 중세적 종교체계, 인간보다는 토지의 소유를 토대로 한 봉건적 신분체제, 인간보다는 권력의 욕망으로 영위되던 전제(專制)체제 등이 그러하다. 인간의 의지와 능력, 정신에 대한 새로운 믿음으로서 휴머니즘은 이러한 기존 질서에 대한 반항으로 18세기에 꽃을 피우기 시작했다. 칸트는 인간을 항상 수단이 아닌 목적으로 삼아야 한다고 하고, 루소는 인간은 자유롭게 태어났는데 어디서나 쇠사슬에 매어 있다며 전향적인 휴머니즘을 제창했다.

19세기에 접어들어 정치적 집단으로서의 근대국가체제가 강화되어감에 따라 개인의 자유를 수호하는 것이 휴머니즘의 큰 관심이 되었다. 자유주의를 전제로 한 것이다. 그러나 산업화의 급속한 도시화, 공업화의 결과는 심각한 경제적 불평등 현상이 초래되어 초기 사회주의자들의 휴머니즘이 출현하게 된다. 생활보장을 위한 빈곤의 불평등을 극복하기 위한 체제의 혁신을 시도하려는 휴머니즘이 사회주의적 이데올로기로 발전되었다. 산업혁명의 진전은 자유와 평등의 갈등으로 휴머니즘의 분열상을 초래했다.

근대정신은 대중의 참여를 중요한 성격으로 하고 있다. 근대정신은 이데올로기를 가장 큰 동력화의 원천으로 삼는다. 이렇게 볼 때 휴머니즘의 전개는 정치적 이데올로기의 차원을 떠날 수 없다. 그러면 오늘 날 휴머니즘의 이데올로기적 내용이 무엇이어야 하는지를 모색해보아야 할 것이다.

2. 지금부터 통일이데올로기로서의 단군주의(검학)를 내용으로 하는 한국민족주의의 본질과 방향에 대해 살펴보도록 하자. 누구는 이데올로기의 종밀론을 밀하지만 우리는 분단 조국에 내해 오히

려 그 여명에 서 있다고 말하겠다. 평화통일을 위한 민족주의의 이념을 진지하게 생각할 수밖에 없다는 것이다. 따라서 한국민족주의의 전개를 두고 새로운 자세의 정립이 필요하다. 애국심의 발로가 민족주의의 정립으로 오해되는 것이다. 감성적 차원에서 솟아오른 애국심은 민족적 운명의 향방을 결정하는 기본 목표의 설정이나 그를 위한 일관성 있는 행동을 보장하지 못한다.

애국심이 민족주의를 위한 필요조건일 수는 있어도 민족주의의 역할을 대체할 수는 없는 것이다. 일관된 정치규범의 부재 속에는 애국심이 무한히 저장되어 있는 것은 아니고 고갈될 수도 있다. 위기를 극복하기 위한 민족주의가 애국정신을 절제있게 사용하여 뜨거운 인화력으로 보존시켜야 한다. 일시적 위기감각에 휘말린 애국심의 낭비는 철저히 경계하여야 할 것이다. 작금의 광화문 광장에서 전개되는 대정부 시위를 보면 우려가 된다. 외국의 깃발도 등장하는 것이다.

한국민족주의로 정제되어야 할 부분이다. 한국민족주의의 발전을 위해 우리의 학문적 노력과 결과를 오늘의 분단 현실과 어떻게 연결시켜 갈 것인가가 연구자의 책무로 다가온다. 민족주의란 보편적 역사법칙의 구현이라고 하겠다. 한국민족주의는 사상적 오류에 억매이지 않는 인위적 규범체계이다.

모든 의식 구조와 권력 구조를 경제적 생산구조라는 기본구조에 놓여있는 상부구조로 보지 않고, 종속 변수가 아니라 독립 변수로 보자는 것이다. 평화공존의 시대를 맞아 계급의식이 아니라 민족의

식으로 통일의 문제를 접근해보자는 것이다. 또한 한국민족주의는 서구 사회를 휩쓴 맹목적 애국주의나 광신적 배타주의와는 무관하다. 광신적 애국주의는 인종적 우월론, 인종주의로 국가사회주의, 파시스트의 횡포가 나오게 되는 것이다. 민족주의를 비롯한 이데올로기의 근대성이 재확인될 필요가 있다.

엄격한 의미에서 근대적 민족주의가 근대적인 것이라고 규정짓는 가장 뚜렷한 이유는 그것이 대중의 존재를 전제로 하여 정립된 규범체계라는 것이다. 따라서 한국민족주의의 본질은 대중과 분리시켜 생각할 수 없는 것이다. 프랑스 혁명은 부르주아를 중심으로 한 민중의 잠재적 정치자원을 동력화한 것으로 프랑스 국가와 민중을 일치시킴으로써 국민의식을 자아낸 근대적 혁명이다. 국가의 사명과 민족의식을 통합시킴으로써 민족주의가 민주적 요소를 그 핵심으로 하여 프랑스 민족주의를 전개시켰고, 그 여파는 유럽 전역으로 확대되었다.

3. 한국민족주의의 형성에 대해 단순히 열강에 의한 제국적 침략의 위협으로 인한 자위의식이라고 규정하는 식민사관이 있지만, 한국민족주의는 오히려 주체적이고 적극적인 인식과 판단을 통하여 의식적으로 전개되었다는 것이다. 그러한 인식과 판단에는 처음으로 민중의 일관성 있는 참여가 비롯되고, 민중의 힘을 민족적 저력의 핵심으로 생각하는 규범체계로서 성립되었다는 것이다. 실학사상, 동학혁명, 의병운동 등에서 그 사례를 볼 수 있는 것이다. 주체성의 위기와 정통성의 위기를 힌꺼번에 넘이시려는 한국민족주의

의 행동화였다고 할 수 있다. 일제강점기에 한국민족주의가 주권회복을 위한 독립운동이 지상의 민족적 과제로 삼은 것은 너무나 당연한 것이다. 그러나 자주독립이라는 목표가 명료하다는 것이 반드시 민족주의의 내용도 단순한 것은 아니다. 그 저항 주체의 의식과 판단의 변화에 따라 달리 나타난다. 반제국주의적 저항기에 일어난 두 가지 국제적 사건은 한국민족주의의 오늘날의 과제인 통일을 두고 그 분열상을 드러내고 있기 때문이다.

그것은 1917년에 일어난 러시아혁명과 1919년 1차대전의 종말로 나온 윌슨의 민족자결주의의 선언인 것이다. 1919년 3·1운동이 민족자결주의의 고취로 일어나고 상해에 임시정부가 수립되어 한국민족주의의 주류로 전개된다. 그러나 볼셰비키혁명의 영향을 받아 국가적 독립과 사회개혁을 민족보다는 계급의 차원에서 생각하는 일제 하의 맑스주의자가 있었던 것이다. 그리하여 1920년대로부터 한국민족주의의 분열과정을 면밀히 분석 정리하는 것은 오늘의 사태를 이해하는 데 도움이 될 것이다.

국토분단기의 민족주의와 연결시켜 설명과 평가의 대상이 되어야 한다는 것이다. 그러한 노력이 여의치 않을 때 한국민족주의는 그 전통의 선명함과 그 생명의 발랄함도 잃게 되는 것이다. 한국민족주의는 프랑스 대혁명과 같이 민족을 평화와 번영, 통일의 역사를 세우지 못하고 있다. 그러나 민족주권의 자랑스런 통일민주국가를 완성하겠다는 민족의 의지는 동포의 가슴 속에 메아리치고 있는 것이다. 그리하여 민족의 의지에 불길을 점화시킬 한국민족주의의 생생한 전개를 그리고 민족주의의 봉화를 들고 나설 주체세력의 형성을 희구하게 된다.

4. 바로 여기에 통일민족주의의 정통성과 역사성, 창조성을 절감하며 '단군주의'가 대두하게 되는 것이다. 이 시대의 세계사적 휴머니즘으로서의 단군주의는 일명 '검학'이다. 민족의 시조인 단군을 '검'이라고 한다. 단군주의는 민족회의(통일제헌회의, 민족대표자회의체)가 창설한 '통일준비정부'의 정치이념인 것이다.

통일준비정부는 단군주의의 결정체로서 2009년에 세워졌다. 이를 바탕으로 그 해 9월 1일 화란의 헤이그 국제사법재판소에 간도반환 제소를 하게 된다. 민족회의는 그 전신인 우사 김규식 박사의 '민족자주연맹'을 계승한 것이다. 결론적으로 단군주의는 70여 년의 냉전이 지속되는 동족상잔의 참담한 현실에서 평화와 번영의 한민족 공동체의 건설을 위해 20년 전에 통일이념으로서 정립된 것이다.

단군주의는 제3의 정치체제, 제3의 정부형태로 우리나라 최초로 설립된 '통일준비정부'의 통치이념으로 보국안민(輔國安民)과 광제창생(廣濟蒼生)의 정치신념을 가진 통일이념으로서 보편성과 영속성을 갖게 되는 것이다. 강호제현의 편달과 성원을 바라마지 않는다.

2021. 11. 11.
동학민족통일회 상임대표의장
민족회의 통일준비정부 구무령 談園 盧 泰 久

축 사

사단법인 대한노인회
회장 **김 호 일**

　단군주의 책자 출판을 대한노인회 회장으로서, 대한민국의 노인들을 대표해서 진심으로 축하합니다.
　노인은 도서관 하나와 같은 지혜를 가졌다고 '혜인'이라 제가 이름을 붙였지만, 현재 노인들은 제대로 대접받지 못하고 있습니다. 그러나 우리는 옛 선조들이나 혜인들을 존중해야 합니다.

　그 교통도 발달이 안된 상고시대에 아시아 같은 드넓은 지역을 몇천 년이나 홍익인간, 이화세계 이념으로 평화로이 다스렸다는 것은 전쟁으로 얼룩진 인류 역사상 엄청난 업적이며, 이를 우리는 다시 되살려, 민족통일과 인류평화를 이룩하는데, 큰 힘으로 써야 합니다. 이것이 단군주의입니다.

　이 시대를 사는 혜인들도 이러한 단군주의로 다시금 존경을 받고, 특히 단군주의에 있는, 만여 년간 한민족의 지혜로 내려온 천부경 수련법, 검학으로 건강과 깨달음을 얻어, 젊은 사람들에게 지혜를 열어줄 수 있는 능력을 더 한층 갖추도록 하는데, 본 단군주의 책자는 큰 역할을 하리라 믿습니다.

단군주의의 기본 사상은 특히 효사상으로, 이는 서구의 철학자이나 예언가들이 이구동성으로 향후 미래 세계는 이러한 홍익인간 이화세계와 효사상으로 천손 민족인 우리 민족이 세계평화와 황금시대를 이끌어 갈 것으로 얘기하고 예언하고 있습니다. 이를 혜인들이 앞장서서 80세의 모세가 유대인들을 이끈 것처럼, 힘을 합쳐 다시 청춘의 기운을 내야 합니다. 나이는 숫자에 불과합니다.

그리고 저는 또한 생명나무 교회의 담임목사이기도 합니다.

국조 단군은 하느님이라는 용어를 인류역사상 가장 먼저 사용하면서, 우리나라를 세우신 인간입니다. 하나님과 동격인 신이 아닌, 평범한 인간입니다. 가장 먼저 하느님을 예배하며 마니산에 참성단을 아들 세 명으로 하여금 세우게 하신 인간입니다.

또한 하느님이라는 용어는 현대 한글로 하나님이면서도 하느님으로도 사용되어, 하느님을 믿는 가톨릭이나 하나님을 믿는 개신교이나 서로 통할 수 있는 개념이며, 한울님이나 옥황상제로 표현하는 민족종교나 불교까지 포용하는 개념입니다.

아무쪼록 2002년, 2003년 단군릉에서 통일이념으로 남북 해외가 개천절 때 공동선언한 단군주의가 많은 산고 끝에 이제야 출판됨을 축하하며, 단군주의를 통하여, 노인이 진정한 혜인이 되고, 모든 종교가 3·1운동 때처럼 하나가 되어, 국운을 융성시키는 계기가 오기를 기원합니다.

다시 한번 이러한 어려운 때 단군주의 책자가 출판됨을 축하드립니다.

2023년 12월 3일,
사단법인 대한노인회 회장 **김 호 일**

축사

겨레살림공동체
뜬돌 **이 해 학** 목사

단군주의 책자 출판을 축하하며,
기독교인으로서 단군주의를 바라봅니다.

우주 황도는 6천 년 전 白羊자리, 4천 년 전 金牛자리를 거쳐 2천 년 전 雙魚宮(물고기자리)에서 지금은 寶甁宮(물병자리)자리로 옮겨졌다. 과거에 정의라는 이름으로 억지와 폭력과 힘을 과시해 온 소위 남성위주의 문화가 퇴색하고 이제는 생명의 본질과 상식이 통하는 여성 성의시대가 이미 익어가고 있다.

지금은 세계는 힘의 죽이 재편되고 있는 시기이다. 이럴 때일수록 근본을 찾아야 한다. 모든 생명체는 나를 바쳐 전체를 살리는 사랑의 DNA를 가졌다. 모든 과일 채소와 물고기는 순환 먹이사슬을 이루이 생명을 실리고 이어가게 작용한다. 인간도 그래야 한나. 이것을 가장 잘 표현한 것이 弘益人間이다. 나는 단군시대의 주문인 念標文을 생활화한다. 만나는 사람들과 절을 나누며 一神降衷, 性通光明, 齊世理化, 弘益人間을 묵상한다. 이것이 단군주의 생활화이다.

지금은 역사 전쟁 시대이고 동시에 문화찬탈 시대이다. 모든 하늘의 별은 자기중력으로 자기 궤도를 돌아 수억 년을 살아남는다. 나는 단군시대의 유산인 염표문을 중심으로 수행하며 윷놀이를 살려 공동체 기운을 살리고자 한다. 윷놀이야말로 조상들이 북두칠성을 중심으로 天地人 생명원리를 시청각교육으로 우리에게 물려준 유산이라 믿는다. 남과북이 이념적 진영논리를 넘어 윷놀이를 통해 배달겨레 축제 문화회복과 유네스코에 인류 무형 문화재로 등재하기 위해 전국에서 열심히 윷놀이를 진행한다.

우리나라에는 윷놀이가 무엇인지 모른다. 그러나 인도 산스크릿트어에는 윷(Yudh)이 별들의 전쟁이라고 되어있다. 윷은 북두칠성을 자미원의 28수 별자리 놀이인 것이다. 기독교의 믿음의 조상인 아브라함과 단군은 거의 동시대이다. 행태와 신앙이 비슷하다. 어디를 가나 제단을 쌓고 예배를 드렸다. 아브라함은 기록을 남기고 단군은 제단 유물을 남겼다. 아브라함의 고향 답사를 몇 번 하였다. 그가 불의한 우르제국에 항거하다 떠난 슈메르 우르(Ur)가 〈울, 우리, 울타리, 우물〉이라는 음치를 갖고 있을뿐더러 우리 말과 같은 많은 일상어가 같은 것을 어찌하랴. 중요한 것은 음력을 같이 쓰며 스메르와 중국의 치우 천왕족이라 자부하는 묘족과 우리만이 쓰는

〈교착어〉 어법이다. 우리의 〈얼〉 사상은 생명체의 완성품이며 알짬인 〈알〉 신앙에서 출발한다. 도에 통달한 지도자들이 나라를 세운다. 그런데 기독교의 성경의 하나님 이름은 〈엘〉이고 이스마엘의 후손인 아랍인은 〈알라〉와 상관관계가 있다고 본다. 나는 〈상투〉 문화권이 우리문화 영역이라고 생각한다. 상투는 라틴어로 〈쌍투스〉이며 성경에도 많이 나오고 옥스포드 사전에도 성자로 되어있다. 영국인들이 아메리카를 점령하고 〈쎈〉 프란시스코 〈쎈〉디에고 라고 성자들 이름을 붙였다.

상투는 홍산문화에도 유적에서부터 몽골, 당나라를 넘어 앗시리아 왕의 부조에 상투가 있다. 서양사람들이 이 말이 한국의 〈상투〉에서 온 줄을 꿈엔들 알겠는가? 나는 노아의 방주가 머문 만년설을 이고 있는 아라랏산을 답사했다. 그 산을 둘러싼 나라는 튀르키에, 이란, 아르메니아이다. 아르메니아는 우리말의 〈알뫼〉 -하나님 산- 이다. 그 반대는 메아리 〈뫼알〉 -메아리이다. 우리의 말이 세계화되어 있는 것은 이루 말할 수 없이 많다.

뒤늦게 깨달은 것은 기독교의 영성적 나무를 우리 민족문화의 우물에 심어야 세계를 풍성케 하는 생명사상의 열매로 익힌다고 믿는다. 나는 기독교를 비롯한 제종교가 한 뿌리에서 나온 형제들 임을 발견하고 서로 존경하며 협력하여 세계평화에 기여하기 위해 작은 힘을 바치며 살고 싶다.

거레실림공동체 뜬돌 **이 해 학** 녹사

축사

육영재단
前 이사장 **박 근 령**

단군사상의 현대적 재창조와 박정희 경제학은 국민통합과 평화통일의 롤모델(Roll Model)

"단군사상(천부경)"은 우리 민족 고유의 정신문화의 원형(元型)이지만, 현대적 재창조(학문적 이론체계)가 필요하다고, 20여 년 전에 고(故) 김지하 시인과 민족의 사상가들이 모여 주요 언론에 대대적으로 보도도 하고, 주창도 했었는데, 아직까지 오리무중입니다.

여러분!

우리는 대한민국 건국과 국제연합창설 이후, 전쟁의 폐허 속에서 원조에만 의지해 온 낙후된 후진국에서 이제는 공적개발원조(ODA) 지원 규모 22억 불(弗) 이상이 넘는 선진국으로 탈바꿈한 유일한 국가입니다. 그러나 지금 대한민국의 현실은 가치관의 혼돈으로 인해 올바른 삶의 비전과 좌표도 없이 오히려 이를 바르게 이끌어 주고 주도해 나가야 할 정치권과 각계각층은 안보적 공감대를 이루지 못한 채, 심각한 북핵의 위협마저 받는 국가 존망의 위기가 여러 곳에서 감지되고 있는 실정입니다.

따라서 이제 우리는 시대정신에 맞는 국가 목표인 "테제(These)"를 '통합'과 '통일'로 설정하여 나라의 미래를 새롭게 선도해야 할 것입니다. 그러기 위해선 새로운 정당을 창당하여 두 기득권 정당이 해결하지 못하는 "통합·통일정책"을 창출해야 하는데, 그 유일한 방법론이 새 가치관『천부경의 재창조』평화철학-권추호 저)과 함께 『박정희 동반 성장 경제학』좌승희 저 입니다.

여러분! 남북분단의 근본 원인은 다름 아닌 소유권 논쟁이었습니다. 구체적으로 말해 〈생산수단〉의 국유화냐, 사유화냐, 그리고 〈자원배분〉의 계획경제냐, 시장경제냐 하는 것이었습니다. 따라서 통합·통일을 위해서는 양 체제의 장점을 조화롭게 결합해야 하는데, 그 적절한 예가 〈박정희 통일경제학〉이라는 것입니다.

〈박정희 통일경제학〉은 "국유(공기업 - 계획)"와 "사유(사기업 - 시상)"를 소화롭게 결합했기 때문에 한강의 기적과 함께 국가 경쟁력을 세계 6위까지 끌어올릴 수 있었으며, 또한 평화통일을 위해서는 양 체제의 장점을 적절하게 통합한 〈박정희 동반 성장 경제〉 정책이 기초가 되어야 한다는 것입니다.

우리의 국민통합도 마찬가지입니다. 좌파(左派)와 우파(右波)로 분리된 근본 이유도 "소유권"의 '국유'와 '사유'의 문제와 관련이 있다는 것입니다.

여러분!

지면 관계 상보다 깊은 내용은 다음 기회로 미루고, 다시 한번 남북통일을 위한 남남통합을 위해 이번에 김영기 총재께서 출판하게 되는 저서 『단군주의』와 "박정희 통일경제학"이 기반이 되어 우리 민족의 견인차 역할을 하게 될 것임을 확신하며 추천사에 가름합니다.

축 사

백범정신실천연대 총재, 민족회의 상임원로
노인동맹 총재
김 성 식

　2011년도에 서울시청 광장에서 기독교계와 10월 3일 개천절 세계평화축제를 함께 한 〈민족회의〉의 오랜 동지인, 검자가 『단군주의』 책자를 출판한다고 하니, 민족을 사랑하는 뜨겁게 사랑하는 사람으로서, 기독교가 단군을 배척하는 모습을 지켜보면서, 안타까웠지만, 이제 역사적인 마음으로 축하합니다.

　저는 김정로 선생의 자제로, 그분은 일제강점기 백범 김구 선생과 함께 독립운동에 헌신한 투사였습니다.

　김구 선생과 함께 조국 재건에 힘쓰다 '김정두'란 이름으로 1950년 2대 국회의원에 당선되셨고, 독립운동가였던 손일민 선생이 지어준 이름입니다. "원래 아버지 성함은 김정규인데 김구 선생은 '김정로'란 이름을 주시고, 광복 후 김구 선생께서 절 보고 '네가 정규 아들이냐'며 머리를 쓰다듬어 주시곤 했지요."

저는 민족의 화합과 통일과 문화국가를 꿈꾸던 백범 김구 선생의 뜻을 잇는 사람으로서, 기독교와 국조 단군이 이어지기를 바랍니다.

우리 국조 단군은 성경에 나오는 '욕단'이었습니다. 2005년도 유석근 목사의 『알이랑 민족』이라는 책자를 통해서, 기독교는 국조 단군이 우상이 아니라는 것을 성경을 통해 증명하였고, 국사 교과서에서도 2007년 도에 "단군이 고조선을 건국하였다."라고 게재함으로써, 이전에 "단군이 고조선을 건국하였다고 한다"는 식민사관을 "고 한다" 세 글자를 빼고 고침으로써, 해방 이후 70년 만에 국조 단군은 기독교에서도 인정하며, 우상이 아니라 역사가 된 것입니다. 이를 기독교 전체가 알아야 합니다.

욕단 즉, 국조 단군은 산지가 있는 동방으로 이주하여, 하느님이 *주신* 땅에서 하느님 나라, 알이랑 민족, 한민족의 나라를 열었습니다.
역사학자들이나 언어학자 모두들 *주신* 이라는 단어가 *조선* 이라는 이름의 원 발음이라는 것을 다 얘기하고 있습니다.

우리는 선조님들이 "주신"이 땅에서 감사하며, 하나가 되어, 영광스럽게 살아야 합니다.

서울시청 광장에서 개천절 행사를 하면서, 기독교계는 단군상 목을 자르던 불상사들이 없어지고, 천부경을 공부하는 기독교인들도 많아지며, 에덴동산이 백두산이라고 생각하는 기독교인들도 생기는 등 기독교와 국조 단군은 가까워지고 있습니다.

이제 종교는 정치를 통해서 완성해야 하는 시대가 왔습니다. 그래서 성통공완이라는 말도 있습니다. 통일의 시대를 맞음에 있어서, 통일이념으로 남북, 해외가 공동선언 한 단군주의는 큰 역할을 할 것으로 믿습니다.

단군주의라는 책자를 통해서, 그동안 서로 원수였던 기독교와 단군이, "원수를 사랑하라"라는 성경의 말씀같이, 역사의 단군이 성경으로 다시 살아나 분열, 갈등의 우리 민족을 하나로 통합, 통일하기를 바라마지않습니다. 민족이 방황하는 이러한 때에 단군주의 책자를 출판하는 것을, 애국 노인으로서, 기독교인으로서, 다시 한번 축하드립니다.

축사

한국국민당
대표 **윤 영 오**

민족혁명이 필요한 절대절명의 시간입니다.

이 시기에 통일이념으로, 2002년, 2003년 개천절 때 북평양 단군릉에서 남북해외가 공동선언하고, 북 노동신문에도 게재된 단군주의가 출판된다는 것은 후세 사가들이 역사적으로 크게 평가할 일입니다.

좌, 우, 호남, 영남, 보수진보의 남남갈등과 한미일, 북중러의 신냉전은 제3차대전을 일으키려 하고 있습니다.
이를 막을 수 있는 것은 통합·통일입니다.
이러한 통합·통일의 이념은 바로 단군주의입니다.

단군주의는 한머리땅(식민지 용어인 한반도를 제대로 부르는 말)

을 중립 평화의 요람으로 하여, 세계평화와 홍익인간 이화세계를 이룩하려 합니다. 저는 민족 사상과 동학 접주인 백범 김구 선생님의 정신으로 정치를 해온 사람으로서 단언합니다, 단군주의는 제3의 동학입니다.

수운사상이 제1의 동학이라면, 제2의 동학은 제1의동학에서 나온 증산사상(증산교), 소태산의 원불교와 독립운동의 총본산인 단군사상의 대종교입니다. 단군주의는 이 세 가지 사상, 증산, 소태산, 단군사상을 아우르며, 제1동학의 동경대전에서 예언한 황금시대를 이루는 금풍 즉, 검학(검=황금인간=단군)의 무극대도입니다.

또한 현대의 이론인 평화 공생철학, 생태공동체 민주주의론 등도 포용하고 있습니다.

이러한 단군주의를 기반으로 우리는 민족혁명을 이룩하려 합니다. 이는 해방정국기에 있었던 우사 김규식 박사님의 주도로 만들어진 민족자주연맹의 법통을 이어받았기 때문에 가능합니다. 비록 민족자주연맹이 6·25한국전쟁으로 사라졌지만, 우리는 이번에는 강력하고 선명하고 일사분란한 단군주의로 오히려 제3차 대전을 막고, 민족통일 세계평화를 이룩할 것입니다.

작금의 정치인들은 모두 석고대죄해야 합니다.

지난 번의 야당 대표의 피습, 좌·우의 폭력, 독도를 분쟁지역으로 하는 반민족 행위와 끊이지 않는 부정선거 시비, 타국민을 이용한 여론 조작 시비 등등 탕평정치가 상실된, 영토주권을 팔아먹고, 지역 분열, 빈부격차의 계급 분열, 저출산율, 수출저하, 외화유출, 고실업율, 망해가는 자영업자들의 현실 등등 현실의 모습은 새로운 출구가 필요해 보입니다. 민족, 민생은 외면 한 이전투구 싸우는 정치인들은 이제 단군주의를 공부해야 합니다.

다시 한번 단군주의 책자 출판을 모두 함께 자축합시다.

축사

국제 PEN 자유북한문인협회
대표 **이 주 성** 작가

남북 통일은 더는 미룰 수 없는 단군 민족의 염원이며 지상 최대의 과제

 오늘 이 자리에는 5천 년 단군 민족의 뿌리를 살리고 외세에 의해 강제로 생이별을 당했던 형제, 가족들을 다시 만나 한 지붕 아래서 살기를 바라는 우리 시대의 가장 숭고한 애국 애족의 위대한 도덕적 양심, 지성, 사명감을 지닌 분들이 자리를 함께하고 있습니다.

 지금 우리에게 남북통일은 가슴 아프게도 아득히 먼 남의 나라 일처럼 들려오는 소리가 되어 버렸습니다. 한 혈육이었던 우리 민족이 남보다 못한 원수가 되어 버린 오늘날 분단의 비극은 누가 원하고 바래서 된 것이 결코 아닙니다.
 반만년 전 단군 시조님께서 이 땅에 나라를 세워주신 때로부터 대대손손 우리 민족은 봄이면 밭을 갈아 씨를 뿌리고 가을이면 곡식들을 거둬들이며 오손도손 살아왔던 땅도 하나, 말도 하나, 핏줄도 하나의 민족이었습니다.

그러했던 우리 민족이 무능 부패한 이 씨 봉건 왕조의 쇄국 정치로 인해 외세의 먹잇감으로 전락되어 일제에게 강점을 당하고 치욕스런 노예살이를 해야만 했습니다.

우리 민족의 비극은 그것으로 끝난 것이 아니라 단지 가난하고 힘이 없다는 이유만으로 이땅은 열강들의 이권 다툼의 화투장이 되어 다른 나라를 한번 넘본 적이 없는 선하고 어진 민족이었음에도 불구하고 허리가 끊기고 우리 민족 누구도 원치 않는 분단이라는 가슴 찢어지는 생이별을 강요당해야만 했습니다.

강자들의 약육강식의 희생물이 되어 버린 이땅 북한에는 소련 스탈린의 공산주의 노선을 따르는 소비에트 공산국가 정권이 들어서고 남한에는 미국의 정치 철학을 지지하는 자유민주주의 정권이 들어서게 되었습니다.

갈라진 것도 모자라 열강들의 이념 갈등의 장단에 춤을 추며 6·25 전쟁이라는 혈육끼리 서로를 죽이는 무지몽매함이 극치를 이루는 부끄러운 동족상쟁의 비극을 겪었습니다.

이제는 총부리를 맞대고 남북이 허리가 끊기어 한 세기를 가까이 하고 있습니다. 우리 세대에 남북 분단을 끝장내고 통일을 이룩하지 않으면 세월이 가면 갈수록 민족 통일에 대한 열망과 관심은 사라져 영원히 두 개의 나라로 되고 말 것입니다.

지금 북과 남에는 민족의 아픔과 염원, 시대의 절박한 부름은 전혀 안중에도 없는 권력의 위정자들이 틀고 앉아 오직 자신들의 탐욕과 당리당략, 이권을 채우는데 만 혈안이 되어 있습니다.

그들은 민족이 피눈물을 흘리고 영구 분단되어 남남이 되든 전혀 관심조차 없는 비양심, 반지성적 인간들임을 지나온 80여 년이 증명한 역사의 교훈입니다.

이제 더는 권력자들, 정치꾼들의 손에 민족의 운명인 남북통일을 맡겨서는 안 된다는 것이 분단이 우리에게 남긴 가르침입니다.
총칼을 쥔 권력자, 정치꾼들의 논리에 우리 민족의 운명을 맡기던 시대는 영영 끝장내야 합니다. 이제는 남북 시민들의 힘, 우리의 손으로 통일을 만들어 가야 한다는 것은 하늘의 뜻이요. 지상의 명령이며 단군 민족의 부름입니다.

이념이니 체제니 하는 구시대 착오적인 정치 논리로는 통일을 만드는 것이 아니라 화합과 대동단결, 단군 사상을 실천하려는 노력에 잔불을 끼얹고 적대감을 고취하여 서로가 민족 공멸이라는 파멸의 구덩이에 함께 묻히고 말 것입니다.

미움과 시기 질투, 미개힘으로 마주 서면 물고 뜯고 싸움질 밖에 할 줄 모르는 권력자, 정치꾼들의 손에 단군 민족, 이 나라의 운명을 맡길 것이 아니라 지성과 양심, 도덕적 사명감을 마음속에 간직한 깨어있는 국민들이 주인이 되어 도탄에 빠진 나라를 구원해 내야 합니다.

비록 지금은 몇 사람이 안 되지만 단군주의 사상과 이론을 남북한 8천 만 국민들에게 꾸준히 알리는 사업을 전개해 나가야 합니다.

[지식 있는 사람은 지식으로, 돈 있는 사람은 돈으로, 힘 있는 사람은 힘으로] 남북한 나라와 민족을 사랑하는 모든 사람들이 손에 손을 잡고 지혜를 모아 단군 민족의 통일을 만들어 나가야 합니다.

그러기 위해서는 남과 북, 모든 권력자, 정치인들, 다양한 계층, 이념 세력들이 자신들의 주의 주장을 모두 내려놓고 오직 하나 단군 사상의 이념 아래 한 민족[대동단결]이라는 민족 자주정신의 깃발 아래 뭉쳐 남북통일을 만들어 가기 위해 헌신의 노력을 다하며 민족의 염원을 실현하는 길에 우리 민족의 아버지 단군 시조님께서 축복을 내려 주시기를 삼가 바라겠습니다.

감사합니다.

서두 얘기 1

단군주의자와 백두산

90년대 초·중국과 수교하자, 꿈에 그리며, 가장 가고 싶었던 백두산에 난생 처음으로 가게 되었다.

조선일보에 장백현 현장과 현 대표들이 한국을 방문하고 있다는 짤막한 기사였는데, 그 장백현은 백두산에서 가장 가까운 지방현이고, 연변조선족 자치주같이. 조선족만의 자치현이라는 것이었다.

호텔을 , 기자들을 수소문하여, 찾아가 장백현 분들을 만났다. 뭔가가 의기투합 했고, 얼마 안되어, 중국 장백현의 초청으로 민족단체 단군단이 민족대표단을 이끌고 가게 되었다.

그 이후 장백현을 수십 회 가게 되었고, 장백현의 4년 마다 바뀌는 현장들과는 대대로 의형제 관계를 맺으며, 돈독히 지내게 되었다.

백두산 징싱에는 수십 민 올랐는데. 백두산 산신이신 단군은 늘 백두산 천지를 보여주셨다. 북한 쪽으로 올랐을 때 도리어, 천지를 안보여 주시다가, 정상에서 조금 내려 오면서 보여주셨다.
 장백현을 갈 때는 꼭 백두산을 올랐고, 단군주의자의 첫 얘기를 백두산에 처음 올랐던 때의 얘기부터 시작하자.

 맨처음에 백두간에 올라 가게 되었는데, 지금은 알고보니, 그게 백두산 서파길이었다. 서파길은 등정하면서, 경치도 최고이고, 압록강을 올라가다보면, 길이 북한 땅을 거칠 수밖에 없어, 가보지도 못한 북한땅을 조그만 개울 같은 압록강을 넘나들으며 (지금도 그렇게 길이 되어 있을까?), 올라가는 길이었다. 보천보 전투 기념지도 지나는 흥미진진한 코스였다.

 그런데 중공군들이 우리를 호위하며 올라갔고, 올라가면서, 장백현 대표들이 백두산 정상에서는 아무 말 하지 않는 게 좋다고 하는 것이었다. 무슨 말인가? 말도 안되는 얘기라 그냥 스쳐 들었다.
 이윽고 수많은 장관의 압록강 계곡들을 거쳐, 백두산 정상에 올랐다. 그 엄청난 백두산 천지와 감격, 부리나케 짚차에서 내렸다.
 그런데 이게 웬 일인가? 내리자마자 번개 같이 웬 따발총 총구가 내 배를 쿡 찌르는 것이었다. 자세히 보니, 군복을 멋있게 다리미로 줄을 세워 다려 입은 키작은 북한 군들이 우리들에게 커다란 따발총들을 들이댄 것이었다.

 그러자 중공군들이 이들을 가로막으며, 중국말로 "백두산 산신께

제사를 지내러 왔다"고 하면서, 고기와 과일 , 술들을 선물로 주었다. 돈도 주었을 것이다. 한참 실랑이를 하더니, 북한군들은 여기는 북한 땅이니, 그럼 저기 몇 백미터 더 옆으로 가서 지내라는 것이었다. 가면서 장백현 대표들이 말하길, 중국 남쪽 광동성에서 온 사람들이라고 얘기했지만, 남한 사람들이란 걸 알았을 것이니, 조심하라고 했다.

그러나 좀 더 옆으로 갔으나, 더 이상은 계속 절벽 길이라, 천제를 지낼 곳이 없었다. 그래서 자리를 깔고, 제사 지낼 준비를 하는데, 북한 군들이 다시 왔다. 여기도 북한 땅이라, 여기서도 안된다는 것이었다. 그래서 좀 실랑이를 하다가 북한군들이 봐줘서 가기로 했다. 그때 나는 너무 좋은 나머지 나도 모르게, 한국말로 우리는 백두산에 〈통일을 위해 천제를 지내러〉 왔으니, 여기 술과 안주를 좀 더 가져가라고 했다. 실수였다. 아차 했다. 그러나 북한군들은 "아까 받았으니 됐수다" 하면서, 바람 같이 사라지는 것이었다.

아마 90년대 초, 북한 땅에서, 그것도 백두산에 통일천제를 올린 사람들은 단군단이 최초였을 것이다.
그것도 따발총에 배를 푹 찔리고 생각해보면, 정말 재수 없으면 북한에 끌려갈 상황일 수도 있었는데, 모두 국조 단군의 홍은 덕분이었을 것이라고 생각든다.
한편 더 신기한 것은 천제를 올리고 기념사진을 단체로 찍고, 단군할아버지 천진을 들고, 겸자 독사진을 찍는네, 너무 백두산 한가운데를 가리고 찍는 것 같아서, 조금 옆으로 비껴 가서 찍었다. 그런데 나중에 사진을 보니, 뒷 백두산 천지 위로 흰 구름이 펼쳐져 있는데. 마치 동북아 지도와 같이 만주와 한머리땅이 그려져 있는 것 같았다. 그리고 한머리땅 남쪽에서 신비로운 푸른 서기가 천지를 관통하여 원래 내가 서있던 자리에 꽂혀 있는 것이었다.

   그 사진은 책 앞 부분에 게재하였으니, 다시 보시길 바란다.
   하여튼 이것은 단군주의자들이 백두산에서 통일천제를 올린 것을 시작으로 통일이념인 단군주의로 민족통일을 이룩하고 동북아, 더 나아가 세계평화를 이룩한다는 예시로 보여진다.

서두 얘기 2

의무려산 북진묘 얘기

본 책자의 시작 전에 이미 단군주의는 많은 곳에서 예언이 되었던 것이고, 이를 실천할 120명의 한민족 영웅들이 500년간의 기나긴 잠에서 깨어나게 된 얘기를 하면서, 본 책자를 읽는 그대가 그 영웅들 중 한 분이 아닌지 생각해 보았으면 하는 것이다.

이제는 올해 한민족의 위대한 영웅들을 120명을 확정해야 하겠다. 그래야, 우리는 통일의 꿈을 이룰 것이기 때문이다. 그러기 위해 여태 역사가들도 못 찾았던 안시성에서 봉금 당했던 우리 민족의 위대한 영웅들 120명의 영혼을 다시 환생시킨 이야기를 밝혀야겠다.

북진묘의 가장 안쪽, 가장 높은 곳에 위치한 사당이 비림이다. 청나라 건륭 황제가 자주 와서 비림을 조성하고, 조선 얘기를 남겼고, 중국을 방문했던 조선 사신들이 비문들을 세웠다고 한다. 여기

비림 사당 앞에 선 검자

비림에 조선 삼한이 어떻고 어떠하다는 비문도 있다는데, 나는 그런 것을 확인할 시간도 없었고, 해독 능력도 없다. 뭔가 엄청난 이야기가 또는 역사가 있을텐데…

누군가 중문학자 겸 국문학자가 와서 해야한다. 아니 우선 누구라도 와서 여기 비림의 글들을 탁본해야 한다.

아마 엄청난 이야기들이 숨겨져 있을 것으로 생각된다. 사실 여기 비림을 생각할 때마다 나는 초조함을 금치 않을 수 없다. 중국이 여기를 어떻게 없애버릴 지 모르기 때문이다.

다음 사진은 사당 안의 촛대 120개를 밝히는 모습이다. 그때는 영웅 숫자와 같은 120개로 들었는데, 지금 사진을 보니 사진에 안 보이는 우측 촛대까지 해서 60개 밖에 안된다.

검자가 비림의 사당에 불을 밝히는 모습

　120명의 위대한 영웅은 촛대 숫자하고는 아무 상관이 없거나 불이 꺼져 있던 촛대 숫자까지 합쳐서 일지 모른다.
　촛대는 60명의 여인 영웅이고, 불은 60명의 남자 영웅일까?
　위의 사진에서 보듯이 맨처음 북진묘 비림에 도착했을 때는 아무도 보이지 않았다. 아니, 일반 관광객들은 이쪽으로 못들어오게 제한 구역이었다. 그런데 사당 안으로 들어가려 했더니, 무술하는 고승들 여러 명이 갑자기 바람같이 나타나서 못 들어가게 하는 것이었다. 이곳은 일반 사람들이 못 오는 곳이니 빨리 나가란다.
　그래서 나는 같이 간 통역에게 전해달라 했다.
　"저 머나먼 조선, 아니 대한민국에서 여기를 참배하러 왔는데, 좀 뵈 줘야 되지 않겠느냐."

그러면서 나는 중국돈 500 인민폐를 주었다.

그당시 심양의 고급 공무원 월급이 그 정도도 안 되었을 텐데…이런 시골에서는 엄청 큰 돈이었을 것이다.

하여튼 약간의 실랑이 아닌 실랑이 끝에

사당에 참배할 수 있게 되었다.

빨리 절 하고서 나가란다.

그런데 앞에 향로가 있어서

분향을 올리려 하니까 빨리 절만 하고 나가란다.

그래서 나는 "아니, 참배를 하면서 어찌 분향도 안하는가?" 하고 분향을 하니, 제지를 하지 않는다. 그리고 절하려 보니까 앞에 촛대들이 양쪽에 쫙 있는데…

그냥 분향하고 절만 하는 것도 뭔가 성이 차지 않았다. 그래서 촛대 불을 밝히려 하니, 그것은 안된다고 한다. 할 수 없이 다시 중국돈 100 인민폐를 주며, 촛대 불을 밝히려 하니, 그럼 하나만 밝히라고 한다. 그러나 하나만 밝히려니…

나머지 촛대들이 휑하니 빈 것이 또 성이 차지 않았다. 그래서 나는 1000 인민폐를 주면서 "여기 촛대를 다 밝히자" 여기 망가진 촛대가 있는데, "이건 내가 기념으로 가져가고 제대로 된것으로 바꿔달라고 했다" 그렇게 말했더니 그들은 자기들끼리 뭐라 상의한 후 이윽고 좋다고 한다. 다만 빨리하고 나가달란다.

그리고 망가진 촛대를 바꾸고, 망가진 것은 나를 주었다(아직도 나는 보관하고 있다). 그리고 불 켜는 것을 지켜 보더니, 마음에 들었는지, 이왕 하는 것 부적도 놓고 하면 완전히 제대로 하는 것이니, 부적을 놓고 하라면서 부적도 선물을 하는 것이었다.

돈의 위력이 좋긴 좋았다. 나도 무리하게 돈을 썼지만, 이상하게 하나도 돈이 아까운 생각이 들지 않았다. 그래서 드디어 촛대에 불을 밝히면서, 절을 하고, 통일과 중원 회복을 위한 기원도 드리고, 완전한 참배에 성공하였다. 가이드도 돈을 제단 위에 놓고 나름대로 기도를 하였다. 불 밝히고, 한민족의 통일과 따물을 기원하는 원도의 참배를 성공적으로 마치고 나오면서 재빨리 사진 한 컷! 그러나 제대로 다 안 찍힌 것 같아서 다시 사진을 찍으려 했더니, 나를 몰아낸다(나중에 보니 제대로 찍혔다).

사당은 사진 찍으면 안된단다.

사진 필름을 뺏으려 한다.

내가 뺏길 사람인가?

그런데 참배를 하고 십미터 정도 나왔을 때,

뒤에서 "아차"하는 탄식도 아니고, 비명도 아닌 소리들이 들리면서, 그 무승들이 통역에게 빨리 와보라 한다. 그래서 통역이 가니까 뭔가 한참 얘기를 하는 것이었다.

그러더니 통역이 다시 와서 어서 빨리 여기를 빠져 나가자는 것이었다. 그러면서 내 팔을 끼고 빨리 나가는 것이었다.

"왜 그러냐"고 하니 자초지종을 얘기해준다. 그 무승들이 불러서 가보니까. 그 사람들이 "저 조선에서 온 사람은 무엇을 하는 사람이냐?"고 묻더란다. 그래서 "저 사람은 조선 전통 무예를 하는 사람이라고 했다"한다. 그리고 "그런 것을 왜 묻느냐?"라고 했더니, 나를 붙잡아서 못 가게 해야 한다는 것이있다. 통역이 놀라서 "아니

왜 그러냐?"했더니 "자기들이 오백년 전부터 어떤 전설을 지켜왔었는데 그 전설은 오백년 후에 조선으로부터 어떤 사람이 와서 저 촛대들을 모두 불 밝히려 할 것인데, 그러면 여기를 지키는 무승들은 그것을 막으라고 해서 500년 간 무승들이 여기를 지켰고, 500년

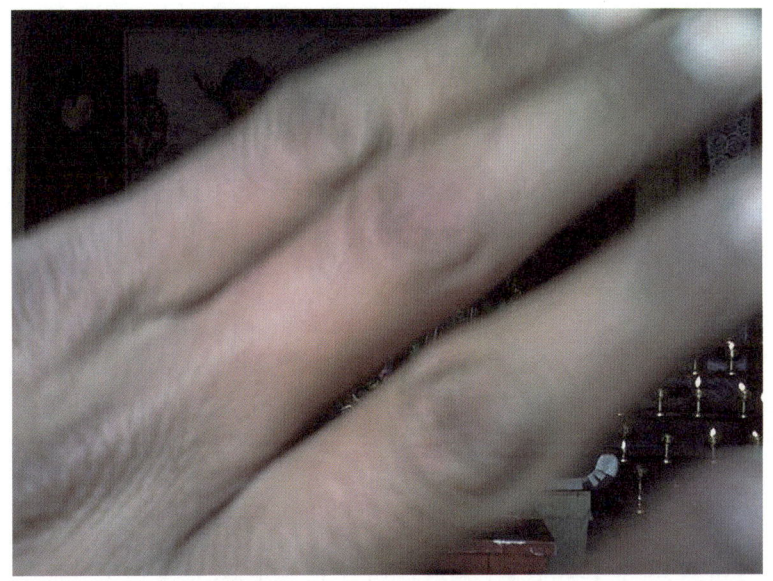

▲ 촬영을 하지 못하게 손으로 가리는 사진^^

간 어느 누가 참배와도 여기 촛대에 불 밝히고 한 적이 없었다"고 한다.

심지어 중국 황제들도 못했다고 한다. 그런데 내가 500년 만에 처음 불을 밝히고 참배를 한 것이라고 한다. 그래서 "왜 불 밝히면 안되냐?"고 했더니, "전설에 그 촛대들을 불을 다 밝히면, 북진묘의 신들이 눈을 뜨게 되고, 조선의 위대한 영웅들 120명의 영혼이 되살아나서, 중국을 혼란에 빠지게 하고, 망하게 할 것이라는 전설이 내려오기 때문"이라고 했나. 그런데 자기네들이 깜빡 잊어 먹었다고 했다. 그래서 저 사람이 조선에 못 돌아가게 잡아야 한다는 것이었다.

그래서 통역이 말하길 "저 사람은 조선 최고의 무예가이고, 너희들이 다 덤벼도 안될 것이다. 이미 너희들은 저 사람으로부터 돈을 받았지 않았느냐? 이걸 다른 사람들이 알게 되면 너희들도 문제가 될 것이다. 내가 저 사람을 데리고 빨리 사라질 것이니, 이것은 없던 일로 비밀로 하자고 했다"고 한다. 통역의 기지가 나를 살려준 순간이었다. 그래서 일반 관광객들이 있는 곳까지 다시 빨리 돌아오는데, 중간에 미처 보지 못한 곳이 많이 있었다.

이미 늦은 저녁으로 황혼이 지고 있어서 일반 관광객들은 보이지 않았다. 그러나 그것들을 놓칠 수는 없었다.

그래서 나는 통역이 빨리 가자는 것을 뿌리치고, 계속 사진을 담았다. 그리고 한 술 더 떠서 땅에 떨어져 있는 새 조각상을 하나 주워 왔다. 아마 높은 지붕의 끝에 있던 것으로 추정되었다. 물론 이런 유적을 가지고 나가다 걸리면 여러 문제가 될 수 도 있었지만 이왕 모험을 강행하기로 한 것 가지고 나왔다. 정말 운좋게 북진묘를 답사한 것이었다. 사진들, 망가진 촛대, 새 조각상은 검가에 한해 공개할 예정이다. 여행 답사 이야기는 여기서 끝났다.

그러나 어쩌면 이제부터 이야기가 시작되는 것이다. 북진묘의 신들은 한민족의 위대한 영웅들 120명인가? 그 영웅들이 여기 북진묘를 한번 씩은 찾아보면 좋을 것 같다.

하여튼, 의무려산에 갔다 오고나서 많은 신비로운 일들이 일어났다. 의무려산은 상처난 영혼을 치유하는 산이라 하지만 나에겐 신비로운 일들이 원래 많이 일어났고, 일어나고 있지만 특히 더했다.

첫째는 얘기는 내가 의무려산으로 떠나기 전에 줄기세포와 관련된 회사의 주식으로 몽땅 바꾸고, 즉 매입하고 중국에 간 것인데,

의무려산에 있는 동안 계속 상종가를 친 것이었다. 아마 한국에 있으면 며칠 안에 겁이나서 팔았을텐데, 중국에 있어서 한 일주일 넘게 상종가를 쳐도 그것을 모르고 있어서 팔지 않았던 것이다.^^

둘째는 그 해 2009년, 중국 만주의 간도협약이 백년 되는 해로, 그 해 2009년 9월 4일까지 간도협약 원천 무효와 간도 반환 제소를 국제적으로 안하면, 간도는 영영 중국 땅이 되는 것이 국제법상이기 때문에 역사를 아는 사람들은, 아니 국회의원 40여 명이 서명해서 국회에 통과시키려고 할 정도로 난리가 났었다. 그런데 중국이 무서워서 못하고 있었는데, 그해 민족대표자 회의체인 민족회의라는 통일제헌의회가 태어나고, 통일준비정부가 생겨나고, 내가 그 통일준비정부에서 파견한 민족대표로 네덜란드 헤이그의 국제사법재판소에 가서, 간도협약 무효와 간도 반환 제소를 극적으로 성공하고 온 일이었다. 사실 기적 같은 일이었다.
  그 얘기를 써도 책 한권은 나올 것이다. 하여튼 중국에게는 아니 국제사회에 만주가 우리 땅임을 공식적으로 선포하고 이를 기록한 것이다. 정말 그 무승들이 얘기한 전설이 맞는 것이었다. 이제 우리 한민족은 중원의 원래 주인으로서, 만주땅 간도를 회복하고, 중원 대륙으로 진출할 것이다. 신나는 일이다.

셋째는 다음 해 서기 2010년 10월 3일 개천절.
  전통무예 사단법인 기천문에 십여 명의 제3대 문주들이 태어나고, 그 중 제일 맏형 격인 내가 초대 본원 문주가 된 것이었다. 그리고 작년부터는 검학을 함께 이루려는 동지 배형들이 모여 "검가"가 보다 신속하게 만들어지고 있다. 의무려산에 가서 기도하면 이렇게 믿지 못할, 생각지도 않은 좋은 일들이 일어난다. 그래서 중국 황제들은 일이 안되면, 북진묘에 가서 천제를 올린 것이다.

나는 아직도 의문이다.

어느 황제를 보필하던 도인이 그런 명을 만들어, 500년간 조선의 위대한 영웅들의 혼을 봉금한 것일까?

그 사당의 모셔진 신선들은 누구인가?

비림에는 어떤 글들이 있을까?

어느 누구라도, 그 비림들의 글들을 연구해 놓은게 있을까?

후배들이 이런 것들을 처리해 주길 바란다.

어서 빨리 의무려산 연구단이 만들어져야 한다.

나는 이제 실천을 해야 한다.

아니 내가 실천을 할 필요는 없을 지 모른다.

이미 하늘의 운명이…

우리 한민족의 위대한 영웅 120명이 중국을 혼란에 빠지게하고, 우리 한민족의 본래 모습을 찾는 역사, 따물, 고구려의 국시가 시작되었을 것이기 때문이다. 나는 이제 좀 쉬고, 지금까지의 그 수많은 일들을 정리해야 한다.

우리 민족회의는 삼원제이다. 천원, 인원, 지원은 각 120명으로 구성한다. 그 중 천원은 민족의 역사, 철학, 수행법으로 철저하고 전문적이고, 고도적으로 공부한 사람들로 이루게 되어 있다. 인원은 각계의 전문가이자 대표들, 지원은 각 지역의 저명하고 대표성

을 지닌 사람들로 구성한다.
  내가 불밝힌 그 120명의 영혼은
아마 천원의 민족의원들에게 내려 갈 것 같다.
그것이 "검가"이다.
그렇게 위대한 한민족의 역사는 시작되었다.
한머리땅에서
그린랜드까지…
한민족의 뉴실크로드가 펼쳐져야 한다
        - 끝 -

              한기 9213년, 서기 2016년 1월 29일 검자

서두 얘기 3

본 책자는 어떤 사람들을 위한 것인가?

첫째, 돈은 주체할 수 없을 정도로 많은데, 돈을 어찌 써야할지, 어찌 살아야 할지, 어떤 일을 하면서 살아야 할 지 모르는 사람들을 위하여 쓰여졌다. 돈은 많은데, 건강이 없는 사람들 혹은 양심없는 사람들을 위해서도 쓰여졌다.

우선 몸과 마음이 건강해져야 할 것이다. 건강한 사람은 보다 건강해지고, 영혼의 성숙과 진화가 필요할 것이다.

일화 1.
2,000억 원을 가진 어떤 사람이 3개월 밖에 못 산다는 의사의 사형선고를 받고, 그보다 1년만 더 살게 해줘도 재산의 절반인

1,000억 원을 주겠다고 했는데, 의사도 할 수 없다고 하고, 결국 그 사람은 3개월 만에 죽었다는 일화가 있다. 돈은 죽음 앞에 아무런 도움이 되지 않는다. 이런 사람에게는 돈이 똥이 되어 건강을 해친 것이다. 돈이 많아, 어떠한 육적인 쾌락을 즐겨도 얼마 안가면 시들해진다. 고대 역사를 보면, 얼마나 많은 잔혹한 죽음의 게임을 즐기는 최고의 권력층과 돈많은 부류들이 많은가? 그러나 헛되고 헛되도다. 재미없는 인생, 행복하지 못한 인생을 깨라.

일화 2.
賢子의 선물, '오헨리(OHenry, 1862~1910)'의 얘기로 오헨리는 본명이 '윌리엄 시드니 포터(William Sydney Porter)'로 미국의 작가이자 소설가입니다. 대표적인 작품으로 〈마지막 잎 새〉, 〈크리스마스 선물〉 등이 있습니다. 10년 남짓한 작가 생활 동안 300여 편의 단편소설을 썼다고 하네요. 이 '오 헨리'의 소설 〈현자(賢者)의 선물〉에 다음과 같이 '행복을 나누는 사람들'의 얘기가 나옵니다.

'돈 리'라는 사람이 추운 겨울에 직업을 잃었습니다. 먹고 살길이 막막했던 그는 굶주림에 지쳐 할 수 없이 구걸에 나섰습니다. 돈 많은 사람들이 드나드는 고급 식당 앞에 서서 한 쌍의 부부에게 동정을 구했습니다. 그러나 보기 좋게 거절당했습니다. 그때 함께 가던 부인은 남편이 퉁명스럽게 거절하는 것을 보고, "이렇게 추위에 떠는 사람을 밖에 두고 어떻게 우리만 들어가 식사를 할 수 있겠어요"하며 1달러를 주었습니다. 그녀는 "이 1달러로 음식을 사 드시고 용기를 잃지 마세요. 그리고 당신이 직업을 곧 구하도록 기도할 게요"라고 말했습니다. 돈리는 "부인! 고맙습니다. 부인은 저에게 새 희망을 주셨습니다. 결코 잊지 않겠습니다."라고 대답했습니다. 그러자 부인은 "당신도 복 많이 받고 좋은 일 많이 하세요. 다른 사람에게도 사랑과 새 희망을 주는 데 노력하세요."라고 다정히 말하고 안으로 들어갔습니다. 돈리는 우선 50센트로 요기부터 하고 50센트를 남겼습니다. 그때 마침 한 노인이 부러운 듯이 자신을 쳐다보고 있는 것을 알았습니다.

돈리는 남은 돈 50센트를 꺼내 빵을 사서 노인에게 주었습니다. 이 노인은 빵을 조금 떼어 먹다가 남은 빵조각을 종이로 쌌습니다. 돈리가 "내일 먹으려고 합니까?"하고 묻자 이 노인은 "아닙니다. 저 길에서 신문을 파는 아이에게 주려고 합니다." 노인이 소년에게 다가가 빵을 건네자, 이 아이는 좋아하며 빵을 먹기 시작했습니다. 그때 마침 길 잃은 강아지 한 마리가 빵 냄새를 맡고 꼬리를 흔들며 다가왔습니다.

이 소년은 조금 남은 빵 부스러기를 강아지에게 주었습니다. 그리고 소년은 기쁜 마음으로 신문을 팔러 뛰어갔고, 노인도 일감을 찾아 떠나갔습니다. 돈리는 그 모습을 보며 '나도 이렇게 있을 순 없지.'라고 생각하는 순간, 강아지의 목에 걸린 목걸이가 눈에 들어왔습니다. 돈리는 길 잃은 개의 목걸이에 적힌 주소를 보고 주인을 찾아갔습니다. 주인은 매우 고마워하며 10달러를 주었습니다. 그러면서 "당신같이 양심적인 사람을 내 사무실에 고용하고 싶소. 내일 나를 찾아오시오."라고 말했습니다. 드디어 돈리도 안정된 직장에 취직을 하게 되었습니다. 어떻습니까? 지나가는 한 여인의 1달러가 나누어지면서 얼마나 많은 사람들을 행복하게 하고 또 아름다운 세상을 만들었는지 모릅니다. 나는 가진 게 없어서, 남에게 나눌 것이 없다고 생각하지 마십시오. 돈리는 구걸하는 처지에서도 가진 것을 아낌없이 나눔으로써 하늘이 주는 기쁨과 복을 받을 수 있었습니다. 우리도 굶주리는 사람, 가난한 이들을 위해 가진 것을 나눌 수 있다면 참 좋겠습니다. 무엇이든지 가지고만 있으면 아무런 쓸모가 없습니다. 하지만 이것을 나눌 때 소중한 가치를 발휘합니다. 나눔은 행복의 시작입니다. 진정한 행복은 나누어 줄 때 느끼는 것이지요. 그중에서 가장 귀한 나눔은 사랑입니다.

일화 3.
민족회의가 간도반환 제소를 한 국제사법재판소가 있는 네덜란드 헤이그의 평화궁을 세운 카네기의 얘기이다. 이제는 동방의 카네기가 나와야 한다.

일반 상식 책자에서 인용해 말한다면, [카네기(Andrew Carnegie 1835~1919)는 다음과 같이 말했다.

"돈이 결코 행복을 보장치 않는다. 오히려 행복을 빼앗아 갈 때가 있다." 백만장자에게 웃음이 적은 것이 그 증거이다. 돈으로 명예를 살 수 있다. 그러나 그런 명예는 참 명예가 아니다. 돈으로 명예를 사고자 하는 것은 지극히 어리석은 생각이다.

"돈을 더 많이 모으려는 생각은 저속한 욕망에서 나온다. 그런 생각을 가진 사람은 항상 돈의 노예로 살게 된다. 사람들은 자기가 가신 시나친 재화를 미래의 모든 사람들의 행복의 증진을 위해 사용해야하며, 그리고 오늘의 수많은 덜가진 사람들에게 나누어 주어, 소유의 평등을 이루도록 해야 한다. 돈을 쓰지않고 갖고 죽는 것은 지극히 어리석은 일이다."

이상은 근세 자본주의 사회에 등장했던 한 큰 부자의 복음(GOSPEL OF WEALTH)이란 이름의 인생 잠언이다.

'카네기'란 이름은 100년 전이나 오늘이나, 세계인들의 인구에 회자되는 성공의 대명사이다. 전세계(주로 미국)에 세워진 3000여 개의 도서관 말고도, 천부경 무예이자 고조선 무예인 기천 예무단이 공연한 바 있는 저 유명한 뉴욕의 '카네기 음악당', 그리고 민족회의 통일준비정부가 간도 반환 제소를 한 국제사법재판소(ICJ)가 있는 '네덜란드 헤이그의 평화궁' 등 웬만한 세계 유명 도시에는 카네기 이름

이 붙은 건물 또는 간판이 셀 수 없이 많다. 카네기는 먼저 사업에 대성공했다. 그 성공의 열매를 전부 사회에 환원하여, 학술 발전과 평화운동을 위하여 기여함으로써, 결과적으로 인생을 가장 성공적으로 마감했다.

그가 사업가로서 대성할 수 있었던 것은 '공업의 쌀'이라고 불리는 철강업에 손을 댓기 때문이겠으나, 그를 더욱 유명하게 만든 것

은 그가 이룩한 막대한 부를 52세 만혼으로 얻은 무남독녀 외동딸과 미망인에게 넘기지 않고(조금만 주었다고 함), 전부 그 당시 돈으로 약 4억 8,000 불을 사회에 희사하고 말년을 평화운동가로서 인류에 봉사하다가 1919년 그 당시로서는 매우 장수한 나이 83세에 위대한 삶을 마쳤다는 것이다.

아마도 인류 역사상 카네기만큼 대부호는 드물 것이다. 그러나 그가 더욱 우러러 보이는 것은 '부(富)는 소유하는 것이 아니라, 선(善)을 베풀게 관리하는 것'이라는 청교도 정신을 몸소 실천하고, 영원의 세계로 돌아간, 진정한 성공을 이룩한 인간이라는 것이다.

카네기가 세계평화를 위하여 세우고 간 헤이그 평화궁을 바라보면서, 그리고 그 안을 쭉 돌아 보면서 카네기를 단군주의자 책자에 소개하는 것은 카네기가 바로 홍익인간 이화세계의 삶을 몸소 실천하여 모범을 보였기 때문이다.

그리고 카네기는 온 세상 나라들이 힘을 합해도 이룩하기 힘든 큰 일을 혼자서 하고간 역사의 위인이기 때문이다.

아무쪼록 대한민국에서도 이제 카네기처럼 위대한 부호가 탄생하여, 민족통일을 이루고, 동북아 평화를 이루고, 나아가 아시아, 더 나아가 세계 평화를 이룩할 수 있는 세계 통일정부의 홍익인간 이화세계궁이 만들어지길 기원해 본다. 국조 단군 대황조님이 천부경을 해설하신 삼일신고에서 말한다.

인간에게는 천사와 악마가 공존하는 본성이 있다. 천사는 복을 받고, 악마는 화를 받는다. 베푸는 것은 선이고, 피해를 끼치는 것은 악이다. 살다보면, 남에게 피해를 주고, 괴롭히고, 죽이는 것보다, 불행케 만드는 것 보다, 남을 기쁘고 행복하게 해주는 것이 더 즐겁고 쾌락적이며 결국 진정 행복한 것임을 알게 된다.

이러한 것을 부정하는 사람은 천사가 되어보지 못하고, 남에게 진정으로 베풀어 보지 못한 악마의 기분만 아는 사람이다.

진정한 성품은 선악이 없다. 이러한 진정한 성품을 다시 한번 더 돌이키는 것이 검학이다.

검학은 자기 안에 있는 우주 최고의 보물을 찾게 하는 공부이다. 그것은 진정한 황금, 본심 본태양, 검으로 우주에 있는 모든 것을 성숙시키며, 진정하고 영원한 쾌락과 행복을 느끼고 누리게 한다.

이같이 검학은 첫째의 부류에 해당하는 사람들에게 해답을 준다.

둘째, 돈이 너무 없어, 그날 그날 생존을 위해서 아편과 같은 돈을 버느라고 아무 생각도 못하고, 자기가 하고 싶은 것을 아무 것도 할 수 없는 사람들을 위하여 쓰여졌다.

특히 아편도 구할 돈이 없는, 이제 오징어 게임 같은 곳에 가야하는 인생 포기의 막다른 길에 다다른 사람들을 위하여 쓰여졌다.

이런 사람들은 전생에도 베풀지 못하고, 현생에도 베풀지 못하며 사는 사람들이다.

아무리 재미없어도 일을 하는 것은 남을 위한 홍익을 하고 베푸는 것이다. 그걸 알면 재미없던 일도 재미가 있어진다.

빚은 욕심에서 생긴다. 죄를 지어 감방에 가야 한다면, 감방에 가는 것을 두려워 하지 말고, 죄값을 받으면 행복해진다. 죄를 지어 사형을 당해야 한다면, 다음의 생을 기약하며 행복하게 죽을 수 있다. 가고 가고 가다 보면 알게 되고, 행하고 행하고 행하다보면, 그 속에 깨달음이 있는 것이다.

검학은 이에 대한 해답을 준다.

셋째, 평범하게 살아가는 사람들을 위하여 쓰여졌다. 왜 살아야 되는 지를, 왜 죽어도 되는지를, 돈을 얼마나 벌어야 되는 지를, 왜 사랑해야 하는 지를, 왜 떠나야 되는 지를, 왜 외로워도 되는 지를 검학은 이에 대한 해답을 준다.

이같이 검학은 인간에게 꿈과 의지, 자유와 평등, 사랑과 깨달음, 영혼의 진화, 쾌락과 행복 등에 관한 인생 일체에 대한 해답을 줄 것이다. 직접적으로 해답을 쓰지 않겠지만, 본 책자를 읽다보면 스스로 깨닫게 될 것이다. 무엇을 해야 하는

지를 어찌 보면 이 책자는 보물 찾기 게임이다.

본 책자 구석 구석에 숨겨 놓았다. 국조 단군 대황조님이 전해주신 세 가지 보물들을 찾으러 함께 떠나자. 결국 자기 안에 있는 보물을 찾는 것이다. 어떻게 찾을 것인가?

서두 얘기 4

기독교도를 위한 단군주의

3천년만에 다시 피어난 꽃

사진은 흑룡강성의 한강인 송화강, 우리 민족의 아리수이다.
단군황(혜)성을 보았던 삼강평원 출장때 찍은 사진

"사랑밭 새벽편지"라는 글 가운데, "3천년이 지나 핀 꽃"이라는 제목의 글을 감동적으로 읽은 적이 있다. 그 내용은 이집트의 피라미드에서 한 미이라가 나왔는데, 그 미이라의 손에는 꽃 한송이가 있었다고 한다. 그런데 그 꽃은 공기와 접촉하는 순간 허공속에 부서져 사라지고 꽃씨만 몇개 남았는데, 그 꽃씨를 잘 재배하여 드디어 그 꽃이 3천년만에 다시 피어났다는 얘기다.

그 꽃은 발견 당시 그러한 수종이 없어, 그 꽃을 재배한 학자 다알의 이름을 따서 다알리아로 했다는 얘기이다. 다알리아의 꽃말은 그래서 "감사·화려"라고 한다. 그 미이라는 왜 그 꽃을 소중히 손에 쥐고 죽었을까? 어떻게 3천년 동안 꽃씨가 살아남을 수 있었을까? 그 이집트 시대 다알리아의 꽃말이 있었다면 무엇이었을까? 풀리지 않는 수수께끼이며, 많은 명상을 자아내게 하는 얘기이다. 나도 이와 비슷한 경험을 한 적이 있다. 지난 1997년도 3, 4월인가, 회사에 다닐 무렵인데, 중국 흑룡강의 삼강평원 1억 평을 개발하는 프로젝트로 흑룡강성을 방문한 적이 있었다.

그때 공항에 내렸을때 리무진 승용차로 안내하던 한 조선 동포가 차를 타고 가다 얘기를 하는데, 지금 흑룡강성 밤하늘에는 3천년만에 나타나는 "단군 혜성"이 떠있다는 것이었다. 그런데 3천년만에 나타나는 이 혜성은 흑룡강에서 제일 오래 가장 뚜렷이 볼 수 있고 단군 혜성의 기운을 엄청 받을 수 있고, 따라서 흑룡강성을 잡는 사람이 천하를 잡을 것이며, 우리 출장 여행 동안 내내 떠있을 것이므로, 이번에 삼강 평원을 개발하려 한국에서 오신 손님들은 복이 많고 엄청난 인연이 있는 분들이라는 것이었다. 단군 운동을 하는 나로서는 매우 놀라운 얘기가 아닐 수 없었고, 차를 타고 가는 중이어서 보질 못하던 나는 며칠 후에 다시 그 얘기를 물어 보며, 어디에 단군 혜성이 떠 있는 가를 가르쳐 달라 했는데, 그 조선 동포가 가르치는 밤하늘에는 큰별 같은 것이 떠 있었고, 그 주위를 다른 별들이 마치 삼태극으로 감싸고 있는듯이 보이는 것이었다.

흑룡강성의 밤하늘은 공해가 없어서인지 마치 보석들이 밤하늘에 박힌 것처럼 찬란했고, 단군 혜성으로 신비로운 광경을 펼쳐지던 기억이 지금도 생생한 것이다. 한국에 돌아와서 혜성을 찾아보니, 그 혜성은 1995년 7월에 서양에서 처음 발견되어, 발견한 사람의 이름을 따서 헤일-밥 이라 명명된 혜성이었고, 2400년에서 1만년 사이에 한번씩 나타나는 것으로 관측되고 있는 혜성이었다. 서양에서는 이 혜성이 나타난 때가 노스트라다무스가 예언한 때라고 보고, 이 혜성을 자기들을 구원해 천국으로 데려가려 온 우주선으로 잘못 알고 자살한 heaven's gate 라는 집단이 있었다고 하니 기막힌 일일뿐이다.

나는 지금도 흑룡강성에서 조선 동포들이 그 혜성이 단군혜성이고, 3000년만에 한번 나타난다는 전설을 지니고 살며 우주의 근원적인 힘이 있다며 흑룡강성에서 살아가는 것에 긍지와 사명을 가지고 있는 것이 흥미로왔다. 우리 선조는 서양 보다 사실 그 혜성을 먼저 발견한 것이고, 3000년 주기를 알 정도면 최소 1만년 이상은 역사가 흘러야 그 주기를 알텐데, 우리 선조가 대단하다는 생각이다. 또한 그 혜성은 나중에 알고보니 전설이 있다고 하던데, 그 전설을 모르니 궁금한 것이다. 여하튼 단군 혜성도 3천 년만에 피어난 별꽃이기에, 신비로운 것이다. 그런데 또한 생각해보면 3천년만에 피는 꽃이 또 하나 있다는 생각이 들기도 한다. 그것은 바로 우리 민족의 하나님이다.

현재 우리나라의 기독교는 하나님을 믿는다. 본래 서양의 기독교는 하나님이 아니라 여호와를 믿는 것인데, 그 의미가 하나님과 같다고 해서 민족 감정과 맞지않는 "여호와"라는 이름을 잘 안쓰고, 하나님을 쓰는 것이다(그러나 실제로 여호와는 하나님이 아니라 "하나님 대리자"라는 뜻이다). 그리하여 현재 기독교는 우리 민족에서 번성을 하고, 이 사회에 봉사 활동을 하며 좋은 일을 많이 하는 것이다. 아까 그 "사랑밭 새벽편지"도 기독교 목사가 하는 것으로 알려져 있다.

그런데 우리 민족은 3000년 전 고조선이 멸망할때까지도 하나님을 믿는 민족이었다. 그래서 우리 민족을 한민족이라 하는 것이다. 그리고 하나님의 존재를 처음 가르쳐준 분이 국조 단군이었고, BC 4333년 고조선을 세우면서 백두산에서 하나님께 천제를 올리며, 하나님 국가를 세운 것이었다. 그리고 고조선은 3000년 전에 역사의 무대에서 사라졌다. 그러므로 어떻게 보면 하나님은 기독교를 통해 3000년만에 다시 우리 민속에 피어난 꽃이기노 하나는 생각이 든다.

다시 말하면 원래의 서양 기독교는 하나님 대리자라는 뜻의 여호와를 믿는 종교인데, 우리 민족에 전파되다 보니 하니님이라는 이름을 쓰게 되어 한민족화 된 것이다. 그렇다면 기독교의 일부 광신도가 단군을 우상이라 하며 단군상의 목을 자르는 것은 매우 잘못된 일임을 알 수 있다. 예수보다 먼저 하나님의 존재를 가르쳐 준 분은 국조 단군이시기 때문이다.

천단인 원구단에서 우리 단군주의자들은 매년 10월 3일, 개천 천제를 올려 하늘의 천통을 이어 오고 있다. 그런데 2011년도에는 개천천제를 올리고, 2부 행사를 처음으로 기독교와 서울시청 광장에서 함께 한 적이 있었다.

그때 기독교 측 대표 전광훈 목사(나중에 이러한 개천절의 단군의 홍은과 대덕, 대혜, 대력을 받았는지 기독교연합체 회장이 되었다)는 유석근 목사가 쓴 『알이랑 민족』이라는 책을 선물로 주면서, 성경에 나오는 욕단이 단군이기 때문에 개천절 행사를 함께 하게 되었다고 했다. 전광훈 목사는 "바로 자기가 단군상 목을 짜르는데 가장 앞장을 섰지만, 이제는 단군상 목을 절대 짜르지 않고, 개천절에는 축하 예배를 드리고, 단군을 찬양하겠다"고 했다.

단군주의자들과 기독교가 서로 통하는 일이었다.

특히 2013년도에는 세계기독교총연합의 한민수 총재님이 민족회의의 원로주석으로 들어오셔서, 명실공히 단군주의자들과 기독교는 함께 영원한 동지가 되었다. 이제 기독교는 단군을 예수와 함께 모셔 본래의 기독교로 돌아와야 한다고 생각된다. 기독교는 원래 우리 한민족에서 나왔기 때문이다. 왜냐하면 본래 기독교는 카톨릭에서 왔고, 카톨릭은 유대교에서 왔고, 유대교는 수메르교에서 왔고, 수메르교는 고조선과 국조 단군께서 전통을 이어 받은 동방의 한웅 단군이 다스린 배달국 시대에 서쪽으로 간 복희의 여동생인 여와로 부터 생겨났기 때문이다. 즉 여와로부터 기독교가 생겨난 것이다. 여하튼 하나님은 3천년만에 기독교를 통해 다시 피어난 꽃과 같으며, 이제 기독교인들은 사랑밭 새벽편지 같이 종교를 초월하여, 본래 하나님을 가르쳐 준 국조 단군 할아버지를 잘 모시길 기원하는 것이다.

　이 책은 그렇기에 기독교를 위하여서도 발행되는 것이다. 국조 단군은 신이 아니라, 고조선을 세운 신인합일의 경지까지 오른 인간이다.

　참조로 혜성이 왔던 1997년 신문에서 설명하는 단군 혜성은 다음과 같다.

　"헤일-봅" 혜성은 단군(檀君)시대이래 4천여 년만에 다시 지구를 찾아오는 것이어서 각별한 관심을 끌고 있다. 대전시만한 큰 덩치(추정 핵길이 10~15㎞ 안팎)에 걸맞게 다량의 가스를 내뿜으며 긴 꼬리를 자랑할 것으로 보이기 때문이다. 혜성은 딱딱한 고체의 핵과 이를 둘러싼 지저분한 눈덩어리로 이뤄져 있다. 한데 혜성이 태양에 접근함에 따라 눈덩어리 부분이 증발해. "코마"라 불리는 가스구름이 되고, 이들이 태양풍에 밀려 꼬리를 형성한다. 헤일-봅은 코마와 꼬리의 길이가 1백만㎞를 훨씬 넘을 것으로 예상된다. 헤일-봅이란 이름은 1995년 7월 발견자인 2명의 천문학자 성(姓)에서 따온 것이다."

서두 얘기 5

단군주의와 주체사상

2002, 2003년도 단군릉에서 개최된 개천절 민족공동행사 이야기이다.

저자 서문에서 2000년도 남북공동 개천절을 하기 위해, 북경에서 남북 민족대표단이 만난 이야기를 쓰며, 결국 남북의 공통 분모는 오직 단군이라는 합의 아래, 남북공동개천절 행사는 물론, 남북정상회담이 무사히 개최되도록 한 이야기를 썼지만, 지금 이야기는 '개천절 남북 공동행사를 단군릉'에서 하면서 남북의 공통 분모는 오직 '단군'이니, '통일이념을 단군이념(단군주의, 더 나아가 검학)'으로 하자고 해서 노동신문에까지 실은 이야기이다. 주체사상의 이념국가에서 검자가 원하는대로 북측의 '주체사상'이나 남측의 '자본주의'를 통일이념으로 하는 것은 서로 못한다고 해서, 제3의 이념인 '단군이념'을 통일이념으로 하는 것은 혁명적이었다.

아주 난감한 문제였다. 그런데 북측은 단군릉에서 개천절 남북공동행사를 하면서, 단군릉을 '민족의 성지'로 하는 것을 남북공동선언문에 넣자고 하였다. 그러자 남측의 통일부나 국정원은 반대하였다. 남쪽의 기독교는 물론, 역사학자들마저도, 단군 유골이 5000년 되었다는 것이 과학적으로 입증이 안되었고, 이런 것은 통일을 북측의 주도로 하겠다는 것과 같은 것이기 때문에, 도저히 용납될 수 없는 일이라고 하였다.

그러나 검자는 이것은 이번에 역사학자들이 남북토론을 하기 때문에 그 결과를 보고 결정하면 된다고 하였으나, 통일부나 국정원은 요지부동이었다. 그러나 남북 역사학자들의 결과는 단군릉이 역사적으로나 과학적으로 가짜가 아니라는 결론이었고, 남북공동선언문에 단군릉이 "민족의 성지"로 넣는 것은, 남북공동선언문의 책임자인 남측 초안자 집행위원장 검자에게 위임하고 법적 혹은 모든 문제도 검자가 책임지는 것으로 한다는 남측 위원회 전체의 의견이었다.

그때 나는 좋은 생각이 났다. 단군릉을 "민족의 성지"로 하자는 북측의 요구를 들어주는 조건으로, "통일이념을 단군이념으로 한다"는 문귀를 넣자고 하였다. 그러자 이번에는 북측이 난색을 표하였다. 주체사상이 이념국가인 북한에서 다른 이념을 통일이념으로 표기하는 것은 절대 있을 수 없다는 이야기였다. 그때 검자는 그러면, 단군릉을 민족의 성지로 하는 것도 넣을 수 없다고 땡깡을 부린 것이었다.

검자는 첫째, 이것은 원래 2년 전 북경 실무회담에서도 얘기가 된 것이다.

둘째, 2백만 평의 땅계 위에 1억 불을 들여, 김일성 주석께서 단군릉을 개축한 것은 "남북의 공통분모는 오직 단군이니, 단군으로 가라"는 것이 김일성 주석의 유훈 인데, 북측 너희가 "통일이념을 단군이념을 한다"는 것을 반대하는 것은 그 유훈을 어기는 것이라고 하였다.

셋째, "주체사상이나 민주주의를 통일시대에 업그레이드 하는 것이 단군이념이다"라고 강력히 주장하였다. 결국 며칠 간의 실랑이 끝에 북측은 맨위의 승낙을 받는 걸로 해서 일단락이 났는데, 마지막 순간에 북측이 통보하길, 검자 집행위원장 의견이 통과됐다는 얘기였다.

그러면서 집행위원장 뚝심이 대단하다고 놀라움들을 표현했다. 그때 북측 집행부나, 남측 민족대표단이나, 남북의 역사학자들을 빼고는, 단군에 관해서는 모두 무지한 상태였다. 북측의 집행부도 단군에 관해서 거의 모르기 때문에 많은 것을 나에게 물어왔고, 남측 민족대표단의 대회사나 축사, 기념사, 만찬사를 모두 내가 작성해

주어야 했다. 그 후 북에서는 내 별명이 "단군 선생"이 되었다. 그러나 결국 나중에 노동신문을 보니, 단군릉에서 낭독할 때는 통일이념을 단군이념으로 한다는 것으로 낭독하고는, 신문에 게재한 것은 "단군의 뜻으로 통일하자"는 것으로 바뀌었고, "홍익인간 이화세계"라는 말도 빠져 버렸다. 이에 내가 항의를 하니, 단군이념이나 "단군의 뜻"이나 같은 말이고 단군이념이 홍익인간 이화세계라는 것은 이제 북에서도 누구나 다 아는 사실이기 때문에 글귀가 빠졌다는 북측의 궁색한 변명이었다.

그러면서 이만큼 한 것도 검자 집행위원장의 뚝심이었다고 하는 것이었다. 그리고 금강산 실무회담 때의 이야기이다. 주체사상과 단군사상의 차이에 관해서이다. 금강산에서 실무회담을 하고 내려오는데, 멀찌기 엄청 아름다운 곳에 건물 하나가 있었다. 그래서 저것이 무엇이냐고 물었더니, 단풍관이라 하였다. 그래서 다음에는 저기에서 실무회담을 하자고 했더니,

북측 실무자가 얘기하기를… *꿈도 꾸지 말라*는 얘기였다. 그것은 김일성 주석만이 쓰는 별장이고, 아직 김정일 위원장도 아마 쓰지 못했을 것이라는 얘기였다. 그래서 나는 "아니, 모든 인민이 평등한데, 그런 법이 어디 있느냐? 통일을 위해서는 일꾼들이 일을 하게 해줘야 되는 것 아니냐, 그래 가지고 실무회담이 제대로 되겠느냐?"고 땡깡을 부렸다. 그런데 다음 실무회담을 생각지도 않게 그 단풍관으로 안내하는 것이었다.

검자 집행위원상 넉분에 우리노 호상을 누린나고 농담을 하는 것

이었다. 역시 그 단풍관은 접대하는 여성들이나 음식이 평양의 호텔이나, 금강산 식당들과는 완전히 차원이 달랐다. 그러니 북측 실무자들도 기분이 좋았고 실무회담이 분위기 좋게 되었고, 보다 단군 선생의 말을 들으려 하였다. 그러더니 난데없이 질문이 들어왔다. 여하튼 간에 개천절 행사를 통해, 통일이념이 단군이념으로 되었는데, 도대체 주체사상과 단군사상이 어떻게 다른가를 설명해 달라는 얘기였다. 나는 간단하게 말했다.

 주체사상에 천부경이 들어가면 된다. 한마디로 주체사상이 업그레이드 즉 한차원 상승된 것이다. 이미 주체사상은 천부경의 극히 일부로 들어와 있는 것이고, 내가 연구한 바에 의하면, 주체사상 자체가 단군운동하는 사람들이 영향을 미친 것으로 알고 있고, 조선어학회 이극로 선생 등 대종교인들이 북에 많이 있었던 것이 그 증명이며, 단군민족통일협회 부위원장인 이억세 선생이 이극로 선생 손자가 아니냐고 했다.

 그래서 천부경에서 말하는 "인중천지"가 주체사상이고, "앙명인중천지일"이 단군사상이다.
 주체사상은 "우주의 주체는 사람이다"라는 것이 요체인데, 이것이 "사람안에 천지가 있다는 천부경의 인중천지"이다. 그러나 이것은 아직 사람이 하늘과 땅, 즉 천지와 하나가 된 상태가 아니다. 그러나 본심본태양 즉 황금태양, 검을 체득한 앙명인은 천지와 하나가 된 상태.

즉 "앙명인중천지일"인 것이 단군사상이다. 본심본태양을 체득하려면 이러한 천부경의 수련법을 해야 되는데, 이것이 기천검학이다. 옥상에 올라가서 한번 맛을 보라고 했다. 북측 실무자들은 어려운 말이지만 대충은 알겠다고 하면서, 잘 먹은 음식 소화도 시킬 겸 운동해보자고 했다. 그리하여, 그 당시 단풍관에 있던, 남북 실무자들이 십분간 정도 기천검학을 운동한 추억이 생겼다.

그리고 단군릉에서 결국 기천검학이 시연하는 동기도 되었다.

여하튼
인중천지 = 주체사상
앙명인중천지일 = 단군사상

이것은 천부경 수련법인 검학을 하지 않으면 말할 수 없는 경지이다. 나는 덧붙여, 이러한 천부경의 석각이 묘향산 석벽에 있으나, 아직 발견을 못했으니, 행사 후 유적 답사 일정에 묘향사 단군굴을 꼭 넣어, 그 부근에 있을 그 천부경 석벽을 찾아보자고 했다. 그러나 결국 아직도 천부경 석벽은 못 찾고 있다. 언젠가는 찾으리라 생각된다.

그날이 통일이념인 단군이념이 더욱 빛나는 날이 될 것이다.

> **제1편**

단군주의 선언을 위한 준비의 장
(국조 단군이 주신, 세 가지 보물을 잘 알자)

단군릉 전경

조선어학회 이극로 선생의 아들, 이억세 선생과 검자

2003년 개천절 단군릉

1948년 남북통일연석회의가 열렸던 대동강 쑥섬

묘향산에서 숭조회 황우연 회장님과

1937년도까지 있었던 고려인 자치 민족구역 정부청사 앞

기천문 및 단군단 창립 10주년(2004. 05. 01)

1부 이시대는 단군사상이 필요한 격동의 시대

제1장 요약 설명

1. 다물, 민족중건의 태양

 개인이나 민족이나 모두 바로 자기의 본래 모습을 아는 것은 가장 중요한 시급한 사안이며 바로 그것이 진정한 구도이며, 진리이다. 그러나 우리는, 우리 민족은 우리의 모습을 제대로 알지 못하고 근현대 시대를 지내왔다.
 이제 우리는 정신을 차리고 우리 것을 다시 되찾아야 한다. 그것은 바로 일찌기 고구려가 국시로 내세웠던 '다물'이라는 것이다.
 다물! 이 단어의 뜻을 아는 사람이 이 시대에 얼마나 있는가? 가끔 술자리에서 다물을 외치며 건배를 하자고 하면, 다물을 모르는 사람이 태반으로 나오는 것이 현실이다.

'다물'은 옛 강토를 되찾자는 뜻이다. 이는 우리의 조국 고조선의 영역을 되찾고, 또한 민족의 잃었던 웅혼한 영광과 얼을 되찾자는 것이다. 이런 목표 덕분에 고구려는 끝내 고조선의 옛 강토를 되찾고, 같은 민족인 백제와 신라를 속국으로 하며, 통일을 이루었던 것이다.

단군주의 사관은 진, 흉노, 북위, 요, 금, 원, 청나라 등 북방기마민족의 역사도 우리 민족의 역사로 본다. 고조선의 해체 이후는 지금의 남북 분단까지 포함해, 분단시대로 보는 것이다. "통일 신라"는 잘못된 표현으로 본다. 즉 신라-발해, 고려-요, 금, 원, 조선-청, 남한-북조선 등의 분단시대가 지금까지 계속되고 있는 것이다.

그리하여 이제는 국조 단군의 이념으로 우리의 조국 고조선을 고구려 같이 '다물' 즉, '되찾자'는 것이다. 이것은 우리의 역사적《역동북공정》인 것이다.

우리는 이제 다시 〈民族重建〉을 하고자 한다. 〈민족중건〉은 고구려의 〈다물〉과 같은 것이다.

이 시대는 을사늑약 100년, 광복 60주년이라는 역사의 분수령을 맞으면서, 혁명을 필요로 하고 있다. 역사는 진정으로 그 시대가 어떠한 시대인지를 의식하고, 치열하게 변혁을 꾀하는 소수 창조자와 이를 믿는 민중 즉, 홍민의 것이다.

깨달음에 의한, 피없는 평화 통일과 평화 혁명!

이것은 단군주의의 과정이다. 민족중건의 태양이 떠오르고 있다.

2. 단군의 역사적 기운

이제 단군의 바람이 불고 있다. 그 기운이 조용한 힘을 발휘하고 있다. 남녘에서는 봉우 권태훈 선생님의 "단(丹)"이 나오면서 氣와 단군에 관한 열풍이 불고, 이와 동시에 "한단고기"가 출현하면서 단군조선 등 상고사에 관한 열풍이 불고 있다.

또한 단군사상의 핵심인 "천부경"이 알려지면서, 더욱 그 이론적 근거나 체계가 잡혀가고 있는 것이다.

비록 일부 외래 종교의 극히 일부 광신도가 단군상의 목을 자르기도 했지만, 오히려 그것이 단군에 관한 관심을 증폭시키고, 그 광신도의 종교를 난처하게 만들고 있고 욕을 먹게 하고 있다. 역사를 보면 결국 외래 문화든, 종교든 토착화가 되지 않으면 살아남을 수 없기 때문에, 한핏줄의 근원인 국조 단군은 어느 종교에서든 역사적 첫 선조로 받들어지지 않을 수 없다.

"단군이 우상이다", "신화다"하는 민족적 망언은 이제 설 자리가 없다. 국조 단군이 개국한 고조선이 엄연히 역사에 있고, 그 유물이 있으며, 고조선을 건국한 첫째 임금이 국조 단군 왕검이기 때문이다. 국사 교과서에는 분명히 고조선이 우리 민족의 첫 국가임이 명시되어 있다. 그 고조선을 개국한 첫 임금이 있지 않은가? 그것이 단군 왕검인 것이다. 고조선 시대는 47대의 임금들이 2000년간을 다스렸으며, 그때는 임금 즉 지금의 대통령을 단군이라고 불렀고,

제1대 단군이 그 이름이 왕검인 까닭에, 우리 민족의 국조는 단군왕검이라 하는 것이다.

이는 2007년 과거의 국사 교과서에서 "국조 단군이 고조선을 건국하였다고 한다"에서 "고 한다"는 3글자를 삭제함으로써, 2007년 역사 교과서부터, 국조 단군이 신화에서 역사가 된 것이다. 그러나 검학은 더 나아가 배달국 위의 한국(桓國)을 세우신 한인을 초대 단군이자, 우리 민족의 시조이신 국조 단군 대황조로 한다. 그래서 한기 년호를 쓰는 것이다. 민족진영은 한기 년호를 국가에서 쓰도록 더 한층 노력해야 할 것이다.

한편 북녘에서는 평양 강동군의 단군릉을 개축하면서, 마찬가지로 단군의 열풍이 불고 있다. 북은 폭풍에 가까울 정도로 단군에 관해 일사분란하다. 북과의 통일을 얘기하려면, 국조 단군에 관한 얘기를 하지 않고서는 진실로 대화가 되지 않으며, 결국 겉돌 수밖에 없는 것이다.

그 어려운 경제 환경 속에서 200만 평의 땅위에 미화 1억 불에 가까운 돈을 들여 노동당 시대에 불멸의 업적을 남긴 것을 자랑하고, 우리 민족이 통일하며 나가야할 길은 단군임을 밝힌 것은 엄청난 의미가 있는 것이다.

이러한 남북의 단군 바람에 맞서는 것은 남북이 통일을 하지 말자는 것이며, 민족의 뿌리를 없애 민족을 없애자는 것이며, 이는 일본의 군국주의, 제국주의의 식민사관, 그리고 사대주의 밖에 안되는 것이다. 그러한 민족반역자들은 금수강산 이 강토를 지키고 물려준 조상들이 가만히 두지 않을 것이다.
그런데 단군은 단순히 민족 내부에 한한 존재인가? 이는 세계의 문제이다.

단군에 관한 역사를 심도있게 연구해 보면, 일반의 상식과 달리, 단군은 최소한 아시아의 시조임을 알 수 있다. 요사이 이야기되는 동북아 중심국가가 되려면, 단군의 역사와 사상에 관한 연구를 통해 한국, 중국, 일본, 몽골이 결국 단군의 한뿌리임을 깨닫게 될 때, 더 쉽고 공고하게 동북아는 하나가 될 수 있다는 것이다. 더 나아가 단군의 홍익인간 이화세계는 인류의 보편적 가치관으로 매우 훌륭하며, 단군이 적통을 이어받은 한웅의 배달국과 한인의 한국은 실제로 많은 민족이 함께 한 인류 보편의 모범적 국가였다.

우리는 민족통일과 융성과 세계평화를 위해 단군에 대해 공부하고, 이를 전파해야 하고, 국조 단군의 홍익인간 이화세계를 이룩할 수 있도록 실천해야 생각한다. 이것이 '단군운동'이다.
단군운동의 주체는 누구인가? 그것은 민족 대중이다. 한 글자로 말하면 '民'이다. 여기 단군운동선상에서 우리는 민족 대중을 '弘民'이라고 명명하기로 하였다.

그러나 정부를 도외시할 수는 없다. 또한 정부는 모든 것을 다 주도하려 해서도 안된다. 각계 각층의 홍민들의 창의력으로 발전하는 것이 민주사회이기 때문이다. 정부는 홍민이 내는 세금을 잘 관리, 집행, 감시하고, 홍민이 하려는 일들을 행정적으로 지원해주는 심부름꾼이어야 한다. 홍민 위에 군림하려 해서는 안된다. 현대에 급변하는 수많은 복잡한 일들을 정부가 일일이 다 주도할 수는 없는 것이다. 또한 홍민도 정부를 제쳐두고 일을 하려는 것은 여러가지로 손해인 것이다. 그러므로 홍민과 정부는 서로 자기의 직분을 잘 알아 화합하여 일을 해나가는 것이 중요하다.

이러한 관점에서, 홍민이 해나가야 할 민족 혁명에 관해 밝힌 것이 [배달의 형제, 단군주의 선언]이다.

3. 국조 단군의 3가지 보물 - 역사, 철학, 수련법의 3대 공부

그렇다면 단군운동에서 해야 할 공부는 무엇인가?
이것을 밝힌 것이 제 2부이다.
단군 공부는 크게 역사, 철학, 수련법 등 세개로 나누어진다.
어느 하나가 없어도 온전치 못한 공부가 된다.
이것은 국조 단군이 주신 세 가지 보물이다.

특히 중요한 것은 수련법이다. 좋은 이념은 많을 수 있다. 그러나 외래의 이념에 의한 운동들은 수련법이 없었기에 역사상 항상 문제가 있었다. 자기 자신의 수신이 제대로 안된 사람이 남을 어떻게 한다는 것은, 운전 능력도 없는 사람이 대중 운반차를 운전하는 것과 같다. 대구지하철 사고에서 보듯, 관리하는 한 개인 기관사가 잘못하여 중요한 관리 열쇠를 가지고 도주하는 바람에 많은 사람이 죽기 때문이다. 그러므로 홍민의 지도자가 되려는 사람은 필히 수련을 해야 한다는 것이 단군운동의 기본이다.
한편 단군의 역사에서 중요한 것은 단군은 〈아시아〉의 시조로 해야 한다는 것이다.
"아시아"라는 말 그 자체도 따지고 생각해보면 고조선과 같은 뜻이다. 그러므로 단군주의는 〈아시아주의〉이다. 그러나 아시아는 한민족으로 구성되어 있고, 그 한민족은 인류가 하나의 민족이라는 뜻이고, 인류의 시작 자체가 하나의 한민족이기에, 결국 아시아주의는 한민족주의이고, 세계주의라고 할 수 있다.

그러므로 한민족의 역사가 담긴 『한단고기』 역사책은 인류의 역사책이며, 기독교 시각으로 본다면, 구약, 신약 이전에 있는 본약(本約)이라고 할 수 있다.

『한단고기』를 성경의 입장에서 다시 조명해 보는 "본약 한단고기" 라는 책자가 필요하다.(곧 발간할 예정이다)

그렇기 때문에 단군운동가라면 최소한 역사에서는 『한단고기』를 한번 정독해 보고, 철학에서는 『천부경』 정도는 늘상 외우고, 수련법에서는 검배공과 검학의 정화인 『기지개검공』 정도는 할줄 알아야 단군운동을 한다고 할 수 있다.

단군운동가 중에서도 지도자라면, 역사는 규원사화, 신사기, 단기고사, 부도지 등은 한번씩 정독하고, 철학은 삼일신고까지는 외고, 수련법은 육합단공 정도까지는 할줄 알아야 한다.

단군운동을 하려면 공부를 통한 진정한 실력이 있어야 한다. 단군 공부를 하지 않고 단군운동을 하는 것은, 공산주의 사회주의 운동을 하면서, 『공산당선언』이나 『자본론』을 읽지 않고 하는 것과 같다.

즉 나이가 많다고, 다른 사회 운동을 많이 하고, 오래 했다고 쉽게 단군운동을 할 수 있는 것은 아니다. 겸손하게 입문하여 최소한의 공부를 해야 하는 과정을 거쳐야 한다고 생각된다. 그 이후 누구나 자기의 경륜과 사회적 지위로 단군운동을 보다 크게 발전, 성장시킬 수 있을 것이라 생각된다.

사실 우리가 진정으로 한민족 국가다운 문화와 문명을 이루려 한다면, 쓸데 없는 많은 부분의 서양 문물을 학교 교육과정에서 빼버리고, 이러한 단군문화의 가장 기본적인 사항들을 어릴 때부터 가르쳐야 하는 것이다. 그러나 현재 민족 현실은 단군운동진영이 아니면 이러한 가장 한민족다운 문화 교육을 접할 수 없는 식민 국가 수준인 것이다. 얼마나 한심하고 통탄할 일이 아니겠는가?

  아무리 사회적으로 성공하고, 많이 알고, 명예가 높다해도, 진실로 우리 단군민족의 뿌리 문화인 우리 것을 모른다면, 다 부질없는 뜬 구름 같은 것이다. 자기의 몸과 마음을 밝히지 않고, 우리 것을 모르고, 어찌 인생을 값있게 살고, 천하를 평화롭게 하겠다고 할 수 있겠는가?
  단군 공부는 실로 이러한 문제를 해결해 주고 있다.
  그리고 시급히 해야 할 시대적 현실적 실천과제에 대해, 그리고 진행되고 있는 상황에 대해서도 많은 사람들이 알고 힘을 합해야 한다. 운동역사와 시대적 실천 각론들이 그 내용이다.

4. 단군 운동의 역사

그리하여 우리는 여태까지의 단군운동 역사를 생각해 보았다. 혹자는 '단군운동이라는 것이 있었는가?' 하고 반문할지 모르지만, 우리민족의 역사속에는 단군운동이 민족운동의 핵심으로 계속 내려온 것을 알 수 있다. 우리 민족이 외세로부터 위기에 몰릴 때마다 국조 단군의 뿌리는 굳건히 우리 민족을 지켜준 것이다.

민족이 단군을 찾았을 때는 민족이 융성했고, 단군을 소홀했을 때는 민족이 전쟁이나, 극심한 고난에 빠졌던 것이 많은 논문이나 자료에서 역사적으로 밝혀지고 있다.

모든 사물에는 핵심이 있듯이, 우리는 단군운동이 민족운동의 핵심이고, 민족운동이 많은 사회운동의 핵심이라 생각한다. 해방 이후 우리 민족에게는 민주화 운동이 홍민에 있어서 중요한 것이었다고 생각할 수 있다. 홍민이 민족의 주인임이 계속 정권에 의해 부정되는 상황이었기 때문이다.

그러나 사실 민주화 운동은 크게 보아 민족운동이었다고도 할 수 있다. 왜냐하면, 홍민이 민족의 주인임을 부정한 정권들은 해방이후부터 미군정이나 친일 등 외세에 의한 정권이었기 때문이었다. 우리는 이제 민주화 운동의 지도자들이 단군운동을 이끌어 나가야 한다고 생각한다. 그것이 민주화 운동을 퇴보시키지 않고, 본래의 홍민혁명과 민족혁명을 완수하는 것이라 생각하기 때문이다.

이제 급변하는 세계 정세 속에서 민족운동은 그 뿌리를 찾아 정체성을 확보하여야 한다. 그리하여 민주화운동과 민족운동의 이념을 좀더 고차원적이고, 더 나아가 인류를 위해 홍익인간 이화세계할 수 있는 방향으로 나아가야 한다. 그것이 혼돈의 세계화 속에서 우리를 지키고 살아남을 수 있는 길이기 때문이다. 그리고 바로 그 뿌리는 국조 단군인 것이다.

사실 민족사에 있어서, 북녘은 대외 명분과 이념 분야에 있어서 앞섰고, 남녘은 생산력에 있어서 앞섰다고 할 수 있다. 그래서 그런지 이미 북녘은 단군릉을 개축하면서 상당한 역사적 정통성을 강조하는 단군운동으로 일사분란하게 그 이념을 바꿔가고 있는데, 남녘은 단군운동에 있어서 지리멸렬한 상태이며, 이러한 남남분열은 남북 통일에의 커다란 장벽이 될 수 있다.

우리는 단군을 신으로 모시는 것을 배격한다. 단군은 종교의 차원에서 다루어질 존재가 아니다. 단군은 역사적 개국 선조이시다. 외래 종교관이나, 식민사관에 의해 단군을 잘못 평가하는 것은 반민족적 행태로 남북 모두에서 치열하게 처형해야 할 대상이다.

이제 "단군"이라는 용어가 어느 한 종교의 눈치를 보며 사용을 기피해야 하는 시대는 사라져 가고 있다.

우리에게 필요한 것은 "단군"이라는 말에 큰힘과 기운을 얻는 민족의 주인인 홍민의 등장이다. 홍민이 역사를 이끌어 가는 홍익인간 이화세계의 세상이다.

단군의 바람 속에서,
새롭게 종교들은 태어날 것이다.
새롭게 기업들은 발전할 것이다.
새롭게 정치는 펼쳐질 것이다.

단군의 바람 속에서 새로워지지 않는 모든 것들은 이제 새로운 인류사에서 망각의 바다로 흘러갈 것이다.
그만큼 단군은 이 시대 모두에게 빛과 영감과 힘을 줄 것이다.

제2장 왜 단군운동인가?

1. 단군운동이 이 시대에 절실한 이유

지금 이 시대는 엄청난 변화들이 급속하게 일어나고 있다. 많은 사회 운동들은 방향을 알지도 못하며 휩쓸려 가기 쉽다.

이제 우리는 개혁을 완수하고, 정착시키고, 굳건한 미래를 건설해나가야 한다. 그러나 어떻게? 민족 대중, 즉 홍민은 역사의 교훈을 세내로 의식하시 못하고, 이념의 부재 속에서 강하게 줄기차게 나가지 못하고 있다.

사회 운동에 있어서 이념은 중요한 것이다. 우리는 그 이념을 우리의 뿌리 시대로부터, 먼 미래까지를 모두 아름답게 할 수 있는 진정으로 올바른 이념이 시급히 필요한 상황이다.

　민족 내의 모든 계급들이, 나아가 전세계의 모든 민족들이 받아들일 수 있는 사상 체계가 필요한 것이다. 여기서 우리는 단군 이념을 내세우고자 한다.

　그 단군 이념이 이 시대에 절실한 이유는 다음과 같다.

　첫째, "뿌리론"이다.

　나무에는 뿌리가 있다. 뿌리가 없는 나무는 죽을 수밖에 없고 쓰러져 썩을 수밖에 없다.

　우리 민족의 뿌리는 무엇인가? 우리 민족의 뿌리는 국조 단군이요, 단군왕검이 개국하신 고조선이고, 한웅 단군이 개국하신 배달국이고, 한인 단군대황조께서 건국하신 한국(桓國)이다.

　이에 대한 연구는 바로 우리 민족의 정체성을 찾고 본래 모습을 찾는 일이다. 단군과 고조선에 관한 역사서는 우리나라는 물론 외국의 역사서에도 많은 기록이 남겨져 있다. 이러한 역사적 진실을 애써 외면하는 것은 일제 식민사관이며, 외래 사대주의이며, 광신적 종교관이다.

　"중국 문화나 일본 문화와 우리 한국 문화가 무엇이 다른가?"하고 많은 외국인들이 물어본다고 한다. 많은 외국인들은 동북아 3국의 문화 특색을 모르고, 심지어 중국과 일본 사이에 한국이 있는지도 모르는 사람도 있다. 중국 문화와 일본 문화와 다른 한국 문화는 바로 한국의 본래 문화인 단군 문화라는 것을 외국에 알려야 한다.

이는 매우 중요하고 시급한 문제이다. 단군 문화가 한국 문화의 뿌리이며, 진정으로 강력한 역사적 전통을 가지고 있다는 사실을 우리 민족 내부에서 조차도 모르는 사람이 많다는 것은 그만큼 지금 이 시대가 아직도 외세에 의한 식민지 국가의 잔재가 남아있다는 것을 뜻한다.

지금 이 시대, 우리 민족의 뿌리는 바로 국조 단군과 고조선에 두어야 한다. 남북, 해외가 외세에 의해 이질성을 띤 현 상황에서 동질성을 회복하려면 뿌리로 돌아가야 한다. 그것만이 살 길이다. 우리가 길을 가거나, 어떤 연구를 할 때 엉키거나, 막히거나, 서로 헤어져 만나지 못하면, 다시 처음으로 돌아가는 것과 마찬가지 이치인 것이다.

남북, 해외의 공통분모 즉, 뿌리는 바로 국조 단군임을 절실하게 인식할 때 우리는 통일할 수 있고 민족발전을 이룰 수 있는 것이다.

그 누가, 그 어떤 것이 우리의 뿌리라고 감히 말할 수 있겠는가? 오직 국조 단군만이 아무런 이의없이 남·북·해외 모두에서 인정하는 우리의 뿌리이다. 뿌리없는 세계화는 외래에의 종속을 가져오고, 민족을 해체하는 힘으로 작용할 것이며, 이미 그 위험 수위는 매우 한탄스러운 경지에 달했다고 볼 수 있다.

우리는 뿌리를 알차게 살림으로서, 우리 민족 고유의 빛깔과 향기로 세계에 무엇인가를 선보이고, 세계문화를 다양하게 꽃피울 수 있는 것이다. 자기 것은 아무 것도 없이, 남의 것만을 얻어먹거나 무조건 받아들인다면, 그것은 무례하고 부끄러운 일이기 때문이다.

둘째, "핵심론" 즉 "구심점론"이다.

모든 사물에는 핵심이 있다. 모든 물질이나 조직에는 핵심 즉, 구심점이 있다. 핵심이 없는 물질이나 조직은 활기찬 제대로의 온전한 조직일 수가 없다.

지금 우리 민족이 그러한 상황이다. 민족 대중이 기댈 수 있는 정신적 지주가 없는 공백시대가 계속되고 있다. 이것은 곧 자기 상실이며, 외세에 허물어져 있는 허약한 모습이요, 자기 자존이 없는 비굴한 꼭두각시나 허수아비로 될 수밖에 없는 국가와 민족이 되어가는 것이다.

우리는 민족의 영웅들을 탄생시켜야 한다.

그래야 국가와 민족이 발전하는 것이다. 영웅없는 시대, 서로 헐뜯어 죽이는 시대, 그래서 욕먹고 잊혀져가고 뒤떨어지는 민족의 시대는 이제 사라져야 한다. 지금 당장 민족의 영웅을 만들기 힘들다면, 과거에서 많이 찾을 수 있다. 특히 민족의 영웅들 중에서 국조 단군은 우리의 시조이기에 아무리해도 지나침이 없다.

우리 민족은 구심점이 있을 때 엄청난 저력을 발휘할 수 있는 자질을 가지고 있다. 그것은 역사적으로 수 없이 많이 증명이 된 바와 같다. 우리 민족의 원초적 구심점은 당연히 국조 단군이다. 그렇기에 이 시대에 우리 민족을 이끌어가는 핵심 즉, 구심점은 당연히 단군운동이 되어야 한다.

그리하여 국조 단군 시대인 고조선의 정치, 경제, 문화, 사상 등 모든 것이 연구되어 이 시대에 되살아나야 한다. 그것만이 우리가 사는 길이고 우리 본래의 모습을 되찾는 길이며, 인류를 홍익인간 이화세계로 이끌어 나갈 수 있는 길이다.

지금 전세계에 시대적 상황은 제 3차 세계대전이 일어날 수도 있는 갈등적 구조 상황이며, UN이나 미국은 이제 인류의 구심점으로서 자격이나 권위가 상실된 상태이다.

이같이 혼돈을 거듭하는 세계적 상황에서 민족과 인류의 구심점으로서는 홍익인간 이화세계를 내세우신 국조 단군과 그 이념과 그 이념이 구현된 고조선이, 우리의 역사의 갈길을 제시하는 핵심임을 우리는 알아야 된다.

"고대 단군에서 빛을!" 이것이 동방의 르네상스이다.

셋째, "모범론"이다.

외래어로 말한다면 "모델론"이다. 우리 민족의 발전을 위해서는 참조가 될 모델 즉, 모범적, 이상적 국가가 필요하다. 우리 민족의 역사에서 찾는다면 가장 오래된 시기에 걸쳐 유지되었던 고조선 즉, 단군조선에서 찾아야 할 것이다.

교통이 발달되지 않은 그 옛날 시대에서도 한반도, 만주, 시베리아, 중국 동부, 일본까지 포함하는 거대한 동북아시아의 영토를 혹은 아시아 전체를 인류사에 유래를 찾아볼 수 없을 정도로 기나긴 2000여 년 간 평화로이 존재했던 고조선의 존재는 지금까지도 연구해야 할 신비로운 대상이다.

국조 단군의 홍익인간 이화세계의 이념속에 엄청난 경제적, 문화적, 정치적 사상과 제도와 역사적 방향이 있지 않았다면, 이와같이 훌륭한 고조선의 역사는 있을 수 없는 것이다. 그러므로 우리는 우리 민족과 인류의 나아갈 이상국가를 고조선에서 찾자는 것이다.

　인류는 이제 과학 문명이 창조주 신과 비견될 정도로 발전했다. 그렇다면 이제, 인류는 인간이 꿈꾸던 유토피아의 국가, 이상국가를 건설해야 한다. 그렇지 않다면, 인류는 과학 문명에 의해 오히려 망할 수도 있음을 경계해야 한다. 자유를 누리며, 물질이 풍부하며, 법체계와 최소한의 윤리가 지켜지는 이상적인 나라를 건설할 때도 온 것이다.

그것이 새로운 인류의 조국이 될 것이다. 그리고 그것은 과거에 고조선에서 참조할 수 있다. 물론 물질적 문명은 지금 이 시대에서 고조선 시절과 그 발달상태가 엄청나게 다를 수 있지만, 근본적 커다란 구조는 같은 것이기 때문에 우리는 고대국가인 단군조선, 배달국, 한국 즉, 이 모두를 일컫는 한단시대로부터 빛을 발견하여 이 시대를 다시 비추어 볼 필요가 있는 것이다.

이것은 마치 서양이 고대 그리스, 로마로부터 빛을 발견하여, 중세의 암흑을 물리치고 르네상스를 일으키고, 더 나아가 산업혁명을 일으켜, 서세 동점한 역사적 사실에서도 그 교훈을 받을 수 있는 것이다.

이것이 동방의 르네상스, 즉 민족중건이다. 이것은 동북아 중심국가가 필요한 이때, 중요한 시사점을 주는 것이다. 우리의 문제는 우리가 풀어야 하는 것이며, 그 해결책도 우리에게 있고, 우리의 역사 속에서 찾을 수 있음을, 자각해야 할 것이다.

2. 단군단 취지문

단군단 설립의 역사적 의의는 크다.

국조 단군께서 한민족 국가를 개천하실 때만 해도 경제, 종교, 정치는 하나로 융합되어 있었다. 그리하여 홍익인간 이화세계를 펼치신 것이었다. 그러나 시대가 흐를수록 경제, 종교, 정치는 분리될 수밖에 없었고, 이는 당연한 시대적 요구였을지 모른다. 그러나 원시반본 하는 역사의 진리 속에서 이제는 경제, 종교, 정치가 통합되지는 못하더라도 유기적인 화합을 가져야하는 시대가 도래하고 있다.

단군단은 경제, 종교, 정치가 삼태극으로 화합하는 새로운 형태의 조직으로 단군시대를 중건하며 탄생한 것이다.

단군의 역사를 이룩한 조직을 이 시대에 정확히 다시 부활시킨 것이다. 가깝게는 서기 1904년 백두산에서 〈단군교 표명서〉를 선언한 백봉신사와 그 동지 선열들의 맥을 정통으로 이어 받아, 그로부터 꼭 100주년인 서기 2004년에 단군단은 민족중건을 일으키는 것이다.

즉 단군단은 그 중건시대가, 단군문화가 이 시대에 펼쳐지도록 노력할 것이다.

특히 단군단은 남·북·해외가 함께 하는 개천절 민족공동행사를 발의, 기획하여, 이를 주관하는 민족 진영 정통의 한민족운동단체연합의 집행부 역할을 시초부터 오랫동안 맡았으며, 단군 탄신절을 주창하여, 이를 단군운동단체들이 총규합하여 힘을 합해 매년 음력

5월 2일 탄신절 행사를 성심껏 치뤄 오고 있다. 우리는 단군 탄신절을 통해서 국조 단군이 실존적 神人임을 자연스럽게 알릴 수 있으며, 개천절이 우리의 뿌리인 〈개천 단군민족의 생일〉임을 확실하게 알릴 수 있는 것이다.

또한 단군단은 민족대표단을 상설화하고, 이를 바탕으로 통일정부까지 세워야 한다는 〈삼태극 통일론〉을 줄기차게 주장하고 있다.

이러한 단군단의 설립 취지는 이 시대에 긴요한 바이다. 또한 이에 단군탄신절을 국경일로 할 것을 제안한다.

별첨
단군주의 신묘년 선언문 : 국조 단군왕검 탄신절의 국경일 제정을 남북 양측 정부에 건의한다

세계 인류에게는 그 겨레에게 특별한 의미가 부여되어 있는 날을 국경일과 기념일로 정하여 후손들에게 그 역사와 의미를 교육하고 있습니다. 그러나 정작 우리 겨레에게 큰 의미가 있는 선조님들을 기리는 행사는 전무한 형편입니다.

그러나 여러 외래종교의 기념행사는 다릅니다. 공자님을 기리는 전국 향교의 석전제(釋奠祭), 불교의 초파일, 기독교의 성탄절 등 우리 겨레의 전통행사가 아닌데도 불구하고 전국적으로 성대하게 치뤄지고 있습니다. 이 땅에 들어와 있는 종교의 성인들은 사실 탄생한 날짜가 불분명 한데도 불구하고 일정한 날을 정해 성대한 기념행사를 갖고 있는 것입니다.

그러나 다행히도 우리 겨레의 역사 중에 큰 의미를 갖고 있는 고

조선을 개천하신 단군 왕검님의 탄신일은 엄연히 문헌에 기록되어 남아 있습니다.

다른 겨레의 성인들을 성대하게 기리는 이 땅의 민족이 이제는 우리의 잃어버린 영광의 역사와 함께 겨레의 훌륭한 정신문화를 이룩한 신인(神人)과 성인(聖人)들을 기리는 행사를 국가적 차원에서 국민적 경축일로 복원해야 할 시기가 되었다고 생각합니다. 그 정신을 현재적 가치로 계승 실천하여 혼탁한 세상을 밝히는 지표로 삼고자 하는 것입니다.

문헌기록상 신묘년 5월 2일은 고조선을 건국하신 제 1대 단군이신 단군왕검의 탄신일이며, 임인년 5월 5일은 고구려를 건국한 고주몽 단군과 치우천황과 궁예의 탄신일로 기록되어 있습니다. 이러한 5월 5일은 전통 단오명절이기도 합니다. 단오절에 행해지는 씨름, 쑥으로 만드는 호랑이 등의 몇 가지 전래 풍속의 내용을 들여다보면, 단오 명절은 작년 월드컵 때 붉은악마의 상징이 되어 한민족의 신명(神明)을 세계에 드날린 치우천왕의 탄신일입니다. 특히 단오 때 쓰는 적령부는 치우천왕이라 할 수 있습니다.

그러므로 우리는 음력 5월 2일부터 5월 5일까지를 민족정기와 세계평화가 가득한 축제 기간으로 하여, 전세계에 자랑할만 합니다. 4강으로 승리했던 지난 월드컵 기간도 이때여서, 민족이 웅비할 수 있었습니다.

특히 올해는 단군왕검이 탄신하신 신묘년으로 4380년되고, 73방이 되는 새로운 단군의 시대를 여는 날 입니다. 이제 우리 민족은 동 진영도 홍익대통령을 내고, 북 단군릉에서 통일이념으로 남북 공동선언된 단군주의로 세계 각 민족의 단군을 찾아주고, 민족주권들을 세워 주며, 세계 각 민족들의, 특히 중국의 소수민족들의 민족자결과 자유와 평등을 실현시켜 줄 때가 되었습니다. 우리 땅 간도도 되찾을 때가 왔습니다.

또한 우리 한조선 민족도 몽골, 인디언, 중앙아시아 민족들을 하나로 잇는 주신니안 네트워크를 세워, 민족주권과 식량기지와 자원기지를 확보할 때가 왔습니다.

이는 우리 민족의 상고사를 복원해야만 가능한 일이고, 오늘의 단군왕검 탄신절의 국경일 제정은 이러한 민족중건의 신호탄이 될 것입니다.

참으로 이 5월이야 말로 우리 겨레에게 잊혀진 역사의 계절이요, 망각의 시간이었던 것입니다. 오늘 국조 단군왕검님의 탄신절 행사를 기반으로 하여 국가적 차원의 대 축제일로 승격시키기 위해 이 자리를 빌어 우리의 의지를 정부에 요구합니다.

첫째 민족운동진영의 민족단체들 공동명의로
둘째 우리 민족의 저력으로,
셋째 이 시대의 역사적 소명으로
국조 단군왕검 탄신절을 국경일로 제정할 것을 남북 양측 정부에 공식으로 건의하는 바입니다.

시기2000년 음력 5월 2일

3. 배달의 형제선언

단군운동진영이 총연합한 〈단군단〉의 의의는 크다. 매년의 태양이 새로 뜨는 날, 송년회를 하면서 단기 4332년(서기 1999년) 12월 25일 발표한 [배달의 형제 선언]은, "단군주의 선언"을 요약하며, 이 시대 단군운동의 역사성을 알게 하여준다.

[배달의 형제선언] 〈全文〉
새로운 푸른 싹이 썩어 빠진 이 땅에서 깊은 뿌리를 바탕으로 힘차게 솟아나고 있습니다. 새로운 빛이 어두운 이 땅에서 저 하늘 끝까지 뿜어 나오고 있습니다. 새로운 기운이 온 세계에 뻗어 나오고 있습니다. 그것은 〈홍익인간 이화세계〉를 새로운 홍익문명의 새 시대를 인류사에 영원히 이룩하려는 "배달의 형제들"입니다.

지난 100년 간, 더 거슬러 올라가 1000년 간 2000년 간 인류사는 동양과 서양이 만나며 많은 사건들과 문제들이 생겨 났지만, 특히 지난 100년 간은 인류가 하나의 지구촌을 이루기까지 하나의 인터넷이 형성되기까지 제국주의와 세계대전들로 인하여, 수많은 인류의 생명을 희생하고 지구 환경을 파괴하고, 모순과 갈등과 분열과 착취의 구조를 만들었습니다.

특히 우리 민족은 세계사의 모순이 응축되어 나타나 분단이라는 장벽으로 왜곡되어 발전을 못하고 있고, 진정한 광복 독립을 아직도 못하고 있습니다. 또한 백범 김구 선생님이 암살 당한 이후 민족

세력은 쇠퇴하여 이 땅에는 지역주의와 계층 간 이기주의, 식민잔재, 사대주의 따위가 뒤엉켜 민족의 생명력과 발전력을 억압하고 있습니다.

그러나 이제 하늘의 기운이 이 땅의 기운이 민족을 위하여 순국하신 선열, 선조들의 민족혼이, 이제까지 가진 분열, 분단, 억압의 모순 구조를 무너뜨리며, 통일과 평화를 위해 모이고 움직이기 시작하였습니다. 이러한 天·地·人의 기운 속에서 이제 우리 한민족은 새롭게 重創되어야 합니다. 서양문명이 고대로부터 빛을 찾아 르네상스를 이루고 산업혁명을 하여 서세동점 하였듯이 이제 우리는 민족의 시원으로부터 빛을 찾아서 우리 근·현대사와 인류문명의 한계를 극복해 나가야 합니다.

우리는 특히 단군조선이 한반도, 만주, 시베리아, 중원, 일본 열도까지 광활한 영토를 인류 사상 유래가 없이 수천 년간 평화로이 유지된 사실을 인식하며, 어떠한 정치, 경제, 문화 제도가 이것을 이룩했는지, 그 단군의 역사와 사상이 무엇인지 탐구해야 한다고 생각합니다. 그리하여 새롭게 인류문화를 창조해야 합니다.

새로운 홍익문화를 이룩해야 합니다. 이것이 중건입니다. 우리 민족이 통일할 수 있는 구심점은 바로 우리가 국조 단군의 한 핏줄이라는 것입니다. "국조 단군은 우상이다"라는 식민사관과 사대사관을 타파하고, 우리 민족의 뿌리로 돌아가 하나가 되어, 민족얼을 확고하게 세워야 합니다. 뿌리가 없는 나무는 살 수가 없습니다. 뿌리 문화가 없는 민족은 사라질 수밖에 없습니다.

우리 민족에게는 곧 많은 위기가 닥쳐올 것으로 예견됩니다.

제 2의 구제금융(IMF), 제 2의 6·25, 제 2의 일제침략, 제 3차 세계대전, 세계경제공황, 종교전쟁, 식량파동, 에너지 자원 파동, 환경파괴로 말미암은 기후이상, 지각변동 등 인류사의 가장 처참한 종말적 현상이 나타날지 모릅니다. 그러나 가장 큰 위기를 해결하면 가장 큰 평화와 행복이 올 것입니다.

지금 인류는 종말적 파멸이냐, 새로운 유토피아를 건설하느냐의 기로에 있습니다. 이러한 해결점은 우리 민족에 있습니다. 세계사 모순의 응축인 남북분단을 타파하여 통일을 이룩하는 것이 인류평화와 발전의 열쇠가 될 것입니다. 역사를 새롭게 보면 국조 단군은 아시아의 시조입니다. 단군의 자손들인 한국, 중국, 일본, 몽골 등 자원이 풍부한 동북아시아의 평화적 연대 통합은 인류사의 큰 해결점입니다. 그 일은 종손(宗孫)인 우리가 해야 할 사명이며 의무입니다. 또한 한민족의 본디 뜻은 "세계 민족은 하나의 민족이다"라는 것입니다. 인류 최초 하나의 국가, 바로 환국(桓國)의 환민족입니다.

이제 우리 민족은 더 나아가 온 인류, 한민족은 〈홍익인간 이화세계〉라는 대 명제 아래 하나가 되어, 인류사의 기로에 선 이 시점에서 올바로 나아가 찬란한 홍익문명의 새 시대를 이루어야 합니다. 그러기 위하여 우리 남한의 모든 사회단체, 민족단체, 각 종단은 한민족의 이름으로 대 연대 통합하여 "통일"이라는 시대적 사명을 다 해야 합니다.

새롭게 한민족의 중건을 일으켜야 합니다. 우리는 이제 서로 아끼고, 믿고, 사랑하고, 서로 도와서 수많은 민족의 영웅들을 키워내야 합니다. 그리고 하나가 되어야 합니다. 우리는 피를 나눈 영원한 배달의 형제입니다. 우리에게 민족의 앞날이 인류의 앞날이 달려 있습니다. 이제 우리 모두 하나로 뭉쳐서 단군주의로 인류사의 새로운 장을 여는 뜨거운 햇덩이로 떠올라 나아갑시다.

서기 1999년 12. 25.

배달의 형제 일동

4. 30년을 꿈꾼 이념 - [劒(검)思想], 단군주의와 기천

내가 고등학교 시절, 역사에 눈을 뜨면서 내 꿈은 인류 최고의 마지막 이념을 만드는 것이었다. 사상가가 되는 것이었다. 역사에 눈을 뜨게 된 것은 지금 생각해보면 실로 별것 아닌 이유였다. 국사 과목 선생님이 있었는데, 그 선생님은 가끔 술이 덜 깨어 얼굴이 붉어 온 적이 많았고, 강의하는 말투도 무엇인가 허무와 냉소적인 느낌이 들었다. 나는 그때 국사를 공부하면서, 역사에 대한 의식이 조금 들었고, 그렇게 그 국사 선생님을 무엇인가 허무로 만드는 사회 제도와 환경은 무엇일까 하는 생각이 들기도 했다.

어려서부터 책읽기를 좋아했던 책벌레인 나는 특히 역사소설과 무협소설을 좋아했고, 무한한 상상을 역사와 무협세계 속에서 펼치곤 했다. 그리하여 대학 학과를 결정할 때, 나는 역사학과 경영학 사이에서 아주 오랫동안 고민을 해야 했다. 결국 나는 현대에 가장 최신 학문이라는 경영학이 무엇인지가 궁금했고, 역사학은 부전공으로나 취미로 해도 공부하는데 어려움이 없을 것 같아 경영학으로 결정했다. 그러면서 행정고시를 합격해서 경제기획원에서 경제 정책을 세우면서 이념을 펼치는 꿈을 가졌었던 것이다. 그러나 재수를 하고 막상 대학에 와서는 내 생각과는 달리 방향이 달라졌다.

나보다 연세대에 일년 빨리 입학한 고등학교 친구 이창재가 "목하회"라는 이념써클을 소개해 주어, 써클에 가입하면서 방향이 나도 모르게 바뀌어진 것이었다. 그 당시 목하회는 민청학련 사건을 주도했다가, 지도교수인 김동길 교수와 함께 공식 활동을 못하게 되면서 지하에서 활동하던 운동권의 이념써클이었다. 목하회에서 읽는 책들은 제도권 교육에서 가르치던 학문이 아니었다.

맨처음에는 김동길 교수의 영향 탓인지 미국의 자유민주주의에 대한 공부가 많았지만, 이상하게 점차 좌파적 진보 성향의 책들을 읽게 되었고, 이는 더 나아가 마르크스 레닌주의 관련의 책들을 읽다가 원전도 읽게되고, 볼세비키나 모택동의 혁명을 공부하고 나중에는 북의 주체사상까지 공부하게 된 것이었다.

그러다보니 제도권의 행정고시를 합격해서 제도권하에서 경제정책을 세운다는 것에 대한 한계와 회의를 느끼게 되었고, 자연히 행정고시 공부와는 멀어지게 되었다. 그리고 진정한 혁명을 할 수 있는 이념은 무엇인가 하는 고민에 빠진 것이었다. 사상들과 더불어 역사를 공부하다보니 동학 혁명을 공부하게 되었고, 더 거슬러 올라가 실학에 대한 공부를 하면서, 고구려, 발해 역사에 관심이 가면서, 드디어는 민족의 원시조인 단군에까지 관심이 가게 된 것이었다. 단군에 관한 공부는 하면 할수록 그 세계가 깊고 넓었다. 이에 대한 안내도 전혀 없었고 새로 개척해야 했다.

그 당시에 존경하던 교수님들이나 예술가들이 동학이나 증산사상까지는 연구 결과를 내어도 단군에 관한 연구는 별로 없었던 것이 아쉽기도 했다.

어려서부터 책을 좋아하던 나는 대학에 와서 마음껏 책을 읽다보니 스스로 저절로 글을 쓰게 되고, 그중 특히 시를 많이 쓰게 되었다. 그리고 앞으로 졸업 후의 경제 생활은 어렵더라도 작가로 경제력을 확보하려는 꿈도 가지게 되었다. 그리고 특히 혁명의 수단으로도 중요한 문학에 있어서 진정한 문학의 생명력있는 장르를 찾으면서, 나는 그 원초적 모습을 巫歌로 생각하게 되었다. 그래서 무속인들에 대해 관심이 가고, 그러다보니 무속의 원천이 단군과 관련이 있는 사실도 알게 되면서, 한층 나는 단군의 세계로 빠져들게 되었다.

1980년대 초는 암울했다.

유신독재에의 투쟁은 성공하는듯 했지만, 다시 전두환 군부 독재가 시작됐다. 나는 민주투쟁과 노동투쟁의 좌절과 실망을 겪고, 다시 새로운 희망을 꿈꾸면서도, 나는 서구의 자유민주주의에도, 마르크스 레닌주의에도, 볼세비키에도, 모택동에도 주체사상에도 확신을 가질 수 없었고 만족할 수도 없었다.

불교에 관심이 많았던 나는 "불교사회주의"라는 용어도 생각하며 이를 구체화하는 작업도 시도를 했지만, 어떤 외래의 종교를 모델로 하는 것도, 한계점을 느끼는 사회주의를 결합하는 것도, 그리고 무엇보다도 민족의 역사나 철학과 하나가 되지 않은 점에서 확신을 가질 수 없었다.

나에게는 나의 목숨과 모든 것을 걸 수 있고 바칠 수 있는 이념이 필요했다. 그리고 나는 우리 민족의 역사와 철학에 뿌리를 둔 인류적 민족 이념을 창출해야겠다고 다짐했다. 그리고 그것은 아직은 막연하지만 "단군주의"라는 생각이 들었다. 1981년 대학을 졸업하면서 나는 위장취업으로 노동현장에 들어가는 것도 생각을 했지만, 한평생 나를 바라보면서 살던 어머니를 실망시킬 수는 없었다.

행정고시를 하지 않은 것을 어머님이 관용해주신 것만도 다행이었다. 나는 그 대신 박정희 정권 시대에 경제성장의 핵심적 견인차 역할을 한다는 수출의 현장 경험도 할 겸, 그 당시 섬유수출로 많은 외화를 번다는 것으로 명성을 떨치며, 수출 한국의 상징이었던 대우실업으로 입사하였다.

노동자로 일할 수는 없지만, 노동 현장의 노동자들과 만나면서 대화도 하고, 외국의 바이어들과 만나 상담을 하며, 국제적인 안목을 키우며 몇 년간 일하고 싶었던 것이다. 그러면서 나는 민족 이념을 창출하며, 현장 경험으로 그 이념을 다듬고자 했다.

대우실업에서의 회사생활은 매우 힘들었지만 많이 느꼈고 많이 배운 기간이었다. 새벽같이 출근해야 할 때가 많았고, 수출상품 선적 기일에 맞추려면 밤늦게까지 혹은 밤새워 사무실에서 혹은 현장 공장에서 작업을 해야 할 때가 많았다.

나는 가능한 공장 현장에서의 노동자들과 이야기를 많이 나누려고 했으나, 늘 시간에 쫓겼다. 그때만 해도 공장 현장에서의 분위기는 좋았다. 수출부서가 수출계약 실적이 없으면, 공장 생산라인이 쉴 수밖에 없기 때문에, 대우 본공장이니 히청공장이니 어디에서

나, 그리고 공장장이던 중간관리자이던, 노동자들이건, 수출부서의 내가 현장에 오면 반가워했다.

이상과 현실의 사이에는 괴리가 있었다. 학교에서 공부할 때는 박정희 정권과의 유착 아래 대기업이 저임금으로 노동자들을 수출하여 경제성장을 하지만, 이는 왜곡된 경제성장이고 자본가들과 독재정권의 축제일뿐이라는 것이 학생운동가들의 생각이었다. 그러나 현실은 어쩔 수 없는 상황이었다. 수출부서의 세일즈맨들이 수출물량을 못따면 공장의 생산라인은 멈춰지고, 노동자들은 놀 수밖에 없는 구조였다. 외국의 바이어들은 경쟁력있는 가격을 요구했고 그 수준에 맞지 않으면 다른 외국으로 가는 것이었다.

박빙의 이익을 챙기며 수출물량을 딸 수밖에 없었고, 수출부서 사람들이나 공장의 노동자들이나, 대우 그룹의 김우중 회장이나 임원들도 열심히 뛰고 잠을 못자며 수출전선에서 모두 고생하는 것은 한가지였다. 이렇게 섬유수출 등 수출을 통해 외화를 벌면 그것으로 중공업이나 전자산업으로 자꾸 문어발처럼 대기업그룹을 키워가는 것이었고, 수출에서 나오는 자금력이 아니면, 다른 산업을 진출할 자금력이나 수출 영업력이나 프로젝트 개발 등 기획력이 있는 세력은 없어 보였다.

자원이 없는 나라에서 수출이 아니면 방법이 없어 보였고, 수출 주도의 경제 성장을 비판하는 이론 경제가들의 목소리는 현장에서 인정될 수 없었다. 분배의 문제도 마찬가지였다. 분배할 것이 별로 없었고 벌면 그것으로 다른 산업에 빨리 진출해야 한다는 것이 명백히 보였다.

경공업 수출로는 임금 경쟁력이나 기술력으로 곧 후발 국가에 밀릴 것이 이미 현실적으로 일어나고 있었기 때문이었다.

여기서 내가 생각한 것은 "종업원 지주제" 같은 것이었다. 나는 노동자들이 그 회사의 주식의 절반 이상은 가지고 있어야 한다고 생각했다. 노동자들에게 그 회사의 주식을 가능한 많이 가질 수 있는 방법을 마련하고, 퇴사하기 전까지는 그 주식을 팔지 못하게 하고, 노동조합도 자체 자금으로 혹은 반강제적으로라도 회사로부터 주식을 증여받아, 가능한 그 회사의 주식을 틈나는대로 모아가져 경영에도 참가하는 것이다.

노조가 주식도 없이 무조건 경영참여를 주장하는 것은 이치상 맞지않기 때문이다. 또한 수출은 외국과의 계약상 시급한데, 파업하고 태업하는 것은 모두의 손해이기 때문이다. 노동자들이 싼 임금으로 수출하여 이익이 많이 나면 주식의 배당이나 그 회사가 재투자한 자회사의 수익을 분배받으면 되기 때문이다.

이러한 나의 생각은 3, 4년 후 증명이 되었다. 노동투쟁은 격화되고, 그 당시만해도 저평가되고 무시되던 주식시장이 비약적으로 발전하기 시작한 것이었다. 결국 노동자들에게 가야 할 주식과 분배받아야 할 자금들이 엉뚱한 곳에 모두 나 가고 노동자들이 피땀

흘려 투쟁해서 올라가는 임금은 주가의 상승액에 비하면 너무 적고, 노동투쟁으로 인한 회사의 경영상 피해는 작든 크든 있었기 때문이었다.

만약 노동자들이 어떤 방법을 써서라도 그 싸던 주식들을 많이 소유하는 노동운동 전략을 가졌더라면, 보다 더 노동자들의 분배 몫을 가질 수 있었다고 생각되는 것이다. 억지로 노동투쟁을 하며, 서로 피보고 손해보는 상황은 그만큼 감소하리라는 생각이었다.
그리고 이러한 것은 지금도 마찬가지로 적용할 수 있다고 생각한다. 그리고 노동자들이나 노조가 그 회사의 주식을 많이 가지고 있어야 외국 자본으로부터 그 회사를 지킬 수 있기 때문이다. 분배 문제와 여러 가지의 노동운동 방법과 주식, 그리고 외국자본에 대한 대응 등, 이에 대한 자세한 이야기는 다음으로 미룬다.
대우실업에서의 일년이라는 세월은 아주 짧은 기간이었지만, 나에게는 사회에서의 첫 일년이었고, 많은 생각을 하게 한 기간이었기에 지금도 나는 그 기간이 길게 느껴지는 것이다.

대우실업의 만 1년간의 사회경험 후, 나는 다시 나의 갈길인 문학과 혁명의 길을 가야겠다는 생각으로 회사를 그만두었다. 회사에 기대를 거신 어머니에게는 불효였으나, 나는 반년 정도 문학으로 승부를 걸고, 안되면 다시 취직하겠다고 어머니를 설득했다. 나는 모든 장르의 글을 다 쓰고 싶었고, 연극에 대한 경험이 없어서 희극이나 시나리오를 쓰는데 도움을 가지려, "에저또"라는 극단에

3개월 간 워크샵에 들어갔다. 마침 그 극단은 〈농녀〉라는 사실주의적 작품으로 1982년도 그해의 연극대회를 준비 중이었고, 그해 가을, 그 작품은 대상을 받았다. 나는 좋은 경험을 했다고 생각하고, 그 경험을 바탕으로 한편의 희곡을 쓰고, 한편의 소설과 그동안 쓴 100편의 시들 모아 그해 각 신문의 신춘문예에 응모하였다.

결과는 참담한 실패로 끝났다. 후보작에도 못오르고 다 떨어진 것이었다. 나는 문학으로 생활한다는 것이 얼마나 어려운 것인가 하는 현실의 벽을 실감하고, 다시 취직을 할 수밖에 없었다. 그리고 이념도 완벽하게 갖추지 못한 상황에서 문학을 한다는 것에, 내 양심에도 만족할 수 없었다. 나는 인류를 구할 수 있는, 인류의 마지막 완벽한 이념을 창출하고 싶었다. 그리고 그 이념을 철저히 세우지 않는 한, 다시 문학의 길을 가지 않겠다는 맹세를 하였다.
  정확히 1년의 기간이었지만, 그 문학도로서의 수습기간도 무척 길게 느껴지는 시절이었다.

  그리고 1983년 대한제당이라는 회사에 입사하여 다시 회사 생활을 시작하였다. 다행히 대한제당은 대우실업과는 달리 내수 위주이고 식품업종이어서 좀 한가했고, 맡은 일 자체도 내 적성에 맞는 기획, 프로젝트개발 등이었다. 회사 일을 배우며, 나는 기획력을 키우고, 계속 내게 필요한 자료들을 모았다.
  그러던 중 단기 4317년(서기 1984년) 나에게나, 민족적으로나 획기적인 책들이 세상에 공표되었다. 그것은 소설 〈난〉과 역사책

〈한단고기〉가 민족의 감추어져 있던 역사를 밝히며 떠오른 것이었다. 나에게는 그 책들이 충격이었다. 내가 원했던 엄청난 자료들이 담겨져 있는 것이었다. 나는 곧바로 소설 〈단〉의 실제 주인공이 교주로 있던 대종교로 찾아갔다. 대학 시절 대종교에 대해 어느 정도 공부하고, 대종교에 가고 싶었던 참에, 대종교에는 모든 것이 기다리고 있었다.

대종교 총본사로 처음 올라간 날, 나는 일요일 경배시간을 시작하면서 울리는 큰 하늘북 소리에 저절로 눈물이 쏟아졌다. 하늘북 소리는 내 가슴과 영혼을 쿵쿵 치며, 내 눈물을 퀄퀄 나오게 했다. 왜 이제야 대종교에 왔던가, 일제 항쟁시대에 모든 독립운동의 총본산으로 만주광야를 주름잡던 영광의 대종교는 왜 이렇게 초라한 모습으로 남았는가하는 갖가지 수많은 상념들이 몰려오며, 나를 울게 하며 정화시키는 것이었다.

그 이후로 나는 대종교에 열심히 나가며, 청년회 활동을 했고, 단군에 관한 더 많은 자료들을 모아갔다. 안호상 초대 문교부장관님을 비롯한 원로님들, 자료실, 권태훈 총전교님 등등 대종교는 민족의 보고가 가득한 곳이었다. 그런데 그러한 민족의 보고들이 세월이 가면서 분실되고, 잊혀져 가는 것이 눈에 보였고, 나는 그러한 민족의 보고들이 없어져가기 전에 많은 자료들을 축적할 수 있었다. 1986년에는 〈우리찾기모임〉이라는 민족청년 학술단체에 가입하며 또 다른 민족공부들을 하며 자료들을 축적할 수 있었다. 그리고 그 해 나는 대종교 청년회장이 되면서, 점차 조직적인 활동을 해 나가며, 단군주의를 체계화해 나갔다. 그리고 안호상 박사님은 단군에 관한 3000여 권의 도서와 자료들을 대종교청년회에 기증하면서, "단기4300년 기념사업회"의 단군성전건립 추진과정을 얘기해주며, 단군성전 건립과 단기연호 부활 운동을 당부했다.

다행히 단기연호 부활운동은 불교계가 가담하면서, 각 신문에 서기연호와 함께 단기연호를 병행하는 공적을 이루기도 하였다.

나는 동지들과 배달민족청년총연합, 한민족운동연합 등을 만들어가며, 나름대로 단군주의를 바탕으로 하는 민족청년단체연합을 시도했다.

그러나 나는 단군운동이 어느 한 종교의 청년회장 자격으로 하려다 보니 많은 제약과 한계가 있음을 깨닫게 되었다. 대종교는 상대적인 어느 한 종교가 아니라, 초종교이며, 萬敎之原이며, 민족얼 그 자체임에도 불구하고, 일반 사회인들은 특히 타종교인들은 대종교를 상대적인 종교로 보고, 대종교 차원에서의 단군을 받아들이지 않는 것이 문제였다. 그래서 나는 종교를 떠난 역사운동 차원에서의 단군운동을 만들어야 한다고 생각했다.

그때 우리찾기모임을 이끌던, 학교 선배인 안재세 배형이 〈영광과 통한의 세계사〉라는 역사책을 썼다. 그 책은 우리찾기모임에서 함께 공부한 결과를 정리해주며, 역사운동 차원에서의 단군운동에 좋은 교과서가 되었다.

나는 그당시 활동이 중단된 우리찾기모임을 한단계 빌진시키며,

민족단체들이 총연합하는 민족운동단체연합을 만들고 싶었다.

그래서 나는 "한민족의 히틀러"라고 불리던 김정세 배달민족청년총연합 회장 등과 함께 우리 동지들 가운데 처음으로 책자를 저술한 안재세 배형의 축하를 위해 〈영광과 통한의 세계사〉 출판기념회를 하면서, 안호상 박사님이 전통을 내려준 단군성전건립을 발의하고, 그동안 얘기되던 단군주의를 공식적으로 선포하며, 단군단을 창립하고, 이를 중심으로 한민족운동단체연합의 발기를 추진하였다.

단기 4324년(서기 1991년) 3월 31일, 진눈깨비와 바람이 거세게 날리며, 꽃샘추위가 강한 토요일, 우리 동지들의 역사 교과서인 〈영광과 통한의 세계사〉가 출간되었고, 역사적인 한민족운동단체연합이 발기되고, 단군성전 건립이 발의되고, 단군주의가 공식적으로 간략하게나마 선포되었다.

그리고 그 기세를 이어 한달 후 5월 1일, 단군주의 단체이며, 단군성전을 건립하려는 [단군단]이 탄생했다. 그리고 다음해인 92년에는 단군단을 집행부 단체로 하는 33개 민족단체가 연합하여, 공식적으로 한민족운동단체연합(약칭 한단련)이 만들어지면서, 백범 김구 선생 이후 사라졌던 민족진영이 단체연합의 모습을 만들며 처음으로 탄생했다. 한단련은 "진정한 민족운동은 단군운동이다."라는 개념을 확고히 민족운동선상에서 만들어 냈다.

그리고 그후 단기 4338년(서기 2005년) 한단련은 천도교 등 민족 종단들까지 연대하게 되어, 민족운동진영총연합으로(약칭 민족연합)으로까지 발전하였다.

북쪽에서도 안호상 박사님, 김선적 선생님 등의 노력으로 개천절을 함께 하는 것이 받아들여지고, 평양 대밝산 단군릉도 개건되는 등 한민족에게 단군의 바람이 불기 시작했다. 그리고 안호상 박사님과 김선적 선생님은 1996년 40살이 된 나에게 대종교총본사 삼전중의 하나로 대종교 교리, 교사 학술을 관장하는 전강으로 임명했다. 이를 계기로 나는 더욱 단군사상의 체계화가 얼마나 급선무인가를 실감하고 책임을 느끼지 않을 수 없었다. 그러나 언제나 대종교의 분규는 끊이지 않았고, 나는 대종교의 한계성을 느끼며, 진정한 단군운동은 대종교도 초월해야 한다는 생각을 점차 하게 되었다. 이 과정의 수많은 얘기는 별도로 해야 할 것이다.

여하튼 남북정상회담 한달 전인 2000년 4월말 중국 북경에서, 북의 단군민족통일협의회 실무대표들과 한민족운동단체 실무대표들(김삼렬, 조성우, 이재룡, 김영기, 윤승길, 이창구)이 만나 개천절 민족공동행사 등 남북간 단군사업 일체를 함께 해나가고, 단군의 이념아래 통일해야 한다는 것을 합의한 것은 역사적인 일이 아닐 수 없었다. 그리하여 서기 2002, 2003, 2004, 2005년 개천절 남북, 해외 민족공동행사를 통하여, "우리 민족은 원시조 단군의 이념 아래 통일되어야 한다"고 〈7000만 겨레에게 공동호소문〉을 4년간 계속 천명했고, 이 내용이 매년 북의 노동신문과 조선중앙방송을 통하여 공포된 것은 진정 역사적인 일이라 생각된다.

만약 남북통일이 되고, 비밀투표를 하는데, 북쪽의 인물이 안나오고 남쪽의 인물만 나온다고 가정할 경우, 북쪽의 2000여만 주민들은 원시조 단군의 이념을 들고 나오는 인물을 선호할 것이 분명하다고 생각되는 것이다.

그런데 회사생활을 하면서, 대종교 활동을 하면서, 일반 사회의 단군운동을 하면서 바삐 보냈던 1990년대초, 책만 읽어 백면서생이던 나는 건강에 이상이 왔다. 매일 술마시고, 회사 생활과 민족운동을 함께 하다보니, 몸이 말이 아니었다. 아침에 일어나 칫솔을 들다 손이 떨리고 칫솔이 무거워 칫솔을 떨어트릴 정도로 문제가 생긴 것이었다. 대종교의 〈심법〉 즉 지감법과 더불어 1985년부터 수련한 봉우 권태훈 선생님의 연정원의 수련법 즉 조식법은 정신수련으로 최고였지만, 몸건강을 획기적으로 하기는 성격이 달랐다.

그래서 민족 고유의 몸건강 수련법을 찾다보니, [기천]을 하게 된 것이었다. 그리고 이러한 심신수련법이 함께 해야만 인류를 위한 진정한 이념이 만들어질 수 있다는 것을 깨닫게 되었다. 나는 "영광과 통한의 세계사" 이후 역사 교과서 다음으로 곧바로 단군주의 이념 교과서를 출간하려 했던 것을 미루기로 하였다. 무엇인가 수행이라는 것이 없이 어느 이념을 낸다는 것이 부족하고 위험하다는 것을 느꼈기 때문이었다.

[기천]은 엄청난 새로운 세계였다. 이에 대해서는 다른 곳에서 많은 얘기를 했고, 후에 검학 책자에서 자세히 나올 것이므로 생략한다. 그리하여 삼일신고에 나오듯 지감, 조식, 금촉을 일의화행하여 반망즉진하고 발대신기하고 성통공완 하는 〈검학〉이라는 천부경

수련법이 탄생하였다.

지감법은 대종교의 수진삼법이고, 조식법은 연정원의 호흡법이고, 금촉법은 전래체술이자 무예인 "기천"인데, 이 세가지 수련법이 융합되어 한인 단군 대황조님 때부터 1만년 이상 내려온 〈검학〉이 복원된 것이었다.

여하튼 "단군주의"는 [검학]으로 인류 최고의 이념이 될 수 있을 것이며, 검학 또한 단군주의로 인하여 인류 최고의 수련법임이 증명될 수 있을 것이다. 그리고 단군주의는 후배들이 나에게 단군사상가, 즉 儉子(검자)라는 별칭을 붙여주어, 일명 "儉學(검학)"으로 하기로 하였다.

오늘 광복 60주년을 맞이하는 뜻깊은 날을 맞이하여, 단군주의가 성립되는 과정을 회고 정리하며, 이러한 단군주의를 일명 [金(검)학]이라고 명명하고, 인터넷 상으로 정식 공포하는 것을 오늘의 성과로 한다.

나는 수행법이 있는 단군사상가 "검자" 이다.

〈단기 4338 (서기 2005) . 3. 1. 검자〉

2부 단군이 주신 세 가지 보물
(단군 공부의 3대 분야)

단군 공부는 단군 사상의 3·1 원리에 따라 3대 분야로 나눈다.
첫째, (性) 조화의 공부-철학(심법)
둘째, (命) 교화의 공부-역사
셋째, (精) 치화의 공부-수련법

제1장 단군의 철학(심법)

1. 개괄

단군의 철학도 3·1 원리에 따라 3대 경전으로 나누어 진다.
첫째, 조화경-천부경
둘째, 교화경-삼일신고

세째, 치화경-참전계경

네째, 이러한 단군의 사상을 녹아 하나로 되고 그것을 바탕으로 예언이 담겨있는 통천록

이외에도 많은 단군 관련 사상서들이 많으나 입문서 성격인 본책에서는 이 네가지 경전만 소개하기로 한다.

2. 천부경

원래의 全文은 다음과 같다.

一始無始一析三極無盡本
天一一地一二人
一三一積十鋸無匱化三
天二三地二三人二三
大三合六生七八九
運三四成環五七一妙衍
萬往萬來用變不動本
本心本太陽昂明
人中天地一一終無終一

총 81개의 한자로 되어 있다.

천부경을 해석한 논문이나 책자는 무수히 많다. 그러나 어느 것도 완벽히 해석했다고 인정되어 지는 것은 없다. 그만큼 천부경은 오묘한 것이며, 이를 제대로 해석하는 사람이 이 시대의 단군이라는 말도 있다.

그래서 대종교에서는 초기에 천부경을 경전으로 하지 않다가 채택하여, 다음과 같이 최고의 경전으로 말하고 있다.

"천부경(天符經)이야말로 불안(不安)과 무질서(無秩序)의 세상(世

上)을 안정(安定)과 질서(秩序)의 세계(世界)로 정치(正置)시키는 한 민족의 고래(古來) 경전(經典)이요, 민족(民族)과 인류(人類)의 옥경보전(玉經寶典)으로, 삼라만상(森羅萬象)의 시종(始終)과 만법귀일(萬法歸一)의 철리(哲理)를 담은, 시공(時空)을 초월(超越)한 불멸(不滅)의 진리태(眞理態)다.

까닭에 선(善)한 마음으로 접하면 천심(天心)이 열리고 악(惡)한 마음으로 접하면 인심(人心)이 망가지며, 맑은 기운(氣運)으로 대하면 천경(天鏡)이 비추고 흐린 기운(氣運)으로 대하면 홍진(紅塵)이 뒤덮으며, 두터운 뜻으로 받들면 천기(天氣)가 감응(感應)하고 엷은 뜻으로 받들면 속기(俗氣)가 몸을 덮나니.

천부경(天符經)은 실로 견성(見性)과 연성(煉性) 그리고 솔성(率性)의 삼합(三合)을 통한 성통공완(性通功完)의 귀감(龜鑑)이요, 자비(慈悲)와 천도(天道) 그리고 인의(仁義)의 삼화(三和)를 통한 홍익인간(弘益人間)의 나침반(羅針盤)으로, 우리《삼일신고(三一神誥)》의 주경(主經)이요《참전계경》의 모전(母典)임을 받들어 새긴다.

천부경은 글자의 뜻 그대로 하늘 보람(天符), 곧 하늘의 신비를 암시한 글인데, 하나로부터 열까지의 수리(數理)에 의하여 천지 창조와 그 운행의 법칙, 또는 만믈의 생장 성쇠(生長盛衰)하는 원리를 여든 한 자의 짧은 말씀으로 가르치신 것이다.

우주와 인생이 한얼님의 조화신공(造化神功)으로 되었고 하늘, 땅, 사람의 삼극(三極)도 그 근본에 있어서 동일한 것이며, 또 사람의 마음이 태양에 근본하여 한얼과 같다는 (天人一理) 그 원리를 가르치시었다.

천체(天體)의 무형(無形)함이 원으로 되어 있고, 그 운동의 궤도(軌道)도 원형(圓形)으로 운행(運行)함과 같이, 사람의 참 성품(眞性)도 이 원형을 본떠서 작용한다는 것이다.

우주의 만유(萬有)는 하나마저 없는 데에서 이치를 통해 일어나서, 다시 기운(氣)을 타고 바탕을 갖추고 모습을 갖게 된다. 이 점은 하늘이나 땅이나 사람이 창조된 순서는 다르다 할지라도, 그 다함없는 본체(本體)에 있어서는 다를 바 없다. 그러므로 쓰임(用)의 변화는 있을 망정, 근본(本)의 움직임은 없는 것이다.

이 움직임이 없는 근본을 주체(體)로 삼고, 나고(生), 되고(化), 이루(成)는 변화를 쓰임으로 삼아 하늘과 땅과 사람과 물건의 모든 원리와 원칙을 밝힌 것이 곧 천부경의 내용이다.

이같이 천부경은 여러 가지 측면에서, 여러 가지 기준으로, 자기의 그릇 크기에 따라 해석이 다양하게 된다. 그러므로 천부경 해석으로 싸우는 일이 있어서는 안되며, 천부경을 귀히 여기는 정성된 마음이 중요하나.

해석 : 천부경을 말과 글로써 밝히는 것은 어려우나, 대강을 밝힘으로써 동지, 도반들과 함께 토론하며, 함께 홍익을 실천할 수 있는 큰힘과 구심점을 조직하고 싶은 것이다.

천부경 해석을 하는데, "본심본태양"이 이론적으로 명확하게 되질 않았는데, 수련을 통해 본태양을 체득하는 순간, 이것이었구나 하는 것을 깨달았다. "오칠일묘연만왕만래"도 해석이 안되었는데, 역사 공부를 하던 중 고인돌에 있는 별자리들을 통해 그 비밀을 알게 되었다. 천부경은 이론으로 되는 것이 아니라, 수련과 역사가 기본이 되어야 한다는 것을 깨달았다. 無始의 마음이 되어야 좋다. 이미 천부경 공부가 상당히 시작되었다 할지라도 일단 다 버렸으면 하는 것이다.

원문 : 一始無始一析三極無盡本

해석 : 一은 한이며 한얼이며, 바로 나이며, 우리이며, 우주 그 자체이며, 그것은 기천의 한 수이다. 인류는 합해져서 바로 이 〈일〉이 되는 것이다. "인류는 합해져서 한얼이 된다."
　기천에서는 一手가 바로 三手이고, 三手가 바로 一手이다.
　그것은 우주와 자연의 이치이다. 우주 만물의 모든것은 天氣, 地氣, 人氣로 이루어져 있고, 그것이 양기, 음기, 합기이며, 홀, 짝, 합이며 본래 모두가 하나이다.
　이 일은 원의 수이며, 이를 도형으로 나타내면, 가운데가 비어 모든 것을 포함하고 안을 수 있는 빈 원이다. 시작의 조그만 점을 찍고, 다시 그 안을 비우는 無의 더 자그만 점을 찍는 것이다. 그리고 이를 무한히 확대하는 것이다. 이는 무극이며, 태극으로 되었다가, 천지인의 삼태극으로 변화 된다.

* 직역 - 한은 시작이 없는 시작의 한이며, 셋으로 나누어지며, 다함이 없는 근본이다.

원문 : 天一一地一二人一三一積十鉅無匱化三

해석 : 삼극을 정의하고 있다. 가장 큰, 본체의 하늘을 일이라 정의하고, 가장 큰 본체의 땅을 이라 정의하며, 가장 큰 본체의 사람을 삼으로 정의 한다. 일은 원의 수이며, 이는 방의 수이며, 삼은 각의 수이다. 이는 천부경을 풀이하고 있는 삼일신고에서 性, 命, 精의 三眞을 각각 나타내며, 이는 기천으로 말하면, 몸안에 있는 세개의 여의주이다.

일적십거무궤화삼은 일이 열 번 쌓여 십이 되었다가 다시 삼이 되는 것은 십진법을 얘기하는 것이다.

또한 3인 인간이 되려면, 1인 하늘이 열 번 쌓여야 될 정도로 사람이 귀하다는 인본주의의 철학을 보여주고 있다.

그러므로 사람은 열 달을 지나서 어머니 뱃속에서 나오는 것이 자연의 이치인 것이다.

그런데 왜 하필이면 열인가? 열은 깨달음의 열림을 상징하고, 하늘의 기운은 갑을병정무기경신임계의 십간으로 그 기운을 구분할 수 있기 때문이다. 그러므로 인간은 자기가 태어난 천간의 기운에 그 운명을 영향 받는 것이다.

그리고 이는 심신수련법, 검학의 중요성을 얘기하는 구절이기도 하다. 많은 수련을 쌓아야, "鉅"할 수 있는 것이며, 이를 破字해보면 금(金)이 한없이 커지는 것으로 황금의 본태양을 상징하는 것이다. 그러므로 거무궤화삼은, 삼이 사람이므로, 거무궤인이며, 바로 뒷 구절에 나오는 앙명인이며, 본태양인 이라고 할 수 있다.

검학에서는 天의 一手는 三手이고 그 三手는 하나가 天手이고, 다음 하나가 地手이고, 마지막 하나가 人手이다.
검학의 一 手는 天, 地, 人 三手가 하나로 융합되어 있고, 天手는 하늘과 같으며, 地手이는 땅과 같으며, 人手는 사람과 같으며, 一 手 一手는 天手와 地手와 人手로 연결되어 있다.

* 직역 – 천한은 〈일〉이라 하며, 지한은 〈이〉라 하며, 인한은 〈삼〉이라 하며, 〈한〉은 열 번 쌓여 거하게 되고 무궤 하게 되며, 〈삼〉이 된다.

원문: 天二三地二三人二三大三合六生七八九

해석: 하늘에도 음양이 있어 中을 낳아 셋이 되니 이는 사람의 하늘이며, 땅에도 음양이 있어 中을 낳아 셋이 되니 이는 사람의 땅이며, 사람에도 음양이 있어 中을 낳아 셋이 되니 사람의 사람이 된

다. 최고의 인본주의를 나타내는 철학이다.

이 큰 中 셋은 다시 합해져, 삼태극에서, (음양을 서로 만들어) 생명의 6이 되고, 다시 그 큰 中 셋의 음양은 각각 다시 또 中을 낳아 7, 8, 9 가 생긴다.

뒷글의 "앙명인중천지일"과도 관련되는 글이다.

여기서 일·이·삼은 삼일신고의 삼진의 성·명, 정을, 사·오, 육은 삼일신고의 삼망의 심·기·신을 칠·팔·구는 삼일신고의 삼도의 감·식·촉을 상징한다.

五는 선천(先天)의 중궁(中宮)을 차지한 수로서, 四가 만유의 이루어진 작용을 나타내는 수라면, 五는 생성의 형태를 차지한 수다. 그러므로 하늘과 땅과 사람에게는 물·불·나무·쇠, 흙의 오행의 기운이 있고, 도(道)에는 어짊과 옳음과 예와 지혜와 믿음의 오상이 있으며, 빛에는 푸른 것과 누른 것과 붉은 것과 흰 것과 검은 것의 오색이 있고, 맛에는 신 것과 짠 것과 매운 것과 단 것과 쓴 것의 오미가 있고, 내장에는 염통, 간장, 지라, 허파, 콩팥의 오장이 있으며, 사람 몸의 손, 발가락도 5지로 되어 있다.

六은 원의 몸과 쓰임을 겸한 수로서 우주의 원소인 하늘, 불, 전기, 물, 바람, 땅 6대(大)를 대표한 수다. 그러므로 만유의 어미인 노음수(老陰數)에 해당되며, 성수(成數)인 三의 배수(倍數)이기도 하다.

七은 만유의 생성된 부문을 상징하여 나타내는 수이다. 그러므로 하늘에는 일·월·화·수·목·금·토의 일곱 성계가 있고, 무지개에는 일곱 빛이 있으며, 사람 머리에는 귀·눈·입·코의 일곱 구멍이 있다.

八은 방(方)의 쓰임 수로 그 몸수인 四의 배수이며, 역(易)에서 말하는 태음(太陰), 태양(太陽)과 소음(少陰), 소양(少陽)이 변성한 수이기도 하다. 그러므로 괘(卦)는 여덟으로 이루어진다.

九는 각(角)의 쓰임 수로서 三의 초승수(初承數)요. 八이 입체적인 수라면, 이 九는 각추적(角錐的)인 역할을 하는 수다. 또한 四와 짝하여 노양(老陽)수를 이루며, 그리고 수의 가치로 제일 윗자리가 되고, 성수의 가장 높은 수다. 그러므로 음양학(陰陽學)에는 구궁(九宮)의 법칙이 있고, 사람 몸의 아래 위에는 아홉 구멍이 있는 것이다. 대체 이 수에 있어서 1·5·7은 형상으로는 원이 되고 그 쓰임에는 고르게 변화함을 나타내고, 뜻으로는 중심이 되며 3·6·9는 운동과 성립을 뜻하고 2·4·8은 나눔과 형상을 나타내는 수이니, 1·3·5·7·9의 양수(陽數)는 시간적인 것을 의미하여 움직임을 상징하고, 2·4·6·8·10의 음수(陰數)는 공간적인 것을 뜻하여 고요함을 표상(表象)하는 수이다.

이를 검학에서 보면 다음과 같다.
천·지·인에 음과 양이 있어 육합이 되어 천지의 기운을 돌리듯이, 검학의 정공에는 육합단공이 있어 온몸의 기운을 돌리며, 모든 동공의 수들이 줄기처럼, 가지처럼, 꽃처럼, 열매처럼 열려나온다. 이것은 생명의 근원이며 원천이다.

 * 직역 – 천의 음양은 사람의 천을 낳고, 지의 음양은 사람의 지를 낳고, 사람의 음양은 사람의 사람을 낳으며, 낳아진 큰 셋은 다시 음양으로 나누어져, 생명의 6이 되어, 7·8·9를 낳는다.

원문 : 運三四成環五七一妙然萬往萬來用變不動本

해석 및 직역 : 3을 4번 움직이니 12지의 원의 세계가 되며 5·7·1이 만들어지고, 그 一은 끝없이 우주를 오가며, 그 쓰임은 무궁무진 변하나, 움직이지 않는 본체이다.

3인 사람이 결국 1인 하늘이 되어 宇我 일체가 되는 것을 뜻한다.
三은 天, 地, 人이요. 성·명·정이다.
몸안에서는 天丹田(上丹田), 人丹田(中丹田), 地丹田(下丹田)이요. 이것이 바로 몸속에 세 개의 여의주이다.
四는 四門이며, 4계절이며, 4차원으로 三과 각각 서로 통하며 회전하여 12지를 이룬다.
四門은 東(코는 一門), 西(양 손바닥, 人門), 南(양 발바닥, 地門), 北(머리 상단부, 天門)이며, 각 三이 각 四를 통하여 十二支를 이루고 원을 이루니 이것은 五行의 모습이요. 七通, 七星, 七支의 모습이요. 이를 통해 사람의 몸 전체를 대주천하는 것이다.
이는 검학 활명법에서 사람의 십이경락, 흉추의 12문, 요추의 5문, 경추의 7문도 알려준다.

천문학에서는 5는 카시오페이아 별자리, 7은 북두칠성, 1은 북극성을 상징한다. 그렇기에 금수강산 한반도에 밀집된 고인돌에 이들 별자리가 많이 각인되어 있는 것이며, 그 철학적, 종교적 배경은 천부경에 있음을 알 수 있다.

여기에도 엄청난 천부의 비밀들이 있으나, 여기 입문서에서는 이러한 천문학적 천부의 비밀들이 있다는 것을 언급한데 의의를 두고 생략하기로 한다.

또한 검학의 一手는 쓰임이 변화무쌍하나 그 뿌리는 변하지 않는 본체이다. 이를 도형으로 나타내면 원방각 도형이 된다.

원문 : 本心本太陽

해석 및 직역 : 본래 마음은 본래의 맑고 밝은 本太陽이다.

이는 몸을 수련하지 않고서는 체득할 수 없다.

본태양의 기운을 받아서 신성, 본심을 밝히는 것이다. 이를 侴검이라 한다.

단군수련법이자, 천부경 수련법, 선단학 기천, 〈검학〉을 수련하면, 이윽고 본심본태양, 검(人金)이 떠오르는 것을 실제로 체득할 수 있다.

단군수련법이 아닌 다른 공부법들은 얻기 어렵다.

여기서의 본태양은 태양계의 태양이 아니라, 우주 전체의 수많은 태양이 하나로 연결되어 있는 본태양을 말하는 것이다.

그리고 고대 선조들은 이를 삼족오로 상징하였다.

원문 : 昂明人中天地一

해석 및 직역 : 그림자 없는 빛, 앙명, 즉 검(金)을 체득한 사람 속에 하늘과 땅이 하나로 들어 있다.

宇我일체, 신인합일을 의미한다.
인류 최고의 인간 존중 철학이다.
수련자는 小宇宙이며, 그 안에 天地 자연 우주가 있다.

明은 거울을 본다는 의미도 있어, 본성의 거울을 들고 내면에 쌓여있는 관념을 먼저 바라보고 본성의 밝은 빛을 바라본다. 변하고 또 수없이 변해도 변하지 않는 것이 있다. 그것이 本心本太陽이다. 그러므로 본심본태양과 앙명인은 같은 뜻이다.

기천명의 "靈光照天"과도 통한다.

검학 중 무예수련법인 기천에서 앙명의 최고 내공법으로 〈태양마법역근내가신장〉도 있다.

검학 공부법의 특징은 역근법으로, 본태양을 만드는데 훌륭한 내공수련법이다.

검학의 〈기지개검공〉은 그러므로 "앙명법"이요, "人中법"이요,

"本心법"이요, "본태양법"이요, "無盡本法"이요, "일적십거법"이요, "무궤화삼법"이요, "成環법"이요, "용변부동본법"이다.

원문 : 一終無終一

해석 : 우주 만물은 하나로 돌아가고 하나에서 끝이 나지만, 이 하나는 하나라고 이름 붙이기 이전의 하나이며, 끝이 없는 하나이다. 모든 만물은 한에서 나와 한으로 돌아가는 원리 즉, 영생의 원리를 말한다.

이를 도형으로 나타내면, 일시무시일과 똑같이 무극의 빈원으로 그릴 수 있다. 그렇기에 원불교에서도 이러한 일시무시일, 일종무종일의 표상을 섬기는 것이다.
검학의 一手는 하늘과 통하여 영원한 한얼이 깃들어 있다.
* 직역 – 한은 끝이 없는 한이다.

천부경은 국조 단군께서 삼일신고로 해석하였다. 검자가 최초로 이를 밝혔는데, 이는 별도의 책자로서 앞으로 발행할 계획이며 자세히 천부경을 삼일신고로서 해석하고자 한다.

3. 삼일신고

〈삼일신고〉는 〈천부경〉〈참전계경〉과 더불어 한민족의 3대 신전으로서, 그중에서도 교화경으로서 보경(寶經)이다. 특히 〈삼일신고〉의 '삼일(三一)'은 삼신일체(三神一體) 삼진귀일(三眞歸一)이라는 이치를 뜻하고, '신고(神誥)'는 '신(神)의 신명(神明)한 글로 하신 말씀'을 뜻한다. 따라서 삼일신고는 3과 1이 하나로서, 조화. 교화. 치화가 하나이며, 종교적 삼신일체와 역사적 삼대일체를 보여주며, 결국 신인이 하나임을 보여 주어, 신(神)의 차원에서 홍익인간의 이념을 구현하고, 삼진귀일, 즉 인(人)의 차원에서 성통공완(性通功完)의 공덕을 쌓아 지상천궁을 세우는 가르침을 원시조 단군께서 분명하게 남겨 전하신 말씀이라는 뜻이 된다.

이 책이 전하여진 경위와 철학은 대종교에 의하면 다음과 같다. 삼일신고는 그 원본을 대종교에 따른다. 서기 1906년 1월 24일 하오 11시, 당시 구국운동으로 동분서주하던 "독립운동의 아버지"로 일컬어지는 홍암 나 철 선생께서 일본에서 귀국, 서대문역에 도착하여 지금의 세종로 방향으로 걸어갈 때, 한 노인이 급히 걸어 오다가 발길을 멈추고, "그대가 나인영(나철)이 아닌가."하고 하고 묻고 "나의 본명은 백전(伯佺)이요, 호는 두암(頭岩)이며 나이는 90인데, 백두산에 계신 백봉신형(白峯神兄)의 명을 받고 이를 전하러 왔노라."하면서 백지에 싼 것을 주고 총총히 가버렸다.

니중에 풀이보니 〈삼일신고〉와 〈신사기〉가 한 권씩 들어 있었나고 한다.

〈삼일신고〉의 본문 앞에는 발해국 고왕의 '어제 삼일신고 찬문[御製三一侚誥贊]'이 있고, 그 앞에 대야발(大野勃: 고왕의 아우)의 '삼일신고서문'이 있으며, 본문 뒤에는 고구려 개국공신인 마의극재사(麻衣克再思)의 '삼일신고독법'이 있고, 끝으로 발해 문왕의 '삼일신고봉장기(三一侚誥奉藏記)'가 붙어 있다.

삼일신고봉장기에는 삼일신고가 전하여진 경위와 유실되지 않도록 보존하고자 문왕이 각별히 노력한 경위가 실려있다. 이들 내용 가운데 발해 문왕까지 이 경전이 전해진 경위가 밝혀져 있고, 그뒤에 한민족까지 전하여진 경위는 백두산의 백봉신형과 백전 등이 서기 1904년 10월 3일에 발표한 〈단군교포명서〉에 밝혀져 있다.

이에 따르면, 한말에 백봉신사(白峯神師)께서 백두산중에서 10년을 한얼님께 원도하시어 묵계를 받으시고, 석실에 비장되어 오랜 세월이 지나는 동안 햇빛을 못 보고 지낸 본교 〈경전〉(삼일신고)과 〈단군조실사〉를 돌집속에서 얻으셨다. 서기 1906년 백전도사(伯佺道士)를 통하여 〈신사기〉와 함께 홍암대종사께 전하였고, 이를 받으신 홍암 나철 선생께서 한민족얼을 중광하시고 잘 보전하여 오늘에 이르렀다.

〈삼일신고〉는 본래 신시개천 시대에 나와서 책으로 이루어진 것이니, 교리는 대저 하나를 잡아 셋을 포함하고(執一侚三), 셋을 모아 하나로 돌아옴(會三歸一)의 뜻으로 근본을 삼는다. 5장으로 나뉘어져 천신조화의 근원과 세상 사람들과 사물들의 교화를 논한 것이다.

이 책은 366자의 한자(고자 포함)로 쓰여졌으며, 천훈, 신훈, 천궁훈, 세계훈, 진리훈의 오훈(五訓)으로 구성되어 있다.

천훈에서는 '천(天)'에 대한 무가명성(無可名性), 무형질성(無形質性), 무시종성(無始終性), 무위치성(無位置性) 등 무한성(無限性)을 전제함으로써 천체의 지대함과 천리의 지명함, 천도의 무궁함을 36자로 가르치고 있다. 종교적인 우주관과 절대성의 개념이 명백하게 밝혀져 있어, 신도(神道)의 달통무애(達通無碍)함을 설명하는 바탕이 된다.

신훈에서는, 무상위(無上位)인 '신(神)'이 대덕(大德)·대혜(大慧)·대력(大力)이라는 삼대권능(三大權能)으로 우주만물을 창조하고 다스림에 조금도 허술하거나 빠짐이 없으며, 인간이 진성(眞性)으로 구하면 머리 속에 항상 내려와 자리한다는 내용이다. 유일무이하고 전지전능한 절대신임을 밝혔고, 동시에 신인합일(神人合一)이라는 달통무애함이 인간의 신앙적 가능성을 열어주는 의의를 가지게 한다.

천궁훈에서는, 성통공완(性通功完), 즉 반망귀진(返妄歸眞; 헛된 마음을 돌이켜 참된 성품으로 돌아옴)하는 수행을 쌓아 진성(眞性)과 통하고, 366가지의 모든 인간사(人間事)에 공덕(功德)을 이룬 사람이 갈 수 있는 곳이 천궁(天宮)이다. 여기는 단군 한배검이 여러 신장(神將)과 철인(哲人)을 서느리고 있는 곳이며, 길상(吉祥)과 고

아명과 아울러 영원한 쾌락이 있는 곳이다. 인생이 마지막 찾아야 할 희망처가 천궁이며, 신도가 단순한 기복형(祈福型)의 공부가 아니고 힘든 수도를 전제로 한 구도형(求道型)의 신도가 바탕임을 보여준다. 그러나 성통공완이란 반드시 죽음을 통하여 이룩하는 것이 아니요 현세적으로도 가능하며, 뿐만 아니라 이것이 더욱 바람직한 것이다. 실제로 천궁훈의 주해에, "천궁은 천상(天上)에만 있는 것이 아니다. 지상에도 있는 것이니 태백산(지금의 백두산), 남북이 신국(神國)이며, 산상(山上)의 신강처(神降處)가 천궁이다. 또한 사람에게도 있으니 몸이 신국이요, 뇌가 천궁이다. 그래서 삼천궁(三天宮)은 하나이다."라고 하여 신인합일적이요, 삼이일적(三而一的)인 천궁설(天宮設)을 설명하고 있어 단순한 내세관과는 크게 다르다는 것을 짐작할 수 있다.

세계훈에서는 우주창조의 과정을 설명한다. 우주 전체에 관한 내용과 지구 자체에 관한 내용으로 나누어 말하고 있다. 즉, "눈앞에 보이는 별들은 무수히 많고 크기와 밝기와 고락이 같지 않다. 신(神)이 모든 세계를 창조하고 일세계(日世界)를 맡은 사자(使者)를 시켜 700세계를 다스리게 하였다."는 내용과 "지구가 큰 듯하지만 하나의 둥근 덩어리이며, 땅속의 불[中火]이 울려서 바다가 육지로 되었다. 신이 기(氣)를 불어 둘러싸고 태양의 빛과 더움으로 동식물을 비롯한 만물을 번식하게 하였다."는 내용인데, 뒤의 부분은 현대과학적인 안목으로도 설득력이 있어 관심을 끌게 한다.

진리훈에서는, 사람이 수행하여 반망귀진하고 성통공완에 이르는 가르침이 주요내용으로 되어 있어 수련법 방면에서 매우 중요한 부분이다. 〈천부경〉에서 언급하고 있듯이 사람은 삼망(三妄)인 심(心), 기(氣), 신(身)에서 벗어나 본래적인 삼진(三眞)인 성(性), 명(命), 정(精)으로 돌아가야 하는데, 여기에는 단군수련법 선단학 수행이 필요하다. 즉 심의 감(感)을 지(止感)하고, 기의 식(息)을 조(調息)하고, 신의 촉(觸)을 금(禁觸)하는 삼법(三法)을 익혀야 한다.

이상이 그 내용인데, 여기서 지감은 불가(佛家)의 명심견성(明心見性), 조식은 선가(仙家)의 양기연성(養氣鍊性), 금촉은 유가(儒家)의 수신솔성(修身率性)의 각각 뿌리가 되는 것이다.

1) 임금이 지은 삼일신고 예찬[御製三一侚誥贊] / 발해 고왕
    높고 높다 저 한밝메여
    한울 복판에 우뚝 솟았네
    안개 구름 자욱함이여
    일만 산악의 조종이로다
    한배검 한울에서 내려오시니
    거룩할사 배달의 대궐이시요
    나라를 세우고 교화를 펴사
    온 누리를 싸고 덮었네.

    한배검 내리신 보배로운 말씀
    자자이 줄줄이 눈부심이여

큰 길은 오직 한배검 길이니
우리도 화하여 오르리로다
삼일의 진리 닦아 나가면
가닥을 돌이켜 참에 이르리
항상 밝고 항상 즐거워서
온갖 것 모두 다 봄빛이로다

밝은 선비 임아상(任雅相 : 발해의 문신)에게
주석을 달고 풀이하게 하여
깊은 뜻 찾고 오묘함을 밝혀
불을 켠 듯이 환하도다

깨닫게 하고 건져 주시니
무궁한 진리 퍼져 나가네
상서론 이슬 눈부신 햇빛
온 누리에 젖고 쬐도다
나는 큰 전통 이어 받아
밤낮으로 조심하건만
앞이 가리고 가닥에 잡혀
어찌하면 벗어나리오.

향불 피우고 꿇어 읽으니
세 길이 이에 밝아지도다

비옵나니 잠잠히 도와

타락하지 말게 하시옵소서

천통16년 10월 초하루에 쓰노라

2) 삼일신고(三一檀誥, 366자)

天訓(천훈, 36자)

帝曰(제왈), 元輔彭虞(원보팽우), 蒼蒼非天(창창비천), 玄玄非天(현현비천), 天旡形質(천무형질), 旡端倪(무단예), 무상하사방(旡上下四方), 虛虛空空(허허공공), 旡不在(무부재), 旡不容(무불용).

檀訓(신훈, 51자)

檀在旡上一位(신재무상일위), 有大德大慧大力(유대덕대혜대력), 生天(생천), 主旡數世界(주무수세계), 造牲牲[*모이는모양 신]物(조신신물), 纖塵旡漏(섬진무루), 昭昭皛皛(소소영영), 不敢名量(불감명량), 聲氣願禱(성기원도), 絕親見(절친견), 自性求子(자성구자), 降在爾劙(항재이노).

天宮訓(천궁훈, 40자)

天檀國(천신국), 有天宮(유천궁), 階萬善(계만선), 門萬德(문만덕), 一檀攸居(일신유거), 羣皕諸嘉護侍(군령저철호시), 大吉祥(대길상), 大光明處(대광명처), 惟性通功完者(유성통공완자), 朝永得快樂(조영득쾌락).

世界訓(세계훈, 72자)

爾觀森列星辰(이관삼렬성신) 數눈盡(수무진), 大小明暗苦樂不同(대소·명암·고락·부동), 一神造羣世界(일신조군세계), 神勅日世界使者[신칙일세계사자], 轄七百世界(할칠백세계), 爾地自大(이지자대), 一丸世界(일환세계), 中火震盪(중화진탕), 海幻陸遷(해환육천), 乃成見象(내성현상), 신가기포저(神呵氣包低), 煦日色熱(후일색열), 行翥化遊栽(행저화유재), 物繁殖(물번식).

眞理訓(진리훈, 167자)

人物(인물) 同受三眞(동수삼진), 曰(왈) 性命精(성·명·정), 人(인) 全之(전지), 物(물) 偏之(편지). 眞性(진성) 눈善惡(무선악), 上喆(상철) 通(통), 眞命(진명) 無清濁(무청탁), 中喆(중철) 知(지), 眞精(진정) 無厚薄(무후박), 下喆(하철) 保(보), 返眞(반진) 一神(일신).

惟衆(유중) 迷地(미지), 三妄着根(삼망착근), 曰(왈) 心氣身(심·기·신). 心(심) 依性(의성) 有善惡(유선악), 惡善福惡禍(선복악화), 氣(기) 依命(의명), 有清濁(유청탁), 清壽濁妖(청수탁요), 身(신) 依精有厚薄(의정유후박), 厚貴薄賤(후귀박천).

眞妄(진망) 對(대) 作三途[자삼도] 曰(왈) 感息觸(감·식·촉) 轉成十八境(전성십팔경) 感(감) 喜懼哀怒貪厭(희구애노탐염) 息(식) 芬殠寒熱震濕(분란한열진습), 觸(촉) 聲色臭味淫抵(성색추미음저).

衆善惡(중선악) 清濁厚薄相雜(청탁·후박·상잡) 從境途任走(종경도

임주) 墮生長肖病歿(타생장병몰) 苦(고) 哲(철) 止感(지감)·調息(조식)·禁觸(금촉) 一意化行(일의화행) 返妄卽眞(반망즉진) 發大神機(발대신기) 性通功完(성통공완) 是(시).

3) 삼일신고 풀이
* 여기서 삼일신고를 대종교의 것으로 입문 소개하는 것은 한 종교의 홍보를 위해서가 아니라, 대종교를 통해 내려온 것이 가장 내용이 믿을 수 있는 자료이기 때문이다.

[제一장 한울에 대한 말씀]
신하 「임아상」은 임금의 분부를 받들어 풀이하노이다.

한배검께서 이르시되
맏도비 팽우여 저 푸른 것이 한울 아니며 저 까마득한 것이 한울 아니니라. 한울은 허울도 바탕도 없고 처음도 끝도 없으며 위 아래 사방도 없고 겉도 속도 다 비고 어디나 있지 않은 데가 없으며 무엇이나 싸지 않은 것이 없느니라.

예찬

이치는 하나마저 없는데서 일어남이여
본체는 만유를 싸 안았도다
텡하니 비고 아득힐 따름

어디다 비겨 설명하리요
바른 눈으로 보아 오면은
창문을 연 듯 환하련만
어허 신비한 천지 조화야
누가 능히 짝한다 하랴

한울에 대한 말씀 풀이 / 백포 서 일 종사
　한배검은 단군을 이름으로서 한얼님이 사람의 몸으로 화하여 내려오신 이요, 맏도비는 벼슬 이름으로서 한배검을 돕는 우두머리이며, 팽우는 한배검의 명령을 받들어 토지를 개척하여, 나라의 터전을 정한 이다.

　한울을 설명함에 있어서 허울이니, 바탕이니, 첫끝이니 막끝이니, 위니 아래니, 사방이니, 겉이니 속이니 하는 모든 것들이, 우리가 보고 하는 말이지, 한울 자체로서 보면 아무 것도 없을 따름이다. 그러므로 크게로는 온 누리와, 작게로는 우리 육안으로 볼 수 없는 지극히 작은 것에 이르기까지 무엇이나 싸고 있지 않음이 없는 것이다.

　[제二장 한얼님에 대한 말씀]
　한얼님은 그 위에 더 없는 으뜸 자리에 계시사 큰 덕과 큰 슬기와 큰 힘을 가지시고 한울을 내시며 수없는 누리를 주관하시고 만물을 창조하시되 티끌만한 것도 빠치심이 없고 밝고도 신령하시여 감히 이름지어 헤아릴 길이 없느니라.

 그 음성과 모습에 접하고자 원해도 친히 나타내 보이지 않으시지만 저마다의 본성에서 한얼 씨알을 찾아 보라 너희 머리 속에 내려와 계시느니라.

 예찬

 지극히 밝고 신령함이여
 온갖 조화의 임자시로다
 굳세고도 튼튼함이여
 슬기와 덕이 밝고 크도다
 온갖 조화 이루시기를
 자로써 잰 듯 하시옵건만
 음성 모습 없으시오니
 한울집 보기 어렵도다

 한얼님에 대한 말씀 풀이 / 백포 서 일 종사
 한얼님은 오직 한 분이시다. 우리로서 받들어 높일 곳이 다시는 더없는 가장 으뜸자리에 계신 이다. 크신 덕으로 모든 생명을 낳고 기르고, 크신 슬기로 모든 몸뚱이를 마르새고 이루며, 크신 힘으로 모든 기틀을 돌리는 것이다.

 그러기 때문에 밝고 신령하시며, 밝고 신령하시기 때문에, 형용하여 이를 길이 없는 것이다. 한얼님은 모습도 말씀도 없으시기 때문에, 사람들이 아무리 그 음성을 들으려 하고, 그 모습에 접하고자 원해도, 친히 나타내 보이시지 않는 것이다. 그러나 사람들이 저마다 제 본성에서 찾아보면, 그 한얼님이 이미 우리 머릿속에 내려와 계심을 깨달을 수 있을 것이다.

그러므로 한얼님이 그 위에 더없는 으뜸자리에 계시다는 것은, 한얼님의 본체(本體)를 이름이요, 다시 그 한얼님이 사람의 머릿속에 내려와 계시다는 것으로써 말하면, 한얼님의 변화하심이 없는 데가 없는 것이니, 그 쓰임[用]을 이르는 것이다.

[제三장 한울집에 대한 말씀]
한울은 한얼님의 나라라 한울집이 있어 온갖 착함으로써 섬돌을 하고 온갖 덕으로써 문을 삼았느니라 한얼님이 계신 데로서 뭇 신령과 모든 「밝은 이」들이 모시고 있어 지극히 복되고 가장 빛나는 곳이니 오직 참된 본성을 통달하고 모든 공적을 다 닦은 이라야 나아가 길이 쾌락을 얻을지니라.

예찬

구슬 대궐이 크고 높을사
상서론 빛이 번쩍이도다
착한 이 덕 있는 이
그라사 오르고 들어가리라

거룩하신 한얼님 두 옆
모든 신령들 모시었나니
같이 노닐고 즐기심이여
배달의 이슬비 내리시도다

한울집에 대한 말씀 풀이 / 백포 서 일 종사

  한얼님의 나라와 한얼집이 반드시 하늘에만 있는 것이 아니라, 땅 위에도 있고 사람의 몸에도 있다. 한밝메(백두산)의 남북 마루가 곧 한얼님의 나라요, 거기에도 사람의 몸으로 화하사 내려오신 곳이, 곧 한얼집이다. 그리고 또 사람의 몸뚱이가 곧 한얼님의 나라요, 머리는 한얼집이니, 하늘에 있는 것, 땅 위에 있는 것, 사람의 몸에 있는 것, 이 세 한얼집들이 필경은 같은 것이다. 그러므로 한얼집이 본시 고정해 있는 것이 아니다. 거기 따라 한얼님이 오르내리시는 곳도 마찬가지다.

  다만 한얼님이 계신 곳은 지극히 복되고 가장 빛나는 곳인데, 지극히 복되다 함은 온갖 착함의 열매요, 가장 빛나다 함은 온갖 덕의 꽃이다.

  본성을 통달한다는 그 통함은 막힘이 없음을 이름이니, 온갖 덕의 지극히 큰 곳이요, 공석을 다 마친다는 그 마침은, 이지러짐이 없음을 이름이니, 온갖 착함의 원만한 곳이다. 온갖 착함의 가장 윗 섬돌에까지 올랐으므로 다 마침이요, 온갖 덕의 둘 없는 곳에까지 들어갔으므로 **통**한다 함이다.

다만 공적을 다 마친다는 것은, 삼백 예순 여섯 가지 착한 행실을 닦고, 삼백 예순 여섯 가지 음덕을 쌓고, 또 삼백 예순 여섯 가지 좋은 일을 이루는 것을 이름으로서, 그러한 사람이라야 한얼님께 나아갈 수 있고, 그래서 그와 함께 길이 비길 수 없는 쾌락을 누릴 수 있는 것이다.

[제四장 누리에 대한 말씀]
너희들은 총총히 널린 저 별들을 바라보라. 그 수가 다함이 없으며 크고 작고 밝고 어둡고 괴롭고 즐거워 보임이 같지 않으니라. 한얼님께서 모든 누리를 창조하시고 그 중에서 해누리 맡은 사자를 시켜 칠백 누리를 거느리게 하시니 너희 땅이 스스로 큰 듯이 보이나 작은 한 알의 누리니라. 속불이 터지고 퍼져 바다로 변하고 육지가 되어 마침내 모든 형상을 이루었는데 한얼님이 기운을 불어 밑까지 싸시고 햇빛과 열을 쬐시어 다니고 날고 탈바꿈하고 헤엄질치고 심는 온갖 동식물들이 번성하게 되었느니라.

예찬

만들어 올리는 누리의 온갖 것
별 짜이듯 가로 세로 이어졌나니
참이치 하나에서 일어남이여
바다의 물거품 뿜음 같도다
해 돌아가는 힘을 따라

칠백 별들이 따라 도나니
온갖 생명들 번성함이여
물불이 부딪는 힘이시로다

백포 서 일 종사 해설
저 헤아릴 수 없는 뭇 별들은 모두 다 한얼님이 만드신 것이다. 그 무수한 누리 가운데서 해누리 맡은 사자에게 칠백 누리를 거느리게 하셨는데, 사람이 사는 지구는 실로 그 속의 한 누리일 따름이다. 그러므로 우리 스스로는 이 땅덩이를 크게 볼는지 모르나, 실상은 헤아릴 수 없는 저 많은 누리 가운데서 지극히 작은 한 알의 누리에 지나지 않는 것이다.

[제五장 진리에 대한 말씀]
사람과 만물이 다 같이 세 가지 참함을 받나니 이는 성품과 목숨과 정기라 사람은 그것을 옹글게 받으나 만물은 치우치게 받느니라. 참성품은 착함도 악함도 없으니 이는 「으뜸 밝은 이」로서 두루 통하여 막힘이 없고, 참목숨은 맑음도 흐림도 없으니 이는 「다음 밝은 이」로서 다 알아 미혹함이 없고, 참정기는 후함도 박함도 없으니 이는 「아랫 밝은 이」로서 잘 보전하여 이지러짐이 없되 모두 참에로 돌이키면 한얼님과 하나가 되느니라.

진리에 대한 말씀 해설 1 / 백포 서 일 종사
여기시 말하는 「으뜸 밝은이」와 「중간 밝은이」와 「아래 밝은이」

는 어떤 차등을 말함이 아니요, 각각 그 성격의 차이를 말함이다. 다시 말하면, 「으뜸 밝은이」는 한얼님과 덕을 합하여 막힘이 없이 다 통하고, 「다음 밝은이」는 한얼님과 슬기를 합하여 미혹함이 없이 다 알고, 「아래 밝은이」는 한얼님과 힘을 합하여 이지러짐이 없이 보전하는 것이다. 그래서 모두가 참함으로 돌아가면, 한얼님과 하나가 되는 것이다. 통하면 온갖 현상에 두루 펴이므로 막힘이 없나니, 그것이 참 성품이요, 알면 온갖 경우에 따라 순응하므로 미혹함이 없나니, 그것이 참 목숨이며, 보전하면 온갖 기틀을 돌리므로 이지러짐이 없나니, 그것이 참 정기이다.

뭇 사람들은 아득한 땅에 태어나면서부터 세 가지 가달이 뿌리 박나니 이는 마음과 김과 몸이니라. 마음은 성품에 의지한 것으로서 착하고 악함이 있으니 착하면 복되고 악하면 화가 되며, 김은 목숨에 의지한 것으로서 맑고 흐림이 있으니 맑으면 오래 살고 흐리면 일찍 죽으며, 몸은 정기에 의지한 것으로서 후하고 박함이 있으니 후하면 귀하고 박하면 천하게 되느니라.

진리에 대한 말씀 해설 2 / 백포 서 일 종사
마음은 길흉의 집이요, 기운은 생사의 문이요, 몸은 정욕의 그릇이다. 착함과 맑음과 후함은 한얼님 길에 순종함이라, 그러므로 복이 되며, 악함과 흐림과 박함은 한얼님 길에 거스름이라, 그러므로 앙화가 되는 것이다.
참과 가달이 서로 맞서 세 길을 지으니 이는 느낌과 숨쉼과 부딪침이요 이것이 다시 열 여덟 경지를 이루나니, 느낌에는 기쁨과 두려움과 슬픔과 성냄과 탐냄과 싫어함이 있고, 숨쉼에는 맑은 김과 흐린 김과 찬 김과 더운 김과 마른 김과 젖은 김이 있으며, 부딪침에는 소리와 빛깔과 냄새와 맛과 음탕함과 살닿음이 있느니라.

진리훈에 대한 설명 3 / 백포 서일
느낌은 분변하여 아는 임자요, 숨쉼은 드나드는 손님이요, 부딪침은 전갈하는 종에 비길 수 있다. 이 느낌과 숨쉼과 부딪침이 서로 반드시 같지 않으므로, 본체는 바꿀 수가 없으나, 그 쓰임은 또한 혼동할 수 없어, 서로 다른 경계를 이루는 것이다.
뭇 사람들은 착하고 악함과 맑고 흐림과 후하고 박함을 서로 섞어서 가달길에서 제 맘대로 달리다가 나고 자라고 늙고 병들고 죽는 괴로움에 빠지고 말지마는「밝은 이」는 느낌을 그치고 숨쉼을 고루 하며 부딪침을 금하여 한 곬으로 수행하여 가달을 돌이켜 참에로 나아가 큰 조화를 부리나리 참된 본성을 통달하고 모든 공적을 다 닦음이 곧 이것이니라.

진리훈에 대한 설명4 / 백포 서일
느낌을 그치면, 마음이 평온하고, 숨쉼을 고루 하면, 기운이 화평해시고, 부딪침을 금하년, 몸이 편안해지는 것이니, 이 그치고 고루 하고 금하는 세 법은「망령 도적」과「고통 마귀」를 막아내는 예리한 병기(兵器)와 같다.
한 곬으로 수행한다는 것은, 일만 가지 사특한 생각을 끊고, 오직 그 뜻을 바로 하여, 만 번 꺾어도 물러서지 아니하고, 만 번 흔들어도 움직이지 아니하여, 마침내 착함에 이르는 것을 말함이다.

그리고 크게 신비한 기틀을 부린다는 것은
① 신비한 기틀을 보는 것이니, 가깝게로는 저와 남의 오장육부와, 털구멍으로부터 멀리로는 하늘 위와 뭇 누리와 땅 속 물 속의 모든 정형(正形)을 밝게 보는 것이요,
② 신비한 기틀을 듣는 것이니, 하늘 위와 땅 위와 뭇 누리에 있는 사람과 만물의 말과 소리를 모두 듣는 것이요,
③ 신비한 기틀을 아는 것이니, 하늘 위와 하늘 아래와, 전생과 내생, 과거와 미래의 모든 일들, 사람과 만물의 마음속에 잠겨 있는 모든 비밀을 빠짐 없이 다 아는 것이요,
④ 신비한 기틀을 행하는 것이니, 눈·귀·입·코의 능한 바를 모두 쓰고, 헤아릴 수 없는 땅 속과 쇠와 돌과 물과 불 속을 거침없이 통해 다니며, 몸을 억만 개로 나누어 온갖 것으로 변화하여, 제 맘대로 다니는 것이니, 그리하여 나고 자라고 늙고 병들고 죽는 다섯 가지 괴로움을 영원히 벗어나, 한얼님 계신 한얼집으로 나아가, 한얼의 쾌락을 누리게 되는 것이다.

예찬

하나로부터 셋이 됨이여
참과 가달이 나누이도다

셋이 모여 하나가 되니
헤맴과 깨침 길이 갈리네

맘대로 달리면 재앙이 되고
한 곬으로 달리면 복이 되나니
얽히고 설킨 참된 이치는
오직 한얼님의 믿음표로다

4) 삼일신고 독법(三一神誥讀法)

마의극재사(麻衣克材思: 高句麗初의 賢臣)가 이르기를, 아! 우리 신도들은 반드시 삼일신고를 읽되, 깨끗한 방에 진리도(眞理圖)를 걸고, 손 씻고 몸을 깨끗이 하며, 옷깃을 바로 하고 마늘과 술을 끊으며, 향불을 피우고 단정히 꿇어 한얼님께 묵도(默禱)하고, 굳게 맹세하고, 모든 사특한 생각을 끊고, 3백 6십 6알의 박달나무 염주(檀珠)를 쥐고 한마음으로 읽되, 본글 3백 6십 6자로 된 참이치(眞理)를 처음부터 끝까지 단주에 맞춰 일관(一貫)되게 하라.

읽기를 3만 번에 이르면 재앙과 액운이 차츰 사라지고 7만 번이면 질병이 침노하지 못하고 10만 번이면 총칼을 능히 피하고, 30만 번이면 새와 짐승이 순종하며, 70만 번이면 사람과 귀신이 모두 두려워하고, 1백만 번이면 신령과 선관(仙官)들이 앞을 인도하고, 3백 6십 6만 번이면 몸에 있는 3백 6십 6뼈가 새로워지고, 3백 6십 6혈(穴)로 기운이 통하여 천지가 돌아가는 3백 6십 6도수(度數)

에 맞아 들어가, 괴로움을 떠나고 즐거움에 나아가게 될 것이니, 그 신묘함을 이루 다 어찌 적으리요.

만일 입으로만 외고 마음은 어긋나, 사특한 생각을 일으켜 함부로 함이 있으면, 비록 억만 번 읽을지라도, 이는 마치 바다에 들어가, 범을 잡으려 함과 같아, 마침내 성공하지 못하고, 도리어 수명과 복록이 줄게 되며, 재앙과 화(禍)가 곧 이르고, 그대로 괴롭고 어두운 누리에 떨어져, 다시는 빠져 나올 방도가 없으리니, 어찌 두렵지 아니하랴. 애쓰고 힘쓸지어다

5) 삼일신고 봉장기(三一稥誥 奉藏記)

삼가 상고하건대, 〈고조선기(古朝鮮記)〉에 이르기를『삼백 예순 여섯 갑자에 한배검께서 천부인(天符印)[1] 세 개를 가지시고 운사(雲師)·우사(雨師)·풍백(風伯)·뇌공(雷公) 등 신장(神將)을 거느리시고, 한밝메(백두산) 박달나무 아래 내려 오시사, 산과 물을 개척하고, 사람과 만물을 낳아 기르시며, 두 돌 갑자 지낸 무진년 상달 초사흗날에 이르러, 신령한 대궐에 거동하사, 한얼님의 말씀(삼일신고)를 가르치시니, 때에 팽우는 삼천집단[三千團部][2]의 무리들을 거느리고 와서 머리 숙여 받들며, 고시(高矢)[3]는 동해가에서 푸른

---

1) 천부인 : 조화·교화·치화의 자리를 차지하신 삼신일체의 신표(信標).
2) 삼천단부 : 백두산 남북에 산거(山居)하던 삼천부락.
3) 고시 : 단군때의 농관. 오늘날 전사(田事)중 음식 먹을 때 첫숟가락을 던지며 고시례함은 이 고시를 추모하는 민속임.

돌을 캐어 오고, 신지(神誌)⁴⁾는 돌에 이것을 그려 전했다』하였으며, 또 〈후조선기(後朝鮮記)〉에는 『기자(箕子)가 일토산(一土山)⁵⁾ 사람 부여(扶餘)의 법학자 왕수긍[王受兢]을 맞아 박달나무를 다듬어 은(殷)나라 글로써 〈삼일신고〉를 써서 읽었다』고 했으니, 그러므로 〈삼일신고〉는 본디 돌과 나무의 두 책이 있었던 것이다.

세상에서 전하기를, 돌로 된 책은 부여의 나라곳간[國庫]에 간직되었고, 나무로 된 책은 위씨조선(衛氏朝鮮)에 전하였다가, 둘 다 아울러 전란(戰亂)에 잃었다 하며, 이 책은 바로 고구려에서 번역하여 전한 것이요, 우리 할아버지 고왕(高王)께서 읽으시고 예찬하신 것이니라.

소자가 이 〈삼일신고〉를 받들어 온 뒤로, 항상 잘못될까 두려워하며, 또 옛날 돌과 나무에 적은 두 책이 세상 풍파에 없어진 것을 생각하여, 이에 영보각(靈寶閣)⁶⁾에 두었던 임금 지은 예찬을 붙인 진귀한 책을 받들어 한밝메 보본단(報本壇)⁷⁾ 돌집 속에 옮겨 간직하노니, 이는 영원히 없어지지 않게 하려 함이니라.

대흥(大興)⁸⁾3년 3월 15일에 간직하노라.

해석 : 삼일신고는 대종교를 통해 전해진 것으로, 본 입문서에서 이를 그대로 전하는 것이 좋다고 생각되며, 대종교에서 공

---

4) 신지 : 단군의 사관.
5) 일토산 : 땅 이름.
6) 영보각 : 장서각(藏書閣)의 이름.
7) 보본단 : 한얼께 제사하는 단 이름.
8) 대흥 : 발해 문왕의 연호.

표된 것은 다음과 같다. 삼일신고의 "檀" 신字는 천부의 비밀이 담긴 글자이다.

〈삼일신고〉는 〈천부경〉〈참전계경〉과 더불어 한민족의 3대 신전으로서, 그중에서도 교화경으로서 보경(寶經)이다. 특히 〈삼일신고〉의 '삼일(三一)'은 삼신일체(三檀一體) 삼진귀일(三眞歸一)이라는 이치를 뜻하고, '신고(檀誥)'는 '신(神)의 신명(神明)한 글로 하신 말씀'을 뜻한다. 따라서 삼일신고는 3과 1이 하나로서, 조화·교화·치화가 하나이며, 종교적 삼신일체와 역사적 삼대일체를 보여주며, 결국 신인이 하나임을 보여 주어, 신(神)의 차원에서 홍익인간의 이념을 구현하고, 삼진귀일, 즉 인(人)의 차원에서 성통공완(性通功完)의 공덕을 쌓아 지상천궁을 세우는 가르침을 원시조 단군께서 분명하게 남겨 전하신 말씀이라는 뜻이 된다.

이 책이 전하여진 경위*는 다음과 같다.
서기 1906년 1월 24일 하오 11시, 당시 구국운동으로 동분서주하던 "독립운동의 아버지"로 일컬어지는 홍암 나 철 선생께서 일본에서 귀국, 서대문역에 도착하여 지금의 세종로 방향으로 걸어갈 때, 한 노인이 급히 걸어 오다가 발길을 멈추고, "그대가 나인영(나철)이 아닌가."하고 하고 묻고 "나의 본명은 백전(伯佺)이요, 호는 두암(頭岩)이며 나이는 90인데, 백두산에 계신 백봉신형(白峯神兄)의 명을 받고 이를 전하러 왔노라."하면서 백지에 싼 것을 주고 총총히 가버렸다. 나중에 풀어보니 〈삼일신고〉와 〈신사기〉가 한권씩

들어 있었다고 한다.

* 저자(著者) 주 : 삼일신고는 한단고기에서도 그 내용이 전해지는 데, 한단고기 필사본을 전한 이유립 선생이 나중에 넣은 것인지 알 수가 없다.

〈삼일신고〉의 본문 앞에는 발해국 고왕의 '어제삼일신고찬문[御製三一檀誥贊]'이 있고, 그 앞에 대야발(大野勃: 고왕의 아우)의 '삼일신고 서문'이 있으며, 본문 뒤에는 고구려 개국공신인 마의극재사(麻衣克再思)의 '삼일신고 독법'이 있고, 끝으로 발해 문왕의 '삼일신고 봉장기(三一檀誥 奉藏記)'가 붙어 있다.

삼일신고봉장기에는 삼일신고가 전하여진 경위와 유실되지 않도록 보존하고자 문왕이 각별히 노력한 경위가 실려있다. 이들 내용 가운데 발해 문왕까지 이 경전이 전해진 경위가 밝혀져 있고, 그뒤에 한민족까지 전하여진 경위는 백두산의 백봉신형과 백전 등이 서기 1904년 10월 3일에 발표한 〈단군교포명서〉에 밝혀져 있다.

이에 따르면, 한말에 백봉신사(白峯神師)께서 백두산중에서 10년을 한얼님께 원도하시어 묵계를 받으시고, 석실에 비장되어 오랜 세월이 지나는 동안 햇빛을 못 보고 지낸 본교 〈경전〉(삼일신고)과 〈단군조실사〉를 돌집속에서 얻으셨다. 서기 1906년 백전도사(伯佺道士)를 통하여 〈신사기〉와 함께 홍암 대종사께 전하였고, 이를 받으신 홍암 나철 선생께서 한민족얼을 중광하시고 잘 보전하여 오늘에 이르렀다.

〈삼일신고〉는 본래 신시개천 시대에 나와서 책으로 이루어진 것이니, 교리는 대저 하나를 잡아 셋을 포함하고(執一含三), 셋을 모아 하나로 돌아옴(會三歸一)의 뜻으로 근본을 삼는다. 5장으로 나뉘어져 천신조화의 근원과 세상 사람들과 사물들의 교화를 논한 것이다.

이 책은 366자의 한자(고자 포함)로 쓰여졌으며, 천훈, 신훈, 천궁훈, 세계훈, 진리훈의 오훈(五訓)으로 구성되어 있다.

천훈에서는 '천(天)'에 대한 무가명성(無可名性), 무형질성(無形質性), 무시종성(無始終性), 무위치성(無位置性) 등 무한성(無限性)을 전제함으로써 천체의 지대함과 천리의 지명함, 천도의 무궁함을 36자로 가르치고 있다. 종교적인 우주관과 절대성의 개념이 명백하게 밝혀져 있어, 신도(神道)의 달통무애(達通無碍)함을 설명하는 바탕이 된다.

신훈에서는, 무상위(無上位)인 '신(神)'이 대덕(大德), 대혜(大慧), 대력(大力)이라는 삼대권능(三大權能)으로 우주만물을 창조하고 다스림에 조금도 허술하거나 빠짐이 없으며, 인간이 진성(眞性)으로 구하면 머리 속에 항상 내려와 자리한다는 내용이다.

유일무이하고 전지전능한 절대신임을 밝혔고, 동시에 신인합일(神人合一)이라는 달통무애함이 인간의 신앙적 가능성을 열어주는 의의를 가지게 한다.

천궁훈에서는, 성통공완(性通功完), 즉 반망귀진(返妄歸眞: 헛된 마음을 돌이켜 참된 성품으로 돌아옴)하는 수행을 쌓아 진성(眞性)과 통하고, 366가지의 모든 인간사(人間事)에 공덕(功德)을 이룬 사람이 갈 수 있는 곳이 천궁(天宮)이다. 여기는 단군 한배검이 여러 신장(神將)과 철인(哲人)을 거느리고 있는 곳이며, 길상(吉祥)과 고아명과 아울러 영원한 쾌락이 있는 곳이다.

인생이 마지막으로 찾아야 할 희망처가 천궁이며, 신도가 단순한 기복형(祈福型)의 공부가 아니고 힘든 수도를 전제로 한 구도형(求道型)의 신도가 바탕임을 보여준다. 그러나 성통공완이란 반드시 죽음을 통하여 이룩하는 것이 아니요, 현세적으로도 가능하며 뿐만 아니라 이것이 더욱 바람직한 것이다.

실제로 천궁훈의 주해에 "천궁은 천상(天上)에만 있는 것이 아니다. 지상에도 있는 것이니 태백산(지금의 백두산) 남북이 신국(神國)이며, 산상(山上)의 신강처(神降處)가 천궁이다. 또한 사람에게도 있으니 몸이 신국이요 뇌가 천궁이다. 그래서 삼천궁(三天宮)은 하나이다."라고 하여 신인합일적이요 삼이일적(三而一的)인 천궁설(天宮設)을 설명하고 있어 단순한 내세관과는 크게 다르다는 것을 짐작할 수 있다.

세계훈에서는 우주창조의 과정을 설명한다. 우주전체에 관한 내용과 지구 자체에 관한 내용으로 나누어 말하고 있다. 즉, "눈앞에 보이는 별들은 무수히 많고 크기와 밝기와 고락이 같지 않다. 신(神)이 모든 세계를 창조하고 일세계(日世界)를 맡은 사자(使者)를 시켜 700세계를 다스리게 하였다."는 내용과, "지구가 큰 듯하지만 하나의 둥근 덩어리이며, 땅속의 불[中火]이 울려서 바다가 육지로 되었다. 신이 기(氣)를 불어 둘러싸고 태양의 빛과 더움으로 동식물을 비롯한 만물을 번식하게 하였다."는 내용인데, 뒤의 부분은 현대과학적인 안목으로도 설득력이 있어 관심을 끌게 한다.

진리훈에서는 사람이 수행하여 반망귀진하고 성통공완에 이르는 가르침이 주요내용으로 되어 있어 수련법 방면에서 매우 중요한 부분이다. 〈천부경〉에서 언급하고 있듯이 사람은 삼망(三妄)인 심(心), 기(氣), 신(身)에서 벗어나 본래적인 삼진(三眞)인 성(性), 명(命), 정(精)으로 돌아가야 하는데, 여기에는 단군수련법 "검밝" 수행이 필요하다.

즉 심의 감(感)을 지(止感)하고, 기의 식(息)을 조(調息)하고, 신의 촉(觸)을 금(禁觸)하는 삼법(三法)을 익혀야 한다.
이상이 그 내용인데, 여기서 지감은 불가(佛家)의 명심견성(明心見性), 조식은 선가(仙家)의 양기연성(養氣鍊性), 금촉은 유가(儒家)의 수신솔성(修身率性)의 각각 뿌리가 되는 것이다. 내용은 신사기에 있으므로 생략한다.

4. 참전계경

참전계경은 팔리훈이라고 불리기도 한다.

도덕 정치를 펴는 데 필요한 치화경이다.

고구려 제 9대 고국천황때 名相으로 이름을 날린 을파소는 바로 이 참전계경이 그 원동력이었다고 한다.

참전계경을 통하여 옛 단군 선조들의 시대에는 법이 아닌, 인도적 윤리만으로도 치세가 된 것을 알 수 있다.

8조 혹은 8리라 불리는 강령에 366조의 율령, 즉 윤리규범이 있어 治世理化를 했던 것이다.

즉, 366이라는 천수(天數)의 대연(大衍) 원칙에서 그 오묘함이 발동되어 천하를 홍익인간 이화세계한 것이다.

이는 인간의 366경혈과도 통한다.

366은 開天之數이다.

참전계경은 주역과 같이 점괘를 볼 수 있는 방법도 있다.

그것은 별도의 책자를 통해 내보일 예정이다. 또한 참전계경의 내용도 방대하기에 여기 입문서에서는 생략한다.

5. 통천록

이글은 이 시대에 나와있는 예언서 중 최고의 예언서라고 할 수 있다.

비전으로 개천민족회를 통하여 내려온, 잘 알려지지 않은 예언서이다. 이에 대한 자세한 해석은 별도의 책자로 내보일 것이다.

특히 검가 사상 즉 검학이 새로운 시대에 빛을 발할 것을 많이 예언하고 있다. 원본 전문은 내용의 양이 많으므로 생략하고(별도 단행본 책자로 발간) 일부 내용만 선보인다.

通天錄 (일부분 발췌)
任辰五月六日巳時(임진오월일사시) 開天民族會(개천민족회) 虔心神誌賜訓章(건심신지사훈장) : 敬虔(경건)스런 마음으로 史官神誌(사관신지) 降靈(강령)하여 訓(훈)으로서 이 文章(문장)을 겨레에게 賜(사)하노라

文留疆土傳十方(문유강토전시방) : 華麗江山(화려강산) 이 疆土(강토)에 이 글월을 保存(보존)하여 十方世界(시방세계) 온누리에 傳(전)하도록 할지로다

仁人君子悟的透(인인군자오적투) : 禮儀東方(예의동방) 어진사람 사람마다 君子(군자)로서 大悟大覺(대오대각) 할것이며 透徹明理(투철명리) 하고나서

安國齊家可治邦(안국제가가치방) : 우리나라 安定(안정)하고 집집마다 整齊(정제)하여 나아가서 天下萬邦(천하만방) 다스림이 있으리라

法傳眞求育化人(법전진구육화인) : 大乘大法(대승대법) 傳受(전수)하니 天道眞理(천도진리) 求得(구득)하여 白衣民族(백의민족) 仁人君子(인인군자) 三千萬民(삼천만민) 育化(육화)하여
　* 주 : 육화인은 후천 시대에 검밝, [선단학 기천]의 몸수련이 얼마나 중요한 지를 말하고 있다.

鳳棲鷄方入明聖(봉서계방입명성) : 鳳鳴朝陽(봉명조양) 옛말대로 鷄方位(계방위)에 棲息(서식)하니 白陽運(백양운)을 掌握(장악)하신 大明聖人(대명성인) 납시리라
　* 주 : 백양의 백은 밝달, 즉 단군을 뜻하고, 양은 기운이므로, 백양은 단군의 기운이며, 천부경에서 말하는 본태양의 기운이다.

駕到金歸振王門(가도금귀진왕문) : 西方金運(서방금운) 이어받아 聖祖帝駕(성조제가) 到臨(도림)하니 三桓時第(삼환시제) 古風(고풍)대로 四王門(사왕문)이 振作(진작)이라
　* 주 : (검)의 기운, 즉 본태양의 기운이 王門을 열 수 있음을 말해준다. 白帝는 金의 기운을 가졌으며, 오행의 西方이다. 이제 동방의 기운이 서방으로 진출할 것이다.

玉兔金烏定震脫(옥토금오정진탈) : 밝은 저달 玉兔仙(옥토선)도 더운 저해 金烏佛(금오불)도 大東震國(대동진국) 이나라에 解脫(해탈)하고 坐定(좌정)하네

* 주 : 후천대역에 의하면 帝出乎震이라 하여 진방(남한)에서 이 시대의 단군이 나타나는 것으로 알려져 있다. 옥토선은 달을, 금오불은 태양을 상징한다.

飛鷄鳴谷甦夢津(비계명곡소몽진) : 金鷄三唱(금계삼창) 때가와서 玄牝谷神(현빈곡신) 鳴動(명동)하니 꿈결속에 자던 衆生(중생) 잠을 깨어 蘇生(소생)한다

* 주 : 五德을 갖춘 닭의 기운을 가진 지도자들은 새로운 개벽의 세기를 알리는 사명이 있다. 특히 검(仚)의 이념을 갖춘 지도자들의 출현이 필요하다.

以上(이상)은 通天錄(통천록) 序文(서문)

興衰天之運(흥쇠천지운) : 때를 따라 興亡盛衰(흥망성쇠) 變化無窮(변화무궁) 하므로서 無常(무상)함이 짝이 없는 氣象天(기상천)의 道(도)인지라

* 주 : 氣象天(기상천)은 氣天을 말한다. 기천명에도 기천의 도는 無虛無實하다고 함.

九變震壇云(구변진단운) : 靑陽紅陽(청양홍양) 뒤를이어 白陽天世(백양천세) 이르듯이 河圖洛書(하도낙서) 뒤를이어 九變震壇(구변진단) 云(운)하니라

信果結韓民(신관결한민) : 中央土運(중앙토운) 信(신)의 果(과)는 八白艮山(팔백간산) 運(운)을 따라 大韓民族(대한민족) 사는 땅에 結實(결실)하게 되었노라

* 주 : 팔백간산의 팔은 후천대역의 3.8의 8이며, 8은 바로 艮方이요, 간산이요, 현재의 남한이다.

焚檀神人接(분단신인접) : 坊坊谷谷(방방곡곡) 道壇(도단)차려 焚檀(분단)으로 感天(감천)하니 神人合一(신인합일) 辦事(판사)하고 白陽金線(백양금선) 接(접)하니라

* 주 : 백양의 빛은 금(검)빛이다.

太極天開子(태극천개자) : 眞空無極(진공무극) 生太極(생태극)은 理有氣(이유기)로 氣則天(기즉천)을 天開於子(천개어자) 하는 것이 太極天(태극천)인 그것이다

* 주 : 중요한 구절이다. 氣則天(기즉천)은 기천을 뜻한다.
  기천을 하는 것이 천개(天開)이다.

戊年逢土人(무년봉토인) : 白陽始祖(백양시조) 戊己開端(무기개단) 때가오면 알것이나 子(자)가 붙은 戊年(무년)그해 中央土人(중앙토인) 만났노라

神君羽化臨(신군우화림) : 檀君聖祖(단군성조) 東勝神君(동승신군) 天眞之元(천진지원) 古佛(고불)로서 羽化(우화)하여 臨(임)하시니 彌

勒祖師(미륵조사) 出世(출세)로다
* 주 : 佛之祖인 미륵 부처가 단군임을 이야기 하고 있다. 明星臨雨辰(명성림우진) : 그 聖人(성인)은 누구신가 日月合照(일월합조) 明星(명성)으로 震(진)의나라 이땅 위에 臨(임)하심을 알아두라
* 주 : 홍익인간 이화세계를 이룰 새시대의 성인이 한반도에서 생김을 이야기 하고 있다.

有文無神化(유문무신화) : 다시 글을 崇尙(숭상)하여 가르침을 다하여도 中心(중심)되는 唯一神(유일신)을 否認(부인)하게 되면
* 주 : 단군께서 가르치신 하나님(하느님)을 믿어야 함을 이야기 하고 있다.

文神今俱法(문신금구법) : 이제우리 나라에서 白陽運(백양운)을 이어받아 글도있고 神(신)도 있어 모든 法(법)을 具備(구비)하니
* 백양은 본태양이요, 俭이다.

露相非眞人(로상비진인) : 相(상)을 나타내는 者(자)는 我相(아상)을 곧 나타냄이 되고 보니 이를 어찌 眞人(진인)이라 하겠는가
* 주 : 진정한 진인은 스스로 진인이라 하지 않는다.

臨閣箕聖到(임각기성도) : 이때 또한 옛날 聖賢(성현) 三人中(삼인중)에 한분이신 箕子聖(기자성)이 帝閣(제각)있는 곳에 到臨(도림)할 것이다
* 원래 "기자"란 奇子로, 단기고사에서 태양의 아들이라는 밝힘.

龍潭已然在(용담이연재) : 果然(과연) 어느 곳에 있는 龍潭(용담)인지 그 龍潭(용담)은 이미 옛날 부터있는 그대로의 龍潭(용담)이라
 * 주 : 용담은 백두산 천지를 말한다.

重峰疊巒突(중봉첩만돌) : 重重疊疊(중중첩첩) 雲峰(운봉)들은 天下四嶽(천하사악) 凌駕(능가)하니 그 仙境(선경)은 어디메뇨 震出東南(진출동남) 海中(해중)이라
 * 주 : 진출동남은 현재의 남한을 뜻한다.

金鳩駕舊林(금구가구림) : 西方金烏(서방금오) 日師尊(일사존)은 이도 亦是(역시) 聖駕(성가)옮겨 祖師(조사)계신 龍華林(용화림)에 찾아옴이 當然(당연)하다
 * 주 : 후천 시대는 金의 열매 시대요, 본태양(백양)의 시대이다. 검학의 시대이다.

繼往開來人(계왕개래인) : 이에 道基(도기) 樹立(수립)하고 옛날 聖人(성인) 뒤를 이어 未來像(미래상)을 開示(개시)하는 繼往開來(계왕개래) 人(인)이니라
 * 주 : 민족중건을 예언하고 있다.

丹田文教純(단전문교순) : 丹田生精(단전생정) 得理(득리)에는 三一神誥(삼일신고) 第一(제일)이니 國有文化(국유문화) 가르치되 純粹性(순수성)을 잃지말라

* 註 : 수련 심법으로 삼일신고의 중요성을 이야기하고 있다.

育化聲及此(육화성급차) : 佛之祖(불지조)요 法之王(법지왕)인 彌勒尊佛(미륵존불) 말한마디 天下萬邦(천하만방) 衆生(중생)들은 育化(육화)함이 될지로다
 * 주 : 미륵존불 단군이 여는 후천 시대에는 몸 공부로 깨달은다.

釋意益群倫(석의익군륜) : 通天錄(통천록)이 深奧意(심오의)를 明瞭(명료)하게 釋意(석의)하면 여러 經綸(경륜) 道義面(도의면)에 有益(유익)함이 있으리라

6. 性의 여의주 공부법

단군의 철학은 설명한 바와 같이
조화경 천부경, 교화경 삼일신고, 치화경 참전계경(팔리훈),
예언경 통천록 등이 주요 경전이다.
공부법으로 최고법은 무조건 외우는 것이다.
외워서 독경하는 것이다.
최소한 천부경, 삼일신고는 외워야 한다.
그러면 온몸의 경혈이 뚫려서 장수의 효과가 생기고,
잡귀가 침범치 못하게 되고,
금강보다 한차원 높은 천강의 몸이 만들어지게 된다.
저절로 그 뜻도 알게 되는 날이 온다.
특히 천부경, 삼일신고는 精의 여의주로 수련하지 않으면 완전히 체득할 수 없다. 마무리가 되지 않는 것이다.
"앙명인중천지일"인 것이다.
그것이 검학이다.

천부경은 세상에 많은 해석이 나왔지만 제대로 된 것은 없다.
이에 대해 또 논하자면 책을 열개 써도 모자랄 것이다.
그러한 것으로 사람들의 인생을 낭비하게 하고 싶지는 않다.
천부경 해석으로 제일 잘된 것은 삼일신고라 할 수 있다.
이에 대해서는 별도로 천부경 책자로 출간할 것이다.

역사로 들어가기 전에, 詩

이름 잃은 민족의 밤

詩人의 목을 쳐라!
詩人의 피는 天地에 튀기며
얼어붙은 시대의 하늘을 녹여 주르륵 비오게 한다.
바람은 멀리서 詩人의 신음 소리를 듣고 달려오고
번개는 그 모습을 극명하게 비추어주고
이윽고 하늘이 요동치는 소리를 몰고 온다.
새롭게 하늘이 열리는 소리를 들으라!
옛날 옛적 북방 초원에서 말달리듯, 새롭게 땅을 열라!
떠오르는 아무 것도 없으나
만물은 생명에 흠씬 젖어 꿈틀거리고
새로운 흐름이 이 땅을 휘덮는다.
씻으라!
시대의 어두운 꿈에 벼락을 내리고
우리의 것이 아닌 것은 떠내려보내고
뿌리 깊은 사람만이 우뚝 서게 하라.
흩어질 사람들은 떠나고
모일 者들은 가야할 길을 갈 것이다.
세월에도 씻기지 않을 이 땅에
더 이상 나그네로 떠돌 사람은 없다.

주인을 찾지말라.
우리가 주인이다.
동반자는 깃발을 함께 올릴
주인인 그대의 어깨를 잡을 것이다.
외치라!
이 땅과 하늘은 우리이다.
이것은 우리의 개벽이다.
우리는 한배달, 한겨레이다.
우리는 한민족이다.
태양민족이다.
단군민족이다.

제2장 단군의 역사

〈서언〉

단군의 역사는 단군 할아버지가 물려준 세 가지 보물, 즉, 철학, 역사, 수련법 중의 두 번째 보물이다.

역사 공부는 命의 공부에 해당 된다.

철학이 性, 命, 精의 性인 상단전에 해당되고,

수련법이 精인 하단전에 해당된다면,

역사는 命인 중단전에 해당되어, 중간의 허리 공부가 된다.

또한 교화, 조화, 치화의 교화 공부로, 역사를 통해 가르치는 것이다.

이것은 조화의 공부인 철학을 바탕으로, 교화의 공부인 역사

는 우리 선조가 이룩한 실제 행위들로 이루어진 결과물이기에 무엇보다도 중요하다.

  그만큼 폭이 넓고, 깊으며, 여러 형태의 분석이 있을 수 있다.

  이것은 이 시대에 직접적으로 가장 큰 영향을 미치는 정치와 연관되므로 신중히 연구되어야 한다.

  그리고 세월이 흐른 지금, 자료가 많이 미약하다.

특히 수련법과 철학은 다소 주관적인 글을 주장할 수 있지만, 역사 문제는 실증적인 자료가 있어야 하기에 더욱 어려운 것이다.

그러나 우리는 그 역사를 찾아, 복원해야 한다.

우리의 뿌리와 얼을 찾는 것이다.

한민족에 있어서 가장 기본적이고 근본적인 문제이다.

이것이 홍민을 바탕으로한 단군주의 史觀이다.

단군주의 사관의 특징

이 사관은 단군이 天權을 받아 국가를 이끄는 것을 정통이며, 전통으로 보는 것이다.

단군은 천제이며, 이 전통은 단군 민족으로 계속 내려왔다. 하늘의 권력을 받은 자가 옛날(선천시대)에는 단군이지만, 지금 이 시대(후천시대)는 "인내천"시대로, 그 하늘은 민중, 즉 홍민이다.

그리하여 단군주의는 三祖 국가를 조국 즉, 모국으로 하는 것이다. 삼조국가란 한인, 한웅, 한검의 삼조 단군 시대를 말하며, 이는 한국, 배달국, 고조선을 뜻한다.

한국은 인류 전체가 한국가로 하나였던 시대이며, 마지막 한인 단군은 지금의 삼각산으로 오신 것 같다.

배달국은 한국의 전통을 받아, 한웅 단군이 삼위. 태백간에 세웠던 국가이며, 그 삼위는 지금의 돈황, 태백은 지금의 백두산으로 본다. 현재 강역으로 말하면, 아시아 전체를 강역으로 생각하며, "아시아"라는 말도 "조선"과 같은 말로 해석하는 것이다.

 그러다가 14대 치우 천왕 때 황제 헌원을 탁록대전에서 이기고, 중원을 보다 효율적으로 다스리기 위해, 산동반도 청구로 그 중심지를 옮긴다. 고조선은 대홍수 등의 영향과 훌륭한 한검 단군의 탄생으로 그 중심지가 지금의 백두산과 한머리땅(한반도)와 만주 등으로 옮겨진다. 중심지의 이동을 크게 고찰해 보면, 바이칼호 ⇨ 삼각산 ⇨ 홍산문화권 ⇨ 중원 ⇨ 만주 및 한반도로 이동되어 왔으며, 결국 바이칼호 연안에서 지금의 황해 연안으로 그 중심 생활권이 변동되었으나, 그 전체적 강역은 아시아 전체였던 것을 알 수 있다.

 지금의 중국 민족과는 그 시조 황제 헌원이 치우 천황과 탁록대전을 하면서 갈라지고, 일본민족은 백제의 멸망으로 갈라진 것으로 본다. 그러나 북방의 기마민족, 몽골 등과는 가장 늦게 갈라졌으며, 조선조 세종대왕이 한글을 창제하면서, 민족이 갈라진 것으로 볼 수밖에 없다. 그러나 사실은 한, 중, 일, 몽골, 유라시아의 원주민 등 다섯 지역의 나라들 모두 다 같은 단군 민족인 것이다. 더 나아가 아시아 전체가 다 같은 한웅의 배달나라, 단군민족으로 보는 것이 단군주의 사관의 특징이다.

1. 통일과 광복의 상징, 단군

1) 통일운동선상에서 단군의 중요성
지금 우리에게 급한 것은 무엇인가
그것은 우리 겨레의 통일이다.
우리 겨레가 바로 서지 않고서는 우리가 바로 설 수 없으며, 민족 통일이 없고서는 우리 겨레가 바로 설 수 없다.
그런데 우리 겨레는 남북 분단이 된지 반세기가 지나는 동안에 민족의 동질성이 많이 사라졌다. 그렇다면 어떻게 민족의 동질성을 회복할 수 있을까?

그것은 우리 겨레가 시작한 원뿌리로 돌아가는 것이며, 그것은 바로 고조선이며, 고조선을 건국하신 국조 단군이시다.
그렇기에 작년 2002년, 분단 57년만에 역사적으로 처음 가진 개천절 남북 공동행사에서 남북, 해외의 민족 대표단들은 공동호소문을 통해 국조 단군의 깃발 아래 통일하자고 외쳤던 것이다.
공산주의, 사회주의 이념국가 틀 안에서, 남측의 요구대로 공동호소문 안에 단군의 이념을 구현하자고 한 것은 진정 엄청난 혁신적 변화의 사건일 수밖에 없다.
개천절 민족공동행사의 공동호소문에서의 마지막 부분 일부를 다시 옮기면 다음과 같다.

원시조 단군이 개국한 이래 이룩된 민족문화의 뿌리를 알고 그를 계승 발전시키며 더욱 빛내이자!

그리하여 단군 이래 유구한 력사와 찬란한 문화로 빛나는 이 땅 위에 융성 발전하는 통일조국을 하루 빨리 일으켜 세우자!

조국의 자주적 평화통일 만세!

그러나 우리 겨레가 추구해야할 단군을 외래 식민사관에 의해 신화로, 우상으로 취급하는 반민족자들이 즉 친일 잔재들이 암세포처럼 엄연히 활동하고 있는게 현실이다. 특히 그들은 기독교라는 탈을 쓰고 막강한 기독교 세력을 이용하며 그 품안에 기생하려 하는데, 그런 얄팍한 짓이 얼마나 갈지 두고 볼 일이다. 그것은 기독교가 마찬가지로 얼마나 빨리 식민종교관을 버리느냐에 달려 있을 것이다.

그리하여, 단군릉의 개천절 행사에서, 북의 단군운동을 총괄하는 단군민족통일협의회의 부회장이며, 조선어학회 이극로 선생의 아드님이신 이억세 선생은 연설하기를, "지난날 봉건통치배의 사대굴욕과 일제의 단군말살책동으로 건국 시조 단군은 오랜 세월 신화로만 전해져 왔고 민족의 우수성은 유린 말살 당하였습니다." 라고 연설한 것이다.

이제 우리 겨레가 가야할 통일의 길은 민족의 원뿌리 국조 단군의 길임이 명확해 진 것이다.

2) 일제가 단군을 신화로 만든 이유

그렇다면 일제는 왜 단군을 우리 역사에서 불확실한 신화로 만들러 광분했던 것인가?

그것은 한마디로 우리 겨레의 정체성을 없애기 위해서였다.

그 증거로 일제 제3대 총독은 '교육시책'에서 "먼저 조선 사람들이 자신의 얼, 역사, 전통을 알지 못하게 만듦으로써 민족혼, 민족문화를 상실하게 하고, 그들이 선조와 선인들의 무위, 무능과 악행 등을 들추어내 그것을 과장하여 조선인 후손들에게 가르침으로써, 조선인 청소년들이 그 부모와 조상들을 경시하고, 멸시하는 감정을 일으키게 하여 실망과 허무감에 빠지게 될 것이니, 그 때에 일본 사적, 일본 인물, 일본 문화를 소개하면 그 동화의 효과가 지대할 것이다."라고 밝혔다. 이것은 마치 현재 친일 잔재들이 기독교의 탈을 쓰고 하는 행태의 원조인 것이다.

그리고 일제는 〈조선사편수회 사업개요〉를 살펴보면 그 구체적 실상이 나오듯이, "우리 겨레는 오랜 역사를 통해 발전이 없는 민족이며, 독립할 능력이 없어 언제나 이웃 민족의 지배를 받아 왔다."는 이른바 '타율성론'을 조작해 냈다.

더 나아가 일제는 우리 민족의 성스런 영토인 만주와 한반도, 즉 〈만선〉을 주인이나 민족이 없어 중국과 일본에 의해 다스려진 것으로 하는 것을 요체로 하는 만선사관까지 만들어 낸 것이다.

그래서 〈조선사편수회 사업개요〉를 번역한 출판사 '시인사'에서는 해설하기를, "일본의 한국사관은 태고적부터 일본의 신과 천황이 한국을 지배하거나, 또는 일본의 신이 한국의 신과 왕이 되거나 한국의 왕족, 귀족이 일본에 복속했다는 것이다. 그들은 일본의 건국 기원까지 거슬러 올라가 일본의 한국 지배를 주장한다. 이러한 사상은 '정한론'의 근거가 되었고, 명치 이후의 한국 침략, 한국병합, 한국지배의 유일한 관념적 지주가 되었다. 또한 그들은 한국사회는 일본보다 약 600년 늦었다고 주장하는 것이다."고 한다.

그리고 통일 신라 이전은 역사가 모호하다고 주장하며 그들이 만든 우리 역사는 고조선부터 시작하는 것이 아니라, 막연한 제1편 통일신라 이전, 제2편 신라통일시대 등으로 조선사를 편수한 것이다.
아시아의 최고, 아니 그당시 세계 최고의 문명국가를 이룩하던 동방의 등불인 고조선을 신화로 돌리고, 그 고조선을 다시 이룩하겠다고 "다물"이라는 국시를 가졌던 고구려를 비하하며, 신라가 당나라의 원조로 통일하면서 그제야 국가 형태를 가진 민족으로 만들어 버린 것이다.

우리는 모두 기억할 것이다. 고구려, 백제, 신라 등이 고대 국가 체계를 갖추기 시작한 것은 무슨 왕들 때부터라고 하는 식민사관에 의한 국사를, 이런 사실도 모른 채 달달 외우던 것을 말이다.
이렇게 우리 겨레의 역사를 왜곡하기 위하여 일제는 조선사를 편수한다는 명목으로 그 당시 모든 사서들을 수거해 갔으며, 이때 수십만 희귀노서들이 엄청난 것으로 밝혀지고 있다. 단군과 관련된 사서나 상고사 사서들을 모두 분서하거나 일본으로 가져가서 비밀리에 숨겨 놓고 있는 것이다.

이러한 사실은 지난 1999년 12월 6일자 〈중앙일보〉에서 기사 ('단군조선' 관련 사서 일 왕실도서관에 가득)로 다음과 같이 게재되었듯이 엄청난 범죄 행위인 것이다.

"해방 후 출간된 '군국일본조선강점 36년사'나 '제헌국회사' 등에 따르면, 조선총독부 초대 총독 데라우치 마사다케의 명령에 의해 1910년 11월부터 이듬해 12월 말까지 1년 2개월 동안 고사서 51종 20여만 권을 약탈했으며, '단군조선'에 관한 서적 대부분이 이때 소실된 것으로 되어 있다. 이런 가운데 최근 일본 궁내청 쇼료부(일명 황실 도서관)에 '단군조선'과 관련된 책들이 쌓여 있다는 새로운 주장이 나와 관심을 끈다."

또한 중앙일보뿐만 아니라 조선일보, KBS 〈역사스페셜〉 등에서도 일제의 '단군조선' 관련 역사서 분서 및 수탈 사실을 밝히고 있으며, 일본의 사학자이자 평론가인 하라타 사카에루 또한, 저서 〈역사와 현대〉를 통해 "한국과 관계가 있는 고문서류 6만 6,469매, 고기록류 3,576책, 고지도 34매 등을 은폐 또는 분서했다"고 정확히 밝히고 있다.

이외에도 일제는 1922년 〈조선사편찬위원회〉, 1925년 〈조선사편수회〉로 계속해서 기구를 확대, 개편하면서 수많은 귀중사료를 학술적 조선사 편찬 명목으로 공식적으로 수집했으니, 실로 우리 역사의 훼손은 일제의 손에 의해 저질러지고, 해방 후 우리 대학 강단에 일제 식민사관에 세뇌된 친일 잔재들이 대다수 교육하고, 이러한 친일 잔재들을 척결하려는 노력(반민특위 등)도 자유당 정권에 의해 좌절되었으니, 어찌 통분할 일이 아닌가?

이러한 일제의 식민사관에서 가장 핵심적인 것이 바로 국조 단군의 역사적 실존을 부정하는 것이었다.

일제로서는 단군의 역사적 존재가 인정되면, 그것은 5000년의 역사를 가진 문화민족을, 아무리 길어야 3000년 역사밖에 안되는 일본이 강탈한 것이 되기 때문이었다. 또한 성스런 우리 민족의 영토인 만주와 한반도를 모두 다스린 단군의 고조선이 아시아의 아버지 국가임이 밝혀지기 때문이었다.

이러한 일제는 사실 하나 더 역사를 왜곡한 것이 있다. 그것은 삼국유사에 나오는 "昔有桓國"을 "昔有桓因"으로 사서를 훼손하여 전국에 배포한 것이다. 그리고 단군에 관한 사서를 모두 없애 버린 것이다. 그 이유는 한국은 나라 이름이 되어 역사적 사실이 되나, 한인은 사람 이름으로 불교 등의 종교적 신화로 되기 때문이다.

그리고 일제 사학자들은 단군이 역사로 불리던 것을, 일제 시대 모든 논문에서 "단군 神話"라는 용어만 사용함으로써 단군을 "神話"화 시킨 것이다. 그리하여 일제는 우리 민족의 첫 국가를 신화로 만들려 했으나, 다행히 "昔有桓國"으로 된 원본 삼국유사가 발견되면서 일제의 역사왜곡이 확인된 것이다.

이와같이 우리 민족의 첫 국가는 한국으로 보아야 할 것이다.

3) 역사에 없는 '한사군'을 만든 식민사관

그리하여 일제가 끄집어 만들어낸 핵심적인 것이 "한사군"이다. 일제는 우리 역사가 한사군부터 시작하였다는 것이다.

한사군은 중국이 우리 나라 역사를 자기의 복속국으로 하기 위해 꾸민 〈한서(반고 著)〉에서 끄집어 낸 것인데, 삼국유사를 쓴 일연 스님이 지적한 바와 같이 많은 중국 사서에서는 원래 없던 것으로 조작된 것이며, 오로지 한족과 위만조선의 전쟁이 끝난 후 200년이 지나 쓰여진 위서 〈한서〉에서만 나오는 단어인 것이다.

위만조선과 중국 한나라와의 전쟁을 당대에 기록한 가장 상세하고, 정확하고, 권위있는 유명한 사마천의 사기에서는 어디에서도 "한사군"이라는 단어가 나오지 않는다.

한사군은 원래 없는 말이며, 존재하지도 않은 것이다.

원래 사실은 다음과 같다.

고조선의 변방에 기자가 살면서 고조선은 기자에게 기자조선을 봉해주는데, 이는 후에 위만조선이 된다. 그런데 여기서 원래 원주민인 고조선족의 반란이 일어나고, 이때를 이용하여 한족의 한나라가 쳐들어오나 패퇴하는 동시에 위만조선도 무너지고, 원래 고조선의 영토로 되며, 조선인 四郡(불조선, 불한)의 새로운 통치질서가 생겨난다.

그리고 패퇴한 한나라 군대의 사령관들과 사신(공손대, 위산) 등은 한나라에서 모두 처형된다. 이것이 사실이며, 중국 사마천의 〈사기〉 등 많은 〈25사〉가 증명하는 것인데, 반고의 위작된 〈한서〉 하나에만 나오는 것을 일제 식민사관이 악용한 것이고, 이를 식민학자들이 그대로 인용하는 것이다.

여기서 위만조선은 발해 연안부터 산동반도에 걸친 땅으로 밝혀졌으며, 이것은 현재 붉은 악마로 애칭되는 치우 천황이 중국 황제와의 탁록대전에 승리하여, 지금의 산동반도 태산을 중심으로 한 청구에 배달국의 수도를 이전한 것을 생각하더라도 이해가 되는 것이다. 그 강력한 치우 천황의 영토와 민족 구성원들이 갑자기 짧은 시기에 소멸되지는 않았을 것이기 때문이다.

이것은 중국 대만의 지리부도 연감의 영토 그림을 보더라도 그 시대에는 우리 민족으로 중국이 표현한 동이족의 영토가 산동반도를 포함하고 있는 것을 보아도 알 수 있는 것이다.

단군 신화의 "신화"라는 말도 우리 역사에 원래 없던 말이다. 일제 학자가 우리 상고사를 불확실한 시대로 조작하기 위해 고의적으로 처음 사용한 단어인 것이다.

우리 민족에게 단군은 혈통을 내려준 국조로 한민족사를 통털어 언제나 엄연한 역사로 기록되어 온 것이다. 지금 북한에 있는 단군릉이 그 단적인 예이며, 단군께서 태자 부루 등을 시켜 만든 강화도 마니산의 참성단이 그 유적으로 내려오고 있는 것이다. 삼국유사에 나오는 신화가 아니라 史話라고 표현해야 하는 것이다.

　이러한 연유 때문인지는 몰라도 현재 제도권 사학자의 일부와 기독교의 일부는 일제의 식민사관을 그대로 답습하여, 민족의 통일을 방해하는 장벽으로 등장하고 있다. 남북통일 이전에 있는 남남분단의 이 장벽을 우리는 부수어야 진정한 통일을 이룩할 수 있으며, 이것이 진정한 광복통일인 것이다.

　그렇다면 기독교와 단군은 병존이 가능한가?
　가능하다. 그 방법은 단군주의 선언,
　"깨달은 기독교인들이 통일을 주도한다."를 참조 요망한다.
　이제 우리는 단군을 부정하는 그 원뿌리가 바로 일제이며, 일제 식민사관이며, 아직 남은 친일 잔재임을 명확히 해야 한다. 그래서 다시는 단군을 신화나 우상으로 얘기하는 사람들이 발붙일 수 없는 금수강산, 통일조국을 만들어야 하는 것이다.
　단군은 통일과 광복의 상징이다.

-끝-

2. 상고사 개괄

우리는 어디서 왔는가?
여기에 대해 많은 사람들이 엉뚱한데서 해답을 찾고 있다.
파미르 고원에서 왔다는 사람,
천산산맥에서 왔다는 사람,
시베리아에서 왔다는 사람,
티벳에서 왔다는 사람,
아프리카에서 왔다는 사람,
바이칼호에서 왔다는 사람,
히말라야에서 왔다는 사람…
그러나 아니다.
우리는 어디에 살고 있는가?
우리는 아주 오랜 선조때부터 이 땅에 살아왔다.
그런데 왜 다른 곳을 찾는가?
우리는 이 아사달, 금수강산, 즉 한반도와 만주, 동북아시아에 계속 있어 왔다. 이 땅의 원래 주인인 것이다.
이것이 확실한 해답이다.
다만 우리의 땅이 줄어든 것이다.
그러나 동북아시아는 우리 땅의 핵심이었다.
유물, 유적을 조사해보면, 이 땅 한반도와 만주, 동북아시아에는 인류 역사의 시작과 함께 사람들이 무수히 많이 존재했음을 알 수 있다.

제도권 사학에서 단군학에 가장 권위 있는 단군학회 회장인 윤내현 단국대 교수의 논문에 의하면, 근래의 고고학적 발굴에 의해 한반도, 만주 지역에는 지금부터 60~70만 년 전의 구석기 유적으로부터 신석기 유적, 청동기 유적 등이 발견되어, 계속 사람들이 살았다는 것이 증명되고 있다.

이 사실이 중요한 것이다.
서쪽으로부터, 아니면 하늘로부터 어떤 무리가 이동해 와서 나라를 세웠더라도, 이주해 온 사람은 원래 이 땅의 주인이 아닌 것이며, 이주해 온 소수의 무리가 보다 높은 문명으로 원주민을 개화시켰다 하더라도, 여하튼 이 땅의 주인은 원주민인 것이다.
원래 살았던 원주민이 고급 문명을 받아 들여 보다 성숙한 문명으로 나아갔는지의 여부가 중요한 것이 아니라, 원래 누가 많이 살고 있었느냐가 중요한 것이다. 그것이 그 시대의 민족대중, 민, 더 나아가 홍민이기 때문이다.

이것이 민중 사관이다.
이것이 진정한 민족대중, 민, 홍민의 史觀이다.
단군주의 사관은 이러한 홍민사관을 바탕으로, 단군의 이념이 어떻게 펼쳐졌고, 어떻게 펼쳐 나갈 것인가를 밝히는 史觀이다. 그런데, 이 한머리땅(한반도), 만주 지역은 인류 문화의 발상지이며, 원래 최고로 발달된 문명, 한국이 존재했던 것으로 밝혀지고 있다.
한머리땅(한반도), 만주 지역이 인류 문명의 발상지, 즉 한국의 중심지로 보여지는 것이다.

윤내현 교수에 의하면, 이 땅의 청동기 연대만 하더라도 후앙허 유역보다 400년 정도, 시베리아 지역보다 900년 정도 앞선다는 것이 확인되었다.

그러나 인류 역사상 가장 오래된 역사서 〈신사기〉에 의하면, 60~70만 년 전이 아닌 130여만 년 전 부터 이 땅에 사람들이 살았던 것으로 쓰여져 있으며, 만주 지역의 한밝메, 즉 백두산(현재 백두산, 혹은 현재 완달산이라 불려지는 만주 하얼빈, 장춘 사이에 있는 장백산 - 한단고기에 천해 동쪽이라 했으니 완달산이 맞을 것으로 생각됨)에서, 후에(지금으로부터 약 2만 8000년 전~7만년 전으로 추정) 인류 최초의 국가인 한국이 생겨난 것으로 보여진다.

아직 한국의 중심지역인 만주의 유적은 충분히 발굴되지 않았다. 앞으로 지금까지 우리의 상식을 뒤엎는 유적들이 많이 나올 것으로 생각된다.

특히 한국이 유라시아의 서쪽, 남쪽, 북쪽, 동쪽으로 뻗어가며, 이룩한 문명들은 분명히 어딘가에 존재할 것으로 보인다.

만주, 몽골, 시베리아, 티벳, 바다 밑에 가라앉은 미지의 대륙으로 미확인 되어 전해지는 피라밋, 지그랏드, 고인돌, 거석문화 등이 한국의 문명이거나 혹은 그 다음의 배달국의 문명일 것으로 추정된다.

한국의 [桓]사는, 許慎(BC100년)의 說文에 따르면, "두 개 혹은 4

개의 돌을 세우고, 또 하나의 큰 자연석을 덮어 놓는 것"을 뜻한다 했으며, 하나의 큰 자연석을 세워 두는 것도 같다고 하였다.

그러므로 그러한 한국과 그 이후를 잇는 배달국은 큰돌, 태양, 새(鳥) 등을 숭상하는 문화이며, 氣와 천문에 관한 과학이 많이 발달했을 것으로 보여진다.

그러나 이러한 장백산에서 전세계 사방으로 펼쳐가던 한국은 기후 대변화로 다시, 지구의 성스런 땅 만주, 한반도로 다시 중심을 이동하며, 배달국이 세워지는 것으로 생각된다.

그리고 그 배달국의 문명은 다시 전세계 사방으로 펼쳐지며 다시 기후 대변화로 쇠퇴하며, 지금의 백두산, 평양을 중심으로 고조선이 세워지는 것으로 생각된다.

인류의 문명은 지구 전체를 동쪽에서 서쪽으로 다시 동쪽으로 돌고 돈다.

한반도, 만주의 한민족 문명이 한국시대에 수밀이국(수메르)을 통해 서쪽으로 확대되어 갔다가, 다시 돌아오고, 다시 배달국 시대에 복희와 그 여동생 여와를 통해 서쪽으로 갔다가, 돌아오고, 다시 고조선 시대에 중국, 인도 지역을 통해 서쪽으로 갔다가, 돌아오고, 다시 고구려, 몽골, 원, 청 나라를 통해 서쪽으로 갔다가, 돌아와, 이제 지금의 세계 문명을 이루고 있는 것이다.

이에 대한 자세한 내용과 근거는 별도 책자를 통해 추후 밝힐 수 있을 것이다.

이제 우리는 본래의 단군 문명을 〈민족중건〉하여 일으켜야 한다.

남북통일이 되고, 동북아시아, 나아가 아시아가 민족공동체를 이룩한다면, 다시 옛 상고사의 단군문화는 다시 조명받을 것이고, 연구되어, 이 시대에 빛을 주어, 홍익인간 이화세계를 이룩할 것으로 생각된다.

그리고 이러한 단군 시대의 세 국가인 한국, 배달국, 고조선이 '우리 한민족의 상고사'인 것이다.

이러한 단군 시대의 역사가 전해지는 5대 역사서는 신사기, 부도지, 한단고기, 단기고사, 규원사화가 가장 기본이며, 이외에도 근대에 쓰여진 많은 단군 관련 역사서들이 있다.

이 단군시대를 구분하여 간략히 고찰해 보면 다음과 같다.

1) 한국(桓國)
우리 민족의 첫 국가는 한(桓)국이다.
인류의 첫 역사서인 신사기, 한단고기 그리고 왜곡되지 않은 원본의 삼국유사 등에 나오고 있다.
그러나 아직도, 한국은 커녕, 붉은 악마 치우 천황이 중국의 시조라 일컬어지는 황제와 탁록대전을 벌이던 배달국 시대도 제대로 알려져 있지 않고, 가까운 고조선마저도 인정하지 않으려는 식민사학자들이 있는 것이다. 조선 왕조가 고조선의 이름을 따서 지어진 것인데도, "고조선은 없다, 국조 단군은 우상이다"라고 억지를 쓰는 식민사학자들과 일부 종교 광신도들이 있는 것이다.

그러나 A. 토머스가 〈우리가 처음은 아니다〉에서 얘기한 것과 같이 문명은 우리가 상상하는 것보다는 더 오래된 것이다.

서양의 제국주의 사관에 의해, 구석기 신석기 청동기로 이어지는 시대 구분이나 연대는 현재에 맞지 않다. 많은 유적 발굴로 서양의 사관들이 무너진 것이다.

특히 한국, 배달국, 고조선의 문명은 그렇다.

새로운 인류사가 쓰여져야 하는 것이다.

한국은 인류가 다시 찾아야 할 고향이며, 한민족의 역사성과 우수성을 보여주는 보고이자, 중창되어야 할 한민족국가이다.

〈신사기〉에서는 BC 2333년으로부터 2만 1900갑자 전에, 즉 BC 2333년으로부터 1백 3십 1만 4000년 전에 地闢이 되었다고 한다. 땅이 열렸다는 것은 생물, 인간이 살기 시작한 것을 뜻한다.

45억 년의 나이를 가진 지구에서, 수많은 인류들이 탄생했다 없어졌을 터라고 예상되고, 이 130만년 전은 현생 인류인지 아닌지 여부는 좀더 연구해 보아야 하겠지만, 여하튼의 현재 인류에 영향을 끼친 문명의 역사인 것이다.

그리하여 130만 년이 흐르던 어느 시점에 원단군 대황조, 즉 한인 단군께서 한밝메, 즉 백두산(현재 백두산 혹은 현재 완달산으로 불려지는 만주 하얼빈, 장춘 사이에 있는 장백산)에 강림하시어 인류 최초의 한국을 여신 것이다.

그 시기가 〈한단고기〉에 의하면, 한국 다음의 국가인 배달국으로부터 6만 3182년 前, 혹은 3301년 前으로 보아지나 어느 것이 맞는지 알 수 없다고 했다.

〈삼일신고 봉장기〉에서는 국조 단군께서 366갑자에 개천하시어 교화가 시작되고, 이로부터 124년 후에 고조선을 건국하신 것으로 되어 있다. 그것을 보면 BC 2333년 으로부터 366갑자 전에, 즉 BC 2333년으로부터 2만 1900년에 124년을 더한 2만 2224년 전에 최초의 개천이 이루어 졌으며, 이것이 한국인지 배달국인지는 판단하기 힘들다.

그러나 〈한단고기〉에 배달국이 18세 1565년을 전해졌다가, BC 2333년에 고조선에 전통을 이어주었다 하니, 한국으로 보아야 할 것이다.

그렇다면 한국은 〈삼일신고 봉장기〉에 의하면 약 2만 8000년 전, 혹은 〈한단고기〉에 의하면 약 7만년 전에 세워진 것으로 추정할 수밖에 없다.

그런데, 〈산해경〉에 "용백국 육만세"라는 것을 보면, 한국은 7만년 전에 세워졌다고 보는 것이 맞다고 생각되며, 또 그렇게 되어야 현재 지구 상에서 가끔 발굴되는 3~5만년 전의 유물, 유적들이 해석될 수 있는 것이다.

그 시내 이후 홍수 등 기후 대이변으로 한국이 소멸되면서, 배달국이 새롭게 생겨난 것이다.

그리하여 갑자라는 역사의식이 생긴 것은 한국 시대이며, 분명히 우리 한민족으로부터인 것을 알 수 있다.

그런데 이 갑자라는 때가 태양계의 혹성들이 일렬로 배열되었을 때이며, 이때를 맞춰 원단군 대황조께서 한국을 세운 것이라 하니, 좀더 천문학적으로도, 지질학적으로도 연구해 보아야 할 것이다.

이같이 인류 최초의 한국, 더구나 〈부도지〉에 나오는 한국 이전의 부도, 마고성 등은 역사나 세월, 위치 등을 따지기 힘들다.

역사적 지명 이름으로 보면, 마고성은 강화도 마니산일 가능성도 있다. 그러나 확실히 단정할 수는 없다. 보다 연구해보자.

한국은 3301년이고, 마고로부터 7만년 역사라는 재야학자의 설도 있다. 이같이 아직도 단군에 관해서는 엄청 많이 연구해야 할 것이 많다. 단군에는 마고, 한인, 한웅, 한검이 있다고 크게 생각하며, 마고가 최초의 여자 단군으로 보는 것이 단군주의 사관이다.

물론 단군은 황금인간, 하나님 대행자라는 뜻으로 "보통명사" 임을 확실히 하는 것이다.

〈한단고기〉에 보면, 파나류산 밑에 한국이 있으니, 천해(바이칼호) 동쪽의 땅이다 라고 하였다. 남북 5만리, 동서 2만리라 하였고, 수밀이국(수메르의 전신?) 등 12 연방국으로 구성되었다고 한다.

그리고 구한족으로 구성되었다고 한다.

이는 〈신사기〉에 나오는 오색 인종 중에서 황인종이 크게 5개의 지파(오가)로 나뉜 것을 알 수 있어, 이 구한족은 황인종 5개 지파, 백인종, 흑인종, 홍인종, 남색인종 등 9개의 종족임을 알 수 있다.

여기서 첫 번째 원 단군이신 단군 대황조님은 파나류산 즉 지금의 만주의 완달산 혹은 지금의 天山에 하강하신 것으로 보여진다. 봉우 선생님에 의하면, 이 완달산은 한국 시절에는 웅대했으나, 지금은 많이 가라앉은 것으로 전해진다.

그러다가 바이칼호쪽으로, 천산산맥쪽으로, 시베리아쪽으로, 유럽쪽으로, 메스포타미아 지역쪽으로, 인도와 동남아시아쪽, 아메리카쪽으로 확장을 하며, 인류 최초의 국가를 유지한 것으로 보여진다.

특히 수메르국과 우르국은 서남쪽으로 가서, 고대 이집트와 이스라엘의 母國이 되었다. 그러므로 고대 유물 점토판에서 말해지는 수메르국의 모국은 한국일 수밖에 없는 것이다.

여하튼 이러한 한국은 한(桓) 字에서 보듯, 거석 문화였고, 태양과 새(鳥)를 숭상했으며, 천문학이 고도로 발달했으며, 氣學과 易學이 고도로 발달했던 것으로 보여진다. 이러한 전통은 고구려 때까지도 전해지어, 고분의 삼족오, 천상열차지도, 장군총, 광개토대왕비 등 유물, 유적이 전해져 오는 것이다.

특히 氣는 한국에서 극도로 발달한 것으로 여겨진다. 실례로 생명체에서 나오는 빛인 "바이오 플라즈마"라는 빛보다 빠른 것이 있는데, 태양에서 지구로 빛이 오는데 8분이 걸린다면, 이 바이오플라즈마는 농시에 지구로 도착한다고 한다. 태양에서 생기는 이 바이오플라즈마가 생명체를 살아 있게 하는 가장 중요한 원동력이고, 그래서 한국의 사람들은 태양을 숭배한 것이다. 그런데 氣사진기로 찍으면, 생명체에서 나오는 바이오플라즈마의 위치와 인간의 경혈

위치와 거의 일치한다는 것이 밝혀졌다. 지금 침술을 펼치는데, 아무도 어떻게 경혈 위치가 정해지고 이름지어졌는지는 모른다. 다만 옛날부터 그렇게 전해져 오기 때문에로 알고 있는 것이다.

이 경혈의 위치가 고차원의 심신 수련과 내관을 통해서, 어느 신인(神人)이 경락과 366경혈들을 하나 하나 상세히 파악했으리라고는 생각되지 않는다. 그렇다면 그 이름이 전해질 것이다. 그러나 최초로 경락, 경혈이 나오는 〈황제내경〉을 전해 준 중국의 황제, 그 황제에게 삼황내문(황제내경의 전체 원본으로 생각됨, 황제내경은 삼황내문 일부 내용을 황제의 정치적 욕망으로 변질시켰다 함)을 전해 준 자부선인, 자부선인의 스승인 발귀리 선인, 그 위의 태호 복희씨, 그 위의 태우의 한웅 단군, 그 이전에는 누군지 확실하지 않은 것이다. 다만 더 올라가면 최초로 한국을 세우신 한인 단군 대황조 즉, 원단군이라고 생각해 보는 수밖에 없다.

그렇지 않다면, 한국 시대에 고도로 발달된 氣 문명이 이 경락, 경혈들을 氣 사진기 같은 것을 통해 찍어내고, 이름지었을 가능성이 높다. 그리고 이것은 배달국 시대에 태호 복희씨 등을 통해 고차원의 심신 수련을 한 도인들과 한의학자들을 통해 더욱 이론화 되고 연구되고, 수많은 한의학 기술이 이룩되었던 것이다.

지금 서구 과학의 한계가 인식, 인정되고 있는 상황에서, 한국의 거석 설계 기술, 천문학, 易學, 氣學, 풍수지리학 등은 우리 민족 문화의 토대로서, 우리가 연구해 나가야 할 인류 문명의 미래요, 꿈으로 생각된다.

한국의 역사가 거의 7만 년 되는 동안에 엄청난 문명의 진화가 있었을 것으로 보여지기 때문이다. 지금 현세의 인류 문명이 청동기 시대부터 따져 만년도 채 안되는 것을 보더라도, 〈신사기〉에 보듯 인류가 생겨난지(지벽) 130만 년이 되고, 한국 역사가 펼쳐진지 7만 년이면, 지금 인류가 상상할 수 없는 문명을 이룩했다고 보아야 하는 것이다.

특히 氣산업은 인류의 새로운 세기를 열어나가는데, 가장 중요한 분야가 될 것으로 보여진다. 또한 우주 시대를 열어나가는데 있어서도 필요한 우주 에너지는 氣산업과 관련되지 않고서는 한계에 달할 것이며, 이에 우리가 선진 자본국가를 추월하는데 필요한 자산은, 바로 고대의 한국 문명으로부터 다시금 빛을 발견하는 것이라고 생각된다.

한편 한국의 위치에 이견이 있는 혹자는 한국이 최초로 형성된 곳이 파미르고원, 혹자는 우르무치 쪽의 천산산맥, 혹자는 히말라야산맥, 혹자는 티벳 등을 얘기하고 있으나, 워낙 오래된 역사의 이야기라 판단을 섣불리 내리기 힘들다.

특히 마니산으로 추정되는, 마고 할머니의 마고성의 존재는 너무 어려운 문제이다.

다만 마문명과의 관련성이 보여진다. 자세한 역사는 추후 별도로 단군 역사에 관해 책자로 낼때 다루어져야 할 것이며, 역사 학자님들의 많은 연구가 필요하다.

참고로 〈한단고기〉에 전해지는 한국의 한인 단군 7세는 다음과 같다.
- 1대 환인: 안파견(安巴堅) 환인
- 2대 환인: 혁서(赫胥) 환인
- 3대 환인: 고시리(古是利) 환인
- 4대 환인: 주우양(朱于襄) 환인
- 5대 환인: 석제임(釋提壬) 환인
- 6대 환인: 구을리(邱乙利) 환인
- 7대 환인: 지위리(智爲利) 환인 또는 단인(檀仁)

2) 배달국

한국의 뒤를 이어 생긴 것이 한웅 단군의 배달국이다.

삼위와 태백 사이를 다스렸다고 하니, 지금의 중국 감숙성 돈황과 지금의 백두산으로 보여진다.

제 1대 한웅 단군은 백두산 밑 천평에서 10월 3일 배달국을 즉, 신시를 연다. 그러나 신하 중 반고라는 사람은 한웅 단군의 승락을 받고, 삼위 근방까지 가서 따로 나라를 열었다고 하는데, 이들이 중국의 시원 세력이 되는지는 연구가 필요하다.

혹자는 태백을 중국 섬서성의 태백산으로 보기도 하나, 배달국은 동북아시아 전체를 아우르는 큰 국가였기에, 지금의 백두산으로 보는 것이 옳다고 생각된다.

그후 배달국은 홍산 문화쪽으로 중심 이동이 되었다가, 14대 자오지 천황 때, 즉 치우 천황 때, 중국의 황제 헌원과 탁록대전을 벌인 결과 이겨서, 지금 산동반도인 청구의 태백산으로 중심 이동을 한 것으로 보여진다.

이때 자부 선인 밑에서 동문수학한 황제 헌원은 같은 동이족으로, 치우 천황에게 배달국의 전통이 가자, 좀더 서쪽 황하 유역으로 가서, 따로 지금의 중국을 열게 된다.

그러므로 지금의 중국은 반고의 무리, 황제의 무리, 양자강 남쪽의 민족들이 중심되어 합쳐진 서양 합중국인 미국과 같이, 여러 민족이 합쳐졌으나, 우리 한민족이 중심된 동양의 합중국 형태로 보면 된다.

하여튼 한국, 배달국은 우리 한민족사에 있어서 신비로운 상고사 시대이다. 최근 몽골, 시베리아 등지에서, 피라미드 형태의 관련 유적들이 얘기되고, 발견되고 있는데, 중국에서 이를 감추는 경향이 있어, 제대로 연구가 되지 않고 있다고 한다.

홍산문화 유적이 그 실례이다. 홍산문화유적은 분명 배달국의 문화로 보여진다. 앞으로 많은 연구가 필요하다.

배달국은 한웅 단군 18분이 18대를 이어 전하며, 유라시아 전체가 그 영토이다. 현재의 몽골, 중국의 동부를 중심으로 대부분, 일본, 한반도를 포함하는 대제국이었다.

여기서 주목을 끄는 것은 제 5세 태우의 한웅이니, 사람에게 가르치시기를 반드시 묵념하고 마음을 맑게 하고 숨을 고르게 하여, 징기를 지니도록 하였다. 아들 열둘 중에 첫째는 6세 한웅을 물려

받고, 막내 태호는 복희씨라 하여, 天河에서 괘도를 얻어 역을 밝혔다. 그리고 여와가 복희의 제도를 이어 받았다고 하는데, 그 여와는 흙으로 사람을 만들었다고 하며, 서쪽으로 갔다고 하여, 지금 기독교의 "여호와"와 관련이 있는 것으로 보는 사람도 많다.

태호 복희의 후예는 풍산에 살았으니, 성씨도 풍으로 하였다고 하는데, 호흡 수련 등과 무예를 하여 체격이 커서, 풍채가 좋다는 말도 여기서 나오고, "풍씨 유파의 도"라는 뜻의 풍류도도 그 어원이 여기서 나온 것으로 보여진다.

그리고 그 풍류도가 대풍산의 설화와 함께, 〈風〉字가 들어가는 수련법들이 유난히 많이 전해져오는 지금의 단군 수련법 "검학"으로 이어진다고 보는 것이다.

그리고 그 풍산은 〈밝산〉이라 발음되며, 지금의 산동반도에 있는 태산이다.

이후 14세 자오지 한웅 즉, 지금 붉은 악마라 불려지는 치우 천황이 풍산에서 자부 선인으로부터 공부했으며, 이후 탁록대전에서 황제를 이겨, 남쪽으로 남하하여 풍산이 있는 청구국으로 배달국의 도읍을 이전하는 것이니, 제5세 태우의 한웅, 태호 복희, 제14세 치우 천황 등으로 연결되는 것을 볼 수 있다.

그리하여 태호 복희씨 묘는 지금의 산동성 어대현 부산의 남쪽에 있고, 붉은 악마라 현재 애칭되고 있는 치우 천황의 묘는 산동성 동평군 수장현 관향성 가운데 있다하니, 배달국의 대표적 유적이 될 수 있다.

아직 한국의 유적들이라고 보여지는 지그랏드 등이 발굴되지 않은 상태에서 한웅 단군들의 능과 홍산 문화 유적 등은 우리 민족의 정체성 확립에 토대가 되고 있다.

이같이 배달국은 태호 복희씨로부터 심신수련법 검학, 주역의 원천이 된 한역, 한의학의 원조인 삼황내문, 그외 천문, 풍수지리 등 많은 문화가 발달되었다. 우리는 그러한 문화를 복원하여 인류의 새로운 문화를 중창해 나가야 한다.

태호 복희씨의 역학이 변질되어 담긴 주역도 잘 연구하여, 본래 우리 민족의 제대로 된 역학을 복원해야 한다.

우리 단군단의 민족태학 총장이신, 김진혁 선생님의 〈후천대역〉은 이러한 의미에서 중요한 공부라고 할 수 있다.

또한 중국의 시조라 불리는 황제가 풍산의 삼청궁에 있는 자부선인으로 부터 삼황내문을 받았다 하니, 그 삼황내문은 배달국 시대 때의 우리 민족의 비전의 공부로서 연구되어야 할 것이다. 그러나 지금 전해지는 황제내경은 황제의 정치적 야욕으로 그 내용이 일부 변질되었다하니, 잘 되새겨 음미하고 연구해야 할 것이다. 그리하여 우리 민족의 한의학을 잘 발전시키고, 현재 서양의학이 가져다 주는 많은 부작용을 빨리 고칠 수 있도록 해야 할 것이다.

① (기원전 3898년): 거발한(居發桓)환웅, 재위 94년, 120세
② (기원전 3804년): 거불리(居佛理)환웅, 재위 86년, 102세

③ (기원전 3718년): 우야고(右耶古)환웅, 재위 99년, 135세

④ (기원전 3619년): 모사라(慕士羅)환웅, 재위 107년, 129세

⑤ (기원전 3512년): 태우의(太虞儀)환웅, 재위 93년, 115세

⑥ (기원전 3419년): 다의발(多儀發)환웅, 재위 98년, 110세

⑦ (기원전 3321년): 거련(居連)환웅, 재위 81년, 140세

⑧ (기원전 3240년): 안부련(安夫連)환웅, 재위 73년, 94세

⑨ (기원전 3167년): 양운(養雲)환웅, 재위 93년, 139세

⑩ (기원전 3071년): 갈고(葛古)환웅 또는 독로한환웅,
재위 100년, 125세

⑪ (기원전 2971년): 거야발(居耶發)환웅, 재위92년, 149세

⑫ (기원전 2897년): 주무신(州武愼)환웅,재위105년, 123세

⑬ (기원전 2774년): 사와라(斯瓦羅)환웅, 재위67년, 100세

⑭ (기원전 2707년): 자오지(慈烏支)환웅, 치우 천왕이라고도 하며, 청구국으로 도읍을 옮겨서 재위 109년, 151세

⑮ (기원전 2598년): 치액특(蚩額特)환웅, 재위89년, 118세

⑯ (기원전 2509년): 축다리(祝多利)환웅, 재위 56년, 99세

⑰ (기원전 2453년): 혁다세(赫多世)환웅, 재위 72년, 97세

⑱ (기원전 2381년): 거불단(居弗壇)환웅 혹은 단웅(壇雄),
재위 48년, 82세

3) 고조선(단군조선)

고조선은 한검 단군이 지금의 백두산과 평양을 중심으로 세운, 단군 시대의 세번째 국가이다.

고조선을 이룬 우리 민족은 가장 최소 의미의 한민족을 뜻한다. 한국의 한민족, 배달국의 한민족, 고조선의 한민족은 그 지역이나 혈통이 점점 축소되나, 반대로 그 혈통은 좀더 순수해지며, 장손 민족의 개념이 된다. 한국의 한민족은 세계의 민족 모두가 포함되는 광의의 개념이다.

배달국의 한민족의 의미는 고조선의 한민족의 의미와 같다.
그러나 현실적으로, 중국과 일본, 몽골 등은 원래 같은 배달국이건만, 아직 그들은 배달국의 후손임을 모르고 있다.
그러므로 현재는 남북한, 몽골만이 고조선의 의미의 한민족이다. 중국과 일본의 뿌리가 배달국임을 알때, 한민족임을 알때, 그리고 지금의 우리 한민족이 장손 민족임을 알때, 그때가 동북아시아가 하나의 민족공동체가 될 수 있는 때이다.

고조선은 가장 가까운 시대의 우리 민족의 이상향이다.
우리가 다시 살려내야 할, 우리 민족의 고향이다.
우리의 뿌리 문화이다.
우리의 뿌리를 모르고서, 어찌 우리의 정체성을 알 수 있겠는가?
고조선을 모르고서, 어찌 동북아 중심국가를 얘기할 수 있겠는가?
고조선은 5가 64족으로 이루어졌다.

〈한단고기〉의 단군세기에 의하면 신인 왕검이 오가의 우두머리로서 800인의 무리를 이끌고 "아사달 단목의 터"에 자리 잡고, 배달국 신시의 규칙을 도로 찾고, 도읍을 아사달에 정하여, 나라를 세워 [조선]이라 이름했다.

이후 삼한으로 나뉘어 통치됐으며, 그 삼한의 이름은 진한, 불한(번한), 말한(마한)이었으며, 불한은 서쪽의 경계를 맡아 지금의 중국 쪽에 있었으며, 말한은 남쪽의 경계를 맡아 지금의 한반도 남쪽에 있었으며 더 나아가 일본 지역도 포함했을 것으로 보며, 진한은 백두산, 평양, 만주를 중심한 중앙 지역으로 단군 천황이 계시던 지역이었다.

단재 신채호 선생은 조선의 고대어는 숙신이라 했으며, 만주원류고〉에서는 이 숙신의 옛 이름은 주신이라 하였다.

그러므로 발해, 요, 금, 후금, 청 나라 등은 당연히 우리 민족의 역사이며, 숙신족의 한뿌리로 알려진 몽골 역사 또한 우리 민족의 역사에 포함되어야 한다.

특히 임승국 교수의 〈한단고기 번역, 주해〉에 의하면, "몽골과 한국민족 선조들의 민족언어학적 상호관계에 관한 문제에 대해"라는 책자를 통해, 몽골 과학원의 베 수미야 바타르 교수는 〈삼국유사〉에 북부여 건국 장소로 언급되는 홀승골과 〈위서〉에 나오는 [고리]에서 온 동명성왕이 세 사람을 만나 홀승골에 이르렀다는 지역명은 몽골의 할힌홀 강이며, 고구려 건국기에 나오는 비류는 몽골의 부이르 호수라고 증명하고, 북부여가 몽골 지역에서 사실은 광개토대왕 비문에서도 확인된다고 지적했다.

또한 그 교수는 현재 바이칼호 연변에 사는 부리아트인들이 스스로 "코리아(Corea)"라고 부르는 것도 한민족사와 관련이 있다고 한다.

지금까지 남은 대표적인 유적은 1세 단군 왕검이 세우신 제천의 단인, 강화도 마니산의 참성단이 그 하나이고, 또 하나는 5세 단군 구을께서 묻힌 대박산의 단군릉이다. 이 단군릉은 지금의 북조선에서 크게 다시 개축하였으니, 지금 평양 근처의 강동군의 단군릉이다.

그리고 전세계에 있는 고인돌 6만여 개 중 과반수가 넘게 한반도에 존재하는 3만여 개 고인돌군이다. 이러한 고조선은 천문학이 많이 발달한 것으로 알려져, 고조선사를 기록하고 있는 한단고기의 〈단군세기〉 그리고 〈단기고사〉는 고조선 시대의 천체 현상을 풍부하게 기록하여, 현대 천문학에도 놀라움을 주고 있다.

한단련 단군단에서 일찌기 초청하여, 강연한 서울대 박창범 교수와 표준연구원 천문대 라대일 교수가 슈퍼 컴퓨터를 이용해 역으로 추적하여, 단기고사, 단군세기의 기술된 천체 현상을 검증한 결과, 단군조선 시대의 천문 기록들은 실제 그 당시의 상황과 일치한다는 것을 발견해냈다. 오행성 결집, 큰 썰물 현상, 일식 현상 등이 모두 거짓이 아니라는 것, 따라서 단기고사, 단군세기가 위서가 아니라는 것이 자연과학적으로 밝혀진 것이다. 기성 일부 역사학계에서 단기고사와 단군세기가 믿을 수 없는 위서일지 모른다는 식민사관적 풍토를 완전히 깬 것이다.

특히 상고사 서적들에 부정적 입장을 취해온 "한국상고사학회"

측에서조차 긍정적 반응을 보여, 최몽룡 교수(서울대 고고학)는 "단군조선에 대한 연구는 한국 문화의 뿌리에 대한 연구이다. 이를 위해서 문헌사적 연구뿐 아니라, 자연과학적 연구도 필요가 있다."고 말했다.

고조선의 역사에 대해서는 현대의 학자들로부터도, 서지학적으로나, 고고학적으로나, 자연과학적으로나, 많이 연구 되어 발표되었다.

우리 쪽에서는 단군학회 회장인 윤내현 교수, 북조선에서는 리지린 교수, 러시아에서는 유 엠 부찐 교수 등의 〈고조선사〉가 대표적이고, 이시대의 뛰어난 역사 책자들이다.

진정한 역사 의식이 없고서는 고조선을 파헤칠 수 없다. 이 세 나라의 교수님들은 이 시대의 학자로서 큰일을 해낸 것이다.

이 고조선은 곰이나 호랑이를 숭상하던 예맥족이, 새를 숭상하던 단군족(한웅족, 한족 등 여러 표현이 기능)을 우두머리 왕으로 따르며, 삼태극으로 화합을 이루며, 고조선을 건국하게 된다.

단군족(새족, 해족), 예족(웅족, 곰족), 맥족(호랑이족)이 삼태극으로 화합하며 고조선을 세웠던 것이다.

우리 민족을 이끌던 지도부가 새를 숭상했던 것은, 연세대의 우실하 교수가 〈삼수분화의 원리〉라는 논문과 책자로 우리 민족의 전통 문화의 원리를 규명하면서 잘 나타나고 있다.

또한 고구려 벽화의 삼족오, 솟대의 새 등 민속적 유물이 매우 풍부히 남아 있는 것이다. 그리하여 우리 민족은 백두산의 봉황새를 날아오르게 하는 민족으로서, 그 당시의 인류를 이끌었던 것이다.

그리고 매우 풍요로운 생활을 한 것으로 역사학자들은 말한다.

고조선의 역사는 아무리 부정하려해도 서지학으로나, 고고학적으로 너무나 뚜렷이 존재하고 있다. 그러므로 고조선을 세운 단군왕검의 존재도 너무나 확실한 것이다. 고조선을 건국한 선조 단군왕검을 우상이니, 신화니 하는 것은 억지이며, 속이 너무나 훤히 보이는 위선이며, 결국 종교 광신자이거나 정신병자로 몰릴 수밖에 없는 것이다.

〈단기고사〉의 重刊序를 쓴 구한말 학부의 편집국장인 이경직 선생이 쓰신대로, "지석묘가 백두산에서 처음으로 일어나, 서쪽으로 구주 발칸반도, 동쪽으로 일본, 남쪽으로 남양군도까지 한결같은 제도로 전파되어 있는 것이 대야발이 쓴 단기고사의 내용과 어긋나지 않으니, 누가 이 물적 증거를 외면할 수 있겠는가?"는 진실로 마음에 와 닿는 말이 아닐 수 없다.

전세계의 지석묘 6만여 개 중 한반도에 3만여 개가 있다니, 고조선이 그 시대 인류의 가장 선진 문명을 가진 국가요, 가장 풍요롭게 살던 민족임을 알 수 있다. 왜냐하면 지석묘는 그 시대 최고의 문명유적이기 때문이다.

한편 민족문화대백과사전의 편찬 작업을 진두지휘한 박성수 교수는 〈단군기행〉, 〈단군문화기행〉 등의 민족적 의의를 가진 책들을 통해 어떻게 이 땅에 단군 유적들이 살아 숨쉬고 있는가를 기술하여, 단군조선의 실재와 역사적 영향성을 보여 주고 있다.

이러한 고조선은 47대의 단군들이 그 적통을 2096년간 이어 갔다. 前 단군조선은 25대 솔나까지 이어가 역년 1222년을 이어갔고, 25대 솔나는 도읍을 영고탑으로 이전하며, 後 단군조선 시대를 역년 875년 이어간 후, 북부여에 전통을 이어 주었다.

그리고 제25대 단군 솔나 39년 때 서쪽 변방에 기자조선이 생겼는데, 그 기자조선은 42대를 이어가고, 역년 1052년을 이어가다가, 위만조선에 밀려 남쪽으로 가서 馬韓을 세웠다. 〈단기고사〉에서는 기자는 태양의 아들이며, 황손이라는 것을 뜻한다고 했으며, 기자의 성은 桓씨라고 하였다. 前 단군조선의 19대 단군의 아우인 청아왕 종선의 증손이라 하였다. 즉 단군의 후손인 것이다.

중국의 한나라에 멸망한 것은 기자조선을 밀어낸 위만조선이었다. 전체 고조선이 아닌 것이다.

단군조선, 즉 고조선의 47대 단군들의 내역은 다음과 같다.

① 왕검(王儉)단군 : 재위 93년
② 부루(扶婁)단군 : 재위 58년
③ 가륵(嘉勒)단군 : 재위 45년
④ 오사구(烏斯丘)단군 : 재위 38년
⑤ 구을(丘乙)단군 : 재위 16년
⑥ 달문(達文)단군 : 재위 36년

⑦ 한율(翰栗)단군 : 재위 54년

⑧ 우서한(于西翰) 혹은 오사함(烏舍咸)단군 : 재위 58년

⑨ 아술(阿述)단군 : 재위 35년

⑩ 노을(魯乙)단군 : 재위 59년

⑪ 도해(道奚)단군 : 재위 57년

⑫ 아한(阿漢)단군 : 재위 52년

⑬ 흘달(屹達) 혹은 대음달(代音達)단군 : 재위 61년

⑭ 고불(古弗)단군 : 재위 60년

⑮ 대음(代音) 혹은 후흘달(後屹達)단군 : 재위 51년

⑯ 위나(尉那)단군 : 재위 58년

⑰ 여을(余乙)단군 : 재위 68년

⑱ 동엄(冬奄)단군 : 재위 49년

⑲ 구모소(緱牟蘇)단군 : 재위 55년

⑳ 고홀(固忽)단군 : 재위 43년

㉑ 소태(蘇台)단군 : 재위 52년

㉒ 색불루(索弗婁)단군 : 재위 48년

㉓ 아홀(阿忽)단군 : 재위 76년

㉔ 연나(延那)단군 : 재위 11년

㉕ 솔나(率那)단군 : 재위 88년

㉖ 주로(鄒盧)단군 : 재위 65년

㉗ 두밀(豆密)단군 : 재위 26년

㉘ 해모(奚牟)단군 : 재위 28년

㉙ 마휴(摩休)단군 : 재위 34년

㉚ 나휴(奈休)단군 : 재위 35년

㉛ 등올(登兀)단군 : 재위 25년

㉜ 추밀(鄒密)단군 : 재위 30년

㉝ 감물(甘勿)단군 : 재위 24년

㉞ 오루문(奧婁門)단군 : 재위 23년

㉟ 사벌(沙伐)단군 : 재위 68년

㊱ 매륵(買勒)단군 : 재위 58년

㊲ 마물(麻勿)단군 : 재위 56년

㊳ 다물(多勿)단군 : 재위 45년

㊴ 두홀(豆忽)단군 : 재위 36년

㊵ 달음(達音)단군 : 재위 18년

㊶ 음차(音次)단군 : 재위 20년

㊷ 을우지(乙于支)단군 : 재위 10년

㊸ 물리(勿理)단군 : 재위 36년

㊹ 구물(丘勿)단군 : 재위 29년

㊺ 여루(余婁)단군 : 재위 55년

㊻ 보을(普乙)단군 : 재위 46년

㊼ 고열가(古列加)단군 : 재위 58년

* 치세 기간은 기원전 2333년~기원전 238년으로, 47대 2096년 간 지속되었다고 한다.

3. 신사기 - 상고 三代의 역사서

본 책자는 홍암 나철 선생이 백두산에서 단군교포명을 맹세한 두암 선생에게서 서기 1905년 친히 받은 것이다.

서문과 발문이 없어 어느 때 누구의 저술인지도 알길 없으나, 글이 간결하고 예스럽고, 한인, 한웅, 한검 단군 시대의 사적이 다 적혀 있다.

신사기는 그 내용이 적다. 전체를 모두 적으면 다음과 같다.

1) 만듦의 기록 (造化紀)
삼가 상고하건대, 만드는 임자인 조화님은 한임(桓因)이시니, 한울 나라를 여시어 뭇누리를 만드시고, 큰 고이(德)로 만물을 기르시나니라. 뭇신령들과 모든 밝은이들에게 명령하사, 제각기 직분을 주어 누리 일을 갈라 맡기시되, 먼저 해누리의 일을 행하시니라.

해사자(日使者)는 불을 맡고, 뇌공(雷公)은 번개를 맡고, 운사(雲師)와 우사(雨師)는 물을 맡고, 풍백(風伯)은 큰 김을 맡고, 여러 성관(星官)들은 7백 누리들을 맡게 하시니라.

만드는 님(조화주)께서 이르시기를 아, 너희 신령들과 밝은이들아! 뭇별들 가운데서 오직 땅은 밝고 어둠이 알맞고, 차고 더움이 끌라서, 낳고 기르기에 석낭한 곳이니, 가서 너희들 세각기 조화(調

和)하여, 하늘 공적을 잘 밝힐지어다!
　물건이란 낳음이 없는 것도 있고, 낳음이 있는 것도 있으니, 낳음이 없는 것은 불지도 않고 멸하지도 않으며, 낳음이 있는 것은 능히 불다가 마침내 멸함에 돌아가니라.

　오직 낳음이 없는 것을 빙자하여서 낳음이 있는 것을 짓나니라.

　양(陽)은 홀로 낳지 못하고, 음(陰)은 홀로 되게 하지 못하며, 치우치게 맞서면 도리어 이룸에 어그러지나니라. 둘이 서로 느껴서 고루어야만 기름(育)을 도우리라.

　진실로 낳아 되게 하지 못하면, 이룰 바가 없나니라. 암수(雌雄)가 짝하여 알을 낳고 번식하여 서로 전해 멸하지 말게 할지어다. 신령들과 밝은이들이 그 명령대로 저마다 제 직분을 행하매, 차고 더움과 마르고 젖음이 때를 맞추며, 음양이 고르니, 기고 날고 탈바꾸고 헤엄치고 심는 온갖 동물들이 지어지니라.

　다섯 물건들에서 빼어난 것이 사람인데, 맨처음에 한 사나이와 한 여인이 있었으니, 나반(那般)과 아만(阿曼)이라. 하늘 가람(은하수, 송화강)이 동서에 있어 처음엔 서로 오가지 못하더니, 오랜 뒤에 만나 서로 짝이 되니라.
　그 자손이 나뉘어 다섯 빛깔의 종족이 되니, 황인종, 백인종, 흑인종, 홍인종 및 남색 인종이다. 먼 옛날 사람들은 풀옷을 입고, 나무 열매를 먹고, 둥이에 살며, 굴 속에서 지냈느니라. 어질고 착하여 거짓이 없이 순진한 그대로이므로, 만드는(조화)님께서 사랑하시사, 거듭 복을 주셔서, 그 사람들이 오래 살고 또 귀중하게 되어, 일찍 죽는 이가 없었나니라.

세대가 멀어지고 세월이 오래 되매, 낳고 기름이 번성해져서, 드디어 제각기 한 모퉁이씩 자리잡고, 적게는 일가 친척을 이루고, 크게는 한 부락을 이루었느니라. 황인종은 넓은 벌판에 살고, 백인종은 호수가에 살고, 홍인종은 남녘 바닷가에 살고, 남색 인종은 여러 섬들에서 살게 되니라.

다섯 종족 가운데 황인종이 가장 커서, 갈래들이 넷이 있으니, 개마산(蓋馬山) 남녘에 사는 이들은 양족(陽族)이 되고, 동녘에 사는 이들은 간족(干族)이 되고, 속말강인 송화강 북녘에 사는 이들은 방족(方族)이 되고, 서녘에 사는 이들은 견족(甽族)이 되니라.

아홉 겨레 백성들이 사는데마다 풍속이 다르고, 사람들끼리 직업이 달라 혹은 거칠은 땅을 개척하여, 농사와 과수 심기를 일삼고, 혹은 언덕·들판에 있어 목축을 일삼고, 또 혹은 물과 풀숲을 따라가 고기잡고 사냥하는 일을 하게 되니라.

2) 가르침의 기록(敎化紀)
삼가 상고하건대, 가르치는 임자인 교화님은 환웅이시니, 한얼님으로써 사람이 되시사, 큰 노리를 세우시고 큰 교화를 베풀어 어리석은 백성들을 감화시키시되, 한얼님 말씀을 널리 펴시사, 뭇사람들을 크게 가르치시니라. 교화님께서 이르시기를 아, 너희 무리들아! 저 푸른 것이 하늘이 아니며, 저 까마득한 것이 하늘 아니니라. 하늘은 허울도 바탕도 없고 첫끝도 맨끝도 없으며, 위아래 네 녘(四方)도 없고 겉도 속도 다 비어서 어디나 있지 않은 데가 없으며, 무엇이나 싸지 않은 것이 없느니라.

　한얼님은 그 위에 더없는 으뜸자리에 계시어, 큰 덕과 큰 슬기와 큰 힘을 가지시고 한울 이치를 내시며, 셈없는 누리들을 차지하시고, 만물을 창조하시되, 티끌만큼도 빠뜨림이 없고, 밝고도 신령하시어 감히 이름지어 헤아릴 수 없나니라. 성기(聲氣)로만 원하여 빌면, 친히 보임을 할 것이니, 저 마다의 본성에서 한얼 씨알을 찾으라. 너희 머릿골 속에 내려와 계시느니라.

　한울은 한얼님의 나라라. 한얼집이 있어, 온갖 착함으로써 섬돌을 하고, 온갖 덕으로써 문을 삼았느니라. 한얼님이 계신 데서 뭇신령들과 모든 밝은이들이 둘러 모시고 있어, 지극히 복되고 가장 빛나는 곳이니, 오직 참된 본성을 통달하고, 모든 공적을 다 닦은이라야, 나아가 조회(朝會)하여 길이 쾌락을 얻을 지니라.

　너희들은 듬뿍(총총히) 벌린 저 별들을 바라보라! 그 셈이 다함이 없으며, 크고 작음과 어두움과 괴로움과 즐거움이 같지 않으니라. 한얼님께서 모든 누리들을 창조하시고, 또 해누리 사자를 시켜 7백 누리들을 거느리게 하시니, 너희들 땅이 스스로 큰 듯이 보이나, 작은 한 알의 누리니라.

속불이 울리어서 바다로 변하고 육지가 되어, 마침내 모든 허울을 이루었느니라. 한얼님께서 김을 불어 밑까지 싸시고, 햇빛과 열로 쬐시니, 기고, 날고, 탈바꾸고, 헤엄질치고, 심는 온갖 동식물들이 많이 불었느니라.

사람과 만물이 다같이 세 가지 참함(眞)을 받나니, 이는 성품과 목숨과 정기라. 사람은 그것을 온전히 받으나, 만물은 치우치게 받느니라. 참성품은 착함도 악함도 없으니, 이는 으뜸 밝은이로서 두루 통하며, 참목숨은 맑음도 흐림도 없으니, 이는 중간 밝은이로서 다 알며, 참정기는 두터움도 엷음도 없으니, 이는 아래 밝은이로서 잘 보존하되, 참함을 돌이키면 다같이 한얼님이 될지니라.

뭇사람들은 아득한 땅에 태어나면서부터, 세 가지 가닥(三忘)이 뿌리 박자니, 이는 마음(心)과 김(氣)과 몸(身)이니라. 마음은 성품에 의지한 것으로서 착하고 악함이 있으니, 착하면 복되고 악하면 화가 되며, 김은 목숨에 의한 것으로서 맑고 흐림이 있으니, 맑으면 오래 살고 흐리면 일찍 죽으며, 몸은 정기에 의지한 것으로서 후하고 박함이 있으니, 후하면 귀하고 박하면 천하게 되느니라.

착함과 가닥(망령됨)이 서로 맞서 세 길을 지으니, 이는 느낌과 숨쉼과 부딪힘이다. 이것이 다시 열 여덟 경지를 이루나니라. 느낌에는 기쁨, 두려움, 슬픔, 성냄, 탐냄, 싫음이요, 숨쉼에는 향내, 술내, 추위, 더위, 마름, 물낌이요, 부딪힘에는 소리, 빛깔, 냄새, 맛, 음탕, 닿음이니라.

뭇사람들은 착하고 악함과 맑고 흐림과 두텁고 엷음을 서로 섞어서, 가닥길(境途)을 따라 함부(任)로 달아나다가, 나고 자라고 늙고 병들고 죽는 괴로움에 떨어지고 말지마는, 밝은이는 느낌을 그치며, 숨쉼을 고루하며, 부딪힘을 금하여, 한 뜻으로 되어 가서(化行), 가닥을 돌이켜 참함에로 나아가서, 크게 한얼 기틀을 여나니, 성품을 트고(통한) 공적을 마침(宗)이 곧 이것이니라.

3) 다스림의 기록(治化紀)
삼가 상고하건대, 다스리는 임자는 한검이시니, 다섯 가지 일들을 맡으사 크게 사람을 유익케 하시며, 나라를 처음 세우사 법통을 억만 대에 드리우시니라.

세 선관들과 네 신령들에게 명령하사, 공경히 직분을 주시어, 사람의 삼백 예순 여섯 가지 일들을 맡아 다스리게 하시니라. 세 선관들은 토지를 맡은 팽우와 글을 맡은 신지와 농사를 맡은 고시를 이름이요, 네 영장들은 풍백 지제와 우사 옥저와 뇌공 숙신과 운사 여시기를 이름이다.
다스리는 임자께서 이르시기를 아! 너희 선관과 신령들아! 땅이 열린 지 이미 2만 1천 9백 돌이니, 사람이 생겨난 지 오래니라. 그러나 처음 거칠게 지어진 것이, 그대로 예와 같고, 질박함이 변하지 않아, 어리석음이 이와 같으니, 너희는 서로 각각 공경할지어다.

팽우야, 너는 우관(虞官)이 되어 토지를 맡으라! 크게 거칠고 아직 열리지 못하여 풀과 나무가 얽히어 막혀, 백성들이 짐승과 함께 굴 속에서 같이 지내니, 산을 뚫어 냇물을 파고 길을 내여, 백성들이 살 수 있는 터전을 마련해 줄지어다.

신지야, 너는 사관이 되어 글을 맡으라! 말은 뜻을 드러내는 것이요, 글은 일을 기록하는 것이니, 옳음으로써 백성을 가르쳐 좇을 바를 알게 함이 오직 네의 공적이니, 힘쓸지어다.

고시야, 너는 농관이 되어 곡식을 맡으라! 백성들이 불로 밥지을 줄을 알지 못하고, 나무 껍질을 벗겨 먹고 과일을 먹어, 그 생명에 해가 되나니, 토지의 성질을 보아, 높은 데는 기장을 심고, 낮은 데는 찰벼를 심어, 씨뿌리고 거두기를 철 따라 하되, 오직 부지런히 할지어다.

지제야, 너는 풍백이 되어 명령을 맡으라! 위에서 베풀고 아래서 행함이 명령이요, 위에서 행하고 아래서 본받음이 교화이니, 그 명령을 거듭하되 바람이 땅에 불듯하며, 오직 고루하여야 교화가 이에 두루 퍼지리라.

옥저야, 너는 우사가 되어 병을 맡으라! 물과 흙이 고르지 못하고 음양이 어긋나서, 백성들이 흉하게도 일찍 죽나니, 미리 방법을 베풀어, 타고난 조화(和)를 상함이 없도록 가뭄에 비내리듯 하면, 이에 가히 순하게 받을 수 있을지니라.

숙신아, 너는 뇌공이 되어 명령을 맡으라! 효도하지 않음과 충성하지 않음과 공경하지 않음이 세 도적이요, 부지런하지 않음과 명령에 순종하지 않음과 허물을 알고도 두려워하고 뉘우치지 않음이, 세 가지 포악함이니, 위엄으로 억제하되, 밝게 하고 삼가기를 우뢰같고 번개같이 하여야, 백성들은 이에 징계가 될지니라!

수기야, 너는 운사가 되어 선악(善惡)을 맡으라! 사람의 마음은 그저 망령되어, 구르고 변하여 떳떳함이 없나니, 착함은 단비요 악함은 가뭄이라. 상(賞)으로써 착함을 권장하되, 오직 미덥고 오직 공평되면, 백성들이 기뻐하여, 악을 버리고 착함을 좇기를, 상서로운 구름이 모여들듯하리라.

비서갑 신모(匪西岬 神母): 단군 한배검의 부인)에게 명령하사, 길쌈을 맡게 하시며 이르시기를, 옷이란 차고 더움을 막는 것이요, 귀하고 천함을 표시하는 것이니, 여인들의 작업으로서 가위질하고 바느질하여, 백성들에게 베풀어 줄지어다.

팽우가 명령대로 토지를 개척하여, 산과 내에 터를 정하니, 고시는 비로소 곡식 씨를 심어서, 백성들에게 화식(火食)하는 것을 가르쳐 주고, 비서갑 신모께서는 처음으로 누에를 쳐서, 길쌈하는 법이 생겨, 음식과 의복과 거처의 제도가 정해지니라. 신지는 글자를 만들어 도덕과 윤리를 가르치고, 옥저는 시절의 기운을 순하게 하여 백성들로 하여금 일찍 죽는 일이 없게 하고, 지제는 풍속을 살피고, 숙신은 간악함을 금하며, 수기는 어질고 착함을 권하여 상과 벌이 분명하니, 남녀와 부자(父子)와 군신의 제도가 정해지니라.

4. 부도지-인류의 최고 상고사

부도지를 처음 주해한 김은수 선생의 초판 서문을 보면, 〈부도지〉는 충렬공 박제상 선생이 보문전 태학사로 재직할 당시 열람할 수 있었던 자료와 가문에서 내려오던 비서를 정리하여 저술한 책이라고, 김시습 선생은 그의 〈징비록〉에서 추정하고 있다.
"부도(符都)"라는 말은 하늘의 뜻에 부합하는 나라라는 뜻으로, 곧 단군의 나라를 뜻한다.

〈부도지〉는 기록 연대가 가장 오래된 시대를 다룬 역사서이다. 〈부도지〉에 따르면, 마고성에서 출발한 우리 민족은 궁희, 황궁, 유인, 한인, 한웅, 단군에 이르는 동안 천산, 적석산, 태백산과 청구를 거쳐 만주로 들어 왔으며, 그 사이 지구상의 동서남북에 사방으로 퍼져나가, 천도 정치의 한국 문화를 전세계에 심어 놓았다는 것이다.
〈부도지〉는 단군의 사자인 순의 아버지 유호씨가 서방으로 건너가 그곳에서 전고자를 만나 천부의 본리를 술회하여 전했다고 하는데, 이것이 바로 수메르에 근원을 둔 기독교의 뿌리가 되었으며, 스키타이족에 의해 이루어진 불교와 그리스의 고대 문화도 한국의 천부 문화에서 유래하였다고 했다.

하프쿠트 교수는 저서 〈고대 해양왕의 지도〉에서 1만년 정도 전의 태고 시대에 고도로 발달된 문명이 있었으며, 그것은 중국에서 아메리카까지 지구 선역에 퍼져 있었다고 주상한 바 있다.

이상의 내용 요약이 김은수 선생의 초판 서문의 글이다. 그러나 김은수 선생은 마고성의 위치가 천산주의 남쪽에 있다는 것을 파미르 고원으로 추정하고 있으며, 이는 봉우 권태훈 선생님이나, 한단고기를 주해한 임승국 교수가 천산을 완달산으로 보고 만주를 인류의 시원지로 보는 것과 다른 의견이다.

 그런데 몇 십년 전에 히말라야 산기슭에 있는 보히스탄의 동굴에서 천공도가 발견되었는데, 이것은 1만 3천년 전의 천체 위치였고, 그려진 곳은 몽골 고비 사막 한복판이라는 사실이 밝혀져, 1925년 미국 잡지 〈내셔널지오그래픽〉에 소개되었다고 한다. 그러나 이것은 몽골 지역이 히말라야 지역보다 문명이 먼저라는 것을 보여준다.

 그래서 단군단은 천산주 밑의 마고성을 백두산 밑의 어머니산인 마니산쪽으로 보고 있다.
 특히 강화도는 달과의 인력이 지구상에서 가장 센 곳 중의 하나로 알려져 있으며, 그 갯벌에는 우주 에너지가 있으며, 지구에서 생물체가 가장 먼저 생겨난 곳으로 알려져 있다.
 여하튼 부도는 인류가 다시 찾아야 할 이상향이다. 영어로 낙원을 뜻하는 "파라다이스"는 네모난 모양의 성아라는 뜻이 있다고 한다. 결국 동서양은 그 원뿌리는 하나이고, 그곳은 부도라는 것이다. 여기에 부도지의 의미가 있다.

 부도지는 한단고기와 쌍벽을 이루며, 서로 보완하는 부분이 있기에 함께 연구해 볼만한 사료이다.

단군단에서 주창하는 삼태극통일론의 통일정부는 바로 부도와 같은 나라를 이루어, 인류가 각기 자기 민족의 국가를 이루면서도(국가연합), 홍익인간 이화세계의 정신으로 통일될 수 있도록 하려는 것이다(민족생명체).

5. 한단고기-단군민족 역사의 결정체

한단고기는 1911년에 계연수 선생이 〈삼성기〉, 〈단군세기〉, 〈북부여기〉, 〈태백일사〉의 4종 사서를 하나로 묶은 것이다.

〈삼성기〉는 신라의 승려인 안함로와, 원동중 선생이 쓴 것을 각각 쓴 것을 상권, 하권으로 구분하여 합친 것이다. 한인, 한웅 시대를 다루고 있다.

〈단군세기〉는 행촌 이암 선생이 전한 책으로, 단군조선 시대를 편년체로 기록한 것이다.

〈북부여기〉는 고려말의 학자인 범장이 전한 책이다. 단군조선의 적통을 이은 북부여, 그후의 가섭원 부여를 서술하고 있다.

〈태백일사〉는 연산군과 중종 때의 학자인 이맥이 전한 책이다. 한단고기 가운데서 가장 풍부한 내용을 가지고 있다. 삼신오제본기, 신시본기, 삼한관경본기, 소도경전본훈, 고구려국본기, 대진국(발해)본기, 고려본기가 포함되어 있다.

한단고기가 위서라고 연구도 안 해보고 말하는 사람도 있으나, 한단고기에 적힌대로 현 시대에 유적이 계속 발굴되는 것을 보면, 모두 사실을 기록한 것이라는 것이 증명된다.

또한 천문학적으로도 한단고기가 사실이라는 것도 증명되고 있다. 이제 한단고기가 민족의 최고 보고라는 것이 계속 밝혀지고 있다. 우리 한민족 구성원이라면, 누구나 공부해야 할 필독서이다.

임승국 교수의 〈한단고기의 역자 후기-한국사의 인식과 한단고기〉는 진정으로 민족 역사를 사랑하는 젊은이들에게 충격과 자극을 준다.

지금도 나는 임승국 교수가 백두산의 토문강이 중국과의 경계로 되어 있어, 간도와 연해주가 우리 나라의 영토로 그려져 있는 외국지도(1925년 파리에서 발행)를 들고, 열강하시던 모습이 눈에 선하다.

1712년 숙종 때 청나라 태조가 보낸 청 대표와 우리 나라 대표들이 합의하여 세운 정계비가 한중 양국의 최초이자 최후의 국경협정인데, 그 정계비는 두만강이 아닌 토문강을 분명히 경계로 하고 있다. 일본 정부는 마침내 1965년 [조선 정부를 대신하여 행한 간도협정은 무효로 한다.]고 양심선언까지 했다.

임승국 교수는 그래서 한탄한다. "슬프다! 두만강 북쪽의 우리 강역은 현재 주인 없는 공간으로 주인이 나타나기를 기다리고 있음이여…"

그런데 지금의 우리 세대는 한문 실력이 안되어 중국 25사는 물론이고, 우리 민족의 사서도 읽을 수 없는 것이 문제이다.

조선조의 세조, 예종, 성종 등이 8도 관찰사에게 명하여, 전래의 희귀서들을 거두어 들이라는 구서령을 내렸는데, 그 서목들을 보니, 한단고기에 있는 문헌들이 다 있고, 숫자만 20여 종에 이르러, 성송실록의 간행 연대인 1499년만해도, 이토록 많은 우리의 사서가 있었던 것이다.

이 사서들을 포함해 몇 십만 권의 책자들이 일제시대 때 일제 총독부에 의해 수 십만 권이 없어졌다 하니, 그리고 그 책자들이 일본 왕실에 있다하니, 일제의 역사왜곡이 얼마나 극심했는지 알 수 있다.

그러나 한단고기의 출현으로, 일제의 모든 노력은 수포로 돌아가고, 우리 민족의 뿌리 문화는 힘차게 다시 살아나고 있는 것이다.

6. 규원사화, 단기고사-민족혼의 기록

고조선의 역사에 대해 전문적으로 쓰여진 옛날의 역사책은 규원사화, 단기고사 두 책이 쌍벽을 이루고 있다.

두 역사서 책자는 단군조선 시대의 47대 동안의 역사만을 기록하고 있다. 우리 민족 역사의 뿌리를 찾아주고 있는 것이다.

규원사화는 이상시 변호사가 〈단군실사에 관한 문헌고증〉이라는 책자를 통해, 얼마나 규원사화가 민족적 의의가 깊은지를 잘 연구해 놓고 있다.

이 책에서는 다음과 같이 규원사화를 이야기 한다. 〈규원사화〉는 현재 남아 있는 도가사서 가운데 그 원형을 보존하고 있는 최고의 단군사서로서, 우리 민족 고유의 신교문화의 원류를 계승하여 저술한 단군에 관한 도가 사적들 가운데 국내에 전하여 오던 것 중 가장 깊고 대표적인 고기라고 본사화의 저자인 북애자가 자부하고 있는 〈진역유기〉, (고조선유기) 3권을 그 바탕으로 하고, 여기에다가 〈조대기〉, 〈고조선비기(사)〉, 〈삼성밀기〉, 〈제공기〉, 〈삼한사유기〉 등 다른 도가 사적을 인용여 역대단군사를 실사로 서술하고 있을 뿐만 아니라, 그 역사의식과 문화의식적 성격으로 볼 때에도 〈규원사화〉는 기존 사대수의적 보수제제와 이로 인한 여러가지 병폐를 과감하게 혁신, 척결하고, 우리 나라를 둘러싸고 수시로 변동하는 주변 국제 정세를 직시하고, 이를 현실적으로 받아 들여, 이에 능동직으로 대처 적응해 나감으로써, 국가와 민족을 부강 번엉게 하려는 데 그 저술 목적을 두고 있다.

그러므로, 규원사화에 수록된 내용은 허식이나 가식이 별로 없고, 또한 비합리적으로 과장된 사실을 거의 찾아 볼 수 없으며, 따라서 그 내용, 특히 〈단군기〉의 기사 내용은 그 당시의 문화발전 단계와 정도에 맞는 소박하고도 평범한 기사로 서술되어 있으므로 비교적 합리적 일뿐 아니라, 그 서문과 만설의 논조는 자주적이고, 진취적인 것이 특색이다.

그러므로 이 〈단군기〉의 사실은 다른 단군기의 내용보다 훨씬 신뢰성이 두텁다고 하겠다.

이와같이 이상시 변호사는 많은 연구를 통해 〈규원사화〉를 높이 평가 했으며, 사실 명문 중의 명문인 〈규원사화〉의 서문 조차도 읽지 않고, 민족 운동을 한다는 것은 부끄러운 일이다.

이러한 〈규원사화〉와 같이 〈단기고사〉는 훌륭한 단군기록이다. 단기고사는 발해 시대의 대야발이 쓴 책이다. 대야발은 발해 시조 고왕인 대조영의 아우로서, 굴속에 숨겨져 있던 사서와 비석들을 찾아 헤맸으며 터어키를 두번이나 다녀 오는 등 이 책을 저술하는 데 13년이나 걸렸다. 말하자면, 발해의 건국 이념과 명분과 정통성을 만든 것이다.

대한제국 광무 때 학부 편집국장 이경직, 단제 신채호 선생 등이 重刊 서문을 쓰셨고, 김해암, 이화사 선생, 고동영 선생 등이 번역 출판하였다.

〈단기고사〉에서 제2세 단군 부루는, 나함연이라는 신하가 "지금의 인도라 여겨지는 남함지라는 나라의 도덕과 정치를 시찰하고 장단점을 취해, 나라가 문명하고 진보하는데 좋은 길을 열자고 하자" 다음과 같이 말한다. "사람의 道에 있어서의 진리는 하나이며, 두 점간의 직선도 하나이다. 그 나라와 민족은 서로 달라도 나라를 다스려 천하를 태평하게 하는 도리는 하나이다. 내가 일찌기 先帝에게 지켜야 될 바를 물으니, 생각이 맑고 오직 하나가 되어 그 중추를 잡아야 하는 것은 바른 것을 잃지 않는 것이라 하셨는데, 하필이면 다른 나라의 도덕과 정치를 빌리겠는가. 새와 짐승은 땅에 살고 물고기는 물에서 사는 것이니, 물고기를 육지로 옮겨 놓으면 오래 살지 못하는 것처럼, 우리 나라가 다른 나라를 본받고자 하면 반드시 나라가 오래 가지 못하리라."

그러자 신하들이 감히 다시 말하지 못하였다고 한다.

이렇듯이 단기고사는 단군민족 주체의 역사를 기술하고 있다. 혹자들은 단기고사의 위서 여부를 얘기하나, 이미 단기고사는 많은 검증을 거친 상태이며, 다만 단기고사가 후대에 첨삭되어 위조된 것이 있다면, 그것이 어떤 부분인지, 어떻게 된 것인지 학자들은 연구하여 밝혀야 할 것이다. 그 본래의 전체적 사실성과 가치성을 외면 해서는 안될 것이다.

〈규원사화〉, 〈단기고사〉 이외에도 좋은 상고사 사서들이 많다.

무원 김교헌 선생의 〈신단민사〉, 〈신단실기〉는 단군주의자라면 꼭 읽을 필요가 있다.

신채호 선생의 선생의 〈조선상고사〉도 읽어야 한다.

제3장 단군의 수련법

1. 검학의 기초, 기지개 검공의 효능

검공은 만여년 검증된 고도의 축기 공부이다.
인류의 비의이다.
헤르메스가 찾던 비의이다.

　기지개 검공(입학~3년), 기천 검공(=내가신장)(4년 차~13년), 천간 검공(14년차~23년), 어룡 검공(24년차~) 등이 있으며, 연마한 세월과 정성에 따라 단계적으로 배운다.
　검공은 이 세상의 모든 운동에 필요한 축기법이다. 어떤 운동일

지라도, 그 운동을 열심히 한 사람일수록 관절이 상하게 된다. 이러한 문제를 해결하는 것이 검공이다. 검공은 너덜너덜 헤지거나 닳는 관절의 연골을 다시 재생시켜 주는 유일한 방법이다.

또한 검공은 단전의 축기를 통하여, 내공을 강하게 하여, 모든 운동을 한차원 높게 발전 시켜 준다. 그 쌓인 내공의 뿌리는 평생 없어지지 않으며, 검공을 하다가 안하더라도 단전에 내재해 있다가, 다시 시작하면 그 예전의 내공이 다시 살아난다.

검공은 옛날부터 전쟁에 나가서 다친 몸과 마음을 추슬러주고, 자기 스스로 자기 몸을 고칠 수 있게 하는 심오한 역근 묘법이다. 움직이지 않음으로써, 온 몸의 氣를 돌게 하여, 에너지 소모 없이 에너지를 축적케 하는 묘법이다.
우리 몸안에는 우주가 있으며, 우리 몸안의 하늘을 열어주는 것이 검공이다. 우리 몸안에는 자기의 모든 병을 고칠 수 있는 모든 물질이 있으며, 검공이 이를 발현케 해준다.

검공은 깨달음의 공부이며, 이윽고 본심본태양이 실체적으로 떠올라, 깨달은 만큼 세상 만사의 결을 볼 수 있게 된다.
섬공을 수련할수록, 우리는 이를 만여년 전에 만드신 단군대황조 한인님과 만여년 동안 이를 그대로 전해준 천손민족의 선조님들께 고마움을 느낄 수밖에 없다.

이 책은 학인 회원님들의 자발적인 성금으로 제작되며, 사부에 대한 고마움과 함께 내는 성금 구좌는 다음과 같다. 본 책자를 널리 널리 보급 전파하여, 홍익인간 이화세계를 이루시고, 성통공완을 이루시길 간절히 원도 드립니다.

성금 구좌
우리은행 1006-101-347111 민족회의

2. 검학 입문서

검학 무료지도
토·일요일 / 오전 10시~11시 반
우이동 솔밭공원

기지개=氣天
검(儉)

民族은
님의 원래 영혼입니다.
님의 원래 영혼은
황금 태양과 같이 빛나며,
순수하고 아름다운
검입니다.

애벌레가 나비가 되어
창공에 날아오르 듯,
이 小책자를 읽고나면,
님이 웅비할 수 있는
힘의 뿌리를
알 수 있습니다.

(氣之開 孝운동법) 민족회의 氣天검가
010-9042-5599 검호,   010-3244-5483 검황,
010-4728-9947 검백
님을 사랑하기에 드립니다.
"깨달은 만큼 세상이 보이며, 깨달음의 정상에서는
너와 내가 없으며,
나이는 숫자에 불과하며, 인연의 소중함을 행합니다."

세상을 살아가는 여러분께 감사와 사랑의 단배공 올립니다.

우주의 생명수를 전하는 검녀들 (민족 화가 박태옥)

"그대 안에 山이 있으니, 그 山도 오르라"
- 검자 -

氣天검가가 우주의 靈山인 삼각산을 열며,
우이동 솔밭공원을 통하여 처음 세상에 나왔습니다.
* 무료 수련지도: 매일 토, 일요일 오전10시~11시)
* 지도자 수련 (매일 오전 10시~12시)

-不孝子 入學不許-

말이나 글에 집착하지 말고 몸으로 수행하라!
氣天검학, 서서하는 진정한 참선, 立禪(기마 민족의 참선)으로
과학적으로 체계적으로, 로하스 웰빙의 시대
(누구나 자유와 생명의 주체)를 엽니다.

開天 ! 사람 안의 하늘을 열라 !
사람 안에 우주가 있으니,
모든 물질이 그대 안에 있고,
그대가 병이 있다 해도, 그 생명물질로 자연 치유하는 것이다.

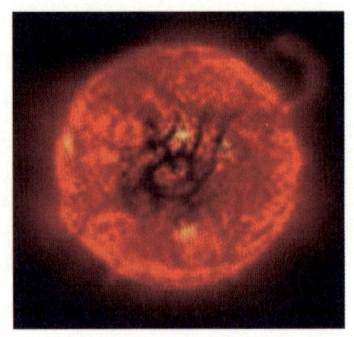

人中天地一
(민족의 얼, 천부경 81字 중에 있는 말)
깨달아
생로병사의 비밀을 찾아, 건강한 자기를 찾고,
함께 생명의 자유를 누립시다.

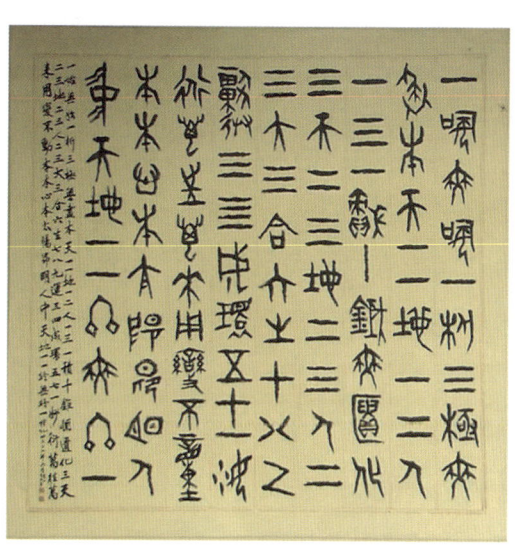

민족의 얼, 천부경 81자 – 종교경전이 아닙니다

萬여 년 검증된, 민족의 고유 수련법을 과학적으로 전하는,
氣天검家 소개

敎란 마음을 수행하는 것이니, 교화의 공부요,
道란 몸으로 수행하는 것이니, 조화의 공부요,
무란 춤으로, 무술로, 무속으로 수행이 세속에 나타난 것이니, 치화의 공부요, 검이란 이러한 교화, 조화, 치화의 공부가 본천의 개벽으로 하나인, 민족 비전의 고유한 공부이니, 유, 불, 선, 기독, 무속이 본래 여기서 나왔다.

기천검가는 한조선 민족과 함께 내려오는 천손민족 고유의 공부인 "氣天"을 세상에 전파하여, 홍익인간 이화세계를 이룩하는 민족지킴이들의 모임이다.

① 민족고유 孝수련법, 氣天검학 보급
② "검丹", "씨놀" 등 민족생명물질 자료정보 보급
   (검단 = 氣수소 = 바이오플라즈마 마이너스 수소)
③ 국민건강지도자 양성 (국민건강지도자협회 운영)
   각 기업체, 단체 혹은 기관, 노인정, 공원 등에 출강

* 사람의 병은 자연치유력만이 고치는 것이다.
  의사는 이를 방해해서도 안되고,
  의사가 고쳤다고 해서도 안된다.

− 히포크라테스 −

④ 기업체에 "민족생명" 마크 보급

국민건강을 꿈꾸는 사람들은 "민족생명" 마크의 회사 제품을 사용케 함.

민족생명체 기업 그룹 모집.

⑤ 새로운 변신, 새로운 직업, 투잡(Two Job)을 원하는 사람 양성

국민건강 연구지도 분야 (모든 질병 해당)

* 골프, 승마, 각종 스포츠 기록 향상, 비만, 정력, 당뇨, 고혈압, 디스크, 지방간, 파킨슨씨병, 치매 등
* 피부 미용, 다이어트, 각종 질환, 불임증, 백내장, 노화방지, 깨달음, 백혈병, 암 등
* 정신통일, 어린이 키 크기, 성적 향상, 척추 교정, 두뇌 능력 향상, 무공 향상, 전통 춤 등
* 농기, 개혈, 죽기, 운기, 무예, 활명, 줌, 명상

기천 검학 수련할 수 있는 곳

① 민족의 세 뿌리 한인, 한웅, 한검이 삼신일체로 있는 곳, 삼각산 솔밭공원 본산

- 일시 : 지도자 수련 매일 오전 10시 ~ 12시
  일반인을 위한 검가는 매주 토, 일요일 오전 10시~11시 무료지도
- 장소 : 솔밭공원=삼각산(=북한산) 우이동 솔밭공원(덕성여대 건너편
  (4호선 전철 수유역 하차, 120번, 153번 버스 타고 덕성여대 하차)
- 회비 : 만인의 만원공덕(마음가는대로 성금을 내도 됨)

② 본원 : 국민건강지도자협회
氣天검가 (지역은 전화 문의 요망)
010-4728-9947 검백
010-9042-5599 검호, 010-3244-5483 검황

검학 공부의 체계

1) 검학이란 무엇인가?

검학은 천부경, 삼일신고, 참전계경을 통해 내려온 민족 철학과, 한단고기, 부도지들을 통해 내려온 민족역사를 바탕으로 심법을 이루고, 기천문의 기천, 연정원의 원상수련법, 대종교의 수진삼법, 국선도 등 민족 고유 전통의 4대 공부들을 하나로 체계화한 공부이다.

검은 단군이며, 단군에는 한인, 한웅, 한검이 다 포함된 것이며, 삼신이다. 그 전에는 나고라 했다.

천부경에 나오는 본심이며 본태양이다. 한국, 배달국, 고조선을 하나로 통털어 다 검국이라 했다.

몸 공부이자 전통무예인 기천을 주축으로, 기천문 3대 문주 중 본원문주인 검자가 체계화하였기 때문에 "기천"을 앞에 붙여, 기천검학이라고도 한다.

2) 검학의 역사

검학은 일찍이 한국 시대를 열으신 한인 천제로부터 내려온 인류의 공부이다. 이러한 검학은 만년의 세월이 흐르면서 우리 한조선민족을 통해 내려왔으나, 기천문, 연정원, 대종교, 국선도 등으로 갈라져 내려와, 기천검가의 초대 검주(宗師)인 검자가 이를 하나로 체계화하며 복원하여, 삼신 일체의 단군대황조님 靈이 化한 삼각산을 개산하며 인류에게 펴는 공부이다.

삼성검, 천진인 허리띠, 단배공, 역근경, 치우천왕, 연개소문 등의 설화로 그 역사성이 입증 되고 있다.

검학은 민족중건(동방의 르네상스)으로 온 인류에 한의 가치를 알리는 것이다. 氣 즉 天을 여는, 開天이 바로 검이다. 사람안의 하늘을 여는 것이다.

3) 검학의 원리 철학 (외우면 상단전 회로가 열리고 힘이 남)
① 각사(覺辭)
신령재검(神靈在劒) 화화화주(化化化主)
생아활아(生我活我) 만만세강충(萬萬歲降衷)

② 천부경

一. 始. 無始. 一. 析. 三極. 無. 盡本.

天一. 一. 地一. 二. 人一. 三. 一積. 十鉅. 無匱. 化三.

天二. 三. 地二. 三. 人二. 三. 大三. 合. 六. 生七. 八九.

運. 三四. 成. 環. 五七. 一. 妙衍. 萬往. 萬來. 用變. 不動. 本.

本. 心. 本. 太陽. 昂明. 人中. 天地. 一.

一. 終. 無終. 一. (호흡법 끊어 읽기 참조 요망)

4) 검학이 세상에 나온 경위

"애닯다! 모든 사람들은 차츰 사특하고 어리석음에 얽히어, 마침내 어질고 슬기로움에는 어두워지며 마음 속의 어지러운 불길이 세상 물욕을 끓이고 서로 다투는 허망한 생각의 먼지가 본성의 마음 구멍을 가려, 그로 말미암아 흥하는 듯 망하고 일어났다가는 꺼지는 것이 마치 아침 햇빛 아래 노는 뭇 하루살이와 같고, 밤 촛불에 날아드는 가엾은 나비를 면하지 못하거니, 이는 어린 아들이 우물에 빠지는 것보다 더 하거늘 어찌 인자하신 아버지가 차마 이것을 바라만 보고 있을 것이랴."

대야발(발해 고왕의 아우) 선생이 쓰신 삼일신고 머리말과 같이.

현재 한국인들은 세대로 된 민족 고유의 선상법을 잃어버려, 국민건강보험은 매년 수조원 씩 적자나고, 국민의료비가 GDP의 7%나 된다하니, 이는 망국으로 가는 길이다. 또한 많은 사람들이 헬스, 등산, 걷기 등 단순한 운동을 하나 무리하게 해서 문제도 생기고, 효율적이고 과학적인 체계의 운동을 하지못하며, 시간을 낭비하고 있다. 한편 뿌리없는 외래의 잘못된 氣功으로 인하여, 오히려 척추를 약하게 하고 생명력을 약하게 하기도 한다. 이러한 안타까운 目不忍見의 旣成 상황을 타파하려는 打成一검의 기천검이 皇家의 祕傳으로부터 세상에 나오게 된 것이다.

민족 구성원 전체가 기지개 검공을 하면, 민족은 기지개를 펴서 통일되고, 웅비할 것이다.

5) 운동 순서
가. 선단학 황금구법(통기법)
骨髓精化를 통한 다이어트, 근골 강화,
양생정력의 수련법, 황금 九法 -

▶ 지전법(遲轉法) : 지구가 돌아가듯 천천히 관절들을 느리게 돌린다. 노화방지 및 장수 비법, 목, 손목, 어깨, 발목, 무릎, 허리 순으로 각각 시계 방향으로 10회, 시계 반대방향으로 10회 돌린다.

특히 발목은 금계세로 학과 같이 한쪽 발로 서서 호흡을 천천히 하는 장수법(학은 그렇게 해서 천년을 산다 한다)으로 중요하기 때문에 20회씩 한다. 금계세는 위장과 비장의 경락을 자극시켜 좋게 하며, 우주의 土의 기운을 빨아 들인다. 통진법을 추가한다.

통진법은 비전의 공부법이다.

▶ 마법 전래체술 : 두가지가 있다. 소설 [단]의 우학 도인의 비법. 허리 목 무릎 디스크 치료 마법 자세에서 발바닥이 움직이지 않게 하고, 옆구리 콩팥 부분을 손바닥과 손등으로 어루만지며, 최대한 반대로 몸을 비튼다. 마법은 하체를 모두 역근 시켜, 오장 육부의 경락을 모두 자극시켜 좋게 하며, 우주의 오행의 기운을 모두 빨아들인다.

▶ 노젓기 : 척추를 똑바로 강하게 해준다. 외래 기공으로 약해지는 부분 치료. 대도세로 하는데, 발을 앞으로 길게 뻗는 자세로, 이는 콩팥과 방광의 경락을 자극시켜 좋게하며, 우주의 水(물)의 기운을 빨아들인다.

▶ 사방 기지개 : 키를 크게 한다.

▶ 범도추 : 고관절을 풀어주고, 몸을 가볍게 해준다.
범도세는 한 발로 앉는 자세이며, 심장과 소장의 경락을 자극시켜 좋게하며, 우주의 火(불)의 기운을 빨아들인다.

▶ 양절권 : 마법세에서 팔굽, 무릎을 동시에 엇갈리며 무예 동작 활용.

▶ 반탄검공 : 봉황새 팔자세로 움직여 허리 군살 빼기, 정력 강화, 여성미용 아랫배를 앞으로 내밀며 발꿈치를 들었다가 엉덩이를 뒤로 하며 허리를 굽히며 발가락을 든다. 탄력 있게 이를 반복한다.

▶ 보조검공, 飛鳥검공 : 까치발 뜀, 단군단의 비법.
다이어트, 정력 및 무공 강화

▶ 대연법 : 몸 풀기, 氣孔 던지기, 通氣법의 1차 완성

① 실내 : 팔선법, 키 크기세, 통나무세, 구름다리세, 언덕세, 활궁세, 절벽세, 산 봉우리세, 계곡세, 내외단공(모관운동 포함), 가부좌 명상.
② 실외 : 立대연법 - 허공세, 만세, 학날개세, 氣孔 던지기, 심기단법 특히 허공세는 폐와 대장의 경락을 자극시켜 좋게하며, 우주의 금(金)의 기운을 빨아들인다.
기공 던지기는 마지막에 소도세의 지세로 던지는데, 이는 간과 쓸개의 경락을 지극시켜 좋게 하며, 우주의 목(木)의 기운을 빨아들인다.
③ 別傳(준비운동 전의 준비운동) 까치공 : 뒤로 까치발 걷기, 5분 정도 하면 런닝머신 1시간 효과.

나. 축기법
▶ 마음 다스리기, 정신통일, 축기의 검배공
처음이자 마지막 중요 崇祖 효예법 겸 내공법. 開運法.
실내에서는 무예 기천의 단배공으로 한다.
▶ 기지개 검공 : 만병통치와 깨달음, 에어로빅 후 허리 및 관절을 氣 보호

다. 운기법 : 육합단공-오행의 기운을 축기하는 법, 개운기공, 이외 수많은 무예 手 하체의 품세는 천부경의 六生 철학으로 6가지가 있다.
▶ 마법 : 오장육부 전체 경락을 자극해 좋게하며, 깨달음을 얻

게하며, 인체의 속근육을 만들고, 우주의 五行의 기운을 빨아들인다.
- ▶ 범도 : 심장, 소장의 경락을 자극하고 좋게하며, 우주의 화(火)의 기운 모음
- ▶ 대도 : 콩팥, 방광 "水"
- ▶ 소도 : 간장, 쓸개 "木"
- ▶ 금계 : 위장, 비장 "土"
- ▶ 허공 : 폐, 대장 "金"

라. 심기법 : 깨달음의 공부, 마무리 운동
 심기법은 비전으로 직접 전한다.
 손가락 팔굽혀펴기, 오행손타법, 개운기공 등이 있다.
 마지막으로 인사 방법은
 사부에게 제자들이 일편단심!으로 예를 표하고,
 둥글게 서서 최고 고참 선배가
 "일편!"하고 외치면, 후배들이 "따물!"하고 외친다.

세번째는 마지막 신입 회원이 "타성!"하고 외치면 "일검!"하고 모두가 답함으로써 끝낸다.

* 기천검가의 특징
① 十字 호흡 비결로 공부를 빨리 진척 시킨다.
② 이 세상의 유일한 축기법 - 한 번 쌓은 내공의 뿌리는 평생 없

어지지 않는다.

③ 본심본태양, 검을 체득하여, 실체적인 깨달음을 얻는다.

④ 자신이 하는 어떤 심신의 공부에도 응용할 수 있으며, 단점을 보완해 준다.

⑤ 황제 수련법으로, 어떤 조직내에서든 황제와 같이 자유 평등을 누릴 수 있다.

⑥ 민족의 정통 맥을 잇고 지킨다.

"민족은 님의 원래 영혼입니다."

기천 수행을 위한 전래 글

① 氣天銘 [기천인들이 하늘이 준 글로 여기며 외운다는 기천명]

氣 武 天 然 (기무천연) 기천무학은 자연 그대로이며

身 活 心 明 (신활심명) 몸은 활기차고 마음은 밝도다.

眼 光 透 靑 (안광투청) 눈은 맑고 푸르며

一 態 美 嚴 (일태미엄) 한 자세는 아름답고도 엄하도다.

手 手 華 英 (수수화영) 손 쓸씀이는 화려한 꽃봉오리요

步 步 飛 雲 (보보비운) 걸음걸음은 나르는 구름이라

神 氣 鬼 影 (신기귀영) 신의 기운이요 귀신의 그림자이니

無 虛 無 實 (무허무실) 허도 없고 실도 없도다.

武 道 暗 香 (무도암향) 무도란 은은한 향기와 같은 것

岩 中 石 花 (암중석화) 바위 속에 핀 돌꽃이라.

同 遊 狂 風 (동유광풍) 거친 바람과 함께 노닐고

同 宿 醉 月 (동숙취월) 취한 달과 함께 자노라

一 拳 打 魔 (일권타마) 한 손의 지름은 마를 부수고
　一 劍 破 邪 (일검파사) 일 검의 내리침은 사악함을 가른다
　心 如 浮 雲 (심여부운) 마음은 뜬구름
　靈 光 照 天 (영광조천) 영험한 빛이 하늘에 비추인다.

② "기천"을 수행하고자 하는 분께 드립니다.
　만물의 영장이라는 사람은 어떠한 도(道)이건 행하고자 하는 마음은 그 누구나 가지고 있는 것 같으나 행하지 못함은 여러 가지 환경과 조건에 얽매이기 때문인 것 같습니다.

　'불로양생초'라는 영약을 먹으며 그 껍데기를 사랑해 기르더라도, 세월의 흐름 속에 반드시 무너지고 부귀영화(富貴榮華)를 누리더라도 목숨은 마침이 있습니다. 자신의 마음이 바로 박혀 있지 않으면, 보아도 보이지 않고, 들어도 들리지 않으며, 먹어도 그 참 맛을 가리지 못하는 법입니다.

　우리 기천인은 허상(虛像)에 집착않고 무심(無心)한 상태에서 무위자연(無爲自然) 속에 심취하여 몸을 잘 다듬고 정신을 올바르게 가져야 할 것입니다. 그 우리 속에서 흰 구름이 두둥실 잔잔한 물위에 선녀가 검무하며 향긋한 꽃 냄새 이슬이 빛을 받아 영롱하듯 천진(天眞)의 동지애(同志愛)를 가질 수 있습니다.

　남들이 흔히 말하는 쉽게 이야기하는 신통묘법을 어찌 하루아

침에 세치 혀로써 그 공(功)만 따질 수 있겠습니까? 피와 땀으로 쌓고 노력한 공을 남들은 신통법이라 하더이다.

그러나 신통법이란 없는 것입니다. 남들은 마음의 그림자를 보았을 뿐입니다. 수행의 길에는 이끼 속의 벌레 소리, 새의 지저귐, 계곡의 물소리가 들려오는 즐거움은 있어도 세속의 물질이나 출세와는 거리가 먼 길 입니다.

일도정진(一到精進)하시어 건강을 이루시고 국가와 민족을 위해 일하여 주십시오.

③ 처음 "기천"에 들어온 사람에게

정신(精神)없는 육체란 미물에 지나지 않으며, 민족의 얼을 잊은 자(者)는 생명체가 없는 허수아비와 같으며, 참된 도(道)를 모르는 자는 말과 글에 집착하여 신통법에 공론하느라 제몸조차 못보는 소인이 되나니. 참된 도란 아지랑이와 같고, 바람과 같아서 보이는 듯 하지만, 형체를 잡을 수가 없나니, 유심(有心)하면 도(道)와 멀어지고, 무심(無心)하면 도(道)의 천진(天眞)의 여의주를 얻을 수 있나니라. 초심자(初心者)는 먼저 형(形)을 견고하게 연마하는데, 마치 먼 산을 오르는 것 같아서 급하게 뛰어 넘을 성질의 것이 아니오, 한 걸음씩 정진하여야 되나니라.

수행(修行)에 비록 어려운 길이 많이 닥칠지라도, 빨래 물을 짜듯이, 굶주린 고양이가 쥐만 생각하듯이 단련하면 환희의 날이 올 것이니라. 해와 달이 어느 산을 비추이지 않으리오마는 제일 먼저 높은 산을 비추듯이, 공(功)의 여의주가 만인(萬人)에게 주어지지 않으리오마는 제일 먼저 애타게 수행하는 자에게로 돌아가느니라. 육체 없는 정신이란 있을 수 없고, 정신 없는 육체는 미물에 지나지 않나니, 모름지기 정신과 육체를 수양함이 차별과 분별 없이 평생의 도의 지표로 삼을지라.
물이 흐르매, 중간에 머물게 되면 대해(大海)의 참(眞)을 보지도 못하고 썩어버리고 마는 것이니, 수행이란 머물러서는 안 되는 것이니라.

힘든 고행 속에서도 끊어지지 아니하고, 약한 근육과 마디마디 뼈를 새롭게 하고 오장과 육부를 강철같이 하여, 모든 병마를 제압하고 스스로의 강력한 정신이 육체를 굴복하였을 때에 능히 참다운 소우주(小宇宙)가 탄생하는 것이니라 수없이 많은 사람들이 도를 가지고 다시 도를 구하는가?

글과 어지러운 말만 찾아 헤매이니 제 몸조차 보지 못하는 구나. 허송 세월에 마음도 병들고 몸도 늙어만 가니 구슬을 돌이라 하여 보배를 버리는구나.

여의주의 본제가 공(功)이요,
태극(太極)이요,
천(天)인줄 알면,
원전힌 '침'에 미무노라.

④ 儉學에의 권유 : 높은 직위에서 물러나면 기운이 없어지고, 재물이 많다가 없어지면 허무해지고, 재물이 많아도 늙으면 힘이 없어져 허망하고, 명예가 높다하나 마음속으로 허전하니.
인생과 건강을 언제나 든든이 지켜줄 것은 무엇인가? 그것은 孝수련법, 천부경 수련법 검학이니 언제나 하늘의 기운을 받아, 힘있고 맑고 밝게 살아갈 수 있다네.
사랑할 수 있는 힘이 영원히 넘쳐 흐르네.
도반들과 함께 홍익의 일을 이루네.

검의 노래

새는 창공을 자유로이 날아다니나
저 높은 구름을 뚫지 못하며,
물은 흘러 강과 바다를 이루나
저 깊은 땅에 이르지 못하네.

만물의 氣는 각각의 형상을 만들어가나
세월의 神 속에서 하나로 통하니,
그대의 靈은 우주를 떠돌며
어느 곳에서 이 밤을 머무를 것인가
님이여 영원한 검의 기운을 받으라

⑤ 검학은 帝(제우스)의 수련법이니, 자부심을 가지며, 공을 남용말 것이며, 自然으로 인연 따라 행하는 법입니다.
  * 생로병사의 비밀이 천부경의 민족생명물질(검단과 씨놀)에 있다. 사람의 각종 질병과 노화를 일으키는 것은 생화학적으로 분자 차원 넘어, 초미립자의 플라즈마 상태로 끝까지 쪼개어 분석해 보면, "하이드록실래디칼" 이라는 초미립자.

이는 1억분의 1초 사이에 생성되었다가 없어지면서, 세포의 DNA를 매일 10억 개 이상 죽이기 때문에, 사람은 자연히 늙거나 병드는 것이고, 이를 잡을 수가 없었다. 이는 분자 차원의 어떠한 건강식품이나 약품도 잡을 수가 없다. 神의 영역이었다. 그러나 최근 "바이오플라즈마 마이너스 수소"가 이를 잡는 것으로 밝힌 과학자가 노벨상을 받았고, 이를 사람이 먹을 수 있게 되었다.
"진시황이 찾던 不老丹"이 나온 것이다. 이것이 검단이다.
이에 대한 자료정보와 사업에 관해서는 〈민족회의〉에서 안내합니다.
"국민건강지도자"는 보람과 명예와 경제를 동시에 가져다 줍니다. 님의 꿈을 이루며, 불안한 미래를 철저하게 대처합니다. 꿈넘어 꿈을 현실화 합니다.

- 사랑을 이기는 것이 외로움이고, 외로움을 이기는 것이 道이고, 道를 이기는 것이 사랑입니다 -

* 기천검가는 간도협약 100년을 무효하하며 간도 반환 제소로 민족주권을 세운 민족의 구심점, 民族會議의 집행본부 단체입니다. 단군단이라고도 합니다. 민족회의는 민족정통세력으로서, 통일이념을 홍익 단군이념으로 남북공동 선언했고, 개천절 원구단 세계평화축제를 주최하며, 민족의 정통 맥을 잇고 있습니다.

준비 30년간의 민족회의 업적
① 조소앙 선생의 맥을 잇는 삼균학회, 김구 선생 맥을 잇는 한국독립당, 김규식 선생 맥을 잇는 민족자주연맹을 다시 부활함으로써 상해임시정부와 남북통일연석회의 등 민족 정통 맥을 잇는 민족정통세력 민족운동진영 건설.
② 간도협약이 100년(2010. 9. 4) 되기 전에 국제사법재판소에 간도 반환 제소(2010. 9. 1)하여, 간도가 영영 중국 땅이 되는 것을 방지.
③ 민족의 天統을 잇는 원구단의 개천대제 주관
④ 원구단 개천대제를 축으로 텡그리 연방을 꿈꾸는 개천절 세계평화축제 개최
⑤ 간도, 의병독립운동의 시원지, 첫 임시정부터, 안중근 의사의 단지동맹터 등이 있는 러시아 핫산지구의 땅 천만 평 확보 (총 22억평을 확보해야 함)
⑥ 단군 무예이자 천부경 무예, 氣天 발굴.
여기에 지감법인 수진삼법, 봉우 선생님의 조식법을 융합, 일의화행하여 국조단군 대황조님으로부터 내려온 한민족 일만년 비전의 검학 복원.

- 검학은 인류사 최고의 건강법, 깨달음 도법 -

⑦ 민족의 얼, 천부경을 최초로 삼일신고로 해석하며, 천부경 정립
⑧ 개천절 남북공동행사(장소: 북 단군릉)를 통해 통일이념이 단군이념임을 남북 공동선언했으며, 통일비용이 들지않는 삼태극통일론을 정립함.
⑨ 밝혀지지 않은 고구려의 안시성 발굴 (안시성은 현재 의무려산의 북진시)하며, 의무려산 북진묘에서 민족의 위대한 120명의 영웅 영령들을 깨움.
⑩ 치우천왕 기일(음10.10)과 단군왕검 탄신일(음5.2), 고주몽, 단군과 치우천왕 탄신일(음5.5) 등을 발굴, 추모행사하며, 역사 의식 고취.
⑪ 안호상 박사님의 유지를 받아, 민족기념관 건립 운동 전개 (기념관 안에 치우천왕상, 새 통일조국의 태천단, 민족도서관, 민족회의 청사 등 포함)
⑫ 중국 고미술협회 창립(중국 것도 우리 것)
⑬ 쑥뜸, 수소, 씨놀, 인터넷쇼핑몰, 고미술, 천손식품 등 민족사업 개발

기독교계를 이끌고 단군주의로 오신
한민수(세계기독교총연합 총재) 민족회의 원로 주석님

"민족회의 대학생연합" 건설합니다.
문의 : 010-9042-5599 검호, 010-4284-7111 검명,
010-4728-9947 검백

민족회의의가 꿈꾸는
한민족 통일정부 소재
세계평화도시(동간도 러
시아 핫산, 독립운동의
시원지. 안중근 의사가
단지 동맹한 곳.)

민족회의 기천검가 회
원들의 萬人의 만원 공덕 운동(한달에 만원 이상 회비)
　회비 구좌 : 우리은행 1006-101-347111 민족회의

한조선 민족사 정리

桓國(BC 6만 3182 산해경 용백국) → 배달국(BC 3898) →
고조선(BC 2333. 10. 3) →
다음과 같이 한나제국, 부여, 마한으로 3태극 분열됨.
* ① 불한 → (북)부여(BC 239. 4. 8 ~)제국,
　② 신한 → 한나제국 (일명 흉노제국) → 신권
　③ 마한 → 말한 : 현재 한머리땅(한반도, 옛 한국, 배달국 중심지
　　　이자 고향) 이는 다시 다음과 같이 남북조 태극 시대로 변천.
* 남조 - (북)부여 : 고구려, 백제 → 발해(698~926) → 고려 → 조
　　　　　　선 → 대한민국, 북조선
* 북조 → 한나 제국
　① 南 한나 : 신라 → 금 → 칭 → 대한민국

② 北 한나 : 선비(당), 돌궐, 훈, 위구르제국(AD 744~840), 거란
→ 원 → 몽골 외 카자흐스탄, 터키, 헝가리, 불가리아, 러시아
슬라브족, 그린랜드 등

* 그리하여 현재, 대한민국, 북조선, 몽골 등 삼태극의 세 나라
로 됨. 이를 민족생명체(약칭 민체) "대한조선"으로 통합한 것
이 민족회의!
* 요·금·원·청은 신라의 후예로 우리 민족의 역사에 편입하여야
합니다. 독도는 물론 우리 땅이고, 중국 간도와 일본 대마도도
원래 우리 땅입니다.

* 음식을 잘못 먹어 탈이 났다면, 차후는 바른 음식으로 시급히
바꾸는 것이 옳다. 지금까지 잘못 배워왔고, 잘못 전해지고 있
는 식민사관의 굴레를 벗고, 황폐화되어가는 민족의 정신을
바로 잡는 것은 무엇보다도 우선시 되어야 하는 우리의 상황
이다.

몸으로 타는 말(馬)은 천리 길을 가는데, 실천없는 말(言)은 위
선이다. 계절에 따라 자연이 옷을 갈아입듯, 거친 인생의 바다
를 항해하는 육체란 반야의 배도 시절인연이 다하면 옷을 갈아
입어야 한다.

모든 종교의 종단도 썩었다. 옷을 벗겠다는 생각에만 머물러

서는 안 되고, 옷을 벗는 법을 아는 데 머물러서도 안 된다. 옷을 벗어야 할 때 과감하게 벗는 실천의 용기가 무엇보다 중요하다.

민족의 웅비를 위한 시작은 새로운 고삐를 잡는 것과 같다. 썩은 고삐를 잡으면 떨어지듯이, 현대에는 새로운 고삐가 필요하고, 이 시대가 필요로 하는 것은 새로운 법이다. 법이란 우리가 살아가는 존재의 가치이고 이 시대 어느 누구도 깨뜨릴 수 없는 지고지순한 진리이다.

그래서 우리는 만족 고유법으로 내려온 새로운 고삐인 검학을 세상에 내놓아, 혼탁한 이 시대의 정기를 바로잡아, 민족혼을 되찾길 바라는 마음에서, 여기에 사람안의 하늘을 여는 天書를 기록한다.
打成一偲!!!

3부 단군주의 운동의 역사 요약
(별도의 책자로 출간예정)

1. 전체적 고찰

최초의 단군운동가는 누구인가?
그것은 바로 한웅 단군이라 할 수 있다.
삼일신고 봉장기에 의하면, 한웅 단군은 124년간의 교화, 즉 단군운동을 통하여, 나라를 세우고, 삼천단부의 홍민들이 임금으로 추대한 것으로 나타난다.

한국의 한인 단군의 홍익인간 이화세계를 이땅에 실현하려한 사회 교육 운동가, 한웅단군인 것이다.
그러나 한국이 이땅에 있었던 것이라면, 한인 단군, 즉 원단군이 바로 최초의 단군운동가인 것이다.

거기에다가 인류의 어머니 〈마고〉까지 광의의 단군으로 포함 시킬 수 있다.

마고도 하늘 대행자라면, 결국 단군인 것이다.

이와 같이 〈단군〉은 보통 명사인 것이다. 그래서 마고 단군, 한인 단군, 한웅 단군, 한검 단군 등으로 쓰는 것이다.

그리고 〈한〉은 〈단〉이다. 하늘을 표음문자로 하면 〈한〉이 되고, 표의 문자로 쓰면 〈天〉이 되고, 이를 읽으면, 텐·텡·톈, 단 등으로 발음된다. 그러므로 한이나 단은 같은 뜻이다.

이러한 한국, 배달국, 고조선의 단군 시대를 이어, 부여, 고구려, 발해, 옥저, 동예 등등 많은 고대 열국들은 단군의 적통자임을 밝히며, 나라를 연다. 그리고 그것이 홍민의 대중적 문화로 나타나는 것이 단군이 개국하신 10월 상달의 제천의식인 개천축제이다.

이 천제의식은 한인, 한웅, 한검 세 단군에 대한 報本의 의미를 지녔던 것이며, 三神 신앙의 형태로 까지, 즉 단군 계통의 종교로까지 발전한 것이지만, 이것을 현대적인 시각에서 보면, 일종의 단군 운동인 것이다.

이러한 제천의식은 부여에서는 迎鼓, 고구려에서는 東盟, 예에서는 舞天, 삼한에서는 불내구, 백제에서는 교천, 신라에서는 숭천, 만주에서는 주신, 고려에서는 팔관회, 조선에서는 구월산 삼성사의 제천의식 등으로 불리우며, 민족 전체가 기리며, 단군의 후손임을 긍지로 여기며, 계속 전해온 것이다. 그리고 구한말 대종교와 상해 임시정부에서 현재의 開天節로 확립되게 되었다.

개천절 축제는 단군운동이 일년에 한번 응축되어 나타나는 최대의 행사이며, 단군민족이 살아있다는 상징적 축제인 것이다. 이것은 각 시대에 불리었던 이름에서 보듯, 제천의식과 뒷풀이인 음악·춤·무예 등이 어우러진 전통문화의 한마당인 것으로 추정된다.

이와같이 우리 민족은 단군의 한자손이라는 민족의식을, 10월 상달의 개천 축제를 통하여, 그밖에도 단군과 관련이 있는 명절들인 어천절, 단오, 칠석 등을 통하여 지켜왔던 것이며, 이것은 자연적으로 발생되는 단군운동이었던 것이다.

그러나 민족의 존망이 위기에 빠지는 시대 상황 속에서는 의식적이고도 이념적이며, 역사운동적인 단군운동이 생겨나와, 민족의 정체성을 확립하고 국난을 극복하기도 하였다.

단군학회의 정영훈 교수는 〈단군학 연구〉 등의 논문집을 통하여, 이를 학술적으로 "단군민족주의"라고 하며, 다음과 같이 정의하고 있다. "단군민족주의란 단군을 민족사의 출발점으로 상정하고 단군의 자손으로의 단일민족의식을 기본으로 하여 민족정체성을 구성하며 그같은 인식밑에 민족적 통합과 발전을 도모하던 일련의 의식-사상 또는 문화적-정치적 운동을 가리킨다."라고 말하고 있다.

그리고 이것은 고려말부터 의식의 존재가 확인 되지만, 한말에서 대중화되며, 이것은 한말-일제기의 시대상황속에서 갑자기 나타난 것이 아니라, 한민족사가 축적한 오랜 역사적-문화족 유산들에 토대하여 형성된 것이라 말하고 있다.

이러한 관점에서, 좀더 구체적으로 간다면, 삼국유사(1281) - 제왕운기(1287) - 단군세기 등 고려말 단군기(한단고기) - 청학집-규원사화(17세기 중엽) - 조선 후기 실학(허목의 동사, 홍만종의 동국력대총목, 이종휘의 동사, 한치윤의 해동력사)-동몽선습(17세기 이래 한말, 일제시까지 서당교육 교재)-조선역사(한말 이래 역사교과서) - 단군교포명서 - 대종교와 민족사학과 조선어학회와 무오독립선언과 무장독립운동과 삼일독립선언과 상해임시정부-남한의 개천절, 홍익인간교육이념, 단기연호, 마니산 참성단 성화 - 북한의 단군릉 발굴-개천절 남북민족공동행사 등을 단군운동의 거대한 큰 물결로 볼 수 있는 것이다.

물론 이외에도 언급하지 못한, 민족적 저력이 있는 많은 단군운동들이 있어, 민족의 지킴이 역할을 한 것이다. 그러나 이제, 인류사회 전체가 인류사의 위기를 맞이하는 현재 서기 21세기의 시대에 있어서, 단군운동은 단군민족주의의 역사를 토대로 하되, 이를 뛰어넘어, 열린 민족주의, 즉 더 나아가 인류를 이끌어 갈 수 있는 이념을 제시해야 한다.

우리는 이를 서기 1991년에 "단군주의"라 공식적으로 선언, 명명하고, 실천을 위해 나아가고 있다. 그리고 이것은 사실 1984년부터 내부적으로 쓰였으며, "홍민주의", "한민족주의", "배달주의" "홍익주의", "한사상" 등 여러 가지로 명명되던 이름 중 가장 강하게 사랑받던 용어인 것이다.

이 당시 단군주의자들은 "단군"이라는 단어에 뜨거운 마음으로 젊음을 불사르던 열정의 청년들이었다.

즉 단군민족주의가 민족주의적인 관점에서 부각되고, 학술적으로도 민족주의로 분류되지만 단군주의는 세계주의를 표방하는 것이 다른 것이며, 단군민족주의를 세계적인 차원으로 올린 것이며, 본래 모습의 단군운동인 것이다.

이것은 단군교가 대종교로 교명을 바꾸며, 민족 종교가 아니라, 인류 전체의 세계 종교를 표방하는 것과 같다.

그동안의 역사와 자료를 정리하면 다음과 같다.

2. 대종교 청년회시대

대종교청년회는 일제강점기, 만주 벌판을 무대로 일제와 싸우던 무장독립운동가들의 맥을 정통으로 이어 받고 있다.

대종교 청년회 시절, 우리 단군주의자들은 그 옛날 독립군 선열들이 추운 만주벌판에서 우등불을 지피우며 밤을 새워 싸우던 고통과 고뇌와 좌절을 생각하며, 치열하게 이 시대의 진정한 광복통일을 위해 젊은 시절의 모든 것을 다 바쳐 일했다. 통일이 되기 전까지는 진정한 광복통일이 된 것이 아니라고… 이시대의 독립군으로 하나가 되어, 민족통일과 세계평화, 나아가 홍익인간 이화세계를 이룰 것을 다짐했다.

단군에 관한 모든 자료들을 축적하기 위하여 원로분들에게 자료와 증언을 얻으며, 한얼선언, 홍민주의 선언 등으로 이념의 틀을 정립해가며 무료 의료봉사(한방과 침술을 겸해 인기가 좋았다), 학술

모임 및 대회, 수련모임 및 대회, 개천절 대회 등을 해나가며, 독립군가를 발굴해 부르고, 대학생들을 규합해 조직해 나갔다.

　기독교 장로인 김영삼 대통령이 단군성전을 못 짓게 하고, 국풍 등 제사 의식을 없애고, 일요일에 청와대에서 찬송가가 울려퍼지게 하는 등의 선거공약을 한 것에 대해 반대 시위와 항의를 격렬하게 했고, 기독교에서 단군성전건립에 결사반대하는 것을 성명으로 꾸짖기도 하였다. 일제가 여러가지의 망언을 계속해 일본 대사관에서 여러 형태의 시위를 하기도 했다.

　대종교는 종교를 초월한 초종교이다. 만주 독립운동의 모체로, 여기서 김교헌, 신채호, 정인보, 박은식, 이유립 등의 민족사학과 주시경, 이극로, 김두봉 등의 조선어학회가 나왔고, 서일, 김좌진, 홍범도, 청산리 대전투 등의 만주 무장독립 운동가들이 나왔고, 조소앙, 신규식, 김규식, 조완구, 이시영, 김구 등등의 상해임시정부가 나온 독립운동의 총본산이었다.

　그러나 종교라는 껍데기 굴레 때문에 활동상 비효율적이었고, 종단 내부의 복잡한 문제들이 많아서 대종교 청년회와 연합해 활동하던 우리찾기모임, 단군단, 한민족운동단체연합, 민족연합, 민족중건총본부, 민족자주연맹, 마지막 종착지 민족회의 등으로 그 활동이 옮겨졌다.

　대종교는 그 당시 인류 사상 최고의 지성, 영성인들이 있었다. 그 중 봉우 권태훈, 김선적 총통 두 분은 1980년대 중반부터 대종교를 '종전교, 종부원장', 이렇게 팀을 이뤄 이끄셨다. 그리고 기전문의 초대 문주인 대양상인이 강원도의 대종교 수암 선생의 강원도 본사에서 일반 신도로 묵고 계셨다.

그 다음은 1990년대 한뫼 안호상 총전교. 김선적 총통 이렇게 팀을 이뤄 대종교를 이끄셨다.

김선적 선생님은 나의 외삼촌으로 내가 태어나면서부터 세배를 다녔지만, 나는 외삼촌이 단황의 길을 가는 지를 전혀 몰랐고, 단황의 길은 서로 각자 다른 사유로 들어 왔다가 마니산과 대종교에서 만났다.

여하튼 단황의 진영은 말할 수 없는 비사들이 많았다. 그 당시 나는 대종교 청년회장, 전강을 하였다. 그때 대종교가 아마도 현존 지구상에서 가장 정신적으로나 영적, 종교적, 사상적으로 수행면에서 가장 최고의 경지였다.

김선적 선생은 인간실험실이라는 이름 하에 제자들에게 단황심법을 전하기도 하였다.

나는 이러한
① 대종교의 단황심법 즉 지감법과
② 봉우 권태훈 스승님의 조식법과
③ 의형인 대양상인의 기천 즉 전래체술이자 금촉법

이 세 가지를 융합하고 일의화행하여, 단황수련법인 검학을 한민족 1만여 년 만에 다시 복원하였다. 그리고 단군릉에서 한뫼, 김선적 선생 두 분이 김일성 주석과 합의하여 온 남북공동개천절 행사를 위임받아 성공적으로 단군릉에서 집행하면서, 검학 즉 단군주의를 통일이념으로 남북공동선언하여 노동신문에 게재하였다.

그리고 이를 바탕으로 원구단과 참성단에서 개천대제를 하면서 민족단체 300여 개를 연합하여 통일제헌의회인 민족회의를 세우고, 통일준비정부를 세웠다.

하늘의 천통을 세우고, 2009년, 네덜란드 헤이그의 ICJ 즉 국제사법재판소에 간도 반환 제소를 하면서 '민족주권'을 세웠다.

이제 실질적인 통일을 이룩할 때이다.

우선 민족회의 통일준비정부의 인터넷 플랫폼을 만들고, 이를 바탕으로 통일화폐 코인을 발행해야겠다. 동지들이여 민족회의 통일준비정부를 구심점으로 힘을 내고 힘을 합치자.

별도의 책으로 단군운동사는 발간될 예정이다.

가고 가고 가는 것이다.

3. 우리찾기 모임시대

초창기 단군주의자들

마찬가지로 '단군주의 운동사'는 별도의 책으로 발간될 예정이다.

4. 단군주의의 결정체, 민족회의

단군주의자들의 인생은 이 세 가지 1) 중국고미술, 2) 검학, 3) 민족회의로 요약된다.

이 세가지는 다른 게 아니라 오직 민족 회복, 국조 단군 대황조로 요약된다.

1) 중국고미술
• Corea : Core (핵심, 중심) + a (땅) = 중국

지금 중국 도자기를 하는 것은 우리의 민족문화와 역사를 되찾고, 중원 대륙을 되찾는 길이 될 것입니다.

요·금·청은 신라의 후예임을 정사 실록에서 밝혔고, 원은 발해의 후예, 수·당은 선비족으로 조선의 노비족, 명은 주원장이 이성계의 하인 집안, 송은 백제의 후예, 한나라는 동이족 수장인 치우 천왕을 숭배하던 동이족 등 중원 대륙의 원래 주인은 우리 한민족이었습니다.

중국과 중공을 구별해야 합니다.

도가도 비상도(노자 도덕경) 도자기를 가히 도자기라 말하려면, 비상한 도자기라야 한다.

민족회의 통일준비정부는 고미술품에 대해서도 역사와 관련하여 준비를 하고 있다

특히, 중국과의 수교 후 100여 차례 고조선 지역에의 유석 납사

를 통해 30년간 많은 유물들을 확보하였다.

그 이야기를 몇개 하고자 한다.

첫째 이야기 : 단군주의자는 황금 태양을 체득하기 위해 검학을 수련한다. 고조선의 신권과 관련하여 황금 김씨는 특히 이에 깊이 관심을 가져야 한다. 유적 답사에서 중요한 것은 성씨 공정이다. 중공의 탐원 동북공정에 대항하는 방법으로 가장 좋은 것은 성씨 공정이다. 중원 대륙에 사는 사람의 대부분 성씨가 배달국, 고조선에서 나왔다.

김 씨의 시조, 김일제 묘에서 천제를 올림
(한웅개천 5906년 음 3월 16일, 양 4월 21일)

성씨 공정의 첫 단추로 김씨의 시조 김일제 묘는 중요하다.

단군님(단군 왕검, 치우 천황)들께서 어천하신 음 3월 16일, 검자가 개인적으로 그 당시 여행의 숨겨진 최고 목적으로 평가했던 김일제 묘!

여기서 우리는 감회 어린 천제를 간소하게나마 올렸다. 김일제 묘 비석은 배밭으로 뒤덮여 찾기가 어려웠다.

비가 온 뒤라 길은 질퍽하였으나 우리는 나름대로 간단하지만 정성껏 준비한 제물을 올렸다. 헌주를 위해 진시황의 서안 박물관에서 용잔도 사서 준비했다. 용잔은 흥미있는 구조로 되어 있었다.

우리는 모두 황금씨, 알타이족의 후예들!

우리 보다 바로 앞에 세계김씨종친연합회에서 천제를 올린 흔적이 남아 있었다. 의식있는 김 씨들이 존재한다는 것이 너무 반가웠다. 언젠가 만나리라 생각한다.^^

둘째 이야기 : 고인돌은 우리 한민족 문화의 가장 최초적인 것이며, 전세계에 한민족 단군 문화가 퍼진 것의 증명이다.

민족중건 총본부의 역사유적답사단!

단장 : 최서면 국제한국학연구원 원장

인솔 : 이형석 박사

총재단 : 박종호 상임총재, 김세환 총재

고인돌 유적답사

만주 벌판에서 단군 역사가 교과서에 들어간 것을 축하하는 플래카드를 앞에 놓고 기념 사진을 찍었다.

공안은 다행히 보이지 않았다.

출처 : 고조선, 고구려 역사찾기 대장정 - 만주유적답사 - 와방점 고인돌

* 고조선은 천문학이 고도로 발달된 국가였다.

나는 이 전통이 한인단군의 한국과 한웅단군의 신시 배달국에서 온 것으로 본다.

그리고 고조선의 천문학은 고구려로 전해지고, 이는 다시 고려로 전해졌다. 이는 동양 국가에서는 유일하게 보이는 카시오페이아 별자리로 증명된다. 카시오페이아 별자리를 중요시 여기는 전통은 천부경 사상에서 나온 것이기 때문이다.

아래는 지도를 제작하는 안동립 사장의 글이다.

(간도 전문가, 안동립 대표 글)

세계에서 가장 오래된 천문도는?

청동기 시대의 무덤인 고인돌은 세계적으로 많이 분포되어 있습니다. 우리 나라에는 전 세계의 약 60%를 차지하는 3만 여 기가 있으며 그 중 일부는 2000년에 유네스코 세계문화유산으로 등록됐습니다. 고인돌이 세워진 시기는 약 2500~6000년 전 고조선 시대입니다. 이 고인돌은 매우 다양한 크기이며 무게는 약10~300톤으로 우리나라 전역에 있습니다.

고인돌은 종교나 사회적으로 다양한 의미를 가집니다. 고대인들은 농사를 짓기 위해 하늘을 살피고 천체의 운용을 관측하여 돌판에 성혈을 새겼습니다.

고인돌에서 출토된 돌판에는 지름이 15~0.5cm인 구멍이 뚫려 있는데 이 구멍(성혈)의 분포를 잘 살펴보면 이것이 별자리임을 알 수 있습니다.

우리 나라의 많은 고인돌에서 이러한 성혈을 발견할 수 있으며 최근 국내외 학자들의 연구에 따르면 이것은 세계에서 가장 오래된 천문도라고 합니다.

*성혈 : 고인돌 바위 표면에 홈처럼 파여진 구멍으로 풍요와 다산을 기원하는 의미로 해석 되고 있습니다.

출처 : 고조선 고인돌 천문도
  (가장 오래됨)

청원 아득이 고인돌 유적 약 2500년 전 청동기 시대의 고인돌 유적에서 출토된 돌판

별첨 자료 〈흥미로운 논문〉

사이언스지에서 아주 흥미로운 논문 두 편을 발견했습니다.

"Farmers and Their Languages : The First Expansions" Jared Diamond and Peter Bellwood Science 25 April 2003; 300: 597-603
Traces of Human Migrations in Helicobacter pylori Populations Daniel Falush, Thierry Wirth, Bodo Linz, Jonathan K. Pritchard, Matthew Stephens, Mark Kidd, Martin J. Blaser, David Y. Graham, Sylvie Vacher, Guillermo I. Perez-Perez, Yoshio Yamaoka, Francis Mégraud, Kristina Otto, Ulrike Reichard, Elena Katzowitsch, Xiaoyan Wang, Mark Achtman, and Sebastian Suerbaum Science 7 March 2003; 299: 1582-1585

하나는 "농업과 언어의 전파"라는 논문이고 또 하나는 "헬리코 파이로린 박테리아의 유전자로 추적한 인류이동"이라는 논문입니다. 두 편의 논문은 공교롭게도 지금으로 부터 1만2000년~8000

년 전 사이에 동북아로부터 어떤 집단의 세계적인 확산을 가정하고 있습니다. 특히 헬리코 파이로린 박테리아의 유전자를 통한 인류의 이동 추적 논문을 보면 아메리카 인디언을 비롯 수메르 지역의 이라크인들에게는 동아시아에서 고립되어 조상화된 헬리코 피로린의 원시 유전자가 분포되어 있고 그 동아시아형 (EA형)의 고립된 시조는 오로지 한국인에게서만 100% 독립적으로 발견된다는 사실입니다.

이러한 사실은 월리스 버지(E.A. Wallis Budge)가 『애급어(Egyptian Language)』(1910)에서 밝힌 이집트어의 [동북아] "이주민 설"을 다시 한번 되돌아 보게 하는 것입니다.

어찌하여 갈수록 극우니 민족사관이니 하면서 매도하는 사람들의 주장이 옳다는 자료만 쏟아지는지, 찌질이들의 지나사대주의에 이젠 지쳐갑니다. 목을 메고 그들을 추앙하고 우러러 보고 끝까지 신앙처럼 받드는 사람들 참고하시기 바랍니다. 한국은 안되고 지나는 절대 복종을 해도 될만큼 무서운 종족으로 생각하는 사람들 〈삼국지〉만 알고 〈삼국기〉는 모르는 사람들 〈삼국지〉의 60년 전쟁사는 대단히 생각하면서 고구려 900년, 백제 700년, 신라 1000년의 역사는 하찮게 생각하는 사람들, 당장 짐싸서 중국으로 떠나 줄 것을 권고드립니다.

* 기천문에서 퍼온 이 자료는 우리 민족의 첫국가인 한국의 말기 (정확히 서기 2008년으로부터 9207년 전)에 어떤 기후 변동이나,

계기로 인해 한국의 몇몇 세력들(특히 배달국의 한웅 단군)이 전세계로 뻗쳐 나간 것에 대한 좋은 자료이다.

⇒ 이를 유물로 실증하여 주는 것이 고인돌이다.

고인돌은 전세계에 8만여점이 있는데... 우리 한머리땅에만 6만여점이 있는 것으로 파악되고 있다. 특히 천부경의 상징인 윷 그림의 성혈이 새겨진 암각화, 천문도가 있는 암각화 등이 한머리땅에서 발견되는 것은 桓國의 중심지가 한머리땅이었다는 것을 실증해 준다.
출처 : 배달국 한웅의 북진과 桓國의 한머리땅 소재에 관한 실증 자료

셋째 이야기 : 치우천황상을 세우자.

민족의 상징, 치우천황상 건립 호소문
지난 무자년 4월 중순, 우리 민족운동진영 대표단들은 제 9차로 중국 내의 고조선 유적답사를 하며 다소 충격을 받았습니다.
그것은 중국이 우리의 선조이신 치우 천황에 대항하여 싸운 염제와 황제의 동맹을 기념하며, 중국이 염제와 황제의 후손임을 알리는 염황상을 황하 삼문협에 엄청 거대하게 세운 것입니다. 그 염황상은 미국의 자유의 여신상 보다 높게 106미터로 세워져서, 수많은 국내외 관광객에게 홍보는 물론 굴뚝 없는 산업, 관광으로 많은 돈을 벌고 있었습니다. 그리고 중국의 정신적 구심점을 만들고 있

중국 황하 삼문협의 염제와 황제 석상

었습니다.

또한 서안의 한무제 릉과 황금씨(알타이어족, 신라김씨)의 시조인 김일제 묘의 부근 박물관에서는 우리 선조인 흉노족을 말로 깔아뭉개는 돌조각도 해놓고 있었습니다.

이에 비해 우리 민족은 민족의 뿌리는 물론 역사도 스스로 비하하며, 민족의 구심점도 없이 방황하고 분열, 분단하고 있습니다.

오호 통재라! 이제 우리는 홍익인간 혁명을 하며, 새로운 3·1 운동, 문화혁명, 역사혁명, 관광 혁명을 해야 합니다. 지금 우리는 우리 민족이 "단일민족이고 단군문화"임을 외국에게 알리고, 이를 위한 거대한 관광단지도 만들어야겠습니다. 외국인이 와서 우리만의 독특한 문화를 알고, 외화를 많이 두고 갈 수 있는 관광 정책을, 역사 정책을 세워야 합니다.

이를 위해 우리는 민족의 시조, 배달국 한웅 천황 중 가장 용맹했던, 불패의 軍神, 중국에서도 두려워하는 치우 천황상을 건립하고자 합니다.

이는 "민족정통의 세력만이 민족대통합을 할 수 있다"는 우사 김규식 선생의 말씀대로, 바로 60년 전 해방정국사의 최대 단체이며, 우리 민족정통의 민족운동진영총연합인 〈민족자주연맹〉이 반드시 해야 할 일입니다.

그리하여 지금의 민족회의는 백범 김구 선생의 한독당 동지회를 통하여, 민족통일세력총연합의 〈민족자주연맹〉을 통하여, 만주 무장독립군의 전통을 받은 [단군단]을 통하여, 북 단군릉의 남북 공동 개천절 행사를 통하여, "통일이념이 단군이념"임을 북 노동신문에 명기하였고, 민족과 인류의 핵심얼인 천부경과 그 수련법 검학을 올바로 보급하며, 민족사를 복원하며, 민족정통의 맥을 이어가고 있습니다.

이제 우리는 한 사람이 세 사람을 연락, 조직, 교육하는 삼일법칙에 의해 만명이 매월 만원씩을 내는 "만인의 만원공덕운동"을 하며, 경제, 문화 공동체인 그랜드코리아 조직을 하며 민족기금을 축적하고 치우천황상을 강화도에! 한웅상을 북간도에! 단군상을 고도 서울의 남산에! 건립하고자 합니다. 적극적인 참여로 그대 님의 숭고한 뜻과 이름을 치우 천황상에 조각하고 만대 후손에 전해주시기 바랍니다.

출처 : 중국의 염제와 황제, 세워져야 할 한국의 치우 천황

넷째 이야기 : 천부경 암각화. 한머리땅 경북 칠포리에 있는 암각화! 桓國 때부터 내려오는 천부경 철학을 나타내는 윷판이 새겨져 있다. 이로서, 한머리땅이 桓國의 중심지였을 가능성이 높아졌다.

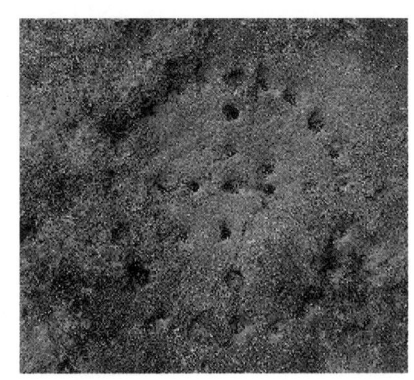

출처 : 桓國 시대로부터 내려온 천부경 윷 암각화

2) 검학

천부경은 본심본태양(=검)으로 귀결된다.
그것이 검이다. 사람인(人)변의 쇠금(金)자, 검(儉)·황금인간이다.
바로 국조단군 대황조이다.
그래서 나는 단군사상가, 검자이다.
이것이 나의 정체성이다.

너 자신이 단군임을 알라.
너 자신이 하나님임을 알라.
이것이 검사, 검학의 요체이니라.

무협 만화를 보면
내공 얘기가 나온다.
1갑자, 2갑자 등 수련한 고수.
도저히 따라갈 수 없는 고수.
일반 깡패가 무술을 잘하는 사람을 이길 수는 있지만, 내공 수련을 한 고수에게는 도저히 안된다.

그러나 기연으로 공청석유 혹은 만년설과 등을 먹으면 몇 갑자 내공이 더 생긴다는 등, 신비로운 면이 있다. 그러나 무공인들이 어떻게 수련을 하여 내공이 생긴다는 말은 없다.
가공의 세계인지, 그런 말은 분명히 내려져 오는데, 그런 내공을 수련하는 방법이 실전되어 모르기 때문에 말만 하는 것인지.

그러나 검학에는 내공 수련 방법이 있다.
그것이 검공이다.
초보적인 기지개검공을 필두로 단계에 따라 기천검공, 천지검공, 어룡검공, 천강검공 등.

이러한 내공은 실생활에서 혹은, 병을 고치는 활명법에서, 무술의 파워를 키우는 데, 깨달음을 득하는 데 등등.
여러가지로 쓰여진다.

우리가 은연 중에 쓰는 대화나 말 중에서도 "그 사람 내공이 있어"라는 말이 자연스럽게 나오는 것이 진짜 내공이라는 것이 존재하고, 그 수련방법이 있기 때문이다.

다행히 우리 검학에 만년 전부터 비전으로 내려온 그 내공 수련 자세와 방법 등이 있다는 것은 정말 기적적인 것이다.

내공은 인내, 끈기하고도 연관되지만 결국 정신력이다.
깨달음이다.
그러나 검학의 비전의 고통스런 수련방법을 터득해야 한다.
고통 없는 수련은 가짜이다.
무념무상? 그건 관념이다.
저 말없이 돌아가는 우주는 은은한 고통이 있으면서도, 생명의

1999년 세계 NGO 대회에서 시범하는 검자

아픔과 탄생과 희열이 공존하고 있다.

무한한 생명체가 되는 길.
그것이 검학이다.

검학으로 오라. 90살 넘은 노인도 배울 수 있다.
길은 열려있다.

매주 : 토·일요일 오전 10시, 무료지도
장소 : 우이동 솔밭공원

3) 민족회의
민족, 민족, 민족…
도대체 민족이 뭐길래 넌 그렇게 외치냐? 누군가 물을 수 있다.

그렇다.
민족은 뭔가?
민족은 너 자신이다.
민족은 단군이다.
물론 너 자신 본연의 완성체이다.
국조 단군으로부터 너는 그런 유전자를 받고 태어났다.
아버지! 그 위의 아버지, 할아버지 위의 할아버지, 그 위에 단군 할아버지!!

왜 이런 나를 낳으셨나요? 울고 불고해도 소용없다.

넌 이미 태어났으니까. ㅎㅎ

그 많은 대대로 내려온 유전자들이 너의 몸 속에 다 들어있다.

그런데 네가 못난 놈이라 해도 사실, 좋은 유전자들은 몸 속에 숨어있다. 부모를 탓할 필요가 없다.

검학을 하면, 그 본연의 좋은 유전자들이 발현된다.

심지어 나이 먹어 늙어서도 키가 클 수 있다.

네가 못난 건 모두 네 탓이다. ㅎㅎ

같은 국조 단군에서 모두 나왔건만, 얼굴이 다르 듯, 다 다른 인생을 사는 것이다.

민족이 통일되고, 북방고토를 회복하면, 네가 행복해진다. 우선 천연자원을 싸게 구하니, 모든 경제가 좋아지고, 통일비용은 커녕 막대한 통일수익이 생긴다.

드넓은 영토를 지금 보다 자유로이 싼 값에 편하게, 다양한 음식을 맛보며 여행을 즐길 수 있다. 기본적인 경제 영토와 시장이 커지고 효율이 높아지니까, 일인당 국민소득이 올라가고, 생활수준이 행복해질 수밖에 없다.

뉴그린로드 대장정으로 베링해협을 건너 그린란드까지 가서, 설경도 실컷보고, 피요르드만에서 한가로이 요트를 띄우고 낚시를 하여 물고기를 잡아 회를 쳐서, 술 한잔 하며 기분 좋게 여름휴가를 즐길 수 있다.

중원 대륙의 깊은 산 속에서 "주자"가 놀고 살던 곳을 구경하며,

신선같이 유람을 즐길 수 있다.

　꿈만 꿔도 행복하지 않은가?

　세계를 나갈 때도, 반병신으로 나갈 때 보다 훨씬 대우받으며, 더 큰 이익과 즐거움을 창출할 수 있다.

　간단히 예를 들어, 수십명의 세계 각국에서 온 친구들이 각자 자기 나라 고유의 음식과 술을 가져와 파티를 하는데, 고유 음식도 술도 없이 변변치 못하게 나간다면, 한마디로 쪽팔리는거 아닌가?

　이제 간단히 말하면, 민족회의는 이러한 민족의 구심점이다.
민족주권을 세우고, 천통을 받은 곳이다.
민족의 주인이라고 이미 삼태극기를 꽂은 것이다.
민족의 주인이 되고 싶으면, 민족회의로 들어오면 되는 것이다.
안 들어오면 같은 민족이지만, 세들어 사는 것과 같다.
　선택은 자유이다.

　더 나아가 민족회의는 세계민족회의이다. 인류의 가장 오래된 역사서인 〈신사기〉에 나오듯, 인류의 오색인종은, 모든 민족은 한 형제였다. 이러한 본연의 모습을 찾고자 하는 것이 민족회의이다.
　민족회의로 오라. 그러려면 우선 함께 검학을 수련하자.
　그리하여 하나가 되자. 깨달음의 정상에서는 너와 내가 없다.

　마찬가지로, 세계가 한 형제라면 너와 내가 없다.

민족회의는 한민족만의 민족회의가 아니라, 세계 모든 민족의 회의체이다. 모든 민족이 개인처럼 자유롭고 평등해야 한다는 원칙이다. 민족자결주의 하고도 통할 것이다.

지금의 유엔은 2차세계대전의 승전국들이 상임이사회를 구성한, 어찌보면 패권연합이다.

민족회의는 다르다. 정신적 영성이 높은 7개 민족이 상임이사회를 구성할 것이다. 우리는 북극성 상임의장국.

북두칠성 7개 상임이사회를 내년까지는 완성해야겠다. 우리 한민족 북극성이 우선 충실해야 하는데, 이것이 어렵다. 여하튼 북두칠성 7개 상임 민족 후보를 생각해 놓고 준비하자.

① 인디언 민족이다. 어차피 민족은 실체가 없으니, 그 민족이 주를 이루는 국가로 해야 할 것이다. 멕시코, 미추피추가 있는 페루 등이 후보이다. 멕시코는 맥족이었다.
② 흑인 민족이다. 아프리카 중 어느 나라가 제격일까?
③ 몽골족이다. 당연히 외몽골이 국가로 들어오고, 내몽골도 소통되어야 한다.
④ 훈족이다. 북유럽쪽, 헝가리, 불가리아가 국가로는 좋을 것 같다.
⑤ 티벳. 달라이라마 정부가 들어오면 된다.
⑥ 슬라브족이다. 이는 웅녀족이다. 나라로는 러시아가 들어오면 된다.
⑦ 돌궐족이다. 나라로는 터키(튀르키예)가 들어오면 되겠다.

천부경에 보면, 5·7·1 묘연만왕만래이다.
7개의 북두칠성 영성 민족
1개의 북극성 중심 민족
5개의 카시오페이아 남극 5성 조직
즉 5개의 물질적 기반 조직이 필요하다.

동지들의 추천을 원한다.
이것은 사실 아직은 꿈이다.
그러나 꿈은 이루어진다.
이러한 엉뚱한 자신감은 어디서 나오는 것일까? 그것은 인류 역사상 최고의 사상, 검학이 밑받침을 하기 때문이다.
7만년 전부터 내려온 공부 검학, 그것이 여러 갈래로 내려오다가 이제 하나로 복원되었기 때문이다.
여기에는 인류의 새로운 과학, 뉴패러다임 과학도 들어있다.

보이지않는 세계의 과학, 비물질 세계의 과학, 허무세계의 과학, 비상식적인 것 같지만, 옥스포드 박사가 이끄는 객관적 사실이다.
물질 기반도 좀 있다. 3000여 점의 중국 고미술품 그 중에는 운석으로 만들어 진 *우주의 검*이 3자루나 있다. 이러한 민족회의에 많은 뜻 있는 의인들이 참여하길 바랄 뿐이다.

홍보해 주길 바란다.

5. 우리가 나아가야 할 방향과 목표

* 우리의 나아갈 방향은 뉴그린로드 대장정을 통한 민족통일과 세계평화이다.

한민족의 중심은 그 뿌리가 '흉노족'이다.
흉노는 '한나'로 발음되기도 한다.
역사적으로 '훈족'이다.
〈한〉은 "위대한"이라는 뜻이고, 〈나〉는 "태양"이라는 뜻이다.
한나족 즉 흉노족이란 결국 위대한 '태양의 족속'이라는 뜻이다.
천부경의 본심본태양, 즉 황금태양을 숭배하고, 동쪽으로 동쪽으로 태양을 따라 다니는 족속, 황금인간이기 되기를 원하는 족속이다.
그러한 흉노족, 훈족들의 역사적인 이동 경로를 따라, 이와 관련된 민족들이 연합하는 것은 자연스럽다.
그리하여 한나족 민족생명체를 건설하는 것이다.

이를 묶을 수 있는 것이 천부경이고, 단군주의 이다.

* 목표는 단군주의자들이 모인
민족생명체, 민족회의 통일준비정부의 실체화와 강력화이다.

6. 우리가 시작해야 할 일

우선 솔밭공원에서의 검학 수련이다.
즉 송하핵랑들을 양성하는 것이다.
그리하여 전세계로 검학 수련을 퍼뜨리는 것이다.

사람은 기운 속에 산다. 이것을 수련하는 것이 검학이다.
이를 분석하면 다음과 같다.

1) 하늘의 기운이 있다.
 시간의 기운이다. 그래서 사주팔자가 여기서 나온다.
건의 기운인,
갑·을·병·정·무·기·경·신·임·계
곤의 기운인,
자·축·인·묘·진·사·오·미·신·유·술·해
그래서 행사도 시간을 잘 맞추어 하면, 엄청난 기운을 받는다.

2) 땅의 기운이다.
공간의 기운이다. 그래서 풍수지리가 있다.
어디서 행사하는 지가 엄청 중요하다.
어디서 태어났는지.
어디서 사는 지가 중요하다.

3) 사람의 기운이다.
그래서 성씨가 중요하다.
누구와 함께 하느냐, 무엇을 하느냐가 중요하다.
부모가 누구인가?
공부의 사부가 누구인가?가 중요하다.

이런 면에서 솔밭공원에서 검가 도반들과 검학을 수련하는 것은 *송하핵랑*이라는 예언이 없더라도 능히 알 수 있는 중요한 일이다. 여기서 특히 중요한 것은 도반의 기운이고, 특히 사부의 기운이 중요하다. 아무래도 천통을 받는 자의 기운이 좋다.

천통은 바뀔 수 있다. 교만하고 하늘을 어기면, 즉시 다른 데로 그 영이 가버린다. '인향만리'라지만 직접 가까이에서 사부의 기운을 받는 것이 중요하다.

아는 만큼 깨달은 만큼 보인다.
거거거중지
행행행리각
화화화득검

검자는 황금종과 같다.
누가 와서 두드릴수록
황금빛 소리가 만 리로 퍼질 것이다.
홍익인간 이화세계.

7. 민족회의 통일준비정부의 결정체, 만주땅 간도

【'순국한 이준 열사의 심경으로 헤이그 왔다'】
간도 소송 김영기 대표

뉴시스 기사전송 2009-09-05 13:26 [뉴욕=뉴시스] 노창현 특파원

"102년 전 이곳에서 이준 열사는 조국의 국권이 강제침탈되는 것을 통탄하며 순국하셨습니다. 우리는 그런 이준 열사의 심경으로 네덜란드 헤이그에 왔습니다." 2일(현지시간) 전화기 너머로 들리는 민족회의 통일준비정부의 김영기 대표와 김영수 부대표의 각오는 비장했다.

우리 민족의 땅 간도를 되찾기 위해 헤이그에 소재한 국제사법재판소에 정식 소송을 제기하려는 이들의 계획은 사실 접수 가능성조차 희미했다. 소송 주체는 국가(State)나 유엔 회원국, 유엔 기구이어야 한다는 규정 때문이었다. 일각에서는 간도소송 가능 시한인 올해가 지나도 소송을 제기할 수 있다고 말하지만 '국제법의 아버지'로 불리는 16세기 학자 휴고 그로티우스(휘호 더 흐로트)에 따르면 '실효적으로 점유한 영토가 100년이 지나면 해당국의 영토로 간주한다'는 해석을 내려 훗날 소송을 제기해도 승소 가능성이 거의 없다는 것이 정설로 돼 있다.

그런 점에서 간도 소송 가능 시한인 9월 4일을 불과 사흘 앞둔 1일 이뤄진 소장 제출은 간도를 일본과 청나라의 불법조약으로 강제로 빼앗긴 오욕을 되돌릴 100년 역사의 분기점이 될 것이라는 평가를 받고 있다. 간도 소송의 주체인 민족회의 통일준비정부는 어떤 곳이고 국제사법재판소가 이를 받아들인 배경 등을 김영기 대표에게 들어보았다.

• 네덜란드 헤이그에는 언제 갔나? 8월 29일 도착했다. 이튿날

국제사법재판소가 있는 평화궁을 사전답사했다. 9월 1일에는 이준열사기념관의 이기항 원장과 송창주 관장 등 동포들과 함께 소송 서류를 검토하고 법무사 확인을 거쳐 최종 준비를 끝냈다.

• 9월 1일 사법재판소를 방문했는데 서류를 선선히 받아주었나?
"본래 국제사법재판소에 보내는 서류는 인편 전달을 하지 않는다. 하지만 사안의 중요성과 우리 서류가 접수조차 안 되는 사태를 막기 위해 비선을 통해 행정처장 등 관계자들을 접촉할 수 있었다. 예상대로 재판소에서 두 가지 문제를 제기하더라."

• 두 가지 문제가 무엇인가. "서류의 주체는 하나의 국가가 되야 한다는 것과 유엔 가입국에 한한다는 것이었다. 우리는 남북한의 통일국가를 지향하는 과도기 정부로 국가체(State)체이며 남북한이 유엔에 가입돼 있으므로 통합추진정부 또한 넓은 의미에서 유엔 회원의 자격이 있다고 했다. 특히 간도 문제는 민족 주권의 차원에서 대단히 중대한 사안이라 정부를 구성해 소송서류를 들고 왔다는 설명을 그들이 받아들였다."

• 비공식 접수 확인증을 받았는데. "방금 말했듯이 우편을 통한 발송이 아니면 증빙자료가 남지 않는다. 직접 대면 전달을 했기 때문에 수령했다는 확인 사인을 받은 것이다. 사실 국제사법재판소에서는 전례가 없는 일이다. 마지막 순간까지 조마조마했는데 협조적으로 나왔다. 국제사법재판소가 소송을 접수한 것 자

체가 기적이라는 말도 한다. 순국선열과 단군 이래 조상들의 넋이 보살펴 주신 게 아닌가 싶다."

- 100년이라는 간도 소송 시한을 멈추게 한 셈인데, 이제 어떻게 진행되나? "100년이 가기 전에 이의 제기를 함으로써 이제 간도는 한국과 중국 간의 영토분쟁 지역으로 공식화되었다. 국제사법재판소에서 검토 후 의견서를 보내 올 것이고 그에 따라 우리는 대응할 것이다. 설사 소송 서류가 접수됐으니 이제부터라도 남북한 정부가 관심을 표명하고, 지구촌의 한민족이 국제사법재판소에 방문이나. 우편, 이메일을 통해 간도소송이 제대로 진행될 수 있도록 여론을 전달할 필요가 있다."

- 간도 협약이 불법인데도 불구하고 100년 시한이 되도록 방치된 이유를 뭐라고 생각하나 "간도는 민족 주권의 사안이다. 분단 상황과 중국의 보이지 않는 압력이라는 부담을 가진 남북한 정부로서는 한계가 있을 수밖에 없다. 분단된 주권으로 어떻게 민족 전체 문제를 다루겠는가. 그것이 통일준비정부가 나서게 된 이유다."

- 통일준비정부를 소개해달라. "통일준비정부는 지난 7월 17일 제헌절에 제헌의회 격인 민족회의를 구성했고 진정한 광복의 빛을 이루자는 뜻에서 8월 15일 광복절에 정부가 구성됐다. 지도부는 33명의 원로수석이 있으며 7명의 상임원로수석은 심十 선생

의 맥을 이어받은 전 광복회 김우전 회장, 김규식 선생의 맥을 잇는 분으로 히로히토 일왕이 맥아더 장군 앞에서 항복문서에 조인할 때 통역을 한 세계한민족기독교연합 김관화 총재(현 한민수 총재), 삼균학회 조만제 회장, 황우연 개천절민족공동행사준비위원장, 삼태극통일론의 단군단 박상림 총재, 선맥의 박종호 총재, 대외협력을 위해 이수성 전 국무총리(현 차길진 법사)가 맡고 있다."

• 엄연히 대한민국 정부가 있는데 통일준비정부가 법의 테두리 안에서 활동이 가능한가? "통일준비정부는 민족화합체이지 개별 국가로 주권을 행사하는 것이 아니다. 정치, 외교, 국방 등 모든 통치는 개별국가가 행사하며 통일준비정부의 구성원은 해당 국가의 법령을 준수한다. 우리는 오로지 민족 주권의 사항만 다루는 것이며 미구에 닥칠 통일된 국가의 지렛대 역할을 맡는 것이다. 이번 소송도 대한민국 정부에 관련 서류와 추진 계획 등을 사전에 고지했다."

• 통일준비정부에 남북한은 물론, 몽골도 포함됐는데. "단군조선 이래 우리 민족은 한번도 통일된 국가를 이루지 못했다. 몽골은 고조선의 북방을 이룬 우리 민족이다. 몽골 사람들은 유전적 요소는 물론, 언어와 문화, 관습이 너무도 흡사하며 남북한과 통일국가를 이루기를 희망하는 사람들도 적지 않다.
남북한, 몽골의 연합체는 산업구조상으로도 '윈-윈-윈'이 될 것이다." (이하 생략)

제2편

단군주의(검학) 선언
(남북이 통일이념으로 공동선언한)

단군릉 기천검학시범

민족회의 통일준비정부

단군주의(검학) 선언

민족의 구심점을 만들고,
몇 천년 만에 다시 민족주권을 세운,
민족회의 통일준비정부를 이루는 핵심 민족단체들이 역사적으로 다음 순서로 하나 하나 만들어졌었다.

대종교청년회
우리찾기 모임
단군단
한민족운동연합
한민족운동단체연합
개천절민족공동(남북·해외)행사준비위원회
동북아우호협회

민족중건총본부
민족운동진영총연합(민족연합)
개천절세계평화축제조직위원회
민족자주연맹
중국 고미술국제협회
텡그리(단군)탄신절세계평화축제조직위원회
한민족통일준비위원회

선단학
기천검가
노인동맹
원구단복원추진위원회

검가
이런 과정을 거치며 드디어 민족주권을 세운 민족회의 그리고 통일준비정부가 만들어졌다.

향후
단군을 시조로 하는 텡그리 국가들의 연합체인, 국가 위의 국가, 즉 국가연합체인 민족생명체(약칭 민체)가 만들어질 것이다.
그리고 그 민체의 통일정부가 만들어질 것이다.

단군주의(검학) 선언 연혁

오늘 우리는 3·1절 100주년을 맞이하여, 이 시대의 독립선언, 더 올바로 표현하여 이 시대의 광복통일선언을 한다.

3·1절의 삼일은 한민족의 1만년 내려온 철학, 검학의 원리를 상징하며, 조화, 교화, 치화의 3이 합일되는 단군주의이다.

역사적으로 3·1운동은 종교연합을 기초로 발생하여, 온 민족이 동참하여 만세를 외쳤다. 이 시대에는 세계평화를 위하여, 다시 한 번 종교연합이 필요하며, 이를 담을 사상이 필요하다. 그리고 우리는 그것이 바로 검학임을 3·1절 백주년을 맞이하여, 힘차게 다시금 발표한다.

한민족이 통일이 되지 않으면, 세계3차대전의 우려가 있고, 통일이 된다면, 세계평화가 이루어질 수 있는 상황이다.

이제 때가 되었기에 1만 년을 내려온 한민족 비전의 공부인 검학은 세상에 나가 세계평화를 이루고, 홍익인간 이화세계를 이루어야 한다. 이것이 바로 동방의 르네상스, 즉 〈민족중건〉이다.

역사상 모든 전쟁은 종교, 민족, 국가간에 벌어졌다. 종교연합은 모든 종교를 인정하는 것이고, 비종교인도 인정해야 한다. 모든 민족은 자유와 평등의 권리가 있으며, 국가를 이룰 권리가 있다. 모든 국가는 다른 나라를 인정하고, 모든 종교를 인정해야 하고, 모든 민족을 인정해야 한다. 그러면 전쟁이 없어질 것이다. 이것이 3·1운동 정신이다.

오늘 3·1절 백주년을 맞이하면서, 우리는 세계평화와 홍익인간 이화세계의 〈황금시대〉가 검학으로써 열릴 것임을 선언한다.

그리고 세계 한민족은 물론 인류의 구심점으로써 민족회의 통일준비정부가 있음을 널리 알린다.

민족회의는 지구촌 민족들의 세계적인 연합체를 목표로 한다. 이 검학 선언은 나를 깨달은 "우리"라는 개념에서 시작되었다. 가장 작은 우리는 가족이고, 그 다음은 민족이다. 그 다음은 인류이다.

그래서 '수신제가치국평천하'라는 말도 있다.

민족은 바로 '우리'이고, 바로 '나'이다.

민족의 시조를 단군 즉 검이라 한다. 그러므로 나의 본래 모습은 검이고, 단군이다. 단군은 역사적으로 하면 한인, 한웅, 한검이 있고, 이것이 삼대설이다.

단군을 철학적으로, 종교적으로 하면 한인, 한웅, 한검이며, 이것이 삼신설이다. 즉 고조선을 건국한 시조만을 단군이라 하지 않는다는 것을 분명히 한다.

최초의 단군은 한민족의 최초 국가인 환국(桓國)을 세우신 국조 단군 대황조님이시다. 그리고 그 전에 마고 단군이 있었다. 어찌 보면 인류 최초의 단군은 여자 단군 '마고'이다.

그러므로 단군주의는 마고의 역사도 포용한다. 이같이 단군주의는 인류가 각자 인간으로서의 뿌리를 알고, 역사를 알고, 본심, 본성을 찾음으로서 무한한 생명체로서의 존엄과 자유와 영원성을 찾고, 더 나아가 자기의 본래 모습인 민족을 찾아, 이윽고 우리가 되어, 각 민족의 민족주권을 세우도록 할 것이다.
그 무한한 가치가 알 수 없을 정도로 높은 민족주권을 각 민족이 세우도록 하는 것이다.

1) 이 선언은 단기 4324년(서기 1991년) 3월 31일 처음 발표되었다. 그 날은 그 당시 단군운동 청년들이 모두 연합한 우리찾기보임에서, 그때의 대종교 청년회장인 심영기 배형이 "난군성

전건립으로, 한민족의 중창시대를 열자"라는 제하로, 많은 배형들의 뜻을 모아, 인류 역사상 처음으로 단군주의를 선언하였다. 그리하여 이날을 계기로 단군성전건립운동을 하며, 한민족운동의 연합이 본격화 되었다.

2) 단기 4324년(서기 1991년) 5월1일 모임에서, "단군주의 선언"으로 재발표되면서, 집행부 단체인 단군단이 결성되었다.

3) 단기 4325년(서기 1992년) 11월 25일, 한민족운동연합의 기관지 "민족정기", "제 15호"를 통하여 국내외적으로 공식 선언되었다.

4) 단기 4333년(서기2000년) 음력 5월 2일, 서기 2000년을 기념해서 시작된, 제 1회 단군탄신절 민족공동행사에서, "단군주의 선언" 제하로 낭독되면서, 두 번째로 수정 보완 발표되었다.

5) 단기 4335년, 4336년(서기 2002년, 2003년), 개천절에 북 평양 단군릉에서 개최된 남북 공동의 개천절 행사에서 집행위원장이자 남측의 단군단 대표인 검자 김영기 배형과 북측이 공동 초안한 남북공동선언문이 발표되었고, 이 내용 가운데 "통일이념을 단군이념(단군의 큰뜻, 검학) 으로 한다"는 내용이 들어가서, 역사적으로 "통일이념은 단군주의" 즉 〈검학〉 임이 확정되었다.

6) 단기 4338년(서기 2005년) 3월 1일 단군주의는 현대사에서는 일명 "검학(검가 사상)"으로 명명하며, 인터넷상으로 민족회의 홈페이지를 통하여 공표되었다.

7) 단기 4340년 (서기 2007년), 드디어 국사 교과서에서 "국조

단군이 고조선을 건국하였다고 한다"고 에서 '고 한다'라는 세 글자를 삭제하여 식민사관을 버리면서 "국조 단군이 고조선을 건국하였다"로 바꾸었다. 광복 60여 년만에 식민사관에서 벗어나 이루어진 역사적인 일이다.

8) 단기 4341년(서기 2008년) 9월 9일, 민족통일기구를 추진하는 민족중건총본부 블로그와 민족 정통의 민족운동진영총연합체인 민족자주연맹의 카페를 통하여 수정·보완 발표되었다.

9) 한기 9206년(서기 2009년) 7월 17일 통일제헌의회인 민족회의가 창립되고, 통일이념인 단군주의 즉 검학 정신으로 만들어진 통일헌법에 따라, 그 해 8월 15일 통일준비정부가 세워져서, 그 해 9월 1일, 네덜란드 헤이그의 국제사법재판소에 간도반환 제소를 하며, 고조선 해체 이후 민족사 몇 천년만에 민족주권을 세웠다.

10) 한기 9211년(서기 2014년, 갑오년) 6월 9일 우이동 솔밭 공원에서 〈본천 개벽〉과 함께 다시 선언되고, 민족회의 운영위원회인 검가가 만들어지다.

11) 한기 9214년 (서기 2017년) 3월 1일, 통일준비정부 기념식에서 그동안 사용되던 배달주의, 단군주의, 단군이념 등 여러 용어를 *검학*으로 통일하여 쓰는 것으로 확정하여 공포했다. 단군주의는 검학 중 정치사상이다.

12) 한기 9216년 (서기 2019년) 3·1절 백주년을 맞이하여, 단군주의자들의 본격적 활동을 선언하며 단군주의 선언을 한다.

13) 옛적 1991년 3월 31일 단군주의를 약식으로 선포한지, 33년만에 정식으로 드디어 단군주의(검학) 책자를 9221년(서기 2024년) 5월 1일 단군단 창립기념일에 출판하여, 민족회의 이름으로 단군주의(검학)를 선언한다.

1부 배달의 형제, 민족운동가들의 "단군주의(검학)" 선언

제1장 서언

새로운 기운이 저 하늘에서 이 땅까지 터져 나오고 있다. 썩어 가는 인류문명의 밤하늘에 새로운 빛이 떠오르고 있는 것이다. 그 빛은 강력한 한덩이 본심본태양, 즉 〈검〉으로, 더 이상 맑을 수 없는 빛으로, 더 이상 밝을 수 없는 빛으로 이윽고 그 웅장한 자태를 조금씩 나타내고 있다.

그 이름은 단군주의자 즉 검학인들로 이름지어진 배달의 형제늘, 약칭 〈배형〉들의 한빛 무리이다. 우리는 단군단을 집행본부 단체로 하여, 민족 정통의 맥을 가진 민족의 주인 세력, 민족 정통의 운동 신영 난체들이 총연합하는 정지적 결사제이며, 민족대표자회의체이며, 웅대한 한국(GRAND COREA)를 이루려는 민족통일기구이자 통일제헌의회인 "민족회의"(서기 2009년 7월 17일 수립) 와 그 민족회의에서 만든 통일헌법에 따라 만들어진 "통일준비정부"(서기 2009년 8월 15일 수립)이다.

우리는 그동안 사용했던 배달주의자, 단군주의자, 홍익주의자, 홍민주의자 등등 여러 이름을 하나로 통일하여, 스스로를 "단군주의자"라 이름하고, 우리를 자칭 단군주의인 검학의 〈검가〉라 한다.

우리는 이제 보다 선명한 빛깔로 이 시대의 어둠을 뚫고 나타나고 있다. 외래사상으로 얼이 빠진 괴뢰들에게 당혹감과 공포감을 주며, 외래 문물에 물들어 얼이 더러워진 쓰레기들에게 충격과 고통을 주며, 외래세력에 편승하여 민족얼을 억누르고 수탈하는 껍데기들에게, 민족반역자들에게 허탈감과 자책감을 주며, 서서히 역사의 지평선 위에 떠오르고 있다.

그러나 우리는 누구든지 우리의 검학을 알게 되어, 지금까지의 자기 잘못됨을 깨닫고, 자기의 인생이 부질 없었음을 깨닫고, 새롭게 태어나려는 자는 배달의 형제로서 뜨겁게 맞이하고자 한다.

시대와 환경의 잘못으로, 자기 집안의 태생적 잘못으로, 정보의 부족으로 잘못 판단되어 이루어진, 개인 개인의 잘못은 그것이 천인공노할 악랄한 패악이 아닌 한, 용서하여 새롭게 태어날 수 있도록 하는 것이, 이제 새로운 상생의 홍익인간 이화세계의 정신이기 때문이다.

그리하여 깊은 어둠속에 빠져들어 헤어나지 못하는 인류 문명을 구원하고, 혼란과 죽음으로 몰고 갈 수 있는 대전환기에 평화의 길을 펼치며, 한민족의 자주평화통일과 인류 평화를 향해 뉴그린로드로 진군하는 *민족회의*를 만들어 나가고자 한다.

민족회의는 한민족만의 민족회의가 아니라, 모든 민족들이 함께 하는 것이다. 일단 우선은 한민족의 역사를 밝히고, 이를 모범으로 하여, 각 민족들의 역사와 특색과 개성들을 살려, 모든 민족들이 자유와 평등을 이루는 민족회의를 이룩하고자 하는 것이다.

우리는 이제 세상에 본격적으로 나아가고자 한다.
우리는 온 인류에게 호소한다.

우리 인류는 모두 원래 같은 가족으로, 이제 "홍익인간 이화세계"라는 태초의 이념으로, 인류의 궁극적 이념으로, 함께 사랑하며 평화롭게 새로운 상생의 시대를 열어가기를 원한다.

우리가 하나가 되고, 통일해야 할, 한(桓)민족의 원래 뜻은 모든 민족이 다 하나의 민족이라는 것이다. 그리고 단군의 원개념은 단지 우리 한(韓, 혹은 桓)민족, 단군민족의 시조뿐만 아니라, 아시아의 시조요, 더 나아가 인류의 시조라는 것이다.

인류는 인류 최고의, 가장 오래된 역사서 〈신사기〉에서 보듯 원래 한민족, 한형제였건만, 인류는 이를 깨닫지 못하고, 인종끼리, 민족끼리, 계급끼리, 지역끼리, 서로 다른 종교끼리, 단체끼리, 서로 싸우며 증오하고 서로를 죽이려 하고 있다.

그러나 인류는 서로 사랑하며 함께 살아가야 할 하나이며, 한 가족이다. 그리하여 이제 우리는 오랜 옛날의 "한단 시대"(환국+배달국+고조선)로부터 빛을 이끌어 오고자 한다. 이는 한단의 르네상스로, 동양의 르네상스이고, 세계의 2차적인 르네상스이고, 이를 우리는 민족중건이라 한다. 우리는 한 뿌리, 한 형제들인 검학인 즉 〈단군주의자〉들로 새로이 태어나며, 하나로 뭉쳐 세계적인 민족회의를 건설하며, 이 시대 인류의 지도자로서 힘찬 북소리를 울리며 나아간다.

우리는 강력하면서도 새로운 운동세력으로 커가고 있다. 이미 일부 국사 교과서에도 나오며, 그리하여 민족사에 있어서, 인류사에 있어서, 태풍의 눈으로 거대한 역사의 바람을 몰아가고 있다.

그것은 한 민족이 분열, 분단되어 있는 시대현실을 타파하고, 인류사를 꿰뚫는 역사의식을 바탕으로, 弘民이 역사의 주체가 되어 민족통일, 弘民해방, 세계평화를 이루려는 민족 중건(重建) 세력이다. 홍익인간 이화세계의 평화로웠던, 고대 한단시대의 뿌리 역사를 되찾으려는 새로운 인류 전체의 르네상스인 것이다.
이것을 〈민족중건〉이라 한다.

우리는 앞날에의 갈길을 보지 못하며, 정신적 구심점 없이, 희망 없이 살아가는 인류에게 가슴을 통쾌하게 하여줄 희망을 함께 할 선랑(仙郎)들이고 핵랑(核郎)들인 것이다.

아무도 이러한 역사의 갈 길을 막을 者 없으며, 우리는 모든 것을 다 바쳐 인류의 새로운 문명과 한민족의 중건을 이룩한다.

우리의 적은 누구인가?
단군주의자의 적은 바로 자기 안에 있는 어둠이다. 자신의 빛을 발견하지 못하면, 그 어둠에 갇혀서 불행하게 살 것이다.
자기의 적은 무엇인가? 그것은 자기의 무지, 욕심, 시기, 질투, 열등의식, 원한, 분노, 인종 차별, 민족차별 등등이다. 특히 시기 질투는 인류사에 있어서, 개인 간에 혹은 민족 간에, 인종 간에 시작되는 가장 강적의 어둠이다. 인생은 남과 자기를 비교하는 데서 그 비극이 시작한다.

모든 것은 존재의 이유가 있다. 악마도 실제 존재하는 것이며, 존재에의 이유가 있다. 자기가 악마일 수도 있다. 자기가 누군지 알고, 자기의 분수와 역할을 아는 것이 깨달음이다. 그 기준은 홍익인간이다. 자기가 악마라면, 내생을 기약하며 스스로 죽을 수 있고, 누구나가 자기를 알아, 자기가 할 수 있는 좋은 일을 해야 한다.

검학을 수행하여, 본심본태양 검으로 본래 자기의 빛을 찾는다면, 그 어둠이 저절로 없어질 것이다. 어둠을 보라. 빛이 다가가면 저절로 없어지지 않는가?
검학은 검을 찾고, 검을 키우는 공부이다. 우리는 이 세상에 자기의 영, 즉 섬을 신화시키려 육체를 가시고 온 것이나. 그 공부가 검학이고 그 중 정치사상 단군주의이다.

 우리의 적은 누구인가?
 그것은 민족을 부정하는 반민족주의자들이다.
 그리고 다른 민족을 부정하는 국수주의자들이다.
 각 민족끼리 서로 존중하면서, 인류가 본래 한형제임을 깨닫는 것이 단군주의자이다. 자기 민족의 정체성이 없이는 다른 민족을 존중할 수 없다. 또한 자기 민족의 정체성이 없어서는 다른 민족의 존중을 받을 수도 없다.
 이렇게 자기 민족의 고유 색깔을 지니면서, 다른 민족과 함께 평화롭게 어울리는 민족주의는 열린 민족주의이고, 진정한 세계주의이고 인류주의이다.

 우리는 한민족의 통일이 세계평화를 가져 올 것을 확신하며, 이에 다음과 같이 검학인 선언을 하고, 배달의 형제들로 이루어진 검가를 형성하나니, 한민족의 배형들이여, 모두 함께 모여 새 역사를 이루어 나가자!
 배달의 형제, 한민족, 태양민족, 단군민족, 검가의 혁명은 시작되었다.

제2장 검학(단군주의) 운동 방향

1. 전체적 고찰

우리는 이제 강력하고도 새로운 민족운동, 홍민운동을 일으키고자 한다.

즉 민족과 홍민이 하나되어 뭉쳐 일하며, 철저한 혁명이 필요한 이 시대에 완벽한 한민족사상인 "홍익인간 이화세계"를 과학적, 홍민(弘民, 한민족운동 線上에서 기존의 "민중"이라는 단어를 새롭게 重創한 용어로, 홍익민족 / 홍익민생 / 홍익민본을 응축한 개념임, 弘民이라는 자(字)가 "널리", "넓게"라는 뜻이므로, 민중이라는 말

보다 사상적으로 학문적으로 보다 깊이가 있다고 사려됨)적으로 이 땅에 펼치려는 한민족운동이다.

우리는 한민족운동을 민족운동과 분명하게 차별시키고자 하며, 민중운동과도 확실하게 차별시키고자 한다. 또한 한민족운동은 민족운동과 민중운동이 변증법적으로 결합되는 단순한 차원이 아니라, 더 나아가 한민족, 이는 인류이며, 우리 본연의 모습과 이념을 이루고자 하는 것이다.

한(桓)민족의 원래 뜻은 세계의 모든 민족은 하나의 한민족이라는 것이다.

그 역사적 근거는 인류의 역사상 오래된 신사기, 한단고기, 최근의 삼국유사 등에 나오는 인류 최초의 국가, 즉 한국(桓國)을 이루었던, 피부가 다른 오색인종이 상생하며 이루었던 한민족의 시대를 평화롭게 다시 열자는 것이다. 그리고 그 주체적 단체, 조직이 바로 세계적인 〈민족회의〉이다.

우리는 이제 방황과 오류와 실패의 戰線을 넘어, 한민족 그 자체의 목표와 생명력을 되찾아, 올바른 역사의 길로 나아가야 한다.

그러나 역사는 오랜 세월을 흘러, 세계의 오색인종들로 된 모든 민족은 서로 동질성을 찾기에는 너무 갈라져 있는 상태이다.

그러므로 우리는 우선 동질성을 회복하기 좋은 동북아시아의 조선(배달)민족에서부터 그 운동을 전개해 나가는 것으로 한다.

2. 홍민의 길

그렇다면 우리 홍민은 어떻게 해야 할것인가?

우선 우리 홍민은 뭉쳐야 한다. 남한, 북조선, 발해 연안, 만주, 몽골, 중앙아시아, 유럽, 시베리아, 그린랜드, 아메리카, 일본 열도 등 지역 분단과 자본주의, 사회주의, 공산주의, 각 종교 등 사상 분열을 극복하고 대동보본(大同報本) 뭉쳐야 한다.

민족운동과 홍민운동이 만나 힘을 합하고 하나로 되어야 한다. 민족과 홍민이 하나가 되어야 한다.

어떻게 뭉치느냐 하는 것은 우리의 한민족사와 세계 역사를 꿰뚫어봄으로써 그 해답이 얻어질 것이다. 역사상 우선, 사상이 분열되면 성공적으로 뭉친 적이 없다. 따라서 우리는 하나의 사상, 우리의 사상이 필요하다. 그리고 우리의 사상이 있으려면, 우리는 우리를 되돌아보고 우리를 찾아야 한다.

우리는 누구인가? 어떻게 생겨 났는가? 어떠한 생각으로 어떻게 살아 왔는가?

소크라테스가 "너 자신을 알라"라고 했지만, 여태껏 모든 철학과 학문과 종교들은 이에 대한 해답을 얻지 못하였다. 그러나 검학은 "너 자신이 하나님임을 알라"라고 한다. 나의 본래 모습은 민족이며, 그 민족의 본래 모습은 민족을 낳은 단군이다. 모든 민족은 그 민족의 단군이 있다. 그 단군을 *검* 이라 한다. 검학은 그 단군에 대한 공부이다. 그 단군은 하나님이 인간으로 화한 사람이다. 서양에서는 *예수*님 이지만, 동양은 예수 이전에 단군을 통해 하나님을 알았고, 하나님이라는 용어를 먼저 사용했으며, 예루살렘 이전의 본래 예루살렘인 마니산의 참성단을 단군의 명으로 만들었던 것이다.

그러므로 *너 자신이 하느님임을 알라*하는 것이 검학인 것이다. 이러한 우리는 한민족, 한배달이며, 한겨레이다. 국조 단군께서 "홍익인간 이화세계"를 이 땅에 세우시고자 한민족을 낳으시고 가르치고 다스렸으며, 우리 배달겨레는 그 전통을 이어받아 홍익을 이루고자 노력하며 금수강산인 배달강토에서 살아왔다.

우리는 국조 단군께서 세우신 환국(桓國), 배달국, 고조선(이 삼대의 한민족 조국을 모두 광의로 해서 〈고조선〉 혹은 〈검국〉이라도 한다.) 등의 광대한 영토인, 지금의 한머리땅(일제 식민 용어인 한반도를 고쳐 부르는 이름), 발해 연안, 만주, 시베리아, 몽골, 일본 등에서 화백민주주의로 추대된 단군들께서 일만년 이상 代를 이어 평화로이 통치했다는 것은, 바로 국조 단군의 통치사상인 "홍익인간 이화세계"의 사상이 얼마나 완벽하고 훌륭했던가를 알 수 있다. 세계사 어디를 보더라도 한 왕조가 수천년 유지된 적은 없었으며, 그 교통도 발달되지 않은 시대에 아시아의 광대한 영토를 평화로이 유지했다는 것 또한 우리는 이 시대에 여러가지로 연구해야 할 사항이라고 생각한다.

　더구나 우리는 국조 단군께서 삼천단부의 추대로, 인류 역사상 최초로 홍민 민주주의의 방식으로 임금자리에 오르셨으며, 代를 이은 단군들도 역시 홍민 민주주의로 선출된 사실을 인식해야 할 것이다.
　이러한 단군사상은 일본제국주의와 외래 문물과 외래 사상에 의해 철저히 파괴되고 감추어지고 왜곡되어 왔다. 그러나 이제 우리는 우리의 것을 다시 찾고 다시 새롭게 창조하여, 즉 重建하여 우리의 문화를 발전시키고, 인류문명을 올바른 방향으로 이끌어 나가야 할 것이다.

　따라서 우리는 우리 홍민의 구심점을 우리 본연의 원천인 단군 원시조에게서 찾아야 할 것이다. 그렇기에 한민족운동의 실체는 바로 단군운동이다.

3. 홍민의 구심점과 공부

그런데 우리 홍민의 현실은 어떠한가? 민족은 갈갈이 분단되어 있고, 외세의 신식민지와 같은 모멸의 시대에 놓여 있으며, 홍민들은 수탈의 굴레 속에서 헤어나지 못하고 있다.

우리 홍민은 자유롭고, 평등하고, 행복하게 살아가길 원한다. 또한 민족 전체가 부강해지길 원한다. 이에 우리 홍민은 역사의 주체가 되어 모든 모순을 극복하고, 새로운 홍민의 시대를 이룩하고자 한다. 이때 민족분단과 식민지화를 타파하는 민족해방이 선결조건인지, 홍민을 수탈하는 계급모순을 타파하는 홍민해방이 선결조건인지 하는 문제가 생겨날 수 있다.

그러나 분명한 것은 외세로부터 우리 민족, 우리 홍민이 자주 독립을 지키는 동시에, 대내적으로는 민족의 구성원 사이에 富의 평등한 배분이 있어야 하는 것이다. 그래야 홍민이 땀흘려 열심히 일하면 올바른 댓가가 돌아오고, 외국으로의 富의 유출이 없어져, 진정 이상적인 한민족 국가가 되기 때문이다.

따라서 민족해방과 홍민해방은 별개의 것이 아니라 동시에 해결되어야 할 문제이며, 이것이 자주, 민주, 통일을 합일하는 것이다.

우리는 민족해방을 위해서 외세를 물리칠 수 있는 홍민의 구심점을 檀君에서 찾아야 한다. 이에 우리는 단군의 깃발 아래 하나로 뭉쳐, 自主의 길로 나갈 수 있다. 또한 우리는 홍민해방을 위해서 경제, 종교, 정치, 사회, 문화 등 모든 부문에서 철저한 개혁이 필요하며, 이는 단군의 "홍익인간 이화세계"를 적용함으로서 현재의 계급 갈등과 모순을 극복할 수 있는 民主의 길로 나갈 수 있다. 그리고 이러한 민족해방과 홍민해방을 합일하면서, 우리는 흩어진 민족의 통일과 갈라진 홍민의 통일을 이루면서 진정한 광복과 統一의 길로 나갈 수 있다.

즉, 우리는 檀君을 體로하여 민족해방의 구심점으로 삼고, 弘益人間 異化世界를 用으로하여 홍민해방의 실천사상으로 삼아야 한다.

그러기 위해서 우리는 첫째, 원시조 단군에 관해 연구를 해야 하고, 둘째, 국조 단군의 이념인 "홍익인간 이화세계"를 이 시대에 어떻게 적용해야 하는 지를 연구하고, 세째, 그러한 것이 역사적으로 구현된 바 있는 우리 단군민족의 첫국가인 1만년 전의 검국(=환국), 즉 우리의 조국에 대해 깊은 연구를 해야 할 것이다.

이것을 요약하면 바로 단군에 관한 공부로,
첫째는 수련법
둘째는 철학
세째는 역사 등으로 다시 표현할 수 있으며,
이를 한마디로 하면, 바로 단군의 삼태극 이념, 검학이라 한다.
이 중 정치사상은 "단군주의"라 부른다.
이를 정리하면 다음과 같다.

1) 弘民의 治化에 관한 공부 - 수련법
   ▶ 홍익인간, 이화세계를 위해 홍민들은 氣의 高手였던 단군의 수련법을 수행할 필요가 있으며, 앞으로 氣와 이를 연 기지개, 즉 섬을 응용한 새로운 세계가 펼쳐질 것이다.

▶ 검학은 단군 수련법의 주요한 바탕이며, 뼈대이며, 기둥이다.

2) 弘民의 造化에 관한 공부-철학
▶ 제정일치의 사회였던 단군시대, 그 때 檀君의 사상과 心法이 현재에 천부경, 삼일신고, 참전계경, 그리고 역사서인 신사기, 한단고기, 부도지 등에 전해져 있으므로, 이를 현대에 다시 그 원리를 분석하고 재해석해야 할 것이다.
▶ 弘民은 단군의 철학인 천부경, 삼일신고, 참전계경을 통하여 검학의 수련을 심화시키고, 우주적인 깨달음을 가져야 홍익인간, 이화세계를 이룰 수 있다.

3) 弘民의 敎化에 관한 공부-역사
▶ 검학은 역사를 통해 궁극적으로 완성되는 사상이며, 세계의 弘民들은 단군주의로 홍익인간, 이화세계를 이룰 수 있다.
▶ 전세계 정부에 그리고 각 정당에 검학 사상을 가진 지도자들이 많이 활동하여 올바른 정치가 펼쳐지도록 해야 한다.

단군단 즉 검가는 지도자들의 결집 단체이며, 사관학교인 것이다. 민족연합(민족운동진영총연합)은 조화, 교화, 치화를 합일하고 복원한 역사 운동 단체이다. 그리고 민족자주연맹은 이를 정치적으로 이루려는 전세계 홍민들의 정치적 연맹체이다.

민족회의는 통일제헌의회이며, 민족대표자회의체이며, 통일준비정부의 모체이다. 민족중건총본부는 세계의 모든 민족이 함께하는 인류 화합 기구이다. 검가는 조화, 교화, 치화의 총 결합체이다.

제3장 단군의 개념 정의

1. 단군의 개념

단군은 본래 "古代神人"이라는 보통명사이며, 神과 人이 合一된 경지를 뜻한다. 이는 한 글자로 나타내면 "侤"이며, 순수한 우리말로는 "검" 혹은 "한검", 즉 "밝은 임금", "황금인간"이라는 뜻이다.
漢字로는 사람 인변 + 황금 금자로 검(侤)이라 쓴다.

우리 민족은 원래 임금(인금, 검), 즉 현재의 대통령과 종교의 교주, 제사장을 겸임한 유일한 최고 지도자를 단군이라 하였다.
숭국에선 "大君"이라 하며, 보통명사이며, "하늘의 임검" 즉 "天

王", "天帝"와 같으며, 제사장과 왕을 겸한 자리를 뜻한다. 중앙아시아에서는 "텡그리"로 발음된다.

우리 한민족은 檀君, 배달국, 고조선의 국가로 변천하면서 각각 단군 한인 7대, 단군 한웅 18대, 단군 한검 47대의 단군들이 있었으며, 단군 한검 중 초대 단군은 그 고유 이름이 단군 한검(왕검)이었던 것이다. 그리고 이러한 역사가 응축, 상징되어 하나의 국조 단군, 史話로 전해져 오고 있다.

한인은 만들음 즉 생산, 창조의 자리를 강조한 말이며,
한웅은 올바름, 즉 가르침의 자리를 강조한 말이며,
한검은 다스림, 즉 베품의 자리를 뜻하는 말이다.
하늘에 있어서는 한인, 한웅, 한검이 "한얼"로 하나이며, 땅에 한 사람으로 나타남에는 한인, 한웅, 한검을 통틀어 "단군"이라 한다. 단군의 영, 한얼은 인류 모두의 영이 합쳐진 것이다.

그리고 중요한 시대마다 한 인간을 통해 높은 비중의 영적인 힘이 내려오고 또 다른 인간으로 옮겨지기도 한다. 서양에서는 역사적으로 최초로 나타난 것이 그리스도 예수였다.
그러므로 단군은 원래 한인, 한웅, 한검 세 시조(삼신)를 하나로 일컬어 말하는 것(큰 의미)이나, 세월이 오래 흐르다보니, 마지막 한검 단군만을 칭하는 것(작은 의미)으로도 보통 많이 쓰이고 있다.

"단"과 "한"은 "밝다", "크다", "하나"라는 뜻으로 본래 같은 뜻의 말이며, 역사적으로 함께 사용되어 왔다. 다만, 구분하여 한은 하늘로부터의 광명, 단은 땅으로부터의 광명으로 구분할 수도 있다.

또한 "군(君)"은 "검"이라는 말을 한자로 표현한 것이며, 원래 "(하늘의)임금"이라는 뜻이며, 사람을 칭하는 가장 높은 뜻의 말이며, 후에 他민족들이 더 높은 말들을 만들어 냈으나 "君"보다 높을 수는 없다. 간혹 檀帝, 檀皇이라는 단어를 쓰자는 사람들이 있으나 그럴 필요가 없다. 古文으로 "君"이라는 한자는 皇이나 帝보다 높은 上皇, 上帝, 천제라는 뜻이기 때문이다.

君子라는 말도 그 본래 뜻은 하늘임금의 아들이라는 뜻이며, 공자가 동쪽의 군자의 나라에서 살고 싶다고 한 것도 이러한 연원에서 말한 것이다. 그러므로 단군은 땅위에서 가장 높은 칭호이며, 역사적으로 통념적으로 우리 한민족의 국조를 나타내는 말이며, 한민족운동의 體이다.

2. 단군 개념의 분야별 정의

이를 다시 분야별로 정리하면 다음과 같다.

1) 단군은 광의의 개념으로 한인, 한웅, 한검을 모두 포함한다. 마고도 포함한다.
 - 철학적 개념 정의

 단군 운동이란 한민족의 시조이신 단군의 [홍익인간 이화세계]를 이 시대에 구현하려는 운동이다.
 여기서 단군은 광의의 개념으로 한인, 한웅, 한검의 모두를 포함하는 역사적 3대론이다.

 최근세에 단군 종교를 다시 중광하여, 독립운동을 이끈 홍암 나철 선생님의 신리대전과 청산리대첩을 이끄신 서일 백포 선생님이 그 신리대전을 주석 해설하신 글을 보면,

 "재천유신(在天惟신) 재인유종(在人惟倧)"이라 하여, 한인, 한웅, 한검을 하늘에 있어서는 한얼이라 하고, 사람에 있어서는 단군(倧)이라 하였다. 한얼로서의 한인, 한웅, 한검은 종교적 삼신일체론이며, 단군으로서의 한인, 한웅, 한검은 역사적 삼대계승론이다.

 보통 단군이라 하면 협의의 개념으로 한인, 한웅, 단군의 마지막

단군만을 뜻하는 것으로 알고 있는 사람이 많으나, 실제 원래 뜻은 한인, 한웅도 단군이란 개념에 속하는 것이다. 한인과 한웅과 단군은 불가분의 관계로 떨어질 수가 없는 것이다. 그리하여 이제는 한 검 단군의 역사만 찾아야 할 것이 아니라, 한인 단군, 한웅 단군의 역사도 찾아야 된다. 더 나아가 마고의 역사 이전의 역사도 찾아야 한다. 그것은 하나로 이어져 있는 역사인 것이다.

그래서 한기 연호를 쓰는 것이다. 한인과 단군, 한웅과 단군을 별개의 개념, 별개의 운동으로 하려는 사람은 무식하거나, 분파주의를 일삼는 반민족자인 것이다. 그러므로 단군운동은 한인, 한웅, 한검 운동이며, 한민족 운동인 것이다.

2) 단군은 한 글자로 하면 倧(종)으로, 순수 한글로는 검이며, 이는 신인(神人)이며, 성통공완(性通功完)한 사람을 뜻한다.

- 종교적 개념 정의
불가에서 추구하는 "깨달은 사람(覺者), 해탈한 사람"과 같이, 도가에서 이야기하는 "득도(得道)한 사람"과 같이, 우리 민족에서는 최고의 깨달음의 경지에 이른 사람을 "단군"이라 이름하였던 것이다.

단군, 종(倧)은 강희자전 등 한자사전에서는 古代神人으로 되어있듯이 신인이 합일된 경지이다. 그리고 이는 天子를 임명하는 〈天帝〉라고노 할 수 있으며, 이러한 면에서 기독교의 예수가 "하나님의 아들"이라고 한 것은 한자로 말하면 천자라고 말한 것으로, 결국 예수는 자기가 "단군의 아들"이라고 말한 것과 같은 뜻이 된다. 그러므로 단군운동가들은 헤어질 때 인삿말을 단군과 같이 되시라는 의미에서 "성통공완 하십시요"로 하면 좋을 것이다.

3) 단군은 한(韓)민족의 시조일 뿐만 아니라 중국과 일본의 시조이며, 더 나아가 아시아의 시조이며, 더 나아가 인류의 시조로, 즉 한(桓)민족의 시조로 해야 한다.

- 역사적 개념 정의
한검 단군이 다스린 고조선의 영역은 실제로, 중원의 동부, 북부 지역 등 거의 전체, 일본 열도 전체도 포함하고 있기 때문에, 중공과 일본의 성씨 분석을 역사적으로 해보면 모두 동이족이라는 것이 나타날 것이다.

또한 한웅 단군의 배달국 시대는 배달국에서 하화족이 갈라져 나간 때로, 자부선인의 제자인 치우는 배달국을 맡고, 치우와 동문 사제였던 황제 헌원은 새로운 개척지 황화 유역으로 가서 하화족 국가를 세운다.
이후 황제는 본토인 배달국으로 진출하려다, 치우 배달국 천황 단군과 접경지 탁록에서 그 유명한 탁록대전을 벌인다. 이는 각종 역사서와, 설화, 전승 연극 문학 등 많은 곳에서도 증명되고 있다.

일본은 오랜 옛날 배달국 시대부터는 물론이고, 가야, 백제, 신라, 고구려 시대에 많은 유민들이 건너가 이룩된 것으로, 크게 볼 때는 같은 민족인 것이다. 다만 일본은 열도에 원주민이 살고 있었으므로 단일의 순수 혈통은 아니다. 그러므로 한민족이 장손 민족이라는 것이다.

향후 우리 한국이 통일되면, 아니 통일 이전이라도, 한국과 중국, 몽골, 일본은 원시조 단군의 깃발 아래 한 형제로서 대단합하여, 국가연합이나 연대로 평화와 상생의 동북아시아 시대를 열어야 한다. 그리하여 "황백(黃白) 대전환기"를 이룩하며, 전세계의 인류를 평화로 이끌어야 한다.

4) 단군에는 깨달음의 정도에 따라서, 표현 수준에 따라서, 수많은 차원과 형태의 단군들이 있다.

- 문화적 개념 정의

단군은 성통공완한 사람, 신인을 뜻하기에 성통의 정도에 따라서, 공완의 정도에 따라서 수많은 차원의 단군들이 있다. 크게 대단군, 중단군, 소단군으로 나눌 수 있으며, 무속의 무당들도 소단군의 변형된 한 형태로 보아야 한다.

그러므로 무당의 기원은 실제로 단군으로, 무속 문화는 단군 문화의 변형된 한 형태이므로, 단군운동 차원에서는 무속 문화를 보존 발전시킬 필요가 있는 것이다.

사람은 누구나 불성이 있다는 말과 같이, 사람은 누구나 단군수련법을 함으로써 정도의 차이는 있지만, 단군이 되는 것이며, 단군의 씨가 있는 것이며, 단군의 씨에서 나온 것이다.

즉 "나는 단군이요, 예수요, 부처요, 개똥이다!" 이러한 말은 누구나 할 수 있는 자격이 있는 것이다. 단군이라는 말이 좀더 예술적으로 문화적 개념으로 전해지는 말이 바로 "아리랑"이다.

아리랑은 '我' 즉 '나'이며, 이 나의 이치, '理'를 깨달은 '郎'이라는 것으로 바로 단군을 뜻한다. 그리고 〈아리〉는 둥근 모양을 뜻하며 바로 원의 형상으로 표현되는 하늘(天)을 뜻하기 때문에 아리랑은 天郎이고, 天帝이며, 단군인 것이다.

그러므로 아리랑 노래에서 말하듯 〈아리〉는 알아리 즉 최초의 〈아리〉이기 때문에, 아리랑은 많은 단군들 중에서 최초의 단군인, 바로 개천을 한 단군이요, 아리랑 노래는 우리 민족의 최초 국가인 桓國의 애국가인 것이다.

3. 단군조선의 개념

우리 조국에 대한 개념, 즉 검학의 사관은 단군이 天權을 받아 국가를 이끄는 것을 정통이며, 전통으로 보는 것이다.

단군은 천제이며, 이 전통은 단군 민족으로 계속 내려왔다. 하늘의 권력을 받은 자가 옛날(선천시대)에는 단군이지만, 지금 이 시대(후천시대)는 "인내천" 시대로, 그 하늘은 민중, 즉 홍민이다. 그리하여 검학은 三祖 국가를, 즉 검국을 조국 즉 모국으로 하는 것이다.

삼조국가란 한인, 한웅, 한검의 삼조 단군 시대를 말하며, 이는 한국, 배달국, 고조선을 뜻한다.

한국은 인류 전체가 한국가로 하나였던 시대이며, 기후 변동 등 지구 지질학적 환경 변화로 중심지가 바이칼호와 한머리땅을 왕복한 것으로 보인다.

그러나 근본적인 중심지는 한머리땅이며, 중심되는 산은 우주의 중심, 수미산인 삼각산이다. 배달국은 한국의 전통을 받아 한웅 단군이 삼위. 태백간에 세웠던 국가이며, 그 삼위는 지금의 돈황, 태백은 지금의 백두산으로 본다.

현재 강역으로 말하면, 아시아 전체를 강역으로 생각하며 "아시아"라는 말도 "조선"과 같은 말로 해석하는 것이다.

그 당시 중심지는 지금의 홍산문화권으로 본다. 그러다가 14대 치우 천왕 때 황제 헌원을 탁록대전에서 이기고, 중원을 보다 효율적으로 다스리기 위해, 산동반도 청구로 그 중심지를 옮긴다. 고조선은 대홍수 등의 영향과 훌륭한 한검 단군의 탄생으로 그 중심지가 지금의 백두산과 한머리땅, 만주 등으로 옮겨진다.

중심지의 이동을 크게 고찰해보면, 한머리땅 ⇒ 발해 문화권 ⇒ 만주 ⇒ 홍산문화권 ⇒ 중원 ⇒ 바이칼호 ⇒ 시베리아 등의 영역을 상호 왕복 이동하며 단일 민족을 이루어 왔으며, 결국 바이칼호 연안에서 지금의 황해 연안까지 그 중심 생활권이 변동되었으나, 그 중심적 강역은 동북아시아 전체였던 것을 알 수 있다.

지금의 중국 화하족과는 그 시조 황제 헌원이 치우 천황과 탁록대전을 하면서 갈라지고, 일본 민족은 백제의 멸망으로 갈라진 것으로 본다. 그러나 북방의 기마민족 몽골 등과는 가장 늦게 갈라졌으며, 조선조 세종대왕이 한글을 창제하면서, 민족이 갈라진 것으로 볼 수밖에 없으나, 세종대왕도 여진족이 같은 민족임을 알고 조선의 백성으로 끌어들이려고 노력했었다는 사실을 중요시 해야 한다.

그러므로 사실은 한, 중, 일, 몽골, 유라시아의 원주민 등 다섯 지역의 나라들 모두 다 같은 단군 민족인 것이다. 다만, 조선 민족이 국조 단군의 정통 맥을 이어 받은 장손민족이라는 것이며, 따라서 동북아의 평화를 이끌어 갈 사명이 있는 것이다.
그리고 더 나아가 아시아 전체가 다 같은 한웅의 배달나라, 단군 민족으로 보는 것이 검학 사관의 특징이다.

4. 국조 단군의 후예 개념

검학 사관의 특징은 특히 북방기마민족을 모두 한민족으로 본다. 한민족은 북방기마민족인 알타이어족으로, "알타이"는 "황금"이란 뜻이다. 즉 황금씨가 이끌며, 아시아와 유럽의 동서를 잇는 북방 초원의 길을 주름잡던 태양의, 황금의 민족이었던 것이다. 그러므로 한민족은 본래 모두 황금씨로서, 세계 각 민족의 국가 성립때 제사장으로 역할을 가진 씨족이었다.

즉 태양을 상징하고, 삼족오를 상징하고, 단군을 상징하며, 정신적으로 민족을 이끄는 제사장 담당 씨족이었다.

이제 본천의 새로운 시대를 맞이하여, 한민족이 다시 웅비하고, 민족중건을 이루려면, 이러한 내력을 알고 조상으로부터 기운을 받아야 한다. 지금 이 시대는 정신적 구심점이 없이 혼돈과 방황속에 있으며, 국가와 민족이 뿌리째 흔들리고 있는 풍전등화의 상황이라고 할 수 있다.

그리하여 우리는 이제 하나로 대동보본 뭉쳐, 본래 한민족의 건국 이념인 "홍익인간 이화세계"로 민족통일을 이룸으로써, 세계 인류를 평화로 이끌 사명을 완수해야 할 것이다.

특히 김씨는 금궤에서 나온 신라의 김알지가 최초의 선조, 원시조이다. 그런데 뜻있는 고고학자와 역사학자들에 의해 신라의 왕릉들이 금관 등 북방기마민족의 풍습과 같은 형식으로 발굴되면서, 김알지는 북방기마민족의 후예로 판명이 나고, 고구려, 백제, 신라, 그 이전의 고조선은 황금을 상징하는 "알타이어"족인 북방기마민족이 주류를 이룬 것으로 나타났다.

이는 후에 만주에 금나라가 세워질 때에, 태양과 황금을 상징하고, 단군을 상징하기도 하지만, 금나라의 시조가 신라의 김씨성이었기에, 나라 이름을 "金"으로 한 것과도 일맥상통하는 것이다.
그리고 이 금나라에서 후금이 생기고, 다시 청나라가 생겼으므로 만주의 금, 후금, 청은 한민족의 역사로 보아야 하는 것이며, 이들 나라를 부활해야 할 책임도 특히 김씨 성의 씨족들에게 있는 것이다.

또한 한민족의 한국, 배달국을 이은 3번째 조국인 고조선은 불조선, 진(신)조선, 말조선 등 세 관경으로 나누어져 있었는데, 불조선은 중국 내륙의 중원 지역, 진(신)조선은 만리장성 이북의 만주, 내몽골, 바이칼호 등과 동남지역, 유럽으로 이어지는 초원의 길 등을 관할하며, 신권을 가져 고조선의 중심지 역할을 했고, 말조선은 발해와 황해 연안, 한반도 지역이었다.

그런데 고조선이 멸망하면서 한나제국(흉노제국), 중국의 진, 부여, 고구려, 백제, 신라 등 많은 국가로 나누어지고 단군조선의 씨족들은 한나(흉노)제국, 중국의 진, 신라 등에도 많이 간 것으로 보여진다. 그리하여 한민족은 원래 황금씨족인 알타이족의 원천지인 북방 초원의 길을 따라 동쪽 끝 신라에서 서쪽 끝 흉노제국 즉 한나제국까지 퍼진 것으로 보여진다.

즉 단군조선은 북쪽은 흉노 즉 한나제국으로 남쪽은 부여제국으로, 우리 민족은 이때부터 남북조로 나누어지는 것으로 보는 것이 검학 사관이다.

그리하여 북쪽은 흉노-돌궐-스키타이-거란-요-몽골, 원 등으로 이어지고, 신라를 통하여 궁극적으로 나중에 남쪽과 하나로 통해지고, 남쪽은 부여-고구려, 백제, 신라, 가야, 발해-고려, 금-조선, 청 등으로 이어져, 신라를 통하여 북쪽과 나중에 하나로 통해진다.

특히 흉노(BC 3세기말~AD 1세기말) 즉 한나도 부여, 고구려 못지않게 천신의 대리자로서의 천자사상이 있었고, 한나의 후예인 위구르제국(744~840년)도 〈타리아트〉 비문에서 "위로는 푸른 텡그리(蒼天, 단군)가 명령해서 돌궐의 정통성을 잇고 있다"라고 말하듯, 단군의 후예인 것이다.

한단고기에서도 3세 단군 가륵때, 갑진 6년, 열양의 욕살 색정이 흉노의 조상이 된 것을 밝히고 있다. 그리고 4세 단군 오사구때, 갑신 원년, 단군의 동생 오사달을 몽고리한으로 봉한 기록이 나온다. 그리하여 이들이 고조선의 멸망 후 북에 세워지는 (한나)흉노제국의 뿌리가 되는 것이다.

그리고 (한나)흉노는 세력이 다시 남북으로 갈라져, 북흉노는 유럽에 맹위를 떨쳤던 AD 4세기 훈족의 원족이 되며, 더 나아가 유럽의 각 국가의 왕실이 되며, 남흉노는 중원을 주름잡아, 실제로 진나라 등은 북방유목민족 출신인 것이다.

그러므로 북방민족은 모두 한민족으로 보는 것이 검학 사관의 특징이다. 그리고 황금씨족인 기마민족의 수련법, 검학을 하게 되면, 천부경에서 나오는 황금의 본태양이 떠오르고, 기마민족이 태양을 숭배하고, 태양신의 상징인 삼족오 새를 숭상하는 바, 천부경 사상을 黃金人(임금) 제천사상, 검(儉)사상이라 하는 것도 모두 이와 관련이 있기 때문인 것이다.

이를 모두 요약하면 다음과 같다.
桓國(BC 6만 3182 산해경 용백국) → 배달국(BC 3898) → 고조선(BC 2333. 10. 3) →

다음과 같이 한나제국, 부여, 마한으로 3태극 분열됨.
① 불한 → (북)부여(BC 239. 4. 8~)제국 : 병권
② 신한 → 한나제국(일명 흉노제국)(기원전 3세기말~AD 1세기말) : 신권
③ 마한 → 마한 : 현재 한머리땅(한반도, 옛 한국, 배달국 중심지이자 고향) : 생산권

이는 다시 다음과 같이 남북조 태극 시대로 변천.

* (북)부여 : 고구려, 백제 → 발해(698~926) → 고려 → 조선 → 대한민국+북조선

* 한나 제국
  ① 南 한나 : 신라 → 금 → 청 → 대한민국+북조선
  ② 北 한나 : 선비(당), 돌궐, 훈, 위구르제국(AD 744~840), 거란 → 원 → 몽골 외 카자흐스탄 등, 중앙아시아 국가들 , 터키, 헝가리, 불가리아, 그린랜드 등

* 그리하여 현재, 대한민국, 북조선, 몽골 등 삼태극의 세 나라로 됨. 이를 민족생명체(약칭 민체) "한조선"으로 통합한 것이 민족회의!
* 요, 금, 원, 청은 신라의 후예로 한민족의 역사에 편입하여야 한다.

5. 성씨 분석을 통한 동북아 평화 세계 창출
   (동북아 평화공동체를 생각하며)

사람들이 서로 친밀감을 느끼려면, 무엇인가 공유하는 것이 있어야 한다. 사실 역사적으로 보면, 한국, 중국, 일본, 몽골은 같은 민족이다. 그러나 나라가 달라지면서, 민족이 나라별로 확정되어 달라진 감이 있다.

현재 동북아는 과거를 잊고, 역사를 망각하고 살아가고 있다. 동북아는 최근 1만년 역사 중에서 최근 100년간 가장 큰 소용돌이를 거쳤다. 이는 새로운 문명을 탄생키 위한 마지막 몸부림이라 할 수 있다.

한민족만도 을사늑약 100년과 광복 60주년을 맞이했었던 것이 얼마전 2005년이다. 그 100년간 일본은 대동아공영을 꿈꾸며, 전쟁을 발발시켰고, 서양 제국주의는 본격적으로 동양을 침탈했다. 아직은 그 여운이 가시지 않은 상태이고, 100년 전과 비슷한 상황으로 갈 수도 있는 상태이다.

지금 동북아 역사는 무엇인가 전환점, 분수령에 와있는 것이다. 그러나 대부분의 사람들은 먹고 살기에 바빠 그런 것들을 생각할 수 있는 여유가 없는 것이다.

그러기에 소수의 역사적 창조자들이 시대를 이끌어 가는 것이다. 동북아의 평화와 친목을 위해서 우리는 각 동북아 민족들의 성씨 분석을 할 필요가 있다.

성씨 분석을 역사적으로 하다보면, 한국, 중국, 일본, 몽골에는 서로 같은 조상을 가진 성씨들이 있는 것을 알게 되고, 서로 다른 나라의 같은 성씨들이 교류한다면, 이는 동북아의 평화에 크게 기여할 것이다.

예를 들어, [금나라 때 여진인들은 한자성으로 성을 고친 것이 59개였는데, "완안"은 "왕", "오고론"은 "李", "도단"은 "杜" 등으로 고쳤다.] ("중국 동북민족관계사"- 방학봉 지음). 그러므로 현재 이러한 성들을 가진 사람들은 금나라 때 여진인들로, 금나라는 신라와 동족이므로, 이들은 우리 단군민족이라고 할 수 있는 것이다.

한편, 가장 극우의 성향으로 군국주의 성향이 강해지는 일본을 좀더 평화적인 방향으로 이끌기 위해, 우리 단군 민족은 일본의 성씨 분석을 하여, 어떻게 한국 사람들과 같은 조상인지를 밝힐 필요가 있다. 그렇다고 한일동조론을 다시 되살리는 것은 아니다.

일본은 원래 일본 열도 원주민이 있었기에 한일동조는 될 수 없는 것이며, 다만 일본 지도부는 가야, 신라, 백제, 고구려 사람들이 일본열도로 가서 이루어진 것이 사실이다. 그래서 한일 평화를 위해서는 그 일본 지도부의 성씨 분석을 하여 한일 성씨들이 친목과 평화를 위해 진밀하게 교류를 하자는 것이다.

대표적으로 일본의 천황가는 한반도에서 간 것임이 잘 밝혀지는 것과 같다.

또한 중국은 동북공정으로 고구려 역사를 뺏어가는 동시에, 북한마저 동북4성으로 만들려 하고 있다. 우리가 하루 빨리 자주 평화 통일을 하지 않고, 미국이 계속 북을 몰아친다면, 북은 중국의 동북4성이 곧 될 지도 모른다. 그리고 그것은 동북아 갈등의 큰 원인이 될 것이다.

그러나 사실 우리가 조금 연구해 보아도, 그러한 정치 영토가 이 시대에 중요한 것이 아니라 경제영토, 문화영토가 중요한 것임을 알게 될 것이다. 이제 우리는 중국의 성씨를 연구하여, 중국의 성씨 중에 한국의 성씨와 같은 조상이 있는 것을 찾아내고, 서로가 하나로 인연을 맺어, 한국과 중공의 영토 분쟁이나 동북공정같은 역사전쟁을 무의미하게 만들 수 있을 것으로 생각한다.

특히 중국의 시조라고 알려진 황제는 신농의 자손인데, 신농은 한웅시대 우가로서, 농사를 담당하던 고시씨의 자손이다. 그러므로 크게 보면 중국민족 모두 단군의 자손인 것이다.

사실 또한 만주의 많은 사람은 청나라, 금나라의 후손들로서, 신라에서 넘어가 만주에서 살던 우리 민족인 것이다.

몽골은 한단고기의 기록을 들추지 않더라도, 그 풍습, 외모, 유전자로 볼때 더 말할 나위가 없이 같은 민족이다.

실례를 들어, 북방 기마민족의 유물들이 신라에서 발견되고, 신라 문무왕릉의 비문이 해독되면서, 김알지는 중국 김씨의 최초 선조인 김일제의 후손으로 알려지고 있다. 그리하여 한국과 중국의 김씨는 한핏줄인 것으로 판명되었다.

　이러한 중국 김씨의 시조인 김일제는 북방 기마민족인 흉노족의 휴도왕의 왕태자로, 휴도는 원래 뜻이 불가의 "부도"와 같은 뜻이다. 이 "부도"는 성스런 성역이고, 지상의 낙원이며, "神市"를 뜻한다. 그러므로 김일제는 단군민족의 제사장 집안의 장손이었던 것으로 볼 수 있다. 김일제는 자기 집안이 祭天金人의 집안이었기에, 한나라 무제가 성씨를 하사할 때, 황금 "金"씨 성을 받은 것이었다.

　그리고 제천을 지내던 金人은 바로 불가에서 모시는 불상의 前身이요, 그 금인은 바로 한웅 前佛이요, 大雄인 것이다.
　한편 "김"은 일본에서는 "가미"로 神을 뜻한다. 즉 김씨는 일본의 천황가를 이룬 주축 세력으로 볼 수 있다.

　이같이 예를 들어 성씨 분석을 해본다면, 우리는 중국과 일본의 김씨 성과 관련을 맺고 친목을 함으로써, 동북아 평화의 초석을 만들 수 있는 세력을 구축할 수 있는 것이다.
　이와같이 검학 사관은 자연스런 평화의 통일 사상이다.

제4장 검학의 체계

1. 국조 단군 사상의 체계

국조 단군의 실존 및 역사가 體의 역할이라면, "홍익인간 이화세계"는 단군 사상의 用의 역할로 빛나는 결정체이며, 우리가 이루어야 할 목표다.

단군 사상은, [造花] 만물을 생산하는 큰 고이(德)에 관한 사상과, [敎化] 인간을 가르치는 큰 슬기에 관한 사상과 [치화] 무리를 다스리는 큰 힘에 관한 사상으로 구성되어 있다.

여기서 우리는 자주를 이루기 위해서는 민족경제가 홍익이 될 수 있도록 해야하며, 민주를 이루기 위해서는 민족교육이 홍익이 될 수 있도록 해야하며, 통일을 이루기 위해서는 민족정치가 홍익이 될 수 있도록 해야한다는 것을 얻을 수 있다.

體와 用은 서로 분리할 수도 없는 것이며, 서로 홀로는 아무런 의미가 없다. 민족해방과 홍민해방은 동시에 이루어져야 되고, 이것은 단군을 정신적 지주로 하며 홍익인간 이화세계를 실천해야 하는 것이다.

2. 한민족운동의 이념 구성

우리는 이러한 민족해방과 홍민해방과 통일운동이 합일된 민족, 홍민운동을 "한민족운동" 혹은 "단군운동" 혹은 "한배달운동"으로 천명하고자 한다.

이것은 민족해방을 회치는 NL도 아니요, 민중해방을 이치는 PD도 아니요, 이를 모두 포용할 수 있는 NR(National Refoundation), 즉 民族重建운동을 뜻한다.

한민족은 조상의 강토인 배달에서 살아가기에 한배달이며, 따라서 한민족운동은 한배달운동이다.
또한 한민족운동은 한민족의 뿌리인 단군의 홍익인간 이화세계를 이루고자 하는 운동이기에 단군운동이라고 이름할 수 있다.
이제 우리는 이러한 홍익인간 이화세계의 배달나라를 건설하려는 한민족운동, 한배달운동, 단군운동을 하는 사람들을 스스로 "단군주의자" 혹은 "배달주의자", "단군형제", "배달형제"(약칭 배형)라고 명명코자 한다. 단군이나, 배달이나, 한민족이나 다 같은 맥락이므로 어느 단어를 사용해도 같은 것으로 해야 한다. 그래야 같은 단군 운동, 검학운동을 하는 사람들끼리의 분파가 없기 때문이다.

검학인은 바로 진정한 민족, 홍민운동가이다. 검학인은 또한 "한민족주의자"로 민족 내의 각 개인과 계급이 자유롭고 평등해야 하는 것처럼 전세계의 각 민족들의 자유와 평등을 이루고자 하며, 제국주의의 탐욕을 물리칠 것이다. 인류애를 바탕으로 국수주의를 타파하여, 모든 민족이 본래 한민족임을 알고, 각 민족들이 상부상조하며 홍익인간 이화세계를 누릴 수 있도록 할 것이다.

그러므로 검학인은 세계주의자이다. 그렇기에 단군민족주의라는 말은 쓰지 않고자 한다. 그러나 사실 큰 개념으로보면, 단군민족은 한민족이요, 한민족은 세계의 모든 민족이 본래 하나의 민족이었던 것을 뜻하기에 검학인이나 단군민족주의자나 같은 개념으로 볼 수도 있다.

그리고 세계가 한민족이고, 한민족은 세계의 평화와 홍익을 원하기에 "한세계주의"이기도 하다. 그리고 세계주의는 모두가 하나이며, 그 하나 하나는 각각 소중한 존재임을 보장하기에 "한주의자"이다. 그리고 한주의자는 그 하나 하나가 모두를 위하여 홍익인간 이화세계를 이루려 하기에 "홍익주의자"이며, 그 하나 하나가 결합된 홍민이 주체가 되어 홍익을 이루기에 "홍민주의자"이며, 기존의 사회주의, 공산주의, 자본주의, 민족주의, 민족사회주의, 신마르크스주의 등 모든 사상의 한계와 모순을 타파하며 하나로 포용하고자 한다.

또한 검학은 한민족이 조상의 밝은 땅인 "배달"에 이상적인 국가를 세워 홍익인간 이화세계를 구현하기에 "배달주의"라고도 할 수 있다.

이러한 검학의 체계를 정리하여 보면 다음과 같다.
〈體〉〈用〉
검학 儉學
1) 體 　　　┌ 1) 弘民 : 弘民主義
　　　　대내 ┤ 2) 民族 : 한민족主義, 일민주의, 일체화사상
　　　　　　└ 3) 國家 : 배달주의
　　　　　　　　　삼자원칙

　　　　　　┌ 1) 국내 : 삼균주의
　　　　대외 ┤
　　　　　　└ 2) 국외 : 한세계주의(한주의)

2) 用의 전체적인 표현으로 홍익주의

3) 한민족운동의 이념 연계성
민족해방 + 홍민해방 + 통일운동 ⇒ 한민족운동 = 민족 중건운동 = NR(National Refoundation) 운동 = 단군운동 = 한배달운동 = 한세계운동 = 한운동 = 홍익운동

이와같이 體를 강조한 단군주의는
用의 철학을 강조하면 홍익주의가 되며,
그중에서도 홍민을 강조하면 홍민주의, 일민주의, 일체화 사상,
민족을 강조하면 한민족주의, 단군민족주의,
국가, 배달나라를 강조하면 배달주의로,

세계를 강조하면 한세계주의(한주의)로.

이들은 모두 같은 이념이며, 강조사항에 따라 단어 사용만이 다를 뿐이지 같은 말이라 할 수 있다.

그러므로 어느 용어를 좋아한다고 해서, 이로 인해 같은 단군운동가 끼리 분파를 일으켜 민족분열과 갈등을 조장해서는 안되며, 만약 그런 자가 있다면 민족과 단군과 배달 형제의 이름으로 처단해야 한다.

제5장 검학운동을 어떻게 할 것인가

1. 국조 단군 사상의 체계

그렇다면 검학 운동, 한민족운동은 어떻게 시작할 것인가?

그것은 앞에서 언급된 체(體)와 용(用)의 사상이 병행되어 실천되어야 한다. 그러나 우선 體의 운동이 확립되어야, 用의 운동도 보다 뚜렷해 질 것으로 사려 된다. 체와 용, 그리고 그 구체적 실천 운동으로 나누어 우리는 말하고자 한다.

2. 體의 검학 운동

단군을 體로 하는 많은 운동 中, 가장 시급하고 중요한 것은 첫째는 국조전 건립운동이다. 그 이유는 다음과 같다.

1) 모든 사회운동은 그 근거지가 필요한 데, 우리는 국조전을 건립함으로써 민족운동을 하는 사람들이 모일 수 있는 큰 사랑방이 생겨나고, 거기서 국민대중이 참배하고, 민족얼과 민족철학과 민족역사를 강연하고, 〈검학〉 등 단군 수련법도 수련하여 심신을 닦으며, 그럼으로써 온 민족 구성원이 하나가 될 수 있는 정신적 지주가 형성되는 토대와 실체가 마련되는 것이다.

2) 민족운동에서도 경제력과 활동 자금의 확보는 매우 중요한데, 거기서 많은 비중을 차지하는 것은 사무실 임대료이다. 그러나 국조전이 건립되어 진정한 민족운동을 하는 단체들에게 무료로 사무실을 민족의 광장으로 마련해 준다면, 그것은 민족운동 발전에 큰 도움이 될 것으로 생각된다.

3) 이러한 국조전은 대내외적으로 훌륭한 관광자원이 되며, 중국문화와 일본문화와 다른 단군문화의 한국을 보여 줄 수 있다. 또한 그 입장료의 수입은 민족운동의 자금으로 훌륭하게 쓰일 수 있다고 생각된다. 그러나 이러한 현실적 필요성 외에도 국조전은 구심점이 있어야 할 민족운동에 있어서 그 핵심이 된다.

오직 국조 단군만이 우리가 모두 공통 분모로 하고 있는 민족 요소이기 때문이다.

 국조전 건립운동은 이와 같이 그 안에 모든 민족운동의 내용이 응축되어 있다. 국조전 건립운동을 위해서는 민족 역사를 말해야 하고, 민족 철학을 말해야 하며, 전통문화를 얘기해야 하고, 어떻게 민족 운동들이 통일되고, 한민족이 통일되어야 하는지를 말해야 한다. 또한 그 제반 민족 운동들을 각각 구체적으로 말해야 하기 때문이다. 그러므로 국조전 건립은 민족 운동에 있어서 핵심이요, 가장 시급히 연합하여 이룩해서 자손만대에 물려줄 우리들의 영원한 자산이다.

 한민족사에 있어서 한민족의 영원한 고향인 배달국과 단군조선, 그 영광의 대제국이 흩어진 이후에도 우리 한배달은 한얼의 맥을 지금까지 이어오고 있다. 그러나 민족정기는 점차 약해져 왔으며, 현재 홍민은 우리 한민족이 절대절명의 위기와 혼돈에 빠져 있음을 피부로 느끼고 있다. 즉 민족과 홍민 그 자체가 죽어가고 있으며, 이제 더 이상 방관만 할 수 없는 지경에 이르고 있다. 이것은 민족의 뿌리와 정기가 썩어가고, 잊혀져가고 있기 때문이다.

 이제 민족의 뿌리와 정기를 다시 살릴 수 있는 길은 단군을 다시 살리는 길 뿐이다. 그 방법 중 가장 훌륭하고 효과적인 것은 국조전을 건립하는 것이다. 뿌리가 박힐 수 있는 땅이 필요한 것이다. 배달강토의 곳곳에 민족정기가 뜨겁게 피어날 수 있는 우리들의 터전이 필요한 것이다.

　국조전은 꼭 멋있게 새로 지어야만 되는 것은 아니다. 기존의 건물들을 깨끗이 청소하여 단군의 天眞을 모시면 되고, 배달강토 곳곳에서 쓸데없는 용도로 사용되는 건물들이 많이 있는데 이를 활용하면 된다.
　우리는 국조전에서 조직적인 모임을 가지며, 한민족운동을 확장시켜 갈 수 있으며, 일반 홍민에게도 휴식처이면서 새롭게 민족정기를 온몸으로 받을 수 있는 한마당이 되도록 하는 것이다.

　둘째는 기존의 국사교육에 있어서 식민잔재가 있어, 단군역사가 신화로 되어 있고 단군시대의 배달강토가 왜곡되어 있는 것을 바로 잡는 일이다. 즉 여러 형태로 왜곡된 민족 역사를 바로 잡는 일이다. 국사 교과서 개정 운동은 이런 면에서 가장 중요한 운동이다. 그리고 국사 교육은 모든 각급 학교에서 필수과목으로 하여야 하는 것이다. 그리하여, 외형적인 국조전의 건립 이전에 우리 한민족 구성원 하나 하나의 가슴마다 그 뜨거운 심장에 우선 먼저 국조전이 올바른 역사관으로 건립되어야 하는 것이다.

　세째는 우리의 역사관으로 세계를 못보게 하는 것 中의 하나인 서기 연호를 단기 연호로 혹은 개천 연호로 혹은 한기 년호로 바꾸는 것이다. 그리하여 우리는 홍민 속에 단군의 강력한 얼과 뿌리를 심어 줄 것이다.

현재 민족운동진영은 한기 년호를 쓰는 것으로 합의되었다.
환국 3301년+배달국 1565년+서기 전의 고조선 등 2333년+서기년-2년(환국에서 배달국, 배달국에서 고조선의 겹치는 2년 차감) = 한기 년호인 것이다.

그래서 예를 들어, 서기 2022년은 한기 9219년이다.
단군을 體로 하는 운동과 더불어 중요한 用으로 하는 것이 있다. 이것이 사실은 운동 성격상의 현실적 단군운동이라 할 수 있다.
그것은 지금의 민족적, 홍민적, 국가적 현실들을 단군민족식으로 개혁하는 것이다.
이들을 별도의 장으로 정리하여 보면 다음과 같다.

3. 用의 검학 운동

검학 운동은 국조 단군의 홍익인간 이화세계를 이 시대에 구현하는 운동이다. 한마디로 홍익운동이다.

그러기 위해서는 우리 한민족의 원시조이신 단군 할아버지가 맨 처음에 어떻게 홍익인간 이화세계를 했고, 어떤 철학을 바탕으로 했는 지 알아야 할 것이다. 그리하여 이 시대에 어떻게 적용하여야 할 지를 연구해야 할 것이다.

단군 할아버지께서 하신 일은 인류 역사상 가장 오래된 것으로 알려진 〈신사기〉에 기록되어 있다. 그것은 크게 조화(造化), 교화(教化), 치화(治化) 3대 분야로 나누어 진다.

조화는 현대 용어로 고치자면, 창조, 생산, 경제 등이 융합된 용어이다. 사람으로 말하면 부모님으로서의 역할이다. 교화는 교육, 종교, 문화 등이 융합된 용어로 스승님으로서의 역할이다.

치화는 정치, 관리, 행정, 경영 등이 융합된 용어로 임금님, 대통령, 한 조직의 지도자, 우두머리로서의 역할이다.

그리고 이러한 조화, 교화, 치화의 홍익인간 이화세계의 일들을 조화경으로 알려진 천부경, 교화경으로 알려진 삼일신고, 치화경으로 알려진 팔리훈(참전계경)의 단군 3대 경전의 철학과 사상, 즉 3·1 철학을 바탕으로 역사해 나가신 것이다.

　일찌기 동이족으로 알려진 공자께서 "군자의 나라인 동방의 나라에서 살고 싶다."고 했지만, 공자께서 말씀하신 "수신제가치국평천하"를 참고로 하여, 이러한 조화, 교화, 치화의 현대화된 단군운동을 요약하면 다음과 같다.

4. 검학 운동의 구체화, 실천화

1) 심신수련 운동
첫째로 검학은 심신수련 운동이다.
즉 단군수련법이다.

1만년 전, 혹은 그보다 훨씬 전에, 물이 하늘에도 떠 있을 시절에, 환국의 국조 단군 대황조님으로부터 내려온 검학은 단군 대황조님이 천부경을 해석해 주신 삼일신고에 나오는 지감, 조식, 금촉의 삼법수행법으로
  ① 대종교를 통해 내려온 심법이자 지감법의 수진삼법.
  ② 봉우 권태훈 선생님을 통해 내려온 호흡법의 조식법.
  ③ 대양상인을 통해 내려 온 전래체술이자 금촉법이고, 불로장생 무예인 기천.
이 세 갈래로 각기 내려온 수련법들이 정치사상인 단군주의 주창자인 검자에 의해 본래의 모습으로 하나로 기적적으로 복원된 국조 단군 대황조님의 수련법이다.

즉 지감법, 조식법, 금촉법이 삼일신고의 말씀대로 일의화행 되어 이룩된 것이 검학이다.

이것은 단군 할아버지의 치화 운동에 해당된다. 일찌기 단군께서는 고내 사회에 한국, 배달국, 고조선 등 국가를 건국하시면서 막강

한 군사 실력이 없어서는 안되었을 것이며, 군사 실력은 출중한 무술이 없고서는 불가능했으며, 이러한 무술은 단군 할아버지의 심신수련법에서 나온 것이다.

이것은 검학에 내려오는 설화에는 이러한 사실을 알 수 있는 것들이 많이 있다.

또한 이러한 수련법은 사냥이나, 생산 활동에 여러 형태로 응용되었을 것으로 본다.

검학을 하게 되면 저절로 세상과 우주 만물의 이치를 자꾸 깨닫게 되며, 자기가 전공한 분야나 공부가 있다면, 그 방면에서 엄청난 창조력을 발휘하고, 추진할 수 있는 능력이 생겨나며, 저절로 지도자가 될 수 있는 소양이 생겨난다.

또한 자기의 몸은 물론 남의 몸이 이상할 경우 고칠 수 있는 활명력이 생겨나게 된다.

이것은 대체 의학으로 발전할 수 있다. 그렇기에 단군의 철학이 교화(敎化-가르침)의 공부이고, 단군의 역사가 치화(治化-다스림)의 공부라면, 심신수련법 검학은 조화(造化-만들음)의 공부라고 하는 것이다. 즉 검학은 개인의 창조력, 의학적 기능, 경제력 등을 키워주고, 자신의 분수와 역할을 아는 조화(造化-만들음)의 공부인 것이다.

한편 이것은 수신제가치국평천하에서 첫번째인 수신에 해당한다. 자기 자신의 몸과 마음을 밝히지 못한 사람이 어찌 천하를 밝힐 수 있겠는가?

천하를 밝히려는 큰뜻이 없다 해도, 고귀하고 존엄한 인간으로 태어나서 자기를 밝히지 못하고 죽는다는 것은 사육되는 동물처럼 생각없이 살았다는 것이며, 진정 불행일 수밖에 없다. 그러므로 검학은 진정한 청소년 운동이며, 학생운동이다. 왜냐하면 청소년, 학생 시기에의 건전한 심신 수련은 필수적이기 때문이다.

현대의 많은 청소년, 학생의 제반 문제들은 청소년 학생들이 젊은 열정을 분출할 수 있는 놀이마당이나, 취미활동 등 여러 제도나 시설, 교육 강좌 등이 없기 때문이다. 청소년, 학생들에게는 강력한 심신 수련이 필요하다. 그것이 청소년, 학생의 심신 건강은 물론, 사회의 미래 꿈나무들을 키워내는 커다란 자산이 되기 때문이다.

그러므로 검학은 청소년, 학생 운동에서부터 시작하는 것이 좋다.

이제 청소년, 학생 단체들도 한민족의 고유 문화와 심신수련법으로 무장하여 전세계에 수출할 필요가 있는 것이며, 이것이 홍익인간 이화세계의 첩경인 것이다. 이는 여성운동, 노인운동, 시민운동 차원에서도 적용된다. 이들의 경제적 독립, 정신적 깨달음, 정치적 지위 면에서 큰 도움을 준다.

사람은 하루에 물질적 3끼, 정신적 3끼, 총 6끼를 먹어야 한다. 물질적 3끼는 식사, 정신적 3끼 중 한 끼는 독서, 한 끼는 취미활동 (음악, 미술, 체육 등), 마지막으로 가장 중요한, 마음과 몸을 이어주는 氣수련 한 끼이다. 이렇게 균형적으로 물질적 정신적 심신 관리를 하지 않으면, 사람은 무엇인가 문제가 생길 수밖에 없게 된다.

서양의 모든 사회, 종교운동들이 한계를 보이거나 결국 역사상 실패로 끝날 수밖에 없는 것은 이러한 심신 수련법이 없기 때문이다. 마르크스의 공산주의도 처음 근본에는 인본주의로 시작했지만, 그동안 많은 인권 억압이 있었고, 역사상 공산주의가 끝내 몰락했던 것은 그 기반에 개개인의 심신 수련이 없었기 때문이라고 판단되는 것이다.

진정한 운동은 이론적 설득으로 되는 것도 아니며, 밤을 새워 술을 마시며 하는 감성적 친밀화로 되어서도 안되며, 건전한 몸과 맑은 정신으로 진정한 깨달음 속에서 서로 하나가 되어야 한다.

자기 자신의 심신 건강이 제대로 안된 사람이 어찌 깨달을 수 있고, 어찌 사회의 건강을 이끌 수 있겠는가?

동양의 종교 운동과 서양의 종교 운동이 다른 점도 바로 심신 수련법이 있느냐 없느냐의 차이점이다. 그러나 본래 서양의 종교들도 심신 수련법이 있었는데, 점차 없어진 것이며, 그 자취가 남은 것이 기도와 절이다. 기도와 절을 제대로 하면 그것이 氣수련이 되는 데 그러한 것을 서양 종교는 모르고 있는 것이다. 요사이 선진 서구의 목사나 신부들은 종교의 벽을 깨고, 기수련을 하면 도리어 하나님의 존재를 가깝게 느끼거나 강하게 느낄 수 있다고, 기수련을 장려한다는 데, 아주 바람직한 현상으로 보이고, 실제로도 서양 종교가 제대로 살아 남으려면 검학 등 심신 수련을 해야 된다고 생각한다.

바로 이것이 검학 운동선상에서 새로이 주창하는 "수행신학(修行神學)"이라고 명명하고자 한다.

수행신학은 기수련과 역사운동 실천을 하는 신학이다 이것이야말로 진정한 해방 신학인 것이다.
즉 사회와 국가, 기존 종단의 억압뿐만 아니라 인간적 한계로부터의 해방으로, 수행을 통하여 신과 인간의 합일인 神人을 꿈꾸는 새로운 차원의 해방 신학인 것이다.

이러한 수행 신학은 기수련의 원시조인 단군을 공경할 수밖에 없다. 단군은 우상으로 보아서는 안될 것이며, 종교를 초월한 역사적 실존인물로 보아야 한다.

기지개를 펴는 민족의 수련법, "검학" 국조 단군께서는 천부경과 삼일신고를 통하여, 심신 수련을 해야 함을 가르치셨고, 현재 단군 수련법으로 전해져 온 것은 많으며, 이들은 서로 다른 영역을 가지고, 고래로부터 민족 고유로 전해져 내려온 것으로 전해지고 있다.
민족운동선상에서는 많은 고심 끝에 이들을 총칭하여, 〈검학〉이라고 명명하고자 한다.

그리고 더나아가 〈검학〉은 이들 수련법과 민족 고유의 다른 수련법들까지 총망라해 참조하여, 오랜 경험과 기수련을 바탕으로 하여 단군철학과 기존 수련법들을 융합하며, 종합·정리하고 체계화하고자 한다. 기천+연정원+수진삼법+국선도+선단학 등 중요 5대 수련법을 총망라하여 종합·정리하고 체계화를 이루게 한 것이다. 궁극적으로 천부경에서 얘기하는 본심본태양이 실제로 체득하여 떠오르게 체계적으로 공부를 세운 것이다.

그리하여 새로이 체제를 갖춘 〈검학〉은 고유로 민중을 통해 내려온 기지개를 단군의 심신수련법으로 재발견한 것으로 대단한 효과가 있는 심신 수련법이다.

민중들을 통하여 무의식적으로 내려온 기지개에는 엄청난 기공의 비밀이 전해져 내려오고 있는 것이다. 이제 우리 한민족은 통일의 시대를 바라보면서, 봉우 권태훈 선생께서 말씀하신 황백대전환론에 맞추어, 잠에서 깨어 기지개를 펴고 웅비하여야 할 때가 왔다.

그러기 위해서 우리는 단군수련법인 〈검학〉을 수련하여, 위대한 단군조선 대제국 이후 오랜 어둠의 역사에서 잠을 깨어 기지개를 펴고 홍익인간 이화세계를 이룩하여야 한다.

단군수련법 〈검학〉은 모든 단군운동의 기본이며 토대이다.

한민족이여! 눈을 뜨고 기지개를 펴라!

2) 효운동

둘째로 검학은 효운동이다.

효운동은 국조 단군님의 조화에 해당된다. 효운동은 수신이면서도 제가에 속하는 매우 중요한 단군운동이다.

어버이를 공경하라는 효는, 서양에서 유대교와 크리스트교의 근본계율이 되는 모세 십계명에도 있고, 우리 민족에서는 화랑의 세속오계는 물론 각 시대 모든 종교에 있는 계명이기도 하다.

자기를 낳아준 부모를 공경하지 않고 기쁘게 하지 못하면서, 다른 사람들을 기쁘게 하는 것은 의미가 없는 일이다. 또한 자기 부모가 귀중하면, 역지사지로 다른 사람의 부모도 귀중하며, 부모밑의 자식이 중요하면, 역지사지로 남의 자식들도 귀중한 것을 깨달을 수 있다.

이와같이 효는 결국 주위의 인간 모두를 귀중하게 여기는 것이 되고, 홍익인간 이화세계의 가장 실천적, 직접적 사항이 된다. 그렇기에 단군운동은 효운동이다.

우리 민족의 원시조 단군은 부모 위의, 부모 위의… 이렇게 올라가서, 최초의 부모로, 민족 역사 이래의 모든 민족 구성원들이 효를 다해야 할 원시조 조상이다.

그런데 기독교에서 원시조 단군을 모세 십계명의 "부모를 공경하라"라는 계명에 해당하는 것으로 보지 않고, "우상을 섬기지 말 것"이라는 계명에 해당하는 것은 무척 잘못된 해석이고, 억지이다.

아마 이 세상 지구촌에서 원시조를 우상으로 말하는 기독교인은 우리나라에서 밖에 없을 것이다. 예를 들어 미국의 초대 대통령인 워싱톤을 미국에서 우상이라 격하하며 역사적으로 존재하지 않았던 허구의 인물이라고 말하는 사람이 있다면 미국 내에서 미국인들에게 맞아 죽을 것이다.

마찬가지로 우리 민족 최초의 국가인 고조선을 건국한 초대 임금이 분명 있을 터인데, 그분이 바로 원시조 단군 왕검인 것으로, 미국의 워싱톤과 다를 바가 하나도 없는 것이다. 그렇기에 국조 단군은 역사적 실존하는 원시조 부모이신 것이다.

또한 부모 위의 최고 부모, 원시조 단군은 유골조차 찾을 수 없고, 볼 수가 없기에, 우상이 아니며, 공경해야 할 최고 위의 부모인 것이다. 이러한 효운동에 있어서 실제적으로 중요한 것은 부모님이 건강하고 활기차게 살아가실 수 있도록 하는 것인데, 이런 면에서 첫번째의 단군운동 항목인 심신 수련, 검학을 수련하는 것은 효운동에 있어서도 가장 우선적인 중요 사항이 된다.

검학을 배워 부모님께 가르쳐 주고 민족 구성원 전체에게 전파하는 것은 효운동의 근본이자 시작이다.

기천명 으로 내려온 "불효자 입문불허"이다.

3) 새로운 노동 운동
세째로 검학은 새로운 노동운동이다.

노동운동도 국조 단군님의 조화 역사에 해당된다. 노동운동은 수신이면서도 제가에 속하는 매우 중요한 단군운동이다.
노동은 수신제가(修身齊家) 모두에 해당한다. 노동은 신성한 것이며, 노동 자체가 수신의 하나이며, 이는 경제적 물질과 재산을 가져다 주어, 가족이 생활할 수 있도록 해주기에 제가(齊家)에 해당된다.

우선 노동은 심신 수련이 된다. 그러나 그냥 막 해서는 피로를 가져오고 몸을 망칠 수도 있다.

검학을 배워 올바른 노동 자세와 호흡법으로 했을 때에, 그 노동은 심신 수련이 되고, 이에 따라 무예나 기공에서 말하는 내공도 쌓일 수 있다. 심신 수련법을 응용하는 노동이냐, 아니냐가 무척 중요한 것이다.
진정으로 신성한 노동이 되려면 반드시 심신 수련법을 겸해서 해야 한다. 그렇기에 단군운동은 새로운 노동운동이 된다.
또한 단군운동인 새로운 노동운동은, 노동자가 노동을 하는 회사의 주식을 갖는 것을 적극 권한다. 노동의 댓가가 주식을 소유함으로써, 임금뿐만 아니라, 주식의 이익 분배로도 이루어져야 한다. 또한 경영 의사 결정에도 참여할 수 있도록 해야 한다. 그러므로 단군운동은 "종업원 지주제"를 강력히 권유한다. 그리하여 노동자들이 회사와 동떨어진 존재가 되지 않도록 하기 위한 것이다.

　이것이 진정으로 노동자가 주인이 되는 민주, 민족 노동운동의 노동조합이다. 이와같이 이제 우리는 심신 수련을 하고, 주식을 가능한 많이 소유하려는 새로운 노동운동의 노동조합, 단군운동을 하는 노동조합을 새로이 "홍익 노조"라 명명한다. 이들은 진정한 능력을 가진 민주 노동조합인 것이다. 그리고 이들의 총합체인 〈홍익노총〉이 이루어질 수 있어야 한다.

　이러한 올바른 노동운동은 자연스럽게 올바를 경제제도를 가져올 것이다.
　이것은 경제의 민주화이다.
　어떠한 이념에서도 경제 제도는 무척 중요하다.
　생산력과 생산제도 그리하여, 경제제도가 결정된다.
　그렇다면 단군주의의 경제제도는 무엇인가?

　그것을 한마디로 결론하면 홍익인간 이화세계이다.
　홍은 너른 홍(弘)으로 공산주의의 장점을 뜻한다.
　익은 이익 익(益)으로 자본주의의 장점을 뜻한다.
　이것이 홍익인간의 인간성을 바탕으로 결합, 조합되는 것이다.
　그것은 여러 국가상황, 민족상황에 따라 달라질 수 있으나, 깨달은 단군주의자들은 그 조합을 올바로 할 수 있다.
　여기에 이화세계의 과학이 들어간다. 과학이 필요하다.
　모든 물질의 비밀은 이(理)에 있다. 이(理)를 잘 찾아 내는 것이 단군주의자들의 역할이고, 사명이다.

인류의 역사는 매우 크게 보면, 경제제도가 자본주의였으나, 그 폐단이 생기자, 인간의 정신으로 공산주의가 생겨났고, 이제는 두 경제제도가 망해가고 있다.

그래서 이제는 그 중용으로 단군주의가 떠오르는 것이다.

그 기준 잣대는 인간이다. 결국 인간이다.

자본주의의 자유와 공산주의의 평등을 화합한 그 무엇이다. 그것은 사랑이고, 베풂이고, 깨달음이고, 평화이고, 행복이다. 돈은 돌아야 하기 때문에 돈이라 하고, 축적한 돈이 베풀어지지 않으면 똥이 되어, 사람의 몸을 치고 건강을 잃게 한다.

이러한 요소들에 기반한 무한한 생명력이 모든 경제, 정치, 종교 제도의 기준이다. 이러한 것들이 몸공부로 체화되어야 한다.

그리고 최고의 마지막 종교 수준까지 올라간 인본적 과학이 그것을 보완할 것이다.

우리는 그 과학을 팬다임 과학으로 명명코자 한다.

뒷 부분에 팬다임 과학을 구체적으로 논할 것이다.

4) 뿌리 역사 운동

네째로 단군운동은 뿌리 역사 운동이다.

이것은 교화에 해당된다.

인간은 역사에서 많은 것을 배우고 축적할 수 있다. 인간이 동물과 다른 것은 역사가 있기 때문이다.

인간은 역사에서 교훈을 배우고, 생활의 지혜를 축적하고, 이것은 하나의 공동체를 형성하게 하여, 동질성을 가지게 한다. 그리고 오랜 기간을 통하여, 잘못된 것이나 비합리적인 것, 그 지역 풍토에 맞지 않는 것들을 개선시켜 나간다. 또한 필요한 것을 위하여 오랜 경험을 통해 계속적으로 창조하고, 그 기술을 축적해 나간다.

우리 한민족은 이러한 점에서 역사가 오래 되었기 때문에 엄청난 장점과 잇점을 가지고있다.

더구나 원시조 단군은 한국, 배달국 시대를 차치하더라도, 적어도 고조선 신국만 해도 만주, 한반도, 일본, 현 중국 동부지역, 시베리아를 포함하는 드넓은 영토를 몇 천년간 평화로이 다스린 것으로 전해져, 지금 시대의 우리는 단군 조선 시대가 도대체 어떠한 사상으로, 어떠한 경제 제도나 정치 제도로 다스려 졌는지 깊이 연구해야 한다.

인류 역사상 몇 천년을 존속한 왕조는 없기에, 그것도 평화로이 존속했다는 것은 인류사에 있어서 매우 특기할 만한 역사인 것이다. 그러므로 국사 교육이 가장 중요한 교육으로 행해지고, 국사 교과서를 바로 잡아야 한다.

우리가 이렇게 뿌리 역사를 규명함으로써, 우리는 지금 이 시대에 온 인류에 홍익인간 이화세계를 이룩할 수 있는 큰 덕과 큰 슬기와 큰 힘을 얻을 수 있을 것이라 생각된다. 더 나아가 이러한 뿌리 역사를 통해 이질화된 많은 것들을 고치고, 한민족으로서의 동질성을 회복해 나갈 수 있다.

이 뿌리 역사 운동은 이 시대에
첫째, 한민족의 경제제도를!
둘째, 한민족의 교육·문화제도를!
세째, 한민족의 정치제도를!

개혁 실천해 나감으로써 이룩될 것이다.
특히 교육 문화에 있어서 우리 민족은 의, 식, 주 등 많은 분야에서 남북이 이질화 되고, 종교간 이질화 되고, 지역적으로 이질화 되고, 세대적으로 이질화 되어, 뿌리 역사를 통해 그 동질성을 회복해야 할 때가 왔다. 더 이상 심화가 되어서는 안될 것이다.

의복에 있어서는 옛날과 같이 한복을 입지는 않더라도 생활한복을 입는다든지, 식사에 있어서는 전통적 식단을 존중한다든지, 주택 내부는 현대화의 물질 문명을 활용한다해도 외부는 옛날 전통

양식을 복구한다든지의 뿌리 정신 찾기, 동질성 회복 운동 등이 필요하다.

의복 문화에 있어서는 생활 한복 입기 운동을 한다! 음식 문화에 있어서는 전통 한식이 연구되고 보급되어야 할 것이다! 거주 문화는 전통 한옥 양식이 살려져야 한다.

이러한 거주 문화에 관해서는 전통 한옥 양식의 슬기로움을 되살려 깨끗하고, 편리한, 자연 친화적인 환경이 지켜지고, 만들어져야 할 것이다. 뿌리 역사에 바탕을 둔 환경 운동이 이 시대와 미래의 진정한 환경 운동이 될 것이다!

이러한 뿌리역사운동은 생활이고 문화이기에 제가운동이면서도, 국가 전체에 영향을 미치므로 치국 운동에 해당한다.

신토불이(身土不二)라는 말이 있듯이, 모든 생물은 자기가 태어난 곳의 역사와 풍토에 맞게 살아가야 좋다.

그러므로 모든 각 민족은 고유의 민족 문화가 있으며, 그 민족 문화를 아끼고, 잘 꾸려 키워야 한다. 기업도 이제는 고유의 기업문화를 지녀야 한다. 기술과 품질 그리고 영업력이 고도로 발달하여 서로 비슷해지면, 결국 기업문화가 훌륭한 기업이 소비자들로부터 인정을 받을 것이기 때문이다.

이제 기업도 단군의 바람속에서 새롭게 태어나야 한다. 모든 민족은 각기 민족마다 존중해야 할 독특한 문화가 있는 것이며, 그런 면에서 모든 민족은 동등한 것이다. 자기 민족이 중요한 만큼 다른 민족도 소중한 것이다. 우리는 여기에서 홍익인간 이화세계의 큰 이념을 느낄 수 있는 것이다.

역사서 〈신사기〉에서도 오색 인종이 원래 하나의 민족이었듯이, 인류는 원래 한민족이었던 것이다. 모든 민족은 하나이고, 옛날 하나의 한민족인 때로 돌아가 각 민족이 서로 존중하고, 서로 침략과 약탈이 없이 평등하게 살아가는 것, 이것이 바로 홍익인간 이화세계의 한민족운동인 것이다. 그러므로 뿌리 역사 운동은 한민족운동이라고 할 수 있다.

서로 다른 민족이나 인종들이 하나됨을 쉽게 느낄 수 있고, 체험할 수 있고, 깨달을 수 있는 것은 무엇일까? 그것은 함께 운동하고, 땀을 함께 흘릴 수 있는 심신 수련법인 단군수련법 〈검학〉을 함께하는 것이다. 또한 현대인들이 많은 관심을 가지는 건강에 관해 해답을 줌으로써, 진정 단군의 홍익인간 이화세계를 할 수 있는 것이다.

우리는 이러한 검학 수련을 통해서, 선조들이 어떻게 땀을 흘리며 고뇌했는지를 체험할 수 있고, 세계의 많은 언어가 다른 민족들이, 인종들이 인간의 몸으로 태어난 이상 수련속의 고통과 땀을 통해서 하나임을 몸짓으로 몸 깊이 느낄 수 있다. 그러므로 뿌리 역사 운동에 있어서도 검학 수련은 중요한 역할을 담당한다.

세계의 모든 민족은 하나이다. 한(桓)민족이다.
이를 깨닫고 실천하는 것이 한(桓)민족운동이다.

5) 새로운 정치운동, 통일 운동

다섯째로 검학은 새로운 정치 운동으로 통일운동이다.

이는 치화 운동에 해당한다.

수신제가치국평천하의 치국에 해당한다.

원래 우리 민족은 단군의 자손이다. 그러므로 남북으로 갈라진 우리 단군민족은 통일이 되어야 한다. 그러므로 또한 단군운동은 통일운동일 수밖에 없다. 그래서 남북의 공통분모는 오직 단군이다.

현실적으로 궁극적으로 통일운동은 단군운동으로 갈 수밖에 없으며, 이에 단군운동가들은 하나로 뭉치고, 남북한 양쪽 정부의 정신적 지주 역할을 하며, 국제적으로 외교적으로도 일정한 큰 역할을 해야 한다. 민간외교의 중요성과 NGO의 역할이 커지는 이 시대에 단군운동은 새로운 정치운동으로 현실 국내 정치권과 국제 정치권에 많은 영향력과 압력을 행사할 수밖에 없다.

우리는 통일운동론으로 〈삼태극통일론〉을 주창하며, [민족공동체 통일정부]를 실천적 방법으로 제시하고자 한다.

남북이 갈라진 상황에서 이 시대의 정치적 최고 현안 문제는 통일 문제이며, 모든 정치는 통일을 우선적으로 염두에 두고 이루어져야 한다. 그리고 통일은 남북의 공통분모가 단군의 자손, 한 핏줄이라는 것이 가장 큰 요소임을 생각할 때, 이제 정치 지도자들은 단군에 관해 그 역사, 철학, 수련법 등을 연구·공부해야 한다.

원래 역사적으로 정치지도자들의 최고 목표는 상고시대로 보면 "단군"이라고 할 수 있다. 정치의 역할은 대화, 평등한 분배, 새로운 창조 등이 중요하다고 보며, 정치 지도자들은 이러한 일들을 하기 위하여 본인이 스스로 깨끗하고, 자기를 밝힌 사람이 되어야 천하를 밝힐 수 있는 것이다.

그러기 위해서 정치지도자들은 단군수련법 검학을 수련해야 한다. 원래 검학은 한민족의 역사속에서 그 시대의 종교, 정치 지도자들이 은밀히 비전으로 수련하던 심신 수련법이다.

한편 현실적으로 정치인들이 정치 활동을 하자면 정치자금이 필요한데, 경제 생활을 하지 않는 상태에서는 많은 어려움과 문제점이 따르게 마련이다.

이때 정치인이 검학을 수련하여, 자기를 밝히고, 주위 사람들과 대중들에게 검학을 지도할 수 있다면, 그것이 홍익인간 이화세계를 실천하는 것이며, 자기 자신의 정치적 후원 지지자들을 만들 수 있으며, 경제적으로도 많은 도움이 될 것이다.

이렇기에 새로운 정치 운동은 통일 운동이며, 단군 운동이며, 검학을 수련하고 지도하는 것이 바람직하며 기본적이다.

이제 정치는 단군의 역사와 철학과 수련법을 하면서, 진정한 정치로 새롭게 태어날 수 있을 것이다.

즉 검학은 〈道政一致〉가 그 특징이다.

6) 종교 화합 운동

여섯째로 검학은 종교화합운동이다.

이것은 교화 운동에 해당된다.

수신제가치국평천하의 평천하에 해당된다.

단군 시대에는 종교의 개념이 없었다. 지금의 경제, 종교, 정치가 하나된 개념으로 있었다. 우리는 그때로 돌아가야 하나, 현실적으로 각 종교, 각 정당이 있는 상황에서는 거의 불가능하다.

그러나 역사적으로 거슬러 올라가면 원래의 본래의 모습은 하나였다. 이제는 본래 하나였음을 깨닫고, 동시에 현재 서로 다름을 인정하고, 서로 화합해 나가야 한다. 그렇기에 단군운동은 종교화합운동이다.

배타적인 종교는 사라질 수밖에 없다.

교리가 서로 다른 종교 단체들이 하나로 될 수 있는 것은 무엇인가? 그것은 무색무취한 심신수련법을 함께 하는 것이 가장 좋은 방편이 된다.

모든 종교에 있어서 수행은 큰 바탕이다. 수행이 제대로 되지 않은 사람이 종교의 지도자로 된다는 것은 있을 수 없는 일이다. 그러나 그 수행은 마음수련 뿐만이 아니라 몸수련도 되어야 한다. 몸수련을 통해서만이 진정한 마음수련이 되기 때문이다. 검학은 몸수련을 통해서 마음수련을 한다. 이러한 종교 수행과 화합을 위해서 단군수련법 검학은 큰 역할을 한다.

이의 실천을 위해 각 종단에 검학을 수련할 수 있는 검가 설치를 하고자 한다. 이러한 검가 즉 단군단을 통해 서로 교류할 수 있고 하나가 될 수 있는 한마당이 이룩될 것으로 기대한다.

이제 종교는 무색무취한 단군의 역사와 철학과 수련법을 받아들이면서, 새롭게 자신의 색깔을 진하게 하면서, 서로의 타종교를 이해하고 인정하면서 모두 함께 발전할 수 있을 것이다.

종교가 새롭게 태어나야 할 시점에 온 것이다. 이것을 타성일검이라 한다.

打成一伒!
기성의 종교들이 화합하여, 하나의 검으로 가는 것이다. 검은 천지인이 합일된 상태이다. 천부경에 나오는 昻明人이 되는 것이다. "人中天地一"이 되는 것이다. 本心本太陽이다. (伒)으로 한자로는 사람 人변에 金字를 쓴다. 이 "검"자는 수행을 통해 새로 만들어진 글자이다.

예로부터 漢字는 수행한 사람들에 의해 하나 하나 만들어졌다. 사실 검은 "金"字를 써도 충분하고, 이를 만주에 있던 우리민족 국가의 금나라가 역사적으로 처음 썼다.

이를 나라 이름으로 읽으면, "진"인데, 이는 참 "眞"과 통하고, 또한 괘이름 東方 "震"과도 통한다. 금나라는 금나라 시조의 성이 신라에서 건너간 "金"씨였기 때문에 "金"을 쓴 것이기도 하지만, 더 깊은 뜻이 있는 것이나. "金"을 성으로 읽으면 "김", 황금으로 읽으면 "금", 태양, 단군, 신인합일을 뜻할때는 "검"으로 읽어야 하는데, 金子라고 하면 보통 이를 금자라고 읽어서, 새로이 검(僉)字를 만든 것이다. 새로운 시대에는 말이나 글로만 깨달음을 주는 종교는 점차 힘을 잃게 된다.

말과 글이, 좋은 정보가 홍수처럼 쏟아져 나와, 사람들은 머리가 혼돈될 정도이다. 점차 몸으로 수행하는 공부가 각광을 받을 것이다. 새로운 세기를 맞이하여, 이제 종교들은 새롭게 개혁되어야 한다. 그 뿌리를 찾아 원래의 모습으로 가야 한다.

일찍이 최치원 선생이 난랑비문에서 "우리 민족에는 유불선의 뿌리인 풍류도가 있다"고 밝혔듯이, 유불선은 이제 본래의 모습으로 돌아갈 때가 온 것이다. 그것은 본래부터 있던 몸공부를 강화시키는 것이고, 그 몸공부가 바로 고유 전통수련법 〈검학〉인 것이다.

또한 기독교는 유대교에서 나왔고, 유대교는 수메르교에서 나왔고, 수메르교는 원래 우리 민족 국가인 桓國에서 나왔다. 이에 대해서는 많은 학자들의 글이 나왔다.

원래 기독교에서는 기도와 절이 가장 기본적인, 가장 근본적인 자세인데, 요새의 기독교는 제대로 기도와 절을 하지 않는다. 그런데 그 기도와 절이 바로 몸공부의 가장 기본적인 것이다. 그리고 기독교가 우리 민족에서 토착화되려면, 우리 민족이 인류 역사상 가장 먼저 유일신을 믿었고, 이에 관해서는 가장 선진적이라는 것을 인정해야 한다.

일부 서양학자들은 이를 논문으로 많이 발표하였다. 그러한 학자들의 글을 인용하지 않더라도, 우리 민족이 하나님, 하느님, 한얼님, 한울님 등 유일신을 지칭하는 말이 풍부하게 생활화 되어 있었다는 것만으로도 충분히 증명되는 것이다.

그리고 홍익과 민족을 위해 , 종교법인도 이제 정정당당히 법인의 세금을 내는 것이 좋다. 종교의 종단 보다 더 어렵게 경쟁을 하여 버티어가는 기업들이 세금을 내는데, 종교법인은 기업법인보다 더 많은 비율로 세금을 내는 것이 좋은 모습이다. 검학의 특징은 모든 종교법인이 국가에 세금을 내어야 한다는 것이다.

7) 새로운 유엔 운동, 즉 검학 운동

일곱 번째로 단군운동은 새로운 유엔 운동이다. 단군은 모든 민족의 시조이며, 또한 각각 모든 민족은 각각 자기 민족의 단군이 있는 것이다. 단군운동가들은 각 민족의 단군을 역사적으로 찾아주어야 하는 역사적 사명이 있다.

새로운 유엔을 민족회의라 한다. 국가연합인 기존 유엔의 산하에, 민족들의 연합인 민족회의를 두기를 제안한다. 민족회의는 국가 안에서 혹시라도 불편하게 살 수 있는 소수 민족들의 자유와 평등과 민족 권리를 지지하고자 한다.

이것은 치화에 속하며, 평천하에 속한다. 평천하는 평화로운 천하를 만든다는 것으로 새롭게 해석한다. 한단고기, 삼국유사, 신사기 등 상고 역사서에 나오듯, 원래 세계의 모든 민족, 오색인종은 하나의 한민족이었고, 한국(桓國)이라는 하나의 국가 형태로 있었던 것으로 전해진다. 그 당시에는 한 민족, 한 국가였기 때문에 인류는 비교적 평화롭게 살았던 것으로 추정할 수 있다.

그러나 현시대는 다국가, 다민족, 다인종, 다종교의 시대로 끊임없이 인류역사는 전쟁에 시달리고 있다.
이제 인류는 홍익인간 이화세계의 이념으로 옛날처럼 평화의 시대로 돌아가야 한다. 허나 현재 지구상의 다국가들이 하나의 국가로 통합되는 것은 거의 불가능한 일이다. 그러면 어떻게 해야 하나로 통할 수 있는 것일까? 현재의 유엔으로는 여러가지 상황으로 역부족이며, 그러한 것은 끊임없는 터지는 작금의 전쟁들이 증명해주고 있다.

그러므로 이제는 정치 국가, 정치 영토의 개념을 벗어나, 경제 영토, 문화 영토의 개념으로라도 하나의 동질의식을 가질 수 있도록, 지구 인류의 의식들이 모여질 필요가 있으며, 이에 단군운동은 새로운 유엔, 민족회의를 제창한다.

그리고 그 위치를 휴전선 DMZ에 둘 것을 제안한다. 이에 따라 원래 역사적으로 큰 범위로 보았을 때, 우선 모두 단군의 자손이라 할 수 있는 몽골, 중국, 일본 등 동북아의 민족들은 궁극적으로 하나의 국가는 되지 않을지라도, 하나의 경제 영토, 이것이 힘들면 하나의 문화 영토 개념으로라도 하나의 동질의식은 가질 수 있도록 뭉쳐야하며, 현재에 있어서는 가장 평화의 이념이라고 할 수 있고 역사성이 있는 "홍익인간 이화세계"의 이념하에, 단군의 적통을 이어받은 단군민족을 중심으로 화합하여야 한다.

더 나아가 지구상의 모든 민족이 화합하여야 한다. 그렇다면 화합하기 좋은 방법은 무엇인가? 뿌리역사운동에서 얘기된 바와 같이 그것은 단군수련법, 검학을 모두 함께 같이 수련하는 것이다.

그리고 새로운 유엔을 결성하기 위해 전세계에 이 시대의 삼천단부를 만들어 나가는 것이다. 그것은 검학 등 우수한 단군민족의 문화를 전세계에 보급하는 검학수련 지부(혹은 한민족문화센타, 혹은 단군문화센타)를 설립해 나가며 하는 것도 좋은 방편이 된다.

새로운 유엔, 민족회의는 서로 다른 소수 민족을 존중하는 홍익의 평화를 강력하게 실현하는 운동기구, 더 나아가 보다 강력한 유엔 기능을 위하여, 한 나라를 만들어도 될 것이다.

이것이 "세계평화국"이다

이것은 〈부도지〉에 나오는 이상향의 국가, 인류 최초의 신시, 단군의 나라, 부도를 뜻하는 것이기도 하다. 또한 이는 에덴동산의 부활이기도 하다.

8) 화백 운동

마지막으로 검학은 화백 운동이다. 각 조그만 조직에서, 가장 큰 조직까지 화백으로 모두의 마음이 하나가 되어 일을 해나가는 것이다. 인류 하나 하나가 본심본태양으로 연결되어 있음을 깨닫고, 각자의 본래의 모습과 역할을 알고, 잘못된 사욕을 버리고, 만장일치가 되어 회의를 한다면, 어떤 일을 추진하던 성공할 것이다. 그러기 위해서는 수련을 통해, 자기 자신에 있는 본심본태양의 씨알을, 대덕, 대혜, 대력의 기운을 체득해야 한다.

끝없는 자기 수련을 통해 모두가 주체성있게, 개성있게 살아가면서도, 하나가 될 수 있는 것이다.

제6장 민족 분석

그러나 그 운동들에 있어서 가장 중요한 것은 홍민들이 속한 민족을 어떠한 시각으로 볼 것이냐이며, 기존 외래적 분석의 틀을 벗어나, 우리의 시각으로 모든 것을 분석해야 한다.

1. 민족 구성원 분석

우리는 홍민과 민족은 하나이며, 그 홍민은 造化부문 즉 생산부문과, 敎化부문 즉 준비부문과, 治化부문 즉 지도부문으로 구성되어 있다고 본다.

1) 생산부문은 다시 농업계, 공업계, 상업계 등으로 나뉘어지고,
2) 준비부문은 다시 문예계, 교육계, 군사계 등으로 나뉘어지고,
3) 지도부문은 다시 경제계, 종교계, 정치계 등으로 나뉘어져,

총 9부문이 홍민을 구성하고 있다. 그리고 이러한 9부문이 서로 유기적으로 활동하고 작용하며 민족 전체를 구성하고 있다. 이상적으로는 이 9부문들이 서로 조화하며 홍익하는 사회가 훌륭한 민족국가이나, 역사상으로는 부문간에 갈등과 모순이 많았다.
이를 도표로 나타내면 다음과 같다.

〈도표 1〉 〈도표2〉
지도 준비 생산 〈3부분〉 조화계 교화계 치화계 〈3계열〉

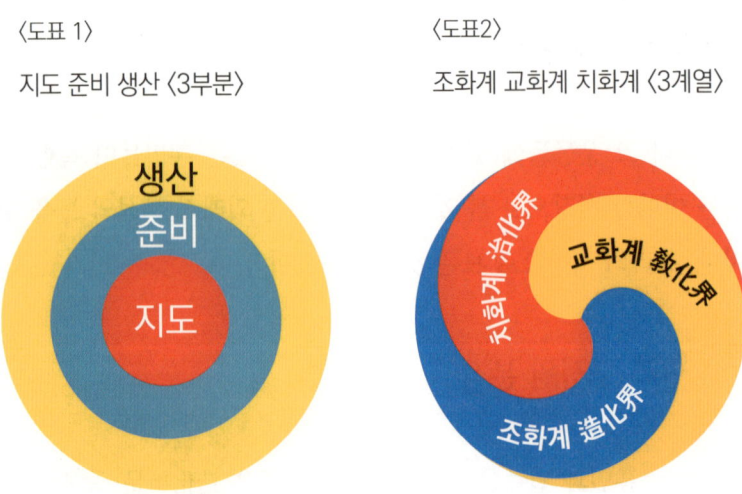

〈도표 3〉

종교 경제 정치 교육 문화 군사 공업 농업 상업

〈9 부문의 弘民〉

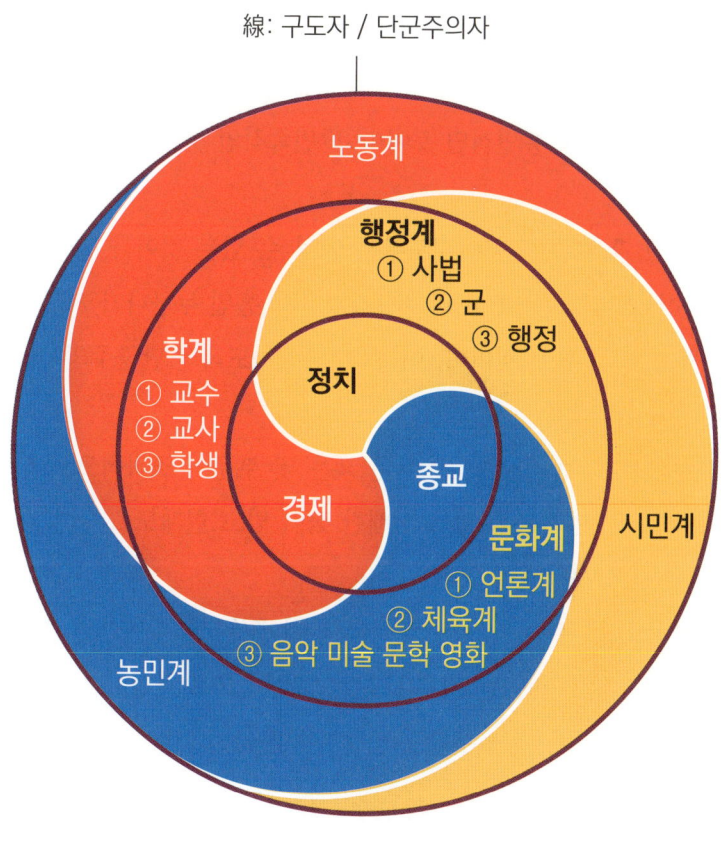

〈민족 분석도〉

　우리는 이제 현대사회에서 노동자의 개념을 확대하여, 공업계의 工民뿐만 아니라 육체노동을 하는 모든 사람은 물론, 정신노동을 하는 모든 사람들까지 노동자로 정의한다. 즉 홍민은 일을 하는 누구나 노동자인 것이다. 그리하여 홍민과 민족은 하나가 될 수밖에 없는 것이다.

또한 지도부문은 절대 지배계급이 아니며, 지배할 수도 없고, 지배하려 해서도 안된다. 지도부문은 항상 홍민과 민족 전체의 시각에서 홍익인간 이화세계를 다 할수 있도록 해야 할 것이며, 그렇지 않을 경우에는 반홍민적인 것이며, 반민족적인 것이다.

그리고 홍민 누구라도 지도부문이 될 수 있는 것이다. 그러므로 도표 상에 선(線)은 제 10의 지도부문으로 홍민 누구나가 지도부문에 들어갈 수 있는 것이며, 이들이 바로 지도적인 단군주의자들이어야 한다.

역사상으로 보면 어느 한 부문 혹은 몇 부문이 조직적으로 단결하여 홍민과 민족을 독재로 지배한 적이 있고 현재도 그렇게 하려는 세력들과 사상들이 있다.

그러나 우리는 이제 어느 한 부문만이 혹은 몇 부문만이 홍민과 민족전체를 지배하려는 것은 反홍민, 反민족으로 규정하며, 그러한 反홍민, 反민족은 어느 누구도 용납하지 않을 것이다.

혹 그러한 反홍민, 反민족세력이 역부족을 느끼고 외래 세력과 결탁할 경우, 그 외래 세력이 겉으로 아무리 인격과 고결함을 가장 했을 지라도, 그 모든 세력은 反홍민, 反민족일 수밖에 없다.

2. 사회의 구분

이에 우리는 이제 홍민이 주인인 이 사회를 민족과 反민족의 구도로 구분하고자 한다. 진정한 민족주의자는 자기 민족이 중요하듯 모두 자유롭고 평등해야 한다는 것을 알기에 세계인류주의자이며, 반민족적인 것은 외세와 결탁된 세력이며, 그 외세는 제국주의, 패권주의이기에 반인류적이며, 반세계적인 것이다.

더불어 우리는 한배달이기에, 진실로 민족적, 홍민적이기 위해서는 "檀君"의 "弘益人間 理化世界"라는 대명제를 이루고자 해야 한다는 것이다. 이제 애매모호한 민족의 개념 및 이용당하기만 하는 민중의 개념을 버리고, 우리의 뿌리이며 실체의 원천인 국조 단군을 수용하지 않는 모든 것은 反민족적이며 反홍민적인 것이다.

따라서 기존 정당들은 물론 모든 운동 단체들은 "단군과 홍익인간 이화세계"의 깃발 아래 하나로 뭉쳐, 홍민해방과, 민족해방과, 한민족의 진정한 광복, 통일을 위해 매진해야 할 것이다. 이를 위해 우리 배달형제들은 한민족운동을 하고자 하는 모든 단체와 홍민들을 연합하기 위해 노력할 것이며, 그 모두에게 단군사상이 수용되도록 실천할 것이다.

제7장 홍익인간 이화세계를 통한 대융합

1. 대융합의 사상

 그동안 인류 역사에는 많은 사상, 이념이 있어 왔다. 그 이념들은 어떤 한 시대, 한 지역에서 일정 기간을 이끌어 가고, 어떠할 때는 서로 맞지 않아 전쟁을 하기도 하였다.
 그러나 국조 단군의 홍익인간 이화세계의 이념은 모든 사상의 장점들을 포용하고 있으며, 인류의 태초 이념이기도 하지만, 인류의 마지막 이념이기도 하다.

 '홍(弘)'은 '널리, 크게' 등의 뜻이며, 이 뜻에는 사회주의, 공산주의 등의 장점이 담겨져 있다. 洪, 共, 公, 會, 廣, 大 등의 뜻을 담고 있는 '弘'은 우리가 하나이며, 한 공동체이며, 더불어 상생해야 한다는 뜻을 크게 담고 있다.

'익(益)'은 '이(利)롭게하다'라는 뜻으로, 여기에는 자본주의의 장점이 담겨져 있다.

'인간(人間)'은 '천상천하 유아독존의 귀중한 사람', 또한 '우주의 중심이고 주체이며 사회 변혁의 주체인 사람'을 뜻하며, 여기에는 인본주의, 주체사상, 자유주의, 민주주의 등의 장점이 담겨져 있다.

'이화(理化)'는 '진리를 추구하고, 진리화하는 것'을 뜻하며, 여기에는 진리를 추구하는 학문, 종교, 예술 등의 장점을 포용하고 있으며, 그 밑에는 평화라는 개념이 바탕에 있다. 이(理)는 우주가 고요히 움직이는 길이며 모습으로 평화롭다.

특히 이화는 이 세상이 "氣"로 이루어져 있고, 그 기운이 서로 달라 모습과 성향이 다른 관계로, 항상 갈등과 싸움이 있는 것을 진리와 평화로서 해소시켜 주는 매우 중요한 개념이다.

그러기 위해서는 무엇보다 서로 다름을 인식하고, 그 다름이 이 세상을 유지, 발전시켜 주는 것임을 깨달으며, 서로 존재를 인정해 주어야 하는 것이다.

그리고 서로 이화(理化)하여 하나가 되어 상생할 수 있는 노력이 필요한 것이다.

그리하여 여기서, 허수세계의 과학이 나온다. 우리는 이를 〈뉴패러다임〉 과학, 혹은 〈팬다임〉 과학으로 명명하고자 한다. 이는 별도의 장에서 구체적으로 자세히 설명할 것이다.

세계(世界)는 세계주의로, 단군의 이념이 한 개 조직단체나 민족의 이념이 아니라, 인류 전체를 위한 열린 세계주의임을 나타내고 있다.

이와같이 "홍익인간 이화세계"에는 사회주의, 공산주의, 자본주의, 인본주의, 주체사상, 자유주의, 민주주의, 제반 학문 및 종교 진리, 세계주의 등의 서로 통하는 장점들의 커다란 융합체임을 알 수 있다. 즉 홍익인간 이화세계는 지난 인류의 역사에 큰 영향을 미쳤던, 그리고 현재 영향을 미치고 있는 사상들을 포용할 수 있는 대이념, 큰 이념인 것이다.

특히 이는 천부경, 삼일신고, 참전계경의 홍익삼경 즉 개천삼경을 통해 완벽한 체계를 갖추고 있는 것이다.
우리는 이제 국조 단군의 홍익인간 이화세계 이념을 통하여, 이념간의 갈등과 모순을 해결할 수 있으며, 인류의 대단합을 위한 큰 이념을 세울 수 있는 것이다.
우리는 사이비 종교가 아닌 제대로 된 종교들이라면, 각각의 종교가 궁극적으로 도달하려는 진리가 다같은 하나인 것처럼, 사리사욕을 위한 이념이 아닌 제대로 된 이념들이라면, 그들은 각각 인본주의에 바탕을 두고 궁극적으로 도달하려는 사회가 다같은 이상사회라고 본다. 그리하여 단군주의는 각 종교, 각 이념이 고도로 발달되어 하나로 합치되는 이념이고자 한다.

 이같은 관점에서 단군주의는 어느 종교나, 이념과도 잘 통하며 함께 가고 있으며, 유독 기독교와 갈등으로 부딪치고 있으나, 실상 기독교와 단군주의는 제일 잘 통할 수 있는 것으로 이를 설명하면 다음과 같다.

2. 깨달은 종교인들이 민족을 통일시킨다.

1) 깨달은 기독교인들이 통일을 주도 한다.

한민족에 기독교가 잘 퍼질 수 있는 이유 가운데 하나가, 우리 민족은 본디 하느님(하나님)을 믿던 민족이기 때문이다. 그렇기에 우리 민족의 이름이 한민족인 것이다. 현재 기독교에서 〈여호와〉라는 명칭 대신에 쓰는 하나님, 혹은 하느님은 본래 우리 한민족만이 쓰는 한민족 고유의 神으로, 이는 그 개념이 기독교의 여호와와 똑같은 개념이다.

그런데 단군은 인류 최초로 기독교의 신앙대상과 똑같은 하느님(하나님)을 가르쳐 주시고, 천제를 올린 분으로 우리 한민족의 조상이며, 뿌리이며, 그렇기에 〈前 예수〉라고 말할 수 있다.

어느 잘못된 목사 말대로 "예수가 복음을 전하기 전에 있던 우리 조상들은 복음을 못들어 모두 지옥에 가 있다." 한다면, 이것이야말로 賣國, 賣祖 행위인 것이다.

그러므로 원시조 단군은 "하나님 혹은 하느님" 명칭을 기독교에서 쓸 수 있게 해주신 선조로, 오히려 기독교에서 감사하며 모셔야 할 가장 위의, 부모 위의 최고 부모인 것이다.

이제 서로 오해를 풀어야 한다!

단군은 십계명에 나와 있는 "다른 신이나 우상"이 아니라, 십계명에서 중요한 "공경해야 할 부모"이며, 우리 단군 민족의 첫 조상으로 하나님을 모시고, 우리 민족에 하나님의 존재와 말씀을 가르쳐 주신 분이다.

기독교의 십계명에 "네 부모를 공경하라"는 말씀처럼, 한민족인 우리 모두에게 부모 위의 부모인 조상으로 여기는 단군을 공경함은 마땅하며, 또한 예수께서 말씀하신 하나님을, 예수의 복음이 이땅에 오기 전에 미리 말해주신 선지자로서 단군을, 예수와 함께 모시는 것은 바람직하다. 그러므로 단군단은 기독교인이 단군주의자가 되는 것을 가장 당연하게 생각하며 기독교인을 가장 환영하고 우선적으로 대우하고자 한다.

기독교는 한민족화된 진보적 기독교로서 새롭게 태어나야 되며, 단군에 관한 공부들을 통해서 새롭게 세계적으로 도약할 수 있으며, 기독교를 전세계에 다시 역수출 할 수 있게 된다. 그러므로 단군주의자들과 기독교인들은 누구보다도 먼저 서로 하나가 되어 적극적으로 한민족 운동, 즉 하나님 민족 운동을 해야 한다.

그리하여 깨달은 기독교인들이 통일을 주도해야 한다. 현실적으로 세계적으로나 국내에서 기독교인들의 힘은 막강하다. 그러나 북한과의 통일을 생각해 볼 때, 북에서는 기독교가 통하지 못하고 환영받지도 못한다. 민족의 신성한 통일을 생각할 때 종교와 이념 사이에, 종교와 민족 사이에 혹은 종교와 종교 사이에 갈등이 있다는 것은 매우 불행한 일이 아닐 수 없다.

이때 기독교가 북에서 열광적으로 모시게 된 원시조 단군을 받아들인다면, 상황은 달라질 것으로 본다. 기독교는 단군을 통해 북과 공통분모를 가질 수 있게 된다.

하나님을 단군을 통해 전파할 수 있다. 단군의 품안에서는 어느 종교나 이념이 하나가 되기 때문이다.

그리하여 기독교는 통일운동에 앞장설 수 있게 될 것이다. 더 나아가 세계에 단군 공부를 통해서, 새로운 기독교로서 새로운 인류문명을 일으키는 데 큰 공헌을 할 것으로 믿는다. 그러나 이러한 역사와 진리를 외면하고 대세를 따르지 않을 때, 기독교는 스스로의 모순과 갈등으로 민족의 엄청난 저항을 받아 점차 쇠약의 길을 갈 수밖에 없을 것이다.

외래종교의 단점은 외래 민족의 역사와 사상은 가르치면서 우리 민족의 역사와 사상은 가르치지 않는 것이다. 기독교가 구약과 신약을 공부하지만, 이제 구약과 신약 이전의 우리 민족의 역사도 공부해야 한다. 한국, 배달국, 고조선으로 이어지는 우리 민족의 역사는 구약과 신약 이전의 先約, 本約의 역사이다.

시조 단군과 우리 민족은 홍익인간 이화세계의 약속을 하나님과 했었던 천손 민족인 것이다. 그리고 바로 우리 민족이 흥겹게 가장 많이 부르는 "아리랑" 노래가 바로 본약을 상징하는 노래이다. 아리랑이 바로 단군이요, 아리랑고개가 바로 하나님의 국가, 단군의 나라, 이 시대의 符都인 것이다.

이제 기독교는 구약, 신약 이전에 본약인 한국, 배달국, 고조선의 역사를 가르쳐야 하는 것이다. 우리 민족의 기독교인들이 진정한 하나님(혹은 하느님) 공부와 단군 공부를 통해 새로운 르네상스를 일으키기를 바랄 뿐이다.

특히 우리 한민족의 기독교인들은 단군 공부의 핵심인 선단학 기천, 즉 氣 공부(검학)를 하여야 한다. 외국의 훌륭한 신부나 목사들은 기수련을 통하여 하나님의 존재를 더욱 가깝게 느낄 수 있다고 하는데, 아직도 못 배우고 덜 깨달은 우리의 목사나 신부들이 기수련을 하면은 안된다고 자기의 기독교 신도들에게 이야기하는 것은 크게 잘못된 일이다.

기독교 성경 구약 〈창세기 1장 7절〉에 보면, "여호와 하나님이 흙으로 사람을 지으시고 생기를 그 코에 불어 넣으시니 사람이 생령이 된지라"라는 기록이 있다. 이 기록에서 보듯, 氣는 사람에게 하나님이 주셔서 특별한 생령이 되게 한 것이며, 사람은 이러한 하나님의 氣에 대해 감사히 생각하고 잘 지켜야 한다. 그렇다면 氣 수련은 기독교의 교리나 교사와 매우 합치되는 것이며, 기도와 절이 본래 기수련의 가장 기본석인 공부임을 깨달아야 하는 것이다. 본래 단군조선에 교회와 같은 소도가 있어, 그 곁에 경당을 만들어 무예 등 여러 공부를 시켰듯이, 이제 교회에서 검학을 공부하는 것이다. 그리하여 우리는 각 교회에 검학을 가르치는 검가를 설치하기를 바란다.

그리고 본래의 기독교 모습을 찾기 위해 기도와 절을 하기에 편리한 형태로 교회 내부 시설도 바꿔어야 한다. 즉 의자들을 버리고 바닥에 앉아서 예배를 보고, 기도와 절를 하고, 선단학 기천, 검도 수련하기 좋게끔 예배당 형태를 바꿀 필요가 있는 것이다.

氣는 하나님의 움직임의 총체이다. 그렇다, 기를 여는 "검"은 하나님이며, 하느님이며, 한얼님이며, 한울님이며, 여호와이시다. 이 화두 명제를 깨닫는 사람이 진정한 본래의 기독교인이다.

기독교는 원래 그 뿌리가 동방의 한국에서 시작된 것이며, 한국의 수밀이국, 복희의 여동생 여와, 수메르교, 휴저왕, 유대교 등을 통해 서쪽으로 전파된 것이다. 그리하여 최종적으로 동방 박사들이 예견한 예수를 통해 서쪽에서 이룩된 것이며, 그 기독교는 다시 동쪽으로 와서 본래의 발원지인 동방의 한반도에서 이처럼 놀라운 결실을 보고 흥하는 것이다.

이러한 기독교가 동쪽에서 서쪽으로 갈때는 피를 흘리지 않았지만, 서쪽에서 다시 동쪽으로 전파하는 동안에는 피를 많이 흘렸다.

그것은 예수가 처형 당할 때 피를 흘려서 인가? 아니다. 예수는 자기가 죽음으로써 인류를 구제하고 사랑하며, 기독교를 전세계에 보급한 것이다. 이와같이 본래의 기독교는 자기의 피를 흘릴지언정 남의 피를 요구하며 강제로 전파하는 종교가 아니나, 로마제국과 결탁됨으로써 로마 제국주의에 의해 본래 평화의 교색이 변질되어 정복과 배타적인 역사의 모습을 보이기도 한 것이다.

이제 우리의 기독교는 검학 등 단군 공부를 통해 이 세상에서 가장 훌륭하고 선진적이며 원래적인 태초의 기독교로 다시 태어나, 다시 서쪽으로 수출되어야 하는 것이다. 지금 우리 시대에는 신학대학교들이 초과 현상이 일어날 정도로 많은데, 여기서 검학 공부를 시켜, 외국으로 전세계로 한국의 기독교를 수출해서 인류의 평화, 더 나아가 홍익인간 이화세계를 이룩해야 하는 것이다.

예배당의 형태도 서양식의 의자를 사용하는 것이 아닌 바닥에 앉는 형식으로 바꿔 건강에도 좋게 하는 한국적 모습의 기독교를 다시 수출하는 것이다.

이것을 우리는 "수행신학"이라 한다. 우리는 이러한 수행신학에 의한 기독교가 본래의 기독교라고 생각한다.

이러한 단군 관련 기독교는 본래 태초의 순수한 기독교이다. 태초 우리 한국의 기독교가 서쪽으로 갔다가 다시 돌아왔다가, 이제 다시 서쪽으로 가는 것이다. 우리는 이 "단군 기독교"를 실천적으로 이끌어 가는 어느 한 목사나 신부가 바로 "재림하는 예수"라고 단정한다. 우리 단군주의자는 동방 박사들처럼 강력한 단군주의자, 즉 재림하는 예수를 지켜주고 도와줄 것이다.

우리는 이제 기독교가 스스로 단군상을 각 교회에 세우고 단군을 통해서 수없이 나뉘어진 기독교 교파들이 통합되기를 건의한다.

그리하여 재림 예수가 민족통일을 이루고, 세계 평화를 이루는 것이다.

2) 깨달은 불교인들이 민족을 찾게 하여 준다.
이제 모두가 깨달아야 하는 시대가 오는 것이다.
원래 불교의 대웅전에 있는 부처는 누구인가?
그것은 한웅 단군이다.
그러므로 이름이 대웅인 것이다.
한웅과 대웅은 물론 같은 말이다.

많은 학자들이 불교의 원류는 한웅 단군임을 연구하여 밝히고 있다. 그렇기에 절의 가장 중요한 곳이 대웅전이라 이름 붙여진 것이다. 불교가 온 인도, 중국 그리고 일본에는 대웅전이 없다.
대웅부처는 부처 중의 부처이며, 부처 전의 부처이며, 민족의 부처이며, 진정한 수련법을 전해 준 부처이다. 그 진정한 수련법은 그림자 없는 빛, 검을 밝히는 "검학"이다.

그리고 단군 공부가 수없이 예언되어 왔던 미륵 부처의 공부이며, 즉 대웅 부처의 공부이며, 인류를 구제하는 불가의 공부라고 생각된다.

이제 불교는 단군 공부를 통하여, 우리 한민족에 완전히 토착화하는 것이며, 본래의 자리로 돌아오는 것이다. 그렇기 때문에 우리나라 한반도 도처에 강화도 전등사, 지리산 칠불사 등 前 불터가 있고, 본래 우주의 중심인 수미산은 바로 백두산이라는 말이 나오는 것이다.

수많은 역사 고증을 통해, 불교는 본래 그 역사의 뿌리가 한웅 단군, 즉 대웅 부처에게서 나온 것임이 밝혀지고 있기 때문이다. 특히 단군 공부 중의 검학 공부는 앉아서만 하는 참선 공부에 건강 측면에도 많은 도움을 준다. 검학은 서서하는 參禪으로, 참선을 하는 자세를 다양화시켜 주기 때문이다.

후천 시대의 불교 참선은 이제 立禪, 즉 기지개 검공으로 하기를 건의한다. 그리고 이러한 불교도 외국에 수출되어야 한다. 외국의 많은 불교인들에게, 일반인들에게 본래의 불교인, 한웅단군인 대웅 불교를 전파해야 하는 것이다.

우리는 불교계에서 이 대웅전에 있는 부처가 바로 한웅 단군임을 선포하기를 건의한다. 그리하여, 우리 민족의 본래 자리를 찾게 하여 주기를 바란다.

　우리는 이러한 새로운 불교 운동을 이끌어 갈 스님이 바로 "이 시대의 미륵"이라고 단정한다. 이제 더이상 머뭇거릴 수 없으며, 때가 오고 있기 때문이다.

　이리하여 이 시대의 미륵과 재림 예수가 그리고 다른 종교들에서 혹은 수련 단체들에서 예언된 깨달은 사람들이, 단군주의자들이, 모두 함께 세계 평화를 이루는 것이다.

　검은
　깨달음의 빛이며,
　그림자없는 빛이며,
　시작이 없는 시초의 빛이며,
　다하지 않는 무진본의 빛이며,
　크고 강한 한(桓)한 일적십거의 빛으로,
　광속보다 빠르며,
　모든 물체를 뚫으며,
　시간을 초월하며,
　우주 만물을 하나로 통하게 하는
　묘연만왕만래의 빛이며,
　본심본태양의 빛이며,
　앙명인의 빛이며,

끝이 없는 빛으로,
우주에 끝없이 생명을 꽃피우며,
이미 그대 몸속에 있으니,
이 빛을 검(儉)이라 하며,
옛적에는 검이 많은 사람을
임금이라 하며, 나라를 다스리게 했나니,
천하를 원하는 자여!
검학을 수련하며,
영원한 힘을 지니길 바랍니다.

그리하여, 검학은 무한 생명체가 되는 길. 너 자신을 의심말라. 너 자신이 하나님임을 알라. 너는 무엇이든, 네가 진정으로 원한다면 해낼 수 있다. 특히 우리와 함께라면, 우리는 민족통일과 세계평화를 이루어, 홍익인간 재세이화 할 것이다. 뉴그린로드의 대장정을 완수할 것이다.

제8장 정치를 위한 단군 議政書(삼태극통일론 포함)

이와 더불어 홍익인간 이화세계를 用으로 하는 운동은 홍민의 현실문제들을 해결하는 것으로 홍민을 위한 수많은 일들이 이루어져야 하며, 그러기 위해서는 궁극적으로 정치 권력을 잡아야 할 것이다.

정치를 위한 구체적 정책 사항들에 대한 것은 별도의 단군 議政書의 각 장에서 얘기될 것이다. 단, 가장 중요하고 시급한 [통일]에 관해서는 다음과 같이 건의하는 바이다.

삼태극 통일론 (단기4331년-서기1998년 7월 7일 단군단)

1. 자연스런 통일, 상징적으로라도 통일을…

통일의 방법은 여러 가지가 있을 수 있으나, 통일은 자연스럽고, 쉽고 편하며 간단하고 누구나 좋은 방법으로 되는 것이 좋다. 그것은 마치 하나의 도를 이루는 것과 같다.

어려운 것 같지만 의외로 쉬울 수 있으며, 수많은 방황과 고난을 겪고 난 뒤에 돌이켜 보면 아무 것도 아닌 것이 왜 그렇게 힘들었는지 모르는 것과 같다. 모든 것이 이루려는 주체들의 독선적인 욕심에 사로 잡혀 있으면 보이지가 않으며, 서로를 믿을 수 없기 때문이다.

우선 천리길도 한걸음부터라는 말이 있듯이, 상징적이라도 통일을 하는 것이 중요하다. 그것은 자그마하게라도 삼태극 조국을 세워, "민족공동체 통일정부"를 우선 공포, 시작하는 것이다.

통일정부의 수장은 우선 민족대표단을 뽑고, 여기서 정치적 권력이 없는 정신적 지주를 뽑는 것부터 시작한다. 정신적 지주로서의 수장은 남북한 모두 부담없이 선출할 수 있기 때문이다.

단, 정신적 지주는 종교를 초월한 사람이어야 한다. 어느 종단의 지도자를 뽑으면 그것이 종단간의 경쟁이 되거나, 불협화음을 낳을 수 있기 때문이다. 그러므로 만약 어느 종교 지도자가 민족 통일의 정신적 지주가 되려면, 일체의 종단 직책을 버리고 만 3년은 지나야 피선거권이 있는 것으로 해야 한다.

필요시에는 이러한 정신적 지주를 여러 명의 집단체제로 할 수도 있으나, 가능한 한사람이 하는 것이 좋고 다른 사람들은 國師團 혹은 자문위원회로 하여 도와주면 된다.

이는 삼원집정부제 된다.
① 정신적 지도자
② 남북의 각 대통령
③ 남북의 각 책임총리

한편, 국회는 남북 모두 각각 천원, 지원, 인원의 삼원제로 간다.
• 천원 : 정신적 지도자 그룹
• 지원 : 각 지역 대표
• 인원 : 각 분야의 전문대표

2. 민족의 뿌리인 민족 철학으로…

이러한 단군의 철학이 토대가 된 통일방법은 삼태극 조국통일론이다. 둘이 맞서 있을 때는 실로 하나로 화합되기가 힘들다. 그 곁에서 지혜와 사랑으로 둘을 중재해주고, 결합시켜 주는 하나가 필요하다. 그러면 셋은 하나가 되기 쉽다. 즉 셋이 하나가 되는 이러한 삼일의 법칙이 국조 단군의 철학이다.

지금 남한의 권력과 북한의 권력은 아직도 상호 불신을 버리지 못하고 있으며, 권력의 속성상 한 쪽이 양보할 리는 없는 상태이며, 서로가 주도권을 잡으려 하는 것이 당연할 지 모른다. 그러므로 이를 중재하고 조정해주고 화합해주는 제 3의 세력, 좀 더 정확하고 책임질 수 있는 표현으로는 제 3의 조국이 필요하다. 바로 이것이 삼태극 조국이다.

북이 역학상 물, 색깔로 파랑이라면, 남은 불이며, 빨강인데, 이러한 화합할 수 없는 형세를 역학상 흙 색깔의 노랑인 황극의 국가, 제 3의 조국이 하나로 이어주고 통일시켜 줄 수 있는 것이다. 이것이 바로 제 3의 삼태극 조국이다. 그런데 지금의 태극기의 태극은 파랑색이 아래, 붉은 색이 위로, 아래 위가 바뀐 상태로 되어 있어, 불안정한 상태로 있다. 이는 수승화강의 원리로 바로잡혀 파랑색이 위, 붉은 색이 아래로 바로 잡혀야 하며, 노랑색의 황극이 있어야 한다. 이것은 소우주인 사람의 몸이 수승화강이 되고, 황극인 단전이 있어야 하는 것과 같다.

　그렇다면 삼태극 조국은 어떻게 만들어지는 것인가? 그것은 남한과 북한의 정부가 서로 합의하여 먼저 각 정부의 행정부처를 관장하는 통일의 새로운 행정부를 조직하는 것이다. 더 나아가 남북한 공동의 국회를 만들고, 사법부도 만들고, 국제적으로 상징되고 한민족을 대표하는 남북한 공동의 대통령 자리도 만드는 것이다. 그리하여 새로운 제 3의 삼태극 조국을 만드는 것이다.

　바로 이 삼태극 조국 통일 정부(이하 삼태극 정부)가 어떠한 형태로이든지, 만들어질 수 있다면 그것이 통일의 시작이며, 상징적인 통일이다.

3. 연합안과 연방안을 모두 만족시키는 통일

 삼태극 조국통일론은 남북 각 통일론인 연합과 연방의 중간 형태로, 남과 북의 통일론 모두를 만족시킬 수 있는 통일론이다.

 이 삼태극 정부에는 남북 양쪽 정부와 같이 경찰과 군대도 조직되며, 외교 조직도 있게 된다. 그리고 이 삼태극 정부에 임명되는 사람들은 남북한 양쪽 정부는 삼태극 정부의 인물들을 국민의 의견을 충분히 수렴하여 뽑아야 한다. 그러나 삼태극 조국 정부의 인물들은 기본적으로 민족의 뿌리인 국조 단군의 역사와 사상에 밝은 사람이 우선되는 것이야 말로 바람직하다.

 필요한 경우 남북한 양쪽 정부의 사람이 겸임될 수도 있다. 여기서 혹 어느 한쪽 정부가 상대 정부의 인물 선정이나 선정방법이 마음에 들지 않는다고 해서 상대 정부를 무시하고 상대 국가의 사회단체나 정당단체들과 직접 협상하려 해서는 안된다.
 이는 철저하게 책임있고 권력을 갖고 있는 정부가 민간과 협의하며, 주도해야만 한다. 특히 이를 창안한 단군운동권과의 긴밀한 협조하에 진행되어야 한다.

 모든 협상에서는 믿을 수 있는 상대방이 필요하며 정부는 국민이 유일하게 법적으로 인정한 권력기관이기에 가장 확실하고 능력있는 협상자이다. 혹 대중을 선도할 능력있는 지도적 단체가 있다면 선거를 통하여 새로운 정부를 구성하거나, 정부와 협의하며 추진해 나가면 되는 것이다.
 이것이 바로 연합안과 연방안의 이상적 결혼인 것이다.

4. 삼태극 조국의 영토를 국제적 관광단지로…

삼태극 정부는 한반도, 더 나아가 지구의 황극인 남녘의 강화도를 수도로 하고, 영토는 휴전선 비무장지대에 두며, 점차 남북한의 군사력을 흡수해 간다. 또한 점차 양쪽 정부의 행정력도 흡수해 가며, 중앙 정부의 기능을 갖춘다. 이에 맞추어 사법부, 입법부도 강화해 나간다.

그리고 삼태극 정부는 강력한 감사원 기능을 갖고, 남북한 양쪽 정부를 정기, 비정기적으로 감사할 수 있도록 한다. 삼태극 정부의 영토는 필요한 경우, 경제특구라든가 산업단지라든가 관광단지라든가 하여, 남북한 영토의 곳곳에 설치되어 남북한 사람들이 자유로이 왕래할 수 있게 하며, 남북한 사람들이 가까워지고 생각이 비슷해질 수 있도록 한다. 이것이 바로 삼태극 조국이 되는 것이다.

삼태극 정부는 비무장지대를 생태계 공원 등 관광자원으로 활용하여, 자체적 예산을 확보하기도 하며, 단군운동권이 추진하는 강화도의 한민족역사궁을 통일정부청사로 활용하며, 이를 한민족의 역사적 뿌리를 내외에 알리는 것은 물론 이를 한민족 최대의 관광물로도 활용할 수 있을 것이다. 한반도에서 가장 중요한 허리의 황금땅을 우리는 이제 더 이상 썩히지 말고, 최대한 활용하여, 금수강산의 부가가치를 최대화 해야 할 것이다.

그리하여 이 세상에 한반도의 영검한 기운을 퍼뜨려, 민족의 시대적 사명을 다해야 할 것이다.

5. 삼태극 조국은 고조선에도 있었다.

이러한 삼태극 형태는 옛날 고조선 시대와 비슷하기도 하다. 고조선은 신한, 불한, 말한 등으로 구성되고, 신한이 정신적 지도 나라로서 일종의 신권 나라와 같은 역할을 하여, 광대한 고조선 영토를 불한, 말한과 함께 평화로이 하나의 통일국가로 다스렸던 것으로 알려지는 것과 같다.

그리하여 삼태극 조국은 우리 민족이 꿈꾸는 이상 국가로 만든다. 지금 이 시대의 삼태극 조국도 신권 나라까지는 되지 않더라도 민족적으로 남북한 양쪽에서 존경받는 사람들이 이끌어야 된다. 이때 남북한 양쪽에서 존경받고 인정 받으려면 정신적으로 사상적을 구심점이 되고 훌륭하지 않으면 안된다.

그렇다면 이 시대에 남북한에서 모두 받아들일 수 있는 것은 무엇일까? 그것은 우리 한민족이 한 핏줄이요, 국조 단군의 한 자손이라는 것이다. 남북한의 서로 다른 이념, 체제를 떠나 하나로 뭉칠 수 있는 것은 우리 민족이 국조 단군의 자손이라는 것이다.

민족의 동질성을 되찾고, 분열된 정신과 역사를 바로 잡는 좋은 방법은 바로 민족의 뿌리를 찾아, 본래의 모습을 보는 것이다. 그리고 바로 민족의 뿌리가 바로 국조 단군인 것이다.

남한은 홍익인간 이화세계가 교육이념이고, 국조 단군께서 나라를 세운 개천절을 지내고, 국조 단군께서 첫 교조로서 하느님의 존재를 가르쳐 주신 대종교가 있고, 천제를 지낸 마니산 참성단이 있지만, 북한은 계급사관 때문에 국조 단군을 높이 평가하지 않다가, 최근에 단군릉을 대대적으로 개축하며 우리 민족이 국조 단군을 구심점으로 뭉쳐야 한다고 하는 것은 민족통일에 있어서 매우 다행이고 고무적인 것으로 환영되어야 할 일이다.

　이 같은 견지에서 볼 때 단군운동을 해온 사람들을 통일의 앞에 세워, 삼태극 정부에 많이 보내는 것은 무척 바람직하고 효율적일 것으로 판단된다. 또한 단군운동을 해온 사람들은 정통 통일운동세력으로서 단군운동을 세우기 위해서는 모든 단군운동세력과 단체들이 힘을 합칠 수 있도록 해야 하며, 삼태극 정부의 참여와 운영방안에 깊은 연구를 해야 할 것으로 사료된다.

　즉 통일정부가 어떻게 민족을 이끌어 나가고, 통일을 확고하게 굳히고, 세계에 "홍익이간 이화세계"를 펼칠 수 있을 지를 미리 사전에 준비·계획해 두어야 한다.

6. 남북 공동 비밀투표로 이 시대의 정신적 지주를 선출하자

이러한 삼태극 정부는 남북한 양쪽 정부의 당국자들이 마음만 가지면 쉽게 이룰 수 있는 일이다. 또한 모든 통일운동가들은 이를 정부 당국자들이 추진하도록 지원과 독촉을 할 필요가 있다. 그리고 이러한 추진의 사전 작업으로 남북한이 공동으로 개천절, 어천절, 단군탄신절 행사를 치루는 것도 좋은 방법이다.

이때 개천절, 어천절, 단군탄신절 행사의 천제 제주가 되는 사람이 삼태극 정부와 한민족의 국내외적인 상징적 대통령 혹은 주석, 가장 좋은 이름으로는 이 시대의 "단군"으로 될 수도 있는 것이다.

이러한 이 시대의 단군은 개천절 등에 구성되는 남북 민족대표단에 의해서 뽑혀질 수 있으며, 이것은 사실 제일 중요한 문제이며, 그렇기 때문에 이 정신적 지주에 한정된 정신적 통일 대통령(이 시대의 단군)을 선정하기 위하여, 남북 공동 비밀투표를 할 수 있다. 이 선거는 막강한 권력을 현실적으로 가진 남북 각각의 최고 권력 자리를 뽑는 것이 아니라, 우리 민족의 정신적 지주를 뽑는 것이기에 그만큼 남북 모두 부담이 적다.

이렇게 뽑힌 정신적 지주는 남북 모두의 비밀투표에 의해 뽑혀진 만큼, 국내적으로는 홍민의 절대적 지지를 받으며, 국제적으로도 우리 한민족의 외교를 담당하더라도 전혀 무리가 없으며, 오히려 전세계 인류의 관심을 끌고, 존경받으며, 민족의 이익과 인류의 홍익인간 이화세계를 위해 봉사할 수 있을 것이다.

이러한 정신적 지주는 현재 지구상에서 저명한 누구보다도 더 저명해지고 그 발언 하나하나가 엄청난 영향력을 전세계에 줄 수 있다. 그리하여, 남북간의 갈등이나, 민족의 내부 문제, 민족의 국제적 문제 등에 대해 많은 도움을 주고 해결해 줄 수 있을 것이다.

사실 남북 분단은 냉전 양극 체제로 된 세계사의 모순이 만든 것이며, 현 시대의 지구상 국가에서 마지막으로 남은 분단 국가이다. 그러므로 남북이 통일되는 것은 이 시대의 냉전 양극 체제가 무너지는 마지막 최종 결과이며, 인류가 즐거워하고 주시하는 큰 역사적 사건이다. 그러므로 남북이 함께 뽑은 민족의 지도자는 전 인류의 주목을 받고 인기를 얻을 것으로 확신된다.
그리고 그것은 우리 민족이 전세계에 영향력을 발휘할 수 있는 큰힘이 된다. 그리고 우리 민족은 가장 최후까지 분단의 고통을 받은 민족이기에 그러한 대우를 받을 자격이 있다고 생각된다.

삼태극 조국은 단군의 철학을 바탕으로 우주의 섭리를 바탕으로 이루어지는 것이기에 자연스럽고 당연한 일이다. 어서 삼태극 조국의 건설로 민족의 통일을 선언하고, 진정한 통일을 이룩하자.

7. 삼태극 조국은 아시아 민족공동체, 나아가 세계의 민족공동체를 꿈꾼다

아시아 상고사를 보면, 한국, 중국, 일본은 그 역사의 뿌리를 올라가 보면, 모두 단군의 후손들이다. 그렇기에 동북아 각국의 성씨를 분석하고, 같은 성씨끼리 교류하고 친목하면, 동북아 평화가 절로 되는데 도움을 줄 것이다. 동북아 평화 공동체가 되려면, 무엇보다도 이러한 역사적 동질성을 연구 확보하는 것이 중요하다.

아시아 역사의 뿌리, 그것이 조선이라는 것으로 돌아갈 때, 먼훗날 우리 한민족 통일 국가는 중국, 일본과 더불어 하나의 민족공동체를 형성할 수 있다. 그때 한민족 통일 국가는 중국, 일본과 이룰 하나의 민족공동체의 삼태극 조국이 될 수 있다.

동북아가 하나가 된다면, 그 이후에는 백인종, 흑인종들과 함께 세계의 민족공동체를 이룩한다. 이의 근거는 〈신사기〉에 적혀 있다. 한반도와 만주는 이러한 세계 민족공동체의 삼태극 조국의 역할을 할 것이다.

〈신사기〉 등 역사서에서 보듯, 인류는 원래 오색 인종이 하나의 민족이었다. 지금의 유엔은 전쟁 억지력 등 모든 면에서, 세계 평화와 협력을 도모하기에는 너무나 힘이 없다. 유엔이 실패할 수밖에 없는 것은 과거에 국제연맹이 세계대전을 못 막아 사라진 것과 같은 교훈이다.

삼태극 조국은 유엔보다 더 막강한 유엔의 역할을 할 것이다. 영토가 있고, 각 나라에서 보내는 군대가 있고, 강력한 세계정부 기능을 가지기 때문이다. 또한 가장 국제적으로 흥미롭고 신비로운 세계 통일 정부청사와 관광단지를 가지게 되어 관광 수입도 대단할 것이기 때문이며, 필요하면 특수 산업단지의 가동으로 자체적 독립 채산을 갖춘 국가, 인류가 꿈꾸는, 인류가 함께 만들어가는 이상적 국가가 될 것이기 때문이다. 세계통일정부청사가 추진되기 힘들다면 우선 지금 미국에 있는 유엔본부를 휴전선 DMZ 지역으로 유치하는 방법도 추진할 수 있다.

그리고 남북정상이 함께 10·4 선언한 바 있는, 서해평화협력 특별지대에 무한동력 에너지를 발생시킬 수 있는 천부령 비법이 있다. 이를 통해 무공해 에너지를 만들 수 있다.

그리하여 우리는 우리 뿌리 역사를 밝힌 상고 역사서 〈부도지〉에서 말하는, 인류가 시작되었던, 이상향의 국가, [부도(符都)]("소도"로도 칭함)를 세울 수 있을 것이다.

8. 민족공동체 통일정부, 삼태극 정부를 제안하며…

이제 시간은 급변하고, 우리 민족은 결단을 내려 실천을 해야 할 때이다. 우리가 자주적으로 해야 한다. 결단을 늦출수록 외세에 의해 민족사는 물론 세계사는 잘못된 방향으로 점점 빠져들 것이다.

우리는 제안한다.
남북 양쪽 정부에게, 그리고 남북 양쪽 민간단체들에게,
삼태극 조국을 건설할 것을!
그리고 삼태극기를 국기로 제정할 것을.

기존의 양극 태극기는 잘못되었다.
태극의 빨강 색과 파랑 색이 위치가 바뀌었다. 역학과 자연의 수승화강 원리에 따라, 수를 상징하는 파랑색이 위로 화를 상징하는 빨강색이 아래로 내려와야 한다.
태극이 잘못되었기에, 주변 사괘가 사강이 되어, 남북을 분단시키고, 조정 분열 시키는 것이다.

천부경의 구정에 나오듯, 〈운삼사성환〉 되어야 한다.
태극이 아니라, 삼태극이어야 한다. 즉 황극이 추가 되어 삼태극이 되어야 한다.
황금색, 즉 노랑 색이 파랑색과 빨강색을 중재하고 화합시킨다.
여기서 황색은 검학을 상징하며, 황극은 남북을 중재하는 민족회

의 통일준비정부이다. 삼태극도 노랑색이 맨 위에, 그 다음에 파랑색이, 맨 밑에 빨강색이 와야 한다.

도는 방향은 왼쪽으로 하여, 우주로 뻗쳐 나가는 것을 상징토록 한다. 따라서 통일조국 〈대한조선〉의 국기는 삼태극기이다.

삼태극기의 깃발 아래 하나가 되자.

현재의 양 태극기가 남북의 분단을 초래하고, 주변 4괘인 4대 강국에 휘둘리지만, 황극의 민족회의 통일정부가 있는 삼태극은 몽골, 북조선, 대한민국을 삼태극으로 통일시키고, 주변 4강국을 오히려 휘두를 것이다.

그리하여 민족공동체, 민족생명체 통일정부를 수립하자. 정부와 민간 단체들과 단군운동 지도자들이 함께 협의하여, 각계각층의 이익을 제대로 요구하는 대표자 등을 잘 구성하여, 삼태극 조국, 민족생명체 통일정부를 세울 것을 건의한다.

그래서 이러한 삼태극 정부를 위한 준비가 민족회의에 의해 오랫동안 준비되어 왔으며, 이것이 민족회의 통일준비정부이다. 즉 삼태극의 황극이다. 남북의 정부가 민족회의 통일준비정부를 승인하면, 바로 통일되는 것이다. 그리고 우리는 한핏줄인 몽골과도 함께 갈 수 있다.

대한민국, 북조선, 몽골을 삼태극으로 연합시켜 한민족 통일국가로 할 것을 제안한다.

구심점은 민족회의 통일준비정부.

이것도 또 하나의 삼태극 통일론이다.

예로부터 한민족은 신한, 불한, 마한의 세 가지 역할을 하는 지방 국가들로 이루어졌는데, 대한민국은 신한-신라의 후예로, 북조선은 마한-백제의 후예로, 옛 고구려, 부여의 지역의 몽골은 불한-고구려의 후예로 하여, 통일 국가 연합을 만드는 것이다.

통일정부는 민족회의 통일준비정부를 실체화하여 만들어, 몽골에 둔다. 이를 위해 민족회의는 몽골과 협의하여, 공관 선생, 박태신 배형 등이 추진하다 중단된 동몽골을 개발하는 등 프로젝트를 시작하자. 몽골을 개발할 "에어돔"이라는 신기술을 우리는 가지고 있다.

우선 몽골 대통령을 만나, 동몽골을 개발하는 프로젝트를 시작하자. 언제 몽골에 갈까? 몽골 대통령에게 선물할 희귀한 보물, 원나라 말 한쌍, 도자기도 준비하고 있다. 말 몸둥이 위에 금으로 씌여진 문자들, 무슨 글들이 쓰여져 있을까? 민족회의 통일준비정부는 몽골 정부에 주려고, 원나라 시대 유물을 100여 점 모아 놓고 있다. 중공도 원나라 유물들을 몽골에게 문화재 반환하면 좋겠다.

가자! 삼태극 통일로, 뉴그린로드 대장정으로!!

우리의 꿈을 하나 하나 실천해 나가자.

그리고 더 나아가 세계의 통일정부로 발전할 것이다.

9. 한미 정상 회담에 바라는 성명서

　북한이나 남한이나 미국의 빅딜 정책에 따르는 것이 좋다. 이를 위해, 북한이 리비아처럼 되지않도록 남한과 대통령이 보장해줘야 한다.

　그 장치를 해줘야 북한이 빅딜에 따를 것이다.
　대통령이 할 일이 바로 그것이다.
　그래야 남한 대통령이나 남한이 미국과 동맹의 우정도 강화될 것이다. 이를 이번 한미 정상회담에서 협의하기를 촉구한다.

　어차피 남북 전쟁은 세계3차대전을 촉발할 것이고 그것은 모두 공멸이다. 그렇다면, 미국이 북한을 리비아식으로 하려는 것을 막는 방법을 강구하고 제시하는 것이 남한과 대통령의 역할이다.

　우선 미국으로부터 작전권을 회수하자.
　민족주권도 서는 길이다.
　북미의 빅딜과 미국으로부터 군사작전권 환수, 이들이 동시에 이루어지게 한다.
　그러면서, 강대국들도 군축과 비핵화를 할 것을 촉구한다.

　그리하여 이윽고 통일된 한민족은 주변 사대강국에게 비핵화와 세계평화를 촉구하며, 한민족의 통일이 세계평화로 가는 지름길임을 알리고자 한다.

  이것이 바로 한민족과 인류가 사는 길이다.

  그런데 남한의 정권은 5년마다 변한다.

  미국도 정권이 4년마다 변한다.

  그러므로 항구적인 이러한 빅딜을 유지하고 보장하기 위해 우리 민족회의 통일준비정부가 필요하다.

  남한과 북한 그리고 미국은 세계한민족 1억 명의 민간들을 대표하여 세워진, 민족주권의 우리 민족회의 통일준비정부를 인정하고, 후원하고 강력화 시켜 주길 원한다.

  이러한 방법만이 민족통일과 세계평화를 이끌어 내고 북한의 비핵화를 이끌어 내는 지름길임을 우리는 만천하에 2년만에 다시금 선포한다.

한기 9218년(서기 2021년)
5월 2일(양력으로)단군탄신절에

10. 민족회의 통일준비정부 선언

통일을 어떻게 빨리 이룰 것인가?

　대한민국과 미국의 양국 대통령이 정상회담을 하는데, 우리 민족회의 통일준비정부의 제안대로 한다면, 두 정상은 이 시대의 영웅들이 될 것이다. 제발 우리 말을 들어주셨으면 한다.
　정상회담을 할 때마다 본 제안을 하는데, 안타깝다.
　하여튼, 민족회의 통일준비정부는 우리의 뜻을 관철하여, 내년까지는 북핵을 없애고, 통일을 이룩할 것이다.

　사실 DMZ에 세계평화 겸 국제관광 지구를 만들고, 유엔본부를 유치하여, 인류의 새로운 세계평화 시대를 열자는 것은 우리 민족진영이 30년 전부터 외치던 것이다.

　지난번 유엔에서 문 대통령이 제안한 것은 너무 늦은 감이 있듯이, 북핵을 없애며 민족회의 통일준비정부를 승인하는 것도 더 늦기전에 이루어져야 한다.

　지난 판문점에서 남·북·미 정상회담이 Surreal하게 이루어진 것 같이 북은 미국과 중국이 카쓰라태프트 조약 같은 새로운으로 밀약으로 북한을 39.5도로 나누어 분할통치하기 전에 상징적으로라도 민족회의 통일준비정부를 승인하여 통일을 선포해야 한다. 그리하여 DMZ를 유엔사가 아닌 민족회의 통일준비정부가 관할하게 해야 한다.

그것이 통일의 지름길이다.

또한 삼태극 통일론은 풀 한포기도 죽지 않으며, 통일수익도 생긴다. 한머리땅의 풀 한포기도 다치지 않는 통일이 되어야 빨리 통일된다.

남북 어느 일방에 의한 흡수 통일 꿈도 꾸지 말아야 한다. 남북 전쟁의 시작은 끝이 안날 것이며, 결국 세계3차 대전으로 갈 것이다. 결국 한머리땅은 사람이 살 수 없는 방사능 오염 지역이 되어, 우리 민족은 살 터전이 없이 온 세계를 떠도는 집시 민족이 될 것이다.

유대인들이 로마의 지배에서 해방되어, 남북으로 갈라져 싸우다가 나라가 없어져 온세계를 몇 천년간 헤매다 간신히 이스라엘을 세운 것 같이 평행이론이 될 수도 있다. 아니 지금, 꼭 그와 같은 상황의 목전에 있는 듯하다.

그래서 민족진영은 이에 대한 대비와 아울러, 빠른 통일 즉 "삼태극통일론"의 방법으로서, 그림자 정부인 민족회의 통일준비정부를 실로 오래전부터 기획조직하여, 10여년 전에 만들었던 것이다.

마침 "간도 반환 제소"라는 역사적 사명이 2009년도에 있었는데, 이를 유엔에 가입된 정부만이 할 수 있는 일이었는 데, 우리 민족진영이 만든 민족회의 통일준비정부가 정말 운좋게 하늘의 뜻으로 이를 완수하여서, 만주와 고구려·발해역사가 우리 민족 것이 될 수 있도록 하고, 세계 한민족 통일의 민족주권을 확립한 것은 하늘의 역사적 뜻이 아닐 수 없다.

우리가 빨리 통일하고, 강성한 통일조국이 되려면, 이러한 민족회의 통일준비정부를 가능한 빨리 남북의 정부가 공식적으로 승인하는 것이 좋다. 그것만이 통일이 되는 길이다. 되지도 않겠지만, (주변 4강의 방해, 남남갈등 등에 의해)설사 남북이 간신히 합의하여 통일위원회를 만든다 하더라도, "그 최고 정점의 통일대통령 자리를 누가 맡을 것인가?"가 남북이 양보할 수 없는 사항이 될 것이다.

함께 공동으로 한다는 것은 중요한 결정에 있어서 합의가 안 될 수도 있고, 급변하는 국제 상황 속에서 늦은 판단이 되어서 망할 수가 있다.

혹 김정은 위원장이 양보하여(양보할리가 있는가?), 남한 대통령이 통일대통령을 한다하더라도, 남쪽에서 보수가 반대해서 안될 것이다. 더욱이 남한의 경우 보수, 진보가 나누어져 있어서, 특히 보수가 집권할 경우, 그 통일위원회는 가동 중지될 확률이 매우 높다. 개성공단과 금강산 관광을 굳이 예를 들지 않더라도 눈에 보이는 일이다.

그렇다면 어찌할 것인가? 그렇기에 한평생 민족에만 전문적으로 매달려 온 민족진영이 만든 민족회의 통일준비정부를 남북의 통일위원회로 인정하고, 남북 정부가 승인하여, 통일을 빨리 이루는 것이다. 이것이 산태극통일론이다. 물론 남북 정부는 그대로 둔다. 남북의 체제도, 휴전선도 그대로 둔다.

통일준비정부는 외교와 국방만 책임질 것이다. 일년에 20%씩 양쪽의 군대를 천천히 조화롭게 흡수해 간다. 그리고 남북이 함께 잘 살 수 있는 홍익의 경제제도로 점차 인도해 갈 것이다.

이는 통일비용이 생기지 않고, 오히려 10경 원의 통일수익이 생기는 삼태극통일론이다. 이 시대에는 빨강, 파랑 태극에다가 황금색의 황극이 필요하다. 그것이 민족회의 통일준비정부이다.

민족회의는 남북이 통일이념으로 공지한 단군이념(2002년 ~2003년에 단군릉의 개천절 행사에서 남북 정부가 승인하여 공동선언되고, 노동신문에 게재됨) (단군주의, 검학)을 토대로 만들어졌기에 남북이 함께 인정하기에, 정서상으로나, 이념상으로나 아무런 문제가 없다.

기독교도 2010년 서울광장에서 개천절에 함께 민족진영과 예배하면서, 성경에 나오는 요단이 단군이기에, 앞으로는 단군상의 목을 자르지도 않을 것이며, 개천절에 단군을 예배하겠다고 약속했다. 아리랑이 단군이라 했다. 이렇게 단군은 남북의 공통 분모이며, 누구나가 존중하는 역사적 존재이다.

또한 민족회의 통일준비정부는 남한 정부나 북한 정부가 못한 간도반환제소를 네덜란드 헤이그의 국제사법재판소에 국제적으로 하는 등 나름대로 역사적 사명을 다해왔다.

또한 통일조국에 필요한 최첨단 비밀 기술과 전략과 민족역사와 철학과 수행법에 대해 모든 준비를 완료하고 있고, 심지어 에너지 문제까지 해결할 방도를 가지고 있다. 5만년 한민족의 대계를 가지고 있다. 지금의 어려운, 자칫하면 경제공황으로 갈 수 있는 경제난을 해결할 수 있는 정책도 가지고 있다. 이는 오직 민족회의 통일준비정부만이 할 수 있다.

어찌할 것인가?
이 글을 읽는 모든 분들은 이러한 *민족회의 통일준비정부*의 진심과 진실과 능력을 남북의 최고 정책 결정자들에게 꼭 전해주시기를 간절히 빈다. 그리고 우리 민족회의 통일준비정부에의 무한한 신뢰와 지원을 부탁드린다.

우리 민족의 지혜로운 통일을 위하여,
국조 단군 할아버지시여, 간절히 비오니, 후손인 천손민족을 지켜주시고, 통일시켜 주옵소서!
남북통일이 되면…

1) 일본이 좋은 이유
① 일본의 수출 시장이 커진다. ② 중국의 야욕을 함께 막을 수 있다. ③ 러시아의 위협을 함께 막을 수 있다. ④ 친구가 잘되면, 자기도 올라가는 것이다. 물론 자기가 부담은 되지만, 어차피 분단된 남북도 마찬가지 이상으로 부담스럽기 때문에, 일본은 남북통일에

반대해서는 안된다.

2) 중국에게 남북통일이 좋은 이유
① 동북삼성의 경제가 발전된다. 그렇다고 감히 중국과 전쟁을 하여 만주를 강탈할 염려는 없다. ② 일본, 러시아, 미국의 야욕들을 함께 대비할 수 있다.

3) 러시아에게 남북통일이 좋은 이유
① 연해주의 경제가 발전된다. ② 그렇다고 연해주를 강탈할 정도로 전쟁을 일으킬 수는 없는 나라. ③ 일본, 중국, 미국의 야욕에 함께 대처할 수 있다.

4) 미국에게 남북통일이 좋은 이유
① 수출입 시장이 커지고, 투자할 데가 많다. ② 한국을 통해 중국을 분열시키고, 망하게 할 수 있다. ③ 중국, 러시아의 야욕을 막는 전위대이다. ④ 남북통일은 주변 4강 중 미국이 가장 좋게 된다. 이를 주변 4강에게 얘기하여, 남북통일을 돕게 해야 한다. 그래야 *우리민족 끼리* 통일을 할 수 있다. 외교력이 있어야 한다. 외교부 장관이 나를 찾으러 와야 하는데… 바쁘셔서, 여하튼 우리는 힘을 가져야 한다.

핵보다 더 큰 힘이 있다. 그것은 정신적 핵이다. 남북이 통일이념으로 채택한 단군주의 검학을 통해 일사분란하게 뭉쳐야 하는 것이다. 민족회의 통일준비정부를 남북 정부가 인정하여 통일하는 삼태극통일론을 실천하는 것이다.

이것이 우리 민족이, 그리고 대한민국이 살 길이다.

5) 김정은 위원장이 민족회의 통일준비정부를 빨리 인정하여 쉽고 빠르게 통일을 해야 하는 이유

다른데서도 이야기한 바 있지만, DMZ가 우리 영토가 아니라, 유엔 영토라는 것을 새삼 각성했다. 우리 통일준비정부는 많은 것을 남쪽 정부나 북쪽 정부에 요구하는 것이 아니다.

바로 이 못쓰는 DMZ를 우리 통일준비정부에게 달라는 것이다. 물론 유엔사하고도 협의를 해야되고, 결국 미국의 허가를 받아야 될 것이다. 그러러면 우리는 통일이 되어도 미국과는 혈맹일 것을 강조해야 한다. 그런데 그것이 향후 중공을 대하는데서도 유리하게 활용할 수 있다. 하여튼 김정은 위원장은 경제개방을 해도, 민주화되는 북측 주민들 때문에 위태해지고, 안 해도 위태해진다.

북핵을 해도 경제제재 등으로 위험하고, 비핵화해도 위험해진다. 그러나 통일준비정부와 5년 마다 바뀌는 남측 정부와 미국이 어떠한 일이 있어도, 김정은 위원장 생전동안 권력을 보장한다면, 김정은 위원장이 마다할 필요가 없다.

더구나 우리는 신의주를 홍콩을 대체할 국제금융도시로 키워, 북에 있는 석유와 지하자원을 개발하여 통일수익 100경을 만들어주고, 서해평화특별지대에서 무한동력과 조력발전으로 북의 에너지문제를 해결해주고, 연해주에서 농장을 할 수 있게 하여, 식량문제도 해결해 준다는 데, 그리고 통일준비정부가 가지고 있는 뉴패러다임 과학과 첨단기술로 북을 발전시켜 주겠다는데, 김정은 위원장은 통일준비정부를 승인해주면 만사형통인 것이다.

그리고 군대를 남측 정부와 같이 매년 20%씩 통일준비정부로 넘겨, 5년만에 통일 국군도 만들고, 막대한 국방비를 매년 20%씩 절감시킬 수 있는 것이다.

올해 우리 민족회의 통일준비정부는 방북특사로 가서, 반드시 올해에는 통일준비정부를 북으로부터 승인받아, 내년까지는 통일을 시켜야겠다. 이것이 봉우 스승님이 말씀하신 황백대전환기로 가는 시초이자 뿌리, 민족통일이다.

11. 노인들의 혁명이 필요한 시대

별표 아래는 고등학교 친구가 고교 카톡방에 올린 인기있는 글. ㅎㅎ 노인들의 자화상이 재미있게 그려져, 실소를 자아낸다. 그러나 민족통일이 되기 전까지는, 아직 광복독립이 안되었다고 외치는 이 시대의 광복독립군인 나에게는 안타깝고 갑갑한 친구들의 현실이다. 적이 분명한 일제항쟁기에는 노인들이 노인동맹을 맺어, 젊은 독립군들을 키우고 후원했는데, 적이 불분명한 이 시대에는 자기만 잘 살면 된다고 생각한다.

우리가 통일되고, 북방고토를 회복하면, 드넓은 대륙을 맘대로 호령하고, 여행하며, 더 멋있게 살 수 있고, 후손들에게 할 일도 엄청 줄 수가 있는데, 지금 우리는 미래의 후손들이 살 여건을 마련 못 해주고 있다. "헬조선"이 웬 말인가? 갑갑하다.

지금 우리 민족은 베이비붐이 일어났던 때 태어난, 인구 비중이 많은 60대 노인들이 중요한 역할을 해야 하는 과도기 시대이다. 이 노인들이 잘 생각하며 살아야 한다. 실제 노인 아닌 원숙한 청년들이다. 이 원숙하고 뛰어난 청년들이 방황하고 있다.

이제 65살까지는 청년이라고 유엔이 발표하고 있다. 이 노인청년들이 역사의식과 시대의식을 가지고, 상고사를 공부하고, 동방의 르네상스를 일으키며, 민족통일과 북방고토 회복에 앞장서야 하는데, 이 노인청년들이 무엇을 해야 할 지를 몰라 방황하고 있다.

나의 할 일은 이들에게, "수행과 민족통일운동에는 은퇴란 것이 없다. 모~ 여~ 라! 민족회의 통일준비정부가 있다."하고 외칠 수밖에 없다. 공허한 메아리 일 수 있다. 그러나 내 몸의 DNA가 은퇴란 없다고 꿈틀거리니 방법이 없다.

가고 가고 갈 뿐이다. 그러다 보면 알게 되고, 행하고, 행하다 보면 그 안에 깨달음이 있다.

즉 거거거중지, 행행행리각이라고 봉우 스승님은 말씀하셨다.

가자. 또 가자. ― 검자

★★★★★★★(고교 친구의 글을 펌)

정년 퇴직을 얼마 앞둔 후배들을 만나면 자주 물어오는 질문이 있다. "은퇴 후 어떻게 살아가야 하는가?"라는 대답하기 힘든 물음이다. 나도 모른다. 보편적 대한민국 노인 백수의 노는 법은 주야장창 배낭에 막걸리 한병 넣고 청계산에서 북한산으로 핸드폰에 미스트롯 뽕짝 백곡 깔아 볼륨 맥스로 틀어 놓고 무릎 연골 남아 있을 때까지 심마니 흉내내며 살아가기.

손자가 좋아 죽겠다고 카톡 프로필까지 손주 사진으로 도배를 해놓고 할아버지가 외계인으로 보이기 시작하는 7살 될 때까지 보육원장 놀이하기, 허리가 온전한 그날까지 선블록 떡칠하여 전국 골프장 순회하며 나이스 샷에 중독되어 닐니리야 하다가 죽을 때도 호주머니에 티넣고 화장터 가기.

30만 원 들여 방통대에 중국어과 등록하여 뭔가 좀 남달리 학구적으로 보여 친구들 앞에서 공부한다고 떠벌리며 장가게 패키지 여행 다시 열릴 날 기다리며 장학금 받기 위해 에어콘 잘 나오는 동네 도서관에서 기말 시험 공부하며 치매 극복하기, 말죽거리에서 쓰리 쿠션 치다가 저녁에 영동족발에서 막걸리 마시고 59년 왕십리 읊으며 집으로 가기.

옆집 눈치보며 섹스폰 대가리에 뮤트 끼워 자뻑 예술하다가 비오는 날 밤에 양재천 다리 밑에서 소원없이 빽빽거려 보기. 박물관 미술관 순회하며 노년의 품위에 맞게 심오한 예술적 기품을 심겠다고 경복궁 담벼락 옆 현대 미술관에서 먹줄 몇 가닥 튀긴 300호 대형 추상화 앞에서 귀신 튀어 나올 때까지 서 있거나 인문학적 소양을 업하기 위해 장 쟈크 루소의 800페이지 짜리 에밀부터 칸트 행님의 순수이성 비판까지 돋보기 끼고 수면제 먹기.

저푸른 초원 위에 전원 주택 짓고, 좋은 공기 마시며 내 입에 들어 갈 풀쪼가리는 유기농으로 내가 키워서 먹겠다고 인터넷으로 온갖 씨앗 봉다리는 다 사서 남새밭에 뿌리고 주말이면 친구들 불러서 장작불에 삼겹살 구워 먹을 생각으로 테레비 삼시세끼 프로그램처럼 살아가기 아니면 그것도 성에 안차서 아예 귀농하여 태백산 골짜기로 입산하기.

이미 한물간 금식한 DSLR카메라에 묵직한 접사 렌즈까지 달고 뒷산에 흔하게 핀 야생화 앞에 안쓰럽게 쭈그리고 앉아서 열심히 눌러대어 자기가 봐도 정말 잘 찍었다며 SNS에 올려 자랑하며 지내기. 실업지에게 국비지원으로 공짜로 해주는 바리스타 교육 빋고

집에서 커피콩 볶다가 휘슬러 후라이판 다 태우거나, 폼나게 살기 위해 만화 '신의 물방울' 44권 마스터하고 이마트 5천 원 짜리 와인으로 디캔팅하여 맹물 만들기나 하면서 클래식과 재즈까지 곁들여 마이가리 품격 LIFE 즐기기.

종교적 신념으로 (이건 뭐라고 쓰고 싶지만 클레임들어 올 것 같아서 포기) 하느님과 부처님 모시고 살아가기. 그냥 낚시터에서 찌만 쳐다보며 평생 살기.

배달되는 조선일보 처음부터 사설까지 혼잣말로 대통령 욕 곁들여가며 완독하고, 삼식이로서의 당연한 의무인 분리수거를 마치고 마누라 이마트 코스트코 갈 때 짐꾼 겸 기사 노릇으로 뿌듯함을 만끽한다.

디지털 청첩장 받아 유행이 살짝 지난 기장이 약간 길고 헐렁한 양복 아래 위로 걸치고 간 예식장에서 오랫만에 만난 그렇게 친하지 않은 친구들과 뷔페 퍼다 날으면서 정치와 코로나 이야기로 입에 거품 좀 내고 지하철 타고 집에 가는 길.

존재감 없는 단체 카톡방에서 남이 퍼 올린 글 읽어 보다가 공감이 가면 또 퍼다가 다른데 옮기면서 남들도 분명히 좋아 할거라고 확신하며 핸드폰을 닫는다.

가끔 약속도 없고 심심하면 밀리터리캡 쓰고 황학동 벼룩시장에서부터 모란역 5일 시장터까지 기웃거리며 근처 칼국수집에서 한 끼 떼우며 한나절을 지운다.

물론 코로나가 끝나면 그림이 달라지겠지만 바다 건너로~~ 딱히 뭐가 맞는지는 모르겠지만 은퇴의 핵심은 여유로움을 즐기는 것이다!!!

* 3대 바보
* 버티고 버티다가 60대 중반즈음 은퇴해서 싱글되겠다고 매일 레슨받는 놈.
* 양도세 무섭다고 자식들에게 증여하고 난 후에 눈치보면서 용돈받는 놈.
* 몇 년만에 한달간 부부여행 계획했다가 자식의 일상적인 육아 부탁으로 바로 취소하는 놈이나 그놈의 마녀님.

2021. 6. 17.

제9장 재세이화의 과학, 팬다임 과학

검학은 인류의 새로운 시대를 열면서, 새로운 과학을 제시한다. 이는 인류의 새로운 차원으로의 도약이다.

우리의 목표는 "홍익인간 재세이화"이다.

재세이화의 이화는 현재 물질 과학의 보이지 않는 주인이며, 허수 세계이다.

허수세계와 물질세계는 우주의 태초의 빛인 검으로부터 나왔다.

변화하고(조화), 변화하고(교화), 변화하는(치화) 가운데 사람은 검을 체득할 수 있다.

검은 빛보다 빠른 빛이다. 검은 모든 물질을 꿰뚫고 가며, 그러므로 그림자가 생기지 않는다.

우리는 검의 과학을 통하여, 우주의 이 끝에서 저 끝까지 탐사할 수 있다. 빛 보다 빠르기에, 모든 물질을 꿰뚫으며, 그림자가 생기지 않는 빛이다.

천부경의 본심본태양이다.

그대의 본심이 본태양이며, 검이다.

우리는 원래 하나이다.

우리 검학인들은 인류 최초로 허수세계와 물질세계의 과학을 모두 연구하며 허수세계의 과학을 〈팬다임 과학〉으로 명명한다.

통일준비정부의 초대 과학부총리인 연세대 검허 김현원 교수는 팬다임 과학을 제안하였다.

재세이화와 함께 새 패러다임 과학의 시작이다.

단군조선의 건국이념은 홍익인간(弘益人間)과 재세이화(在世理化)이다. 홍익인간은 널리 인간을 이롭게 한다는 뜻으로 많은 사람들이 사용하고 있지만, 재세이화는 우리나라의 건국이념인데도 불구하고 뜻도 제대로 모르고 인용되지도 않고 있다.

재세이화(在世理化)는 말 그대로 직역을 하면 세상에 있으면서 이치를 실현한다는 말이다. 여기서 이치는 무엇을 말하고 있는 것일까? 지금은 이치가 실현되고 있는 것일까?

신약성서에 '공중권세를 잡고 있다'는 표현이 나온다. 사탄이 세상의 주인이라는 말이다. 사도바울은 신약성서에 왜 그런 사탄이 세상의 주인이라는 표현을 하고 있을까? 재세이화뿐 아니라 '공중 권세를 잡고 있다'는 바울의 표현도 그저 이해할 수 없는 의문일 뿐이었다.

그러나 이러한 의문은 기존의 물질과학을 넘어 새로운 패러다임의 과학으로 이어졌다. 비로소 물질에 바탕을 둔 현대의 과학이 우물 안의 과학임을 알게 된 것이다. 우물 안과 밖의 세계를 감히 비교나 할 수 있을까? 현대과학은 물질이라는 우물에 갇혀 있다는 것을 우물 밖의 세상을 보고 알게 되었다.

물질을 벗어난 본질의 과학을 연구하면서 사탄이 '공중권세를 잡고 있다'는 바울의 표현도 바로 물질이라는 우물 안에 갇혀 있는 현대과학의 모습을 표현하고 있다는 것을 알게 되었다. 진화론은 우연히 핵산과 아미노산과 같은 최초의 물질들이 만들어지고, 우연한 만남들이 이어져서 DNA와 단백질과 같은 복잡한 물질들이 만들어지고, 또 생명체로 이어졌다고 본다. 그리고 우연히 미생물과 같은 작은 생명체가 만들어지고, 사람과 같은 존재도 우연의 연속선상에서 만들어지게 되었다.

다윈에 의해서 주장된 진화론은 현대과학에서 진리로 대접받고 있다. 진화론을 부인하는 사람이 이상한 사람으로 대접받고 있다. 하지만 현대과학에서도 학자들이 분자수준에서 생명현상을 연구하면서 진화론이 어느 단계도 과학적으로 증명되지 않은 가설의 연속이라는 것이 알려지게 되었다. 하지만 진화론에 대한 믿음은 거의 종교적이어서 전혀 흔들리지 않고 있다.

진화론에 의하면 우리는 우연히 만들어진 물질의 조합이고 사랑과 같은 고귀해 보이는 가치들도 뇌세포에서 물질과 물질의 만남에 불과하다. 사실 어디에도 인간의 존엄이 들어갈 여지가 없다. 인간은 동물과 동일한 존재인데 두뇌가 동물과 더 발전했을 뿐이다. 인간은 일회적이고 유한한 삶을 살고 다시 흙으로 돌아갈 뿐이다. 그러니 내가 이 세상에 존재하는 동안 물질적으로 행복함을 지상 목표로 살고 있다. 이것이 현재 세상의 현실이다.

현대과학이 우리는 물질이고 우주도 물질일 뿐이라고 주장하지만 사람의 마음은 그것을 쉽게 받아들이지 못하기 때문에 종교로 과학의 부족함을 채운다. 신약성서에서는 그런 상황을 '공중권세를 잡고 있다'라고 표현했다. 사탄은 우리가 우리를 그저 물질이라고 생각할 때 웃고 있는 것이다.

재세이화 역시 마찬가지이다. 가장 근본이 망각되고 우리가 물질이라는 우물에 갇혀 있을 때 진정한 이치를 볼 수 없다. 재세이화는 우물을 벗어나 물질관점과는 비교할 수 없이 넓은 진리의 세계를 보고 진리를 세상에 구현하라는 말이다.

1) 물질을 넘어서는 새로운 패러다임 과학

아인슈타인은 1905년 빛의 이중성(duality), 즉 빛이 파동일 뿐 아니라 입자의 성질을 갖고 있음(photon)을 보여주는 논문을 발표해서 1921년 노벨상을 받게 된다. 뒤 이어 빛의 입자성뿐 아니라 입자도 파동성을 갖는 것이 드브로이에 의해서 알려졌다. 드브로이는 입자도 파동의 성질(물질파)을 갖고 있음을 제안하였고, 곧 이어 물질파(matter wave)의 존재는 전자가 결정구조와 부딪혔을 때 파동과 같이 회절현상을 보인다는 것이 실험적으로 확인되었고, 드브로이는 1929년 노벨물리학상을 수상한다.

그 후 물질파는 전자뿐 아니라 양성자, 중성자, 수소, 헬륨 등에서도 확인되었고, 1999년에는 탄소 60개로 이루어진 풀러렌(fulerene)과 같은 거대분자에서도 물질파에 의한 회절현상이 관측되었으나 물질파가 직접 측정된 적은 없다.

양자과학에서 파동과 입자의 이중성에 대한 해석은 끊임없는 논란을 불러일으킨다. 보어를 비롯한 많은 학자들이 확률적으로만 존재하던 것이 관찰자의 측정행위에 의해서 입자나 파동의 특성 중 어느 하나가 결정된다는 '관찰자 효과'를 주장한 반면에 아인슈타인을 비롯한 많은 학자들은 이러한 확률론적인 해석을 끝까지 반대했다. 드브로이와 봄 등의 견해에 의하면 자연은 입자와 파동의 두 가지 상보적인 특성을 모두 지니고 있는데 측정조건에 따라서 관찰자가 어느 한 가지를 선택하여 보고 있을 뿐이다.

물질파의 개념을 발표한 드브로이는 나아가서 1927년 물질파를 넘어서는 향도파(pilot wave)라는 개념을 제안했다. 입자가 나아갈 때 슈뢰딩거의 파동방정식을 만족시키는 향도파가 동시에 존재하며, 향도파는 측정이 가능하지 않으며 숨겨진 변수(hidden variable)로 존재한다.

향도파의 개념은 오랫동안 무시되다가 1952년 데이비드 봄에 의해서 드브로이-봄 이론으로 다시 태어난다. 봄은 이 파동이 실재하는 것이며 주변 환경을 감지해서 입자에 알려주는 역할을 한다고 보았다. 향도파의 속도는 수학적 분석에 의해서 다음과 같이 표현된다.

향도파의 속도는 입자의 속도가 느릴 때는 빛의 속도에 비해서 매우 빠르지만 입자의 속도가 증가할수록 향도파의 속도는 느려지게 된다. 빛보다 빠른 향도파는 허수공간의 영역에 존재하며 비국소성 (non-locality)을 보인다. 비국소성은 말 그대로 국소성 (locality)이 없다는 표현으로, 국소성이 없다면 부분과 전체의 구별이 무의미하다.

허수공간에서는 근본적으로 공간과 시간이 없다. 한 개의 입자의 움직임에도 우주의 모든 물질들의 정보들이 함께 반영된다. 다시 말하면 우주의 모든 존재는 허수공간에서는 본질적으로 모두 연결되어 있다. 우주의 모든 존재는 물리적 실체와 함께 허체를 지니고 있기 때문에 하나로 연결될 수 있다. 결국 비국소성은 홀로그램 이론의 다른 표현이다.

2) 물의 기억력과 허체가설

상대성 원리에 의하면 입자가 빛의 속도보다 빠르면 허수의 영역으로 들어가게 된다. 그래서 아인슈타인은 어떤 존재도 빛보다 빠를 수 없다고 생각했다. 새 패러다임 과학에서는 허수공간은 물리적 공간에서 가속해서 가는 것이 아니라 원래 물리적 공간과 함께 존재하고 있다. 형무소를 장대높이뛰기로 탈출하는 사람은 없다. 땅을 파고 들어갈 때 형무소의 공간과 함께 항상 존재해 왔던 바깥세상으로 탈출하는 것과 같다.

허수공간은 물리적 공간과는 다른 성질을 갖는다. 윌리엄 틸러(Tiller, W)는 향도파를 빛보다 빠른 속도의 파동을 갖고 있는 마이너스 에너지(negative energy)와 마이너스 질량(negative mass)의 허수공간의 파동적 영역에서 존재하는 것으로 설명한다. 디랙에 의하면 실제 공간은 이러한 마이너스 에너지의 전자로 가득 차 있다(진공의 바다).

물질은 물리적 영역(실체, real matter) 외에도 허수적 파동적 영역(허체, imaginary matter)이 동시에 같은 공간에 존재한다. 물질적 실체와 공존하고 있는 허체는 빛의 속도에 한정되지 않기 때문에 물질로부터 분리된 후에도 에너지의 투입없이 정보를 형성하고 유지할 수 있다. 새 패러다임 과학은 물의 기억력을 이러한 물리적 실체로부터 분리된 허체에 의한 3차원적으로 형성된 장(場, field)에 의해서 나타난다고 설명하며, 3D파동이라고 표현한다.

틸러는 마이너스 에너지의 파동적 영역이 물리적 영역의 푸리에 변환에 의해서 나타난다고 보았으며, 에테르적 영역이라고 표현했다. 빛보다 빠른 허수공간의 파동적 영역은 현대 물리학의 방법으로 직접적인 측정은 불가능하다. 물체가 빛의 속도에 도달할 때 크기는 없어지고 무게는 무한대에 도달하기 때문에 아인슈타인은 상대성 이론을 통해서 빛의 속도에 도달하는 것도 넘어가는 것도 불가능하다고 주장한다. 하지만 빛의 속도를 넘어서는 파동적 영역은 빛의 속도에 한정되는 물리적 영역과 동시에 이미 존재하는 공간이다. 빛의 속도를 넘어설 때 물체는 입자와 같은 형체를 갖는 것이 아니기 때문에 측정될 수 없으며 장(場, field)으로서 영향을 줄 뿐이다. 하지만 허수공간의 파동적 영역이 물리적 영역에 미치는 효과는 측정이 가능하다. 이러한 파동적 동양에서는 기(氣)라는 이름으로 이미 오랫동안 삶에 구체적으로 사용되어 왔다.

3D파동 간의 공명에 의한 빠른 생체반응

분자의 크기를 약 $10Å(10^{-9}m)$이라고 한다면 세포의 크기는 약 $10\mu m(10^{-5}m)$ 정도이다. 세포가 3차원이라는 것을 감안하면 서울시 크기의 세포에 사람 크기의 분자가 있는 셈이다.

서울시에서 두 사람이 움직이다 우연히 만날 확률이 얼마나 될까? 그러나 현재 생물학은 오직 분자와 분자가 물질로서 서로 우연히 만나는 일에 의해서만 생체반응이 일어나는 것으로만 설명하고 있다. 하지만 이러한 물질가설은 호르몬에 의해서 즉각적으로 일어나는 실제 생체반응을 설명할 수 없다.

현대과학과 의학은 그럼에도 불구하고 물질가설을 한 치도 벗어나지 않고 있다. 호르몬과 호르몬이 결합하는 세포의 수용체는 구조적으로 서로 딱 들어맞는다. 마치 자물쇠와 열쇠가 서로 맞는 것과 같다. 우리 몸의 모든 반응은 효소(enzyme)라는 단백질에 의해서 매개된다. 효소단백질의 경우도 효소가 분해하는 기질(substrate)과 구조적으로 서로 맞는다. 이러한 사실들은 생체반응이 물질간의 만남에 의해서 일어난다는 것을 증명하는 결정적인 증거로 알려져 왔다. 하지만 살펴보았듯이 물질간의 만남에 의해서 생체반응이 일어난다는 물질가설은 즉각적으로 일어나는 생체반응을 설명하지 못하고 있다.

 물에 호르몬의 3D파동을 기억시켰을 때 그 물이 호르몬의 역할을 하는 것은 이미 과학적으로 증명된 바 있다. 그렇다면 호르몬의 3D파동은 어떻게 해서 호르몬의 역할을 할 수 있을까? 호르몬의 3D파동이 호르몬이 역할을 할 수 있는 이유는 호르몬의 3D파동이 호르몬의 수용체를 자극해서 신호전달을 유도할 수 있었기 때문일 것이다.

그동안 살펴보았던 물질에 내재하는 파동은 빛보다 빠른 성질을 갖고 있기 때문에 일반적인 빛과는 달리 직진하면서 퍼져나가지 않으며 모이는 성질을 갖으며 에너지 투입 없이 정보를 창출한다. 물질에 내재하는 파동이 전자기파와 같이 퍼져나가지 않는다면 당연히 특정한 3차원적 형태를 갖을 것이다.

 생화학적으로 생체물질의 기능성은 그 물질의 구조로부터 비롯된다. 물질의 파동이 물질의 역할을 한다면 그 파동의 모습도 물질분자의 모습과 많이 다르지 않을 것이다. 패러다임 과학에서는 논한 바와 같이 물질에 내재하며 정보를 유지해주며 물질과 동일한 3

차원적 형체를 갖추고 서로 공명을 일으키는 3D파동의 영역을 허체로 표현했다. 3D파동은 일반적인 전자기파와는 다른 비전자기적 파동이며, 빛보다 빠르며, 퍼져나가지 않으며, 구조와 정보를 유지하는 특성을 갖고 있다.

물의 기억력에서 보듯이 호르몬의 3D파동이 호르몬의 역할을 하고, 수용체의 3D파동도 수용체의 역할을 할 수 있다. 빠른 생체반응이 가능하기 위해서는 3D파동은 서로 꼭 만나지 않더라도 공명할 수 있어야 할 것이다. 이것은 주파수에 의해서 만들어지는 전자파 간의 공명과는 달리 물질과 같은 형태를 갖는 3D파동으로 이루어진 허체간의 공명에 의한 것이라 할 수 있을 것이다. 다시 말하면 호르몬의 3D파동이 처음부터 호르몬 수용체의 3D파동과 열쇠와 자물쇠와 같이 형태적으로 상보적으로 디자인되어 있기 때문에 상호작용을 하는 것이다. 이것은 주파수 공명과는 다른 허수공간의 홀로그램 공명이라고 할 수 있을 것이다.

3) 관찰된 3D파동의 특성

실제 실험에서 물질의 3D파동은 선풍기 바람에 의해서 이동될 정도의 입자성을 갖는 것이 관찰되었다. 동양에서 기감이 발달한 기공사들의 경험에 의하면 탁한 기운이 아래로 내려간다고 하는데 이것도 기(氣)가 공간에 3D장(場, field)을 형성하는 3D파동이기 때문이라고 설명할 수 있다.

3D파동은 물질과 함께 있을 때는 매우 안정적이나 물이나 다른

매체에 옮겨졌을 때는 시간이 지나감에 따라 특정형태의 기능성을 갖는 구조가 파괴된다. 실제로 물의 기억력은 시간이 지남에 따라서 점차 사라지는 것이 관찰된다. 이것은 물질이 없을 때 물질의 3D파동이 음의 방향의 엔트로피 상태(negative entropy)를 오랫동안 유지하지 못하기 때문이다.

디지털 3D파동은 이런 3D파동의 단점을 디지털화함으로써 극복했다. 디지털화된 3D파동은 원래 물질과 흡사한 3D파동을 허수공간에 동시적으로 형성한다. 실제 실험에서 디지털 3D파동도 물질과 동일한 기능성을 보이는 것이 관찰되었다. 디지털 3D파동이 표현된 유엔카드는 허수공간에 원래 물질의 3D파동을 형성하는 명령서이다.

다음에서 여태까지 본 연구자에 의해서 관찰된 3D파동의 특성을 정리해본다.

① 모든 물질은 대응하는 3D파동을 함께 갖고 있다.
② 3D파동은 물질이 없이도 존재한다.
③ 3D파동은 에너지 투입없이 정보를 유지해준다.
④ 3D파동은 입자와 같은 3차원 형체를 갖으며 서로 상호작용한다.
⑤ 생체내 신호전달은 물질이 아니라 3D파동의 상호작용에 의해 이루어진다.
⑥ 3D파동은 물을 비롯한 다른 매체에 담길 수 있다.
⑦ 매체에 담긴 물질의 3D파동도 물질과 같은 기능을 한다.
⑧ 물질이 있을 때, 물질의 3D파동은 매우 안정되게 유지된다.

⑨ 물질은 그 물질의 3D파동을 담는 가장 좋은 그릇이다.
⑩ 3D파동은 디지털화될 수 있으며, 디지털 3D파동도 물질의 3차원 장(場)을 공간에 형성한다.

4) 우주와 생명을 바라보는 새 패러다임

물질 패러다임 속에서는 생명과 인간이 단순히 물질이 우연히 만나서 작은 관계가 형성되고 더 큰 관계가 형성이 되는 우연한 만남의 연속으로부터 자연선택이라는 필요성에 의해 형성되었다는 진화론 말고 설명할 방법이 없다. 하지만 진화론 역시 검증되지 않은 가설에 불과할 뿐 아니라,

물질 패러다임 관점에서도 모순 속에 있다. 나는 물질 패러다임을 벗어나는 우주와 생명의 시작을 제시한다. 태초에 모든 것을 만들어 낼 수 있는 설계도가 공간에 있었다. 공간에 형성되는 허체의 질서라는 설계도에 의해서 세상의 물질이 관계를 형성하게 되었고, 그 관계는 인간으로까지 이어졌다.

5) 하느님의 생기

현대 물리학은 물질의 형성에 모든 집중을 하고 있다고 할 수 있다. 하지만 나는 물질의 형성보다 더 중요한 것이 관계라고 본다. 왜 물질이 관계를 이루어서 사람까지 만들어졌을까? 물질이 우연히 만나고, 그 우연한 만남이 이어져서 단백질이 만들어지고, 미생물이 만들어지고, 작은 생물, 큰 생물로 이어져서 사람까지 이어졌을까? 많은 사람이 아는 성경의 창세기 구절을 인용해 보겠다.

땅의 흙으로 사람을 지으시고 생기를 그 코에 불어넣으시니 사람이 생령이 되니라.(창세기 2장 7절)

물질의 3D파동은 물질로부터 분리되어서도 동일한 3차원적 필드를 공간에 형성하며, 실제 물질과 상호작용한다. 물질과 물질의 상호작용도 사실은 물질의 3D파동 간의 상호작용이라고 할 수 있다. 물질은 3D파동이 없으면 실제 반응을 일으킬 수 없다. 반면에 3D파동은 물질로부터 분리된 후에도 존재하며 물질과 상호작용할 수 있다. 그렇다면 무엇이 먼저일까?

물질의 우연한 충돌에 의해서 거대한 분자가 형성되고 생명체까지 이어지는 것인가? 공간에 3D파동이 먼저 존재하고 그 3D파동을 담는 물질이 필요에 의해서 형성되는 것인가?

다음은 새로운 패러다임 과학에서 제시하는 답이다.

태초에 모든 것을 만들어 낼 수 있는 설계도가 공간에 있었다. 그 설계도는 허수공간에 3D파동으로 허체라는 질서를 형성한다. 허체라는 질서에 의해서 그에 해당하는 물리적 실체가 만들어지고, 사람까지 이어지는 관계가 형성되기 시작하였다.

6) 생명과 죽음

생명이란 무엇인가? 자기복제를 할 수가 있고, 주위의 물질을 이용하여 필요한 에너지를 만들어 낸다는 등의 생물학적인 정의가 있을 수 있다. 하지만 생명을 단지 부분의 합이라고 보는 환원주의적 견해로는 생명을 반밖에 이해할 수 없다. 생명체에 부분의 합만으로 설명되지 않는 영역이 있다면 그것은 어디에 있을까?

생명을 이해하기 위해서 먼저 죽음을 정의해 보자. 죽음은 생명체가 생명활동을 비가역적으로 멈추는 것이라고 쉽게 정의될 수 있다. 같은 방법으로 생명체를 다른 말로 정의한다면 생명체는 언젠가 죽어야 하는 존재라고도 규정할 수 있을 것이다. 물론 정의가 제대로 되지 않은 개념을 사용하여 다른 개념을 정의한다면 논리적인 태도가 아니다. 하지만 생명과 죽음은 서로 떼어서 생각할 수 없는 불가분의 관계이므로 일단 비논리적으로 보이는 방법이지만 시작해 보자.

죽지 않는 존재가 있다면 그것은 생명이 아니다. 위의 정의에 의하면 이런 결론이 나올 수 있다. 하지만 과연 그럴까? 죽지 않는 존재가 있을 수 있을까?

나는 대장균을 처음 보았을 때 매우 놀랐다. 대장균은 살아 있는 동안 그 삶을 즐길 여유조차 없이 20분 만에 분열한다. 20분 후에 한 마리의 대장균이 똑같은 두 마리로 변한다. 40분 후에는 4마리로, 하룻밤 후에는 한 마리가 수십억 마리가 된다. 대장균에는 자연적인 죽음이 없는 것이다. 대장균의 삶의 목적은 그저 분열하는 것에 있을 뿐이다.

위와 같은 논리적 관점에서 본다면 대장균과 같은 박테리아는 죽지 않으므로 생명이 아니다. 물론 이는 극한 상황에서 죽는 것이 아니라 자연상태에서 정상적인 수명이 없는 것을 말한다.

이번에는 우리 몸을 이루는 세포를 생각해 보자. 우리 몸의 세포는 대장균보다 1,000배 이상 더 크다. 그 세포들이 셀 수 없이 많이 모여서 우리 몸의 각 기관을 이룬다. 우리의 몸을 이루는 각각의 세포들도 대장균과 같이 또 분열한다. 그래서 우리 몸의 장기를 이루고 있는 세포들은 분열하기도 하면서 자꾸 순환된다.

사람의 세포는 대장균과 같이 계속 분열하지 못한다. 분열할 때마다 텔로미어(telomere)라고 불리는 염색체의 말단에 있는 DNA들이 조금씩 파괴되고, 일정 수만큼 분열하면 텔로미어를 넘어서 염색체의 유전자들이 파괴되기 때문에 50번 정도 분열하면 스스로 아폽토시스(apoptosis)라고 불리는 죽음의 길을 선택한다. 텔로미어의 길이를 길게 할 수 있다면 세포의 수명은 길어질 것이다.

장기를 이루는 구성물질은 바뀌더라고 그 장기는 변함없이 그 형체를 이루고 있다. 그러나 비록 사람은 죽고 그 장기가 이식되어서 다른 사람의 몸속에서 역할을 잘 감당하더라도 그 장기를 생명체라고 하지는 않는다. 시체에서도 손톱과 발톱과 심지어는 수염도 조금씩은 자란다고 한다. 하지만 손톱과 발톱이 분열하여 자라더라도 아무도 그것을 생명이라고 하지 않는다.

오십 년 전 내가 초등학교 때는 나일론은 물과 공기와 석탄으로 만들어진다고 배웠다. 어린 마음에 그 말이 이해가 가지 않았다. 선생님도 시원한 설명을 해 주시지 않았다. 나중에 유기화학과 생화학을 배우면서 그 뜻을 알게 되었다.

나일론과 같은 유기합성물질은 주성분이 탄소, 수소, 산소, 질소이다. 나일론이 물, 공기, 석탄으로 만들어졌다는 얘기는 물을 이루고 있는 수소와 산소, 공기 속의 질소, 그리고 석탄의 탄소 성분이 나일론을 만드는 성분과 같다는 얘기이다. 그 당시 선생님들도 학생들도 그 의미는 전혀 모르면서 가르치고 배웠던 것이다. 유기합성물질뿐 아니라 생체를 구성하는 물질도 탄소, 수소, 산소, 질소로 이루어져 있다.

탄수화물의 순환과정을 살펴보자. 식물은 공기 중의 이산화탄소와 뿌리에서 흡수한 물을 햇빛에너지를 이용하여 결합시켜서 포도당을 만들고 이 포도당이 결합하여 탄수화물을 이룬다. 이 과정을 광합성이라 한다. 광합성 과정에서 부산물로 산소가 만들어져서 공기 중으로 내뿜어진다.

식물이 만든 탄수화물을 사람이 먹게 되면, 탄수화물 속의 탄소와 사람이 호흡으로 들이마신 산소(식물에 의해 만들어진)가 여러 가지 복잡한 과정 끝에 분해 된 후에 다시 결합하여 이산화탄소와 물로 변하여 체내에서 빠져 나오게 된다. 이 과정 속에 우리 몸을 움직이고 우리 몸의 여러 가지 반응을 일으키는 ATP라는 에너지 물질이 형성된다.

즉, 이산화탄소와 물이 햇빛에너지의 도움으로 식물에 의해서 탄수화물로 변환되고, 사람의 몸에서는 탄수화물이 여러 가지 과정을 거쳐서 다시 이산화탄소와 물로 빠져나가는 것이다. 사람에게 필요한 에너지는 근본적으로 햇빛에서 오는 것이다. 햇빛이 이산화탄소와 물이 포도당으로 만들어졌다가 다시 이산화탄소와 물로 만들어지는 과정 속에서 ATP를 만드는 것이다.

탄수화물이 분해되어 만들어진 아세틸코에이(acetyl CoA)라는 물질이 서로 결합하여 지방을 만들고, 탄수화물이 분해되면서 만들어지는 중간단계의 물질들과 질소가 결합하여 아미노산이 되고, 아미노산들이 연결되어 단백질을 이룬다.

결국, 나의 육체를 이루고 있는 탄수화물, 단백질, 지방들도 근본적으로는 보이지 않는 공기로부터 온 것이다. 내가 죽으면 흙 속의 미생물들이 내 몸을 분해하여 다시 나의 육체를 이루고 있는 물질들은 흙 속으로, 공기 속으로 흩어 놓을 것이다.

아기가 태어나 성장할 때까지는 몸 안의 탄수화물, 단백질, 지방의 양이 늘어날 수밖에 없지만, 그 후에는 평형상태를 유지한다. 나의 몸을 이루고 있는 물질들은 그렇게 평형상태를 이루면서 계속 새로운 것으로 교체된다. 새로운 탄수화물, 단백질, 지방으로 바뀌어 질뿐 아니라, 탄수화물, 단백질, 지방으로 이루어진 세포, 세포로 이루어진 조직과 기관들, 심장도, 간장도, 위도, 장도, 시간이 지나면 다 새롭게 바뀌어 나간다.

예를 들어서 나의 몸을 이루고 있는 물질 중 10년 전 나를 이루고 있는 물질은 하나도 남아 있지 않다. 10년 전 나를 이루고 있던 물질과, 지금의 나와, 앞으로 10년 후의 나를 이루고 있을 물질이 다 전혀 다른 물질이라면 나라는 존재를 어떻게 규정할 수 있을까? 10년 전 나는 흙 속에, 공기 중에, 물 속에 있었는데 지금은 나를 이루고 있다. 10년 후 지금의 나는 산산이 분해되어서 다시 공기 중으로, 흙 속으로 돌아가 있을 것이다.

10년 전의 나를 이루고 있는 물질과, 지금의 나를 이루는 물질과, 또 10년 후의 나를 이루는 물질과는 아무런 연관이 없지만 그 물질들은 변함없이 나라는 생명체의 일부분이기 때문에 하나의 관련을 갖게 된다. 그렇다면 이제 나라는 생명체를 정의할 수 있을 것 같다.

생명은 바로 내 속에서 이루어지는 통일성인 것이다. 서로 상관없는 물질들이 나라는 존재를 이루고 있다. 지금 공기 중에 있는 어떤 물질도, 흙 속에 있는 어떤 물질도 나라는 현재의 통일성을 만나면 생명체의 일부가 되는 것이다.

그 통일성은 영원하지 못해서 시간이 지날수록 10년 전과 10년 후를 똑같이 연결해 주지 못하기 때문에 우리는 늙어간다. 그러다가 어느 순간에는 1분 전의 나와 1분 후의 내가 하나의 통일성으로 연결이 되지 못한다. 바로 죽음이다.

다시 생명체와 죽음을 정의해 보자. 생명은 하나의 박테리아가, 하나의 세포가, 하나의 조직이, 하나의 장기가 이루지 못하는 통일성이나. 과서의 나를 이루는 물실과 현재의 나를 이루는 불실을 하나의 존재로 연결해 주는 것이 통일성이다. 그 통일성이 점차적으로 무너져 가고 있는 상태를 늙음이라고 하고 통일성이 완전히 깨어진 상태를 죽음이라고 한다.

파괴되어질 통일성이 없는 존재에게는 죽음이 찾아올 수 없다. 다시 말하면 죽음이 기다리고 있는 존재만이 생명체라고 말할 수 있다. 결국 한 바퀴 돌다 보니 원래의 정의로 돌아오게 되었다.

7) 예정된 죽음

대장균은 20분마다 분열한다. 한 마리가 두 마리로 분열하고 두 마리가 네 마리가 분열한다. 영양조건이 충분하다면 하룻밤사이에 한 마리의 대장균이 수천억 마리로 늘어난다. 그 수천억 마리의 대장균은 유전인자를 비롯하여 모든 면에서 동일하다.

사람의 세포는 어떠할까? 사람의 몸을 이루고 있는 눈에 보이지 않는 체세포 하나하나가 대장균보다 1,000배 정도 더 크다. 이 거대한 세포도 역시 분열한다. 그러나 대장균과 같이 하나의 세포에서 분열한 세포들처럼 모든 면에서 동일할까?

사람의 세포를 밑이 넓은 접시형태의 배양기에서 키우다 보면 흥미 있는 현상을 발견하게 된다. 처음에는 세포가 분열하여 바닥에 얇게 깔리기 시작한다. 세포의 수가 많아져서 벽에 닿기 시작하면 세포는 억제되어 더 이상 분열을 하지 못한다. 즉 사람의 세포는 배양접시의 한 겹 이상을 채우지 못 하는 것이다.

이러한 성질은 매우 중요하다. 예를 들어서 사람의 간(肝)세포

(liver cell)를 생각해 보자. 간이 차지해야 하는 위치와 크기가 있다. 간이 한없이 분열해서 너무 커져서 위가 차지해야 하는 부분까지 점령해서는 안 될 것이다. 즉, 인간의 세포는 어느 정도 자라면 더 이상 자라지 못하도록 조절된다. 간세포가 갖고 있는 또다른 중요한 성질이 있다. 간세포는 일정한 수명이 있다. 대장균과 같이 영양조건이 충분하면 한없이 분열하는 것이 아니라 간세포는 50번 정도 분열한 후에는 더 이상 분열하지 못하는 것이다.

몸의 새로운 조직은 체세포가 분열하면서 새로운 체세포를 만들면서 생긴다. 분열된 체세포는 여러가지 면에서 동일하게 보이지만 어느 순간부터는 더 이상 분열할 수 없게 되는 것이다. 즉 마치 누군가에 의해 프로그램 되어 있는 듯이 세포에 내재되어 있는 수명이 있는 것이다.

그런데 어떤 이상한 세포가 나타나서 막 자라기도 한다. 이 세포는 벽에 닿아도 억제되지 않고 계속 분열하여서 두 겹 세 겹으로 바닥을 채우기 시작한다. 어느 시간이 흐른 후에 보면 처음 많았던 정상세포는 다 어디 가고 그 이상한 세포만이 남게 된다.

바로 암세포인 것이다. 때문에 간에서 암세포가 생기면 50번뿐 아니라 한없이 분열한다. 한없이 자랄 뿐 아니라 혈액을 통해서 다른 조직으로 가서 그곳에서 또 한없이 분열하기 시작하여 어느덧 정상적으로 분화된 세포들은 다 없어지고 제대로 세포의 역할을 하지 못하는 암세포들만 남게 되어 개체는 어느덧 죽음에 이르게 되는 것이다.

 염색체는 분열할 때마다 길이가 짧아진다. 그것을 방지하기 위해서 염색체 말단에 텔로미어(telomere)라는 의미없는 긴 DNA가 존재한다. 세포가 분열을 반복하면서 텔로미어가 어느 정도 이상 짧아지면 텔로미어가 더 이상 방어를 하지 못하고 이제 분열할 때마다 염색체의 유전자가 파괴되기 시작한다. 그렇게 되면 세포가 죽음의 길로 들어간다.

 세포에는 텔로미어의 길이를 다시 길게 하는 텔로미라제라는 효소가 있다. 하지만 텔로미라제는 일반 세포에서는 작동하지 않고 암세포와 생식세포에서만 작동한다. 텔로미라제에 의해 암세포는 내재된 수명이 없기 때문에 한없이 분열한다. 생식세포에 텔로미라제가 작용하지 않으면 우리는 부모가 남겨놓은 텔로미어에 제한되는 수명만 살 수 있다. 지금은 극복되었지만, 처음 복제된 체세포복제동물 돌리의 수명은 매우 짧을 수밖에 없었다.

 진화론적 관점에서 바라볼 때 의문점이 생긴다. 진화의 목적이 더 나은 개체의 형성에 있다면 왜 사람은 암세포와 생식세포와 같이 수명이 제한되지 않은 세포를 사용하지 않고 일정한 수명이 있는 세포를 사용할까? 세포는 왜 그 자체에 일정한 수명을 갖고 있을까?

8) 진화론적 죽음의 재구성

진화론적으로 이 사건을 다시 바라보자. 박테리아에서 염색체가 있는 세포로 진화하는 순간이 있었을 것이다. 그런데 만들어진 세포에 텔로미어를 처음부터 만들어 놓지는 않았을 것이다. 그러면 그렇게 만들어진 세포는 수명이 매우 짧아서 몇 번 분열한 후 죽게 된다. 다시 진화를 시작해야 할 것이다.

이번 진화는 수도없이 다시 만들어짐을 반복하면서도 생존을 위해서 텔로미어가 있는 진화를 선택해야 할 것이다. 이렇게 만들어진 텔로미어에 의해서 삶은 늘어났지만 텔로미어의 길이에 한정되는 죽음은 그대로 존재하게 되었다. 그래서 모든 만들어진 존재가 어느 정도 분열하면 사멸하게 된다.

이제 텔로미어뿐 아니라 텔로미라제의 존재가 반드시 필요하다는 것을 알게 되었다. 무한대의 시간 속에서 다시 진화를 반복한 결과 드디어 텔로미어와 함께 텔로미라제가 있는 존재가 나타났다. 이번 진화는 완벽한 것 같다.

하지만 텔로미라제로 죽음을 극복한 이후, 또 문제가 생겼다. 오래 살게 되면 DNA뿐 아니라 오래된 단백질과 같이 세포의 노폐물의 축적이 동시에 진행될 것이다. 차라리 오래된 세포가 죽고 새로 세포를 만드는 것이 나을 수 있다.

진화는 처음부터 세포가 아니라 전체를 생각해야 한다. 그래서 전체의 입장에서 죽음을 극복하기 보다는 생식세포를 제외하고 일반 세포에서는 텔로미라제의 발현이 억제되어 수명이 한정되는 개체의 죽음을 선택하게 되었다.

이것은 현재의 진화론에 입각해서 시행착오 끝에 생명과 죽음이 만들어지는 것을 재현한 시나리오라고 할 수 있다. 세포 내에 예정된 죽음이 있기에 그 세포들로 이루어진 개체에게도 예정된 죽음이 있다. 역사적으로 어느 누구도 죽음을 피할 수 없었다.

모든 장애를 무한대의 시간으로 다 극복했다는 진화. 진화가 쉽게 일어나기 위해서 제일 먼저 극복해야 했었던 죽음. 그리고 죽음을 회피하는 것은 살펴보았듯이 진화론적으로 상대적으로 매우 쉽게 보인다. 그러나 인류의 역사가 시작된 이래로 아무도 늙어 가는 과정과 죽음에 이르는 길을 피할 수 없었다.

어쨌든 수명을 한정해서 존재의 사멸이라는 죽음이 찾아온다면 어떻게 진화가 진행될 수 있었을까? 인간의 수명과 관련된 진화과정 만으로도 의문이 생긴다. 죽음이 찾아오는 상황에서의 진화라는 과정을 더 과학적으로 이해해보자.

9) 남자와 여자

죽음이라는 과정을 생식이라는 과정과 함께 생각해 보자. 생물에게 죽음이라는 과정이 없다면 생식이라는 과정 역시 없을 것이다.

우리가 죽을 수밖에 없기 때문에 우리는 우리의 유한한 삶의 한계를 생식이라는 과정을 통하여 극복하는 것이 아닌가? 그런 의미에서 우리가 죽어야 한다는 사실과 우리가 아이를 낳고 자손에게 우리의 형질은 물려줘야 한다는 사실은 분리할 수 없는 동전의 양면에 불과하다고 볼 수 있다.

인류의 역사를 통하여 많은 사람들이 죽음이 무엇인가를 생각해 보고 그것을 극복하고자 노력하였다. 진시황은 인간으로서 누릴 수 있는 모든 영화와 권력을 누렸다. 그것을 앗아가는 죽음이라는 과정을 피하고자 불로초를 찾았으나 그의 모든 권력으로도 죽음을 향하여 늙어 감을, 다가오는 죽음을 피할 수 없었다. 어떤 인간도 다가오는 죽음을 피할 수는 없었던 것이다.

독일의 유신론적 실존주의 철학자인 야스퍼스는 인간의 죽음 앞에서 일회적이고 유한한 삶의 한계를 역사라는 행위를 통하여 극복하고 있다고 표현하였다. 야스퍼스의 말을 생물학적으로 다시 표현하면, 우리의 자손을 통하여 이어지는 그 삶을 통하여 우리는 영원히 살아가고 있다는 것이다. 바로 죽음 앞에서의 우리의 한계를 말하고 있다. 그런데 인간은 왜 죽어야 하는가?

흙을 이루는 간단한 성분에서 이렇게 만물의 영장으로 진화하기까지의 변화는 과학적으로 설명이 불가능할 정도로 복잡하고 미묘한 것이라고 볼 수 있다. 어쨌거나 우리는 생물이 진화하는 데 장애가 되는 어떤 장애물도 극복하여 만물의 영장이라고 하는 인간에까지 이르렀다. 또한 무한대의 시간선상에서 보았을 때, 진화가 이루지 못할 일은 하나도 없을 것 같다. 그러나 그렇게 모든 것을 해결하는 만병통치의 약인 진화도 죽음을 벗어나지 못했다.

진화가 죽음을 피할 수 없다면 그러면 어떻게 해야 할 것인가? 생식이라는 우회적인 방법으로, 개체는 없어지지만 종족은 보존하는 대체적인 방법을 만들어 낸 것인가?

생식이라는 과정은 또 무엇인가? 진화는 개체의 생존에 유리한 방향으로 진행된다. 그렇다면 진화에 가장 유리한 형질은 개체가 오래 사는 방향일 것이다. 개체가 죽지 않게 된다면 그보다 더 바람직한 진화의 방향은 없을 것이다.

그러나 진화의 방향은 생물이 죽음을 극복하는 쪽으로보다는 자손에게 못 다한 일을 물려주는 쪽으로만 진행되어 온 듯싶다. 더군다나 생식이라는 과정은 개체의 생존과는 아무런 상관이 없다. 개체는 사라지고 오로지 종족만이 살아남는 것이다. 개체는 죽어 없어지지만 종족을 보존하기 위하여 생식이라는 과정이 자연적으로 생겨날 수 있을까?

진화론적으로 죽음과 생식이라는 과정을 다시 정리해 보자. 개체의 생존에 가장 유리한 방향으로의 진화의 방향은 죽음을 극복하는 일이다. 그러나 죽음이라는 과정은 도저히 극복이 불가능하였다. 그래서 생식이라는 과정이 대신 생겨났다. 개체의 죽음은 피할 수 없지만 생식을 통한 종족의 보존은 가능했기 때문이다. 그럴듯해 보이지만 이 개념은 큰 모순을 간직하고 있다.

진화론에 따르면 하등생물은 단성생식을 하지만, 진화의 높은 단계에 있는 모든 생물은 양성생식을 한다. 즉, 암컷과 수컷이 따로 있어서 생식을 하는 것이다. 죽음을 극복하지 못하였을 때 개체의 수명은 매우 짧을 수밖에 없다. 진화론적인 시간으로 말하면 아무리 간단한 진화도 개체의 일회적인 삶 속에서 일어나기는 어렵다.

다시 말하면 개체가 우연히 생겨서 진화했다고 가정할 때, 어느 순간 그 개체가 생식이라는 과정을 개체의 일회적이고 유한한 삶의 기간에, 즉 그 개체의 생존기간에, 개발해 내지 못한 개체는 더 이상 진화할 수 없게 되든지, 사멸할 수밖에 없는 것이다.

생식이라는 과정이 얼마나 복잡하고 미묘하며 신비한 과정인지를 모르는 사람은 없을 것이다. 하지만 그 복잡한 생식기관은 처음부터 완벽하게 만들어져야 한다. 오늘날 불임부부가 거의 10%에 달함을 생각할 때, 처음부터 생식기관이 완벽하지 않다면 제대로 된 자손을 만들 수 없음은 자명하다.

'불완전하게나마 만들어서 차차 보완해 가자' 하는 진화론적 방법은 적어도 생식과정에는 통하지 않는다. 생식기관은 처음부터 완벽하지 않으면 써 먹을 수 없다. 길게 잡아서 천 년을 살 수 있는 개체가 생겨나더라도 진화의 관점에서는 그 개체의 생존기간에 완벽한 생식기관을 만들어내기에는 시간이 너무 짧다.

생식기관이 진화론적으로 생기기 위해서는 또 하나의 큰 문제점이 있다. 생식을 위해서는 상대방이 필요하다는 점이다. 처음부터 완벽한 생식기관이 생겨야 할뿐 아니라, 또 다른 기막힌 우연으로 자기의 생존에는 아무런 도움이 되지 않지만 복잡 미묘한 생식을 위한 기관들을 다 갖춘 개체가 따로따로 생겨나야 한다는 점이다. 남자와 여자가 갖고 있는 복잡한 생식기관들은 자기에게는 아무 필요가 없는 기관이며 오직 상대방이 있을 때만 의미를 갖게 된다.

진화론적으로 암수가 이루어지는 단계를 다시 표현해 보자. 우연히 암수가 이유없이 각자의 복잡한 생식기관을 가지고 어느 순간 지구상에 생겨났고, 그런데 우연하게도 그것들은 각자에게는 전혀 필요없는 거추장스러운 기관이 생겼는데 그 기관들을 이용하여 후손을 만들 수 있게 되었다.

이 세상에 남자와 여자가 존재하게 된 것은 우리가 알고 있는 진화론으로는 설명이 불가능하다. 진화가 과학적으로 불가능하다는 것은 다음의 더 큰 모순을 통해서 다시 느껴보자.

10) 닭이 먼저인가, 달걀이 먼저인가?
닭이 달걀을 낳고 달걀에서 닭이 태어난다. 닭이 있어야지 달걀이 있을 수 있고, 달걀이 있어야 닭이 태어날 수 있다. 도저히 어느 것이 먼저인지를 선택할 수 없을 것 같다.

생체를 이루는 여러 가지 물질들이 많이 있지만 가장 중요한 두 가지를 든다면 단백질과 DNA라고 말할 수 있을 것이다. DNA는 단백질을 만드는 정보를 담고 있는 설계도라고 볼 수 있으며, 단백질은 그 설계도에 의해서 만들어져 실제로 물건을 만드는 공작기계라고 볼 수 있다. 나머지 탄수화물과 지질 등은 물과 포도당 등이 단백질에 의해 분해되어 만들어질 뿐이다.

단백질은 20개의 다른 아미노산으로 이루어지며, 각 아미노산의 배열순서에 따라 단백질의 삼차원적 구조가 만들어지는데, 단백질마다 다른 구조를 갖고 또 각 구조마다 다른 특정한 기능을 갖게 된다.
DNA는 아데닌, 시토신, 구아닌, 티민의 4개의 다른 염기로 이루어지며 3개의 염기가 하나의 아미노산의 정보를 갖는다. 3개의 염기가 나타낼 수 있는 정보의 수는 $4^3=64$이기 때문에 20개의 아미노산을 여유 있게 표현할 수 있다.

단백질이 아미노산의 배열정보에 따라 서로 다른 구조를 나타내며, 구조마다 다른 특정한 기능을 갖는 반면에, DNA는 이중나선이라는 단 한가지의 구조만을 가지며 단지 염기의 배열에 따라 단백질을 만들 수 있는 정보만을 갖고 있다. 마치 컴퓨터가 이진법에 의해 무한대의 정보를 표현하는 것과 같다.

인간 제놈프로젝트가 밝히는 유전자의 수는 약 3만 개 정도로 짐작되고 있다. 각 유전자는 단백질을 만드는 DNA 염기서열로 표현되는 정보를 담고 있다. DNA의 염기서열에 담겨져 있는 유전정보는 리보솜이라는 세포 내 기관에서 아미노산의 정보로 바뀌어 단백질로 합성된다.

생체에서 일어나는 모든 반응은 특별히 효소라는 단백질에 의해서 일어난다. 효소만 있으면 공기와 물을 바탕으로 생체에 필요한 어떤 물질도 만들 수 있다. DNA마저도 효소에 의해 만들어지고, 탄수화물과 지질도 효소에 의해 만들어진다.

하지만 효소는 일정한 수명이 있어서 일정시간이 지나면 파괴된다. 따라서 효소가 계속 만들어지기 위해서 언제든지 필요할 때면 만들 수 있는 설계도가 필요하다. 효소를 만드는 설계도는 바로 DNA의 배열순서에 담겨져 있다. DNA는 핵 안에 존재하며 세포의 수명이 다하도록 안정하다.

즉, 생체에서는 DNA에 단백질을 만드는 정보가 담겨져 있고, 단백질에 의해 DNA가 만들어지고 있다. 그렇다면 태초에 DNA가 먼저 만들어졌을까? 단백질이 먼저 만들어졌을까? 이것은 닭이 먼저인가? 달걀이 먼저인가? 하는 것과 똑같은 질문이라고 볼 수 있다. 실제로 달걀에는 닭을 만들 수 있는 정보가 DNA에 담겨져 있고, 닭에 필요한 단백질들이 DNA로부터 발현되어서 닭이 만들어지고 닭으로서의 특성을 유지하게 된다. 그리고 닭의 생식기관에서 달걀이 만들어진다.
즉, 닭이 먼저라고 주장하는 사람은 태초에 단백질이라는 기능이 먼저 만들어졌으니 진화했다고 주장하는 셈이고, 달걀이 먼저라고 주장하는 사람은 태초에 DNA라는 설계도가 먼저 만들어졌으니 창조되었다고 주장하는 셈이다.

11) 단백질로부터 DNA의 형성

설계도가 먼저인가? 작동하는 기계가 먼저일까? 진화론적 설명에 의하면 아미노산들이 우연히 오랜 시간에 걸쳐 합성되어 반응을 촉매하게 되었고, 그렇게 형성된 단백질의 촉매반응에 의해서 다른 모든 반응들이 점차적으로 일어나게 되었다고 설명한다. 즉, 진화론은 닭이 먼저 만들어졌고 달걀은 필요에 의해 나중에 만들어졌다고 설명한다.

최근에는 DNA도 아니고 단백질도 아니고, RNA라는 물질이 최초로 만들어졌다는 견해마저 튀어나오고 있다(catalytic RNA). 하지만 이 경우에도 결국은 같은 의문점에 도달하게 된다.

단백질은 불안정하기 때문에 오랜 시간에 걸쳐서 어떤 기능을 하는 단백질이 우연히 만들어졌더라도 시간이 지나면 파괴된다. 또 같은 단백질이 자연적으로 만들어지기까지는 다시 한없는 오랜 시간이 걸릴 것이다. 그래서 생체는 필요할 때 쉽게 단백질을 만들기 위해서 DNA라는 설계도를 만들게 되었다.

이것이 진화론적인 설명이다. 하지만 말로는 이렇게 쉽지만 단백질의 아미노산의 배열에 해당하는 DNA의 배열을 설계도로 만드는 것은 그렇게 간단하지 않다. 우선 그 역반응인 생체 내에서 DNA로부터 단백질이 만들어지는 과정을 살펴보자.

먼저 핵 안에 있는 설계도인 DNA는 계속 간직되어야 하기 때문에, DNA의 정보는 mRNA(messenger RNA)라는 DNA와 비슷한 물질에 담겨져 핵밖에 있는 리보솜이라는 세포 내 기관으로 이동한다. 리보솜에서는 t-RNA(transfer RNA)라는 물질에 의해서 DNA의 정보는 특정한 아미노산의 배열로 바뀌게 된다. t-RNA의 한 쪽에서는 특정한 DNA의 정보를 읽어낼 수 있게 되어 있고, 다른 한 쪽에는 그 DNA의 정보에 해당하는 특정한 아미노산이 결합하게 된다. 즉, t-RNA는 DNA의 정보와 아미노산의 정보를 모두 갖고 있기 때문에 DNA의 정보를 아미노산의 정보로 전환시켜 줄 수 있는 것이다.

DNA의 정보로부터 단백질이 합성되는 과정이 제대로 이루어지기 위해서는 적어도 200 종류 이상의 단백질과 RNA가 한 치의 오차도 없이 협력하여야 한다. 단백질의 합성 과정은 체내에서 일어나는 반응 중 가장 복잡한 시스템으로 알려져 있다.

실제로 세포내에서 필요한 에너지의 40% 정도가 단백질을 합성하는데 쓰여 질 정도로 세포는 단백질을 만드는데 총력을 기울이고 있다. 하지만 200 종류의 단백질과 RNA 중, 한 개만 역할을 제대로 하지 못해도 단백질이 만들어지지 못하든지, 구조가 잘못 이루어진 변형된 단백질이 만들어질 수 있다. 구조가 변형된 단백질은 원래의 기능을 하지 못한다.

이는 처음부터 단백질 합성에 필요한 200 종류 이상의 물질이 완벽하게 존재하여야만 DNA와 단백질의 정보는 서로 연결될 수 있다는 것을 의미한다. 부족한 대로 단 몇 가지의 필요한 물질만 갖고

DNA의 정보를 단백질로 만드는 것은 불가능하다.

진화가 계속적으로 이루어지기 위해서는 그 역반응, 단백질 구조의 정보가 일차원적인 DNA의 배열순서로 바뀌는 일이 있어야 한다. 그렇지 않으면 백만 년에 걸쳐서 우연히 만들어진 단백질은 순식간에 파괴되고, 다시 우연히 단백질이 만들어지기까지 몇 백만 년을 기다려야한다(실제로는 백만 년이라는 세월도 한 개의 단백질이 우연히 만들어지기까지에 부족할 수 있다. 진화는 무한대의 시간에서 어떤 일도 가능하다고 본다).

단백질은 아미노산의 배열에 따라 특정한 구조를 형성하며, 그 구조에 의해 특정한 기능을 갖는다. 놀랍게도 아직 현재 과학의 수준으로는 단백질의 아미노산의 배열 순서를 다 알게 되더라도 그 단백질이 어떤 구조를 하게 될 지, 또 어떤 기능을 할지에 대해서 예측이 불가능하다. 그러한 예측을 정확하게 할 수 있다면 당장 노벨상을 받을 것이다.

만약 진화론의 설명과 같이 어떤 기능을 하는 특이한 구조의 단백질이 우연히 생긴 후에 그 단백질을 다시 만들 수 있는 정보인 DNA의 배열 순서를 만들기 위해서 어떤 일이 일어나야 할 것인가? 실험실에서 일을 한다면 먼저 단백질의 아미노산의 순서를 결정하여야 하고, 그 각각의 아미노산에 해당하는 DNA의 염기서열을 정한 후, 염기서열에 맞게 DNA를 각각 연결해야 한다.

DNA를 정확하게 순서에 맞추어서 연결하는 일은 저절로 일어나는 일이 아닐뿐 아니라 화학적으로도 매우 복잡한 일이어서 DNA를 연결할 수 있는 방법을 개발한 학자는 노벨화학상을 받았다. 그런데 자연은 어떻게 단백질의 삼차원적인 구조를 DNA라는 완전히 다른 정보체계로 전환시킬 수 있었을까? 그런 일이 자연적으로 일어났다면 수없이 많은 자취들(단백질 합성 과정의 예와 비교하면 적어도 세포에서 합성에너지의 40%이상을 소모하는 200개 이상의 거대 효소단백질과 RNA를 포함하는 시스템)이 어딘가에서 발견되어야 하는데, 실제로 그러한 자취는 자연계 어디에서도 발견되지 않았다.

진화론에서와 같이 우연으로 특정기능을 하는 단백질이 만들어졌다고 가정하자. 이렇게 만들어진 단백질의 삼차원적 구조를 DNA라는 정보체계로 바꾸는 일은 상상하기 힘들 정도로 복잡한 시스템일 것이다. 어떻게 그런 일이 이루어졌을까? 어떤 상상도 떠오르지 않을 정도이다. 진화는 '무한대의 시간 속에서 이런 복잡한 시스템이 우연히 나타나서 단백질의 3차원적 구조의 정보를 DNA의 염기서열 안에 담아놓았다'고 설명할 수밖에 없다. 사실 진화론은 이런 미묘한 부분은 질문을 던지지도 않는다.

12) DNA로부터 단백질의 형성

과연 진화가 얘기하듯 단백질이 먼저일 수 있는가? 살펴보았듯이 과학적으로 있을 수 없는 일이지만 한 가지 단백질의 3차원적 구조정보가 우연히 DNA로 옮겨졌다고 가정해보자.

인간 제놈프로젝트에 의하면 사람에게는 3만 개 정도의 유전자가 있는 것으로 추정된다. 3만개나 되는 단백질의 정보가 각각 모두 우연히 유전자의 DNA 정보로 옮겨질 수 있었단 말인가? 더구나 만들어진 DNA들은 자체로는 아무런 의미도 없고 오직 단백질을 만들 수 있는 정보만을 담고 있다. 아무런 의미 없는 DNA들이 어떻게 합성이 되었는데, 알고 보니 우연의 일치로 그것이 단백질의 아미노산 배열의 정보를 담고 있다? 그런 일은 어떤 가정을 하더라도 가능할 것 같지 않다. 남자와 여자가 한 세대 안에 만들어져야만 하는 것보다 더 황당한 이야기이다.

어쨌든 무한대의 시간 속에서 단백질의 구조 정보를 담고 있는 DNA가 모두 만들어졌다고 하자. 이제는 DNA로부터 단백질이 차질없이 만들어지는 새로운 시스템(200 종류 이상의 거대 물질들의 시스템)도 또 만들어야 한다. DNA가 간신히 만들어진 상태에서 이 복잡한 단백질 합성 시스템을 진화라는 긴 시간 속에서 또 만들어야 한다.

무한대의 시간 속에서 진화는 드디어 DNA로부터 단백질이 만들어지는 과정을 또 만들어냈다. 이제 단백질로부터 DNA를 만들었던 거대한 시스템은 사라져야 한다. 실제로 세포에 단백실로부터 DNA라 만들어졌던 진화의 과정은 어떤 자취도 없다. 자취가 없이 사라진 것인가? 아니면 원래 그런 것은 없었던 것인가?

현대과학은 이러한 의문점에 대해서 그럴듯한 가설조차도 제시하지 못하고 있다. 단백질이 먼저 만들어지고 단백질 구조를 담는 정보를 염기배열순서에 담는 일은 불가능하다는 것을 확인했다. 그렇지 않다면 또 다른 가능성은 창조론에서 얘기하듯 DNA가 먼저 만들어진 것인가?

많은 사람들이 현대과학의 수준이 설마 아미노산의 배열 순서를 다 알더라도 단백질의 구조조차 예측할 수 없는 수준밖에 되지 않을까 의아해 할 것이다. 그렇기 때문에 19세기 생명을 분자수준에서 전혀 이해하지 못하던 시절에는 과학적으로 여겨졌고 절대 진리로 받아들여졌던 진화론은 분자생물학이 발전함에 따라 예측했던 바와 같이 점차로 증명되기보다는 오히려 의문점만 쌓여가고 있다.

13) 허수공간에 형성된 질서

수업시간에 처음 닭이 먼저인가 달걀이 먼저인가 물어보면 거의 반반 갈라진다. 닭이 먼저라는 것은 단백질이라는 기능이 필요에 의해서 먼저 만들어졌다는 진화론적인 견해이고, 달걀이 먼저라는 것은 모든 단백질을 만들 수 있는 설계도가 이미 DNA에 내재되어 있었다는 창조론적인 설명이다.

앞에서 살펴본 바와 같이 진화의 모순점을 지적하고 다시 같은 질문을 하면 달걀이 먼저였다는 견해가 많아지지만 닭이 먼저였다는 견해를 끝까지 지지하는 학생들도 많다.

학생들에게 내가 진화론자인가, 창조론자인가 물어보면 당연히 창조론자라고 하겠지만 나는 진화론자이기도 하다. 나는 우리가 알고 있는 물질적 관점으로는 도저히 있을 수 없는 일이지만 실제로 세상에서 일어난 사실(fact)을 인정하기 때문이다.

진화와 창조, 모두 나타난 사실을 설명하려는 노력이다. 진화론이 좀 더 과학적인 표현을 사용하기 때문에 증명된 이론으로 보이지만, 현대과학의 패러다임인 물질주의 관점으로는 증명되지 않은 가설이라는 점에서는 두 가지 모두 다를 바 없다.

새 패러다임 과학은 진화와 창조라는 양 극단에서 선택하지 않는다. 새 패러다임 과학에서는 진화와 창조가 만난다. 허수공간이 바로 신의 영역이고 허수공간의 질서가 바로 진화로 이어지는 것이다.

과거의 창조 순간뿐 아니라 지금도 허수공간에서 형성되는 3D파동에 의한 장에 의해서 유전자의 표현양식이 달라질 수 있다. 러시아의 장칸젠은 달걀로부터 오리의 형질을 전사하여 물갈퀴가 있는 닭을 만든 바 있고 스위스의 구이도는 태고의 유전자를 정전장에 의해 다시 발현할 수 있었다.

인간 제놈프로젝트에 의하면 인간의 유전자의 수는 약 3만 개 정도인 것으로 알려져 있다. 각각의 유전자는 주어진 상황에서 발현을 하든지 말든지 두 가지의 가능성이 있다. 3만 개의 유전자가 표현할 수 있는 형질은 약 $2^{30000}=10^{10000}$가지이다. 이는 상상할 수 없이 많은 숫자이다.

이 유전자를 조합하면 무엇이든지 만들어낼 수 있다. 예를 들어 닭에 있는 유전자의 거의 대부분을 사람도 갖고 있다. 그렇다면 사람의 유전자에 닭이 만들어지는 패턴을 집어넣을 수 있다면 사람의 유전자로부터 닭이 만들어질 수도 있을 것이다.

14) 전체와 부분의 대화

전체가 먼저일까 부분이 먼저일까? 진화론은 이런 답이 없는 질문은 던지지 않는다. 과학도 마찬가지로 답이 있는 질문만 한다. 그렇게 해서 패러다임이라는 우물 안에서의 삶이 형성되는 것이다. 학교가 먼저일까 학생이 먼저일까? 진화론은 학생이 먼저라고 생각하지만 새 패러다임의 과학은 학교가 먼저라고 생각한다. 부분보다 전체가 먼저인 것이다.

하나의 수정란으로 시작한 인체의 조직은 거의 300개에 달한다. 수정란이 300개의 다른 종류의 세포로 변했을 뿐 아니라 각 조직은 3차원적으로 자기의 위치에 존재하게 된다. 예를 들어서 간은 간세포로 이루어졌고 간의 위치에서만 간세포가 만들어진다. 전체의 생명체가 없이 간세포가 독자로 존재할 수가 있을까? 당연히 간은 전체가 있을 때만 간으로서 기능을 하게 된다.

진화론적으로는 전혀 설명할 수 없지만 당연히 전체가 먼저 존재해야 간의 필요성도 생긴다. 인체의 장부가 먼저 존재하게 되고 그것이 모여서 전체라는 생명체를 이루게 된다는 것은 논리적이지 않다. 현대과학이 이해할 수는 없지만 분명히 전체가 먼저일 것이다.

그렇다면 전체라는 존재는 어디에서 생겨났을까? 새 패러다임 과학은 허수공간에 허체로서 존재한다고 설명한다. 전체가 허수공간에 먼저 디자인되고 장부라는 부분이 그리고 장부를 이루는 세포들이 디자인 되고, 허수공간에 디자인된 허체는 물질공간에 물리적 실체로 언젠가 형성된다. 생명은 끊임없이 부분과 전체와 대화하면서 균형을 유지하는 것이다. 그 균형이 깨질 때 질병이 생기고 죽음에 이르게 된다.

  생명은 전체와 부분의 대화이다. 바로 우주와 생명이 홀로그램이기 때문에 전체와 부분의 대화가 가능한 것이다. 홀로그램은 부분에 전체의 모습이 담겨있는 특성을 지닌다. 홀로그램에서는 전체와 부분이 하나이다. 허수공간은 근본적으로 시간과 공간이 없다.
  바로 홀로그램의 세계이다. 생명체의 모든 장부가 세포가 물질이 물리적 실체이지만 허체로도 존재하고 있고 허수공간을 통해서 홀로그램으로 연결되어 있는 것이다.

  15) 새 패러다임 창세기
  종교와 과학은 진리를 추구하고 있지만 서로 대립하고 있다. 하지만 새로운 패러다임의 과학에서는 종교와 과학은 하나로 만난다. 여태까지 3D파동으로만 설명했다. 이제 3D파동과 허체이론을 이용해서 성경의 창세기를 다시 표현해 본다.

  16) 빛이 있으라 하심에 빛이 있었고(창세기 1장 3절)
  여기서 빛은 아인슈타인의 $E=MC^2$으로 표현되는 물실을 만드는 빛이 아니라 관계를 형성하는 빛이다. 바로 3D파동이라고 할 수 있다. 태초에 모든 것을 만들어 낼 수 있는 다양한 생명들의 설계도가 허수공간에 만들어졌다. 그 설계도는 허수공간에 3D파동으로 허체라는 질서를 형성한다. 허체라는 질서에 의해서 세상의 물질이 만들어지고, 물질들의 관계가 형성되기 시작하였다.

땅의 흙으로 사람을 지으시고 생기를 그 코에 불어넣으시니 사람이 생령이 되니라(창세기 2장 7절)

허체의 질서에 의해서 먼저 전체가 만들어지고, 전체를 형성하기 위한 모든 부분도 동시에 만들어진다. 허체라는 질서로부터 물리적 실체를 형성하기 위해서 DNA와 단백질이라는 거대물질도 각각의 허체로부터 형성되었고 유전자도 오랜 시간에 걸쳐서 만들어졌다. 허수공간에 형성된 각각의 생명체가 만들어지는 질서에 의해서 각각의 생명체들이 순서대로 만들어졌고 마지막으로 사람도 형성되었다.

신은 실수공간이 아니라 허수공간에 존재할 것이다. 불교에서는 허수공간을 공(空)으로 표현했다. 현대과학은 색(色)만을 바라보고 있다. 민족의 경전이라고 할 수 있는 천부경도 시작도 끝도 없는 허수공간을 표현하고 있다. 색이라는 물질세계의 우물을 벗어날 때 새로운 패러다임 과학에서 과학과 종교가 대립없이 만날 수 있을 것이다. 재세이화의 과학이다.

17) 물질가설과 새 패러다임의 과학

과학에서 진리인 것처럼 알려지고 있는 수많은 사실들이 사실은 가설에 불과한 경우가 많다. 가장 큰 가설이 바로 물질가설이다. 현대과학과 의학은 이 세상이 물질로 이루어지고, 생체반응도 모두 물질간의 만남으로 바라본다. 새 패러다임 과학은 그 가설이 근본적으로 틀렸다는 것을 보여준다.

20세기 최고의 수학자라고 일컬어지는 오스트리아의 괴델은 〈불완전성 정리〉를 통해서 어떤 명제가 참이면서도 참인지의 여부를 그 패러다임 안에서는 항상 증명할 수 있지 않다는 것을 수학적으로 이미 증명한 바 있다. 새로운 명제의 진위를 구별하기 위해서는 더 높은 패러다임에서 바라보아야 하는 것이다. 그렇기 때문에 끊임없이 새로운 패러다임이 등장할 수밖에 없는 것이다. 우리는 물질주의라는 현대과학의 패러다임을 벗어나는 새 패러다임을 제시한다.

18) 도망자 로간

오래전 도망자 로간이라는 영화가 있었다. 핵전쟁 이후 인류가 돔에서 살게 되었다. 하지만 돔에는 젊은 사람들 밖에 없다. 30세가 되면 아름다운 낙원으로 가는 행사를 한다. 모든 사람이 모여 지켜보는 가운데 30세에 도달한 젊은이들을 공중에 띄어놓고 강한 레이저광선을 발사해 공중분해하고, 지켜보는 사람들은 낙원으로 간 젊은이들에 대해서 박수를 치고 환호를 한다.

사실은 돔에 일정한 수의 사람들만 살 수 있기 때문에 30세가 되면 모든 사람들을 죽여 버리는 것이다. 돔에는 이러한 것들이 모두 거짓이라고 생각하는 사람들도 물론 있었고, 그들을 제거하기 위해서 추적하는 추적자도 있었다. 로간은 원래 도망자들을 추적하는 추적자였는데, 어느날 진실을 알게 되었고, 오히려 도망자 쪽 사람이 되어버렸다.

로간과 같이 도망자들을 추적하던 파트너에게 돔의 지배자들로부터 출두하라는 지시가 왔다. 놀랍게도 회의실에는 처음 보는 노인들이 있다. 돔에는 30세 이상의 사람은 모두 낙원으로 보냈기 때문에 존재하지 않는다. 돔의 지배자들은 로간의 파트너에게 진실을 알리고 제안을 한다. "자네가 로간을 잡으면 우리와 같이 30살 넘게 행복하게 지배자로서 살게 해 주겠다고…"

영화에서 돔에 살고 있는 모든 사람들은 거대한 거짓에 사로잡혀 살고 있다. 현대과학과 의학이 갖고 있는 물질이라는 패러다임의 돔이 우리를 감싸고 있다.

19) 빨간 약을 선택하는 당신에게

성경에서는 사탄을 공중권세를 잡고 있다고 표현하고 있다. 오랜 시간이 흘러서 이 표현이 바로 우리가 물질이라는 환상에 사로잡혀 있는 것을 말하는 것이라고 생각하게 되었다. 사탄은 우리가 단순히 물질이 우연히 만나서 작은 관계가 형성되고 더 큰 관계가 형성이 되는 우연한 만남의 연속으로부터 자연선택이라는 필요성에 의해 형성되었고, 이 세상의 모든 것이 물질과 물질의 만남에 의한 것이라고 생각할 때 웃음을 머금고 있다.

영화 매트릭스에서 네오에게 진실을 알게 하는 빨간 약과 모든 것을 잊고 다시 이 세상에 머무르게 해 주는 파란 약 중의 하나를 선택하라고 한다. 네오는 빨간 약을 선택한다. 그렇게 해서 이 세상이 사실은 거대한 환상에 불과하다는 진실을 알게 되고, 충격을 받게된다.

불교에서 이 세상을 상(想)이라고 표현한다. 쉽게 표현하면 상은 신기루라고 할 수 있다. 불교는 상을 넘어서는 진실이 있다는 것을 가르치고 있다. 그것을 보는 것을 깨달음이라고 한다. 이 세상은 도망자 로간의 돔에서의 삶이라고 할 수도 있고, 메트릭스의 세상이라고도 할 수 있다. 성경이, 불경이 그 사실을 얘기하고 있다.

20세기의 패러다임인 양자과학은 입자는 동시에 파동이라는 사실을 밝혔지만 21세기의 물리학은 물질의 궁극을 찾는 입자과학에만 머무르고 있다. 우리는 물질이고 물질로서 병을 고칠 수 있다는 거대한 환상이 바로 현대의학이다. 빨간 약을 선택하는 것은 지혜라고도 할 수 있지만 동시에 용기가 없으면 하지 못한다. 하지만 빨간 약을 선택해서 진실을 안 후에는 더 큰 용기가 필요하다.

20) 재세이화를 실현하는 과학

같은 진리인데도 종교와 과학은 항상 다른 방향으로 가고 있다. 여태까지의 물질과학이 사실 수준이 낮아서 인류가 원하는, 생각하는 진리를 제대로 표현할 방법이 없었기 때문이다. 하지만 우리가 물질이고 세상이 물질이라는 환상을 벗어나면, 그 우불을 넘어서

밖을 보면 끝없이 넓은 새로운 세계가 보일 것이다. 앞으로 진행될 새 패러다임의 과학은 인류를 한층 더 높은 차원으로 이끌어줄 것이다. 새 패러다임의 과학은 우리의 삶을 풍요롭게 해 줄 뿐 아니라 종교와 과학도 진리 안에서 만나서 같이 손잡고 같이 가는 것도 가능할 것이다.

그동안 현대과학은 과학의 대상을 측정 가능한 물리적 영역으로만 한정해 왔다. 보이지 않고 측정할 수 없는 파동적 영역은 철저히 배격해서 종교적인 영역으로만 한정해 왔다. 과학의 힘은 막강해서 현대인은 종교 안에서는 이러한 보이지 않는 세계가 본질이라고 생각하면서도, 막상 세상에서의 삶에서는 보이지 않는 세계를 비과학적이란 단어로 무시해버린다.

하지만 존재하는 현상이 있는데 과학적으로 설명이 안 된다면 비과학이 아니라 현대 과학의 수준이 미약해서 이해하지 못하는 초과학의 영역이라고 생각하는 것이 더 정당할 것이다. 이런 현상들을 탐구함으로써 과학은 그 지평을 넓혀갈 수 있을 것이다.

산업혁명에서 뒤졌기 때문에 현재까지도 동양이 서양에 열세를 보이고 있다. 하지만 동양의 직관적인 사고는 현재의 과학적 사고로 해결할 수 없는 많은 문제에 대답을 줄 수 있다. 그런 면에서 앞으로 새로이 전개되는 새 패러다임의 과학의 세계에서 동양은 가능성을 보여준다. 하지만 현대과학으로 측정 가능하고 이해할 수 있는 물리적 영역만을 대상으로 하는 뒤늦게 배운 서양학문이 모든 것을 해결하는 진리라고 생각한다면 다가오는 세상에서도 우리는 또 다시 뒤질 수밖에 없을 것이다.

　다가오는 세상에서 기존의 물리적 영역만을 대상으로 하면서 진행되어 왔던 파괴와 대립의 과학이 아니라 더욱 본질적인 파동적 영역을 대상으로 하는 조화와 상생의 과학을 만나게 될 것을 기대한다. 바로 재세이화를 실현하는 진정한 본질의 과학이다.

제10장 결 어

한배달의 형제들이여, 검가 배형들이여! 우리 이제 모두 국조 단군대황조님의 깃발 아래 하나로 뭉쳐 한민족운동인, 민족중건운동을 전개하자!

오색인종은 원래 하나였다. 오색인종은 한민족이다. 뜨거운 민족애와 형제애로 가득한 우리 가슴의 불꽃들을 모아 꺼지지 않는 광명의 불기둥으로 배달 강토, 그리고 지구 곳곳에 각각 민족의 시조인 단군기념관을 건립하자!
그리고 곳곳의 단군기념관에서 공부하고, 뭉쳐 힘을 키우고, 민족정기를 수호하며, 강력하게 홍익인간 이화세계를 이룩하자! 더

할 수 없이 밝은 빛으로 웅비하는 태양과 같이, 암흑과 오해와 억압의 이 시대를 불사르며 모두 함께 진군하자!

　모든 민족이 자유롭고 평등하게 편하게 살게 하자.
　모든 민족이 각각 편하게 각 민족의 시조인 단군을 모시고, 국가를 건설할 수 있게 하자.

　그리고 나서,
　혹은 동시에 단군(텡그리) 연합의 국가 연합을 만들자.
　한나족(훈족, 흉노족)의 피가 흐르는 민족들만이라도 우선 한 형제가 되어,
　자유롭고 평등하고, 평화롭게 살자.
　국가 위의 국가 민족생명체, 즉 민체를 세우자.
　검학의 민체를 세우자,

　민체의 정부인 민족회의 통일정부를 실체화 시키자!

한기 9218년(서기 2018년) 12월 20일
민족자주연맹 창립기념일에.

단군주의자 일동

2부 민족회의 소개서
단군주의 결정체 : 민족회의 통일준비정부

제1장 민족회의 소개서

1. 연 혁

민족회의 통일준비정부는 서기 2009년(한기 9206년) 8월 15일 간도협약 100년을 맞이하여 간도 땅이 영영 지나(중공) 땅이 되지 않도록 국제사법재판소에 간도협약 무효와 간도반환 청구를 제소하기 위하여 수립되었다.

왜냐하면 국제사법재판소에는 유엔에 가입된 정부만이 제소를 할 수 있기 때문이었다.

그러나 문제는 네덜란드 헤이그의 평화궁에 있는 국제사법재판소가 이 통일준비정부를 인정하여 평화궁 징문을 통과하고 접수를 할 수 있을 것인가였다.

평화궁은 개인이나 일반 NGO단체가 출입하거나 서류를 접수하지 못하기 때문이었다.

그런데 다행히 국제사법재판소는 통일준비정부의 간도반환 제소의 서류를 접수하여 주었다.

이로서 민족대표자회의체로서 통일제헌회를 구성하여 민족주권을 가진 민족회의가 구성한 통일준비정부는 국제적으로도 객관적으로도 인정을 받고 그 기능을 하고 역사에 남게 되었다.

이는 BC 238년 고조선의 해체 이후 처음으로 민족주권이 다시 세워진 것이다.

2. 목 적

민족회의 통일준비정부는 억만세 혈통을 이어야 할 우리 한민족의 영원한 구심점을 만들고자 수립되었다.

유대민족이 몇 천년간 나라를 잃고 세계를 방황하였어도 토라와 탈무드를 정신적 핵으로 하고, 프리메이슨의 그림자 정부가 조직되어 몇 천년만에 이스라엘이라는 나라를 세웠듯이 우리 한민족은 남북이 서기 2002년도, 2003년도 단군릉에서 개최된 개천절에 통일이념으로 공동선언한 단군이념 즉 "검학"을 정신적 핵으로하여 민족주권을 가진 민족회의 통일준비정부가 끝내는 통일조국인 대〈한조선〉(가칭)을 수립하려는 것이다.

통일준비정부는 영토가 있으면 좋겠지만 영토를 꼭 필요로 하지는 않는다.

통일준비정부는 한민족이라 생각하는 국가들(대한민국, 북조선, 몽골, 중국 내의 조선족, 만주족, 묘족 등의 한민족국가연합(United States of Republic of Korea)을 이루어 인디언, 터어키의 중앙아시아 국가들, 불가리아 외 한민족 혈통을 가진 유럽국가들, 그린랜드 등등)의 영토 안의 곳곳에 소재하며, 소재하는 그 국가의 헌법과 법령을 따르며, 정치에 관여하지 않으며, 선거투표로 이긴 그 국가의 정부가 잘 되도록 협조하고 그 국가들의 정부들이 갈등하거나 전쟁하지 않도록 중재역할을 하며, 한민족의 동질성을 강화하여 통일되거나 국가연합하도록 할 것이다.

3. 민족회의 경과보고

▸ 민족회의 준비기간 45년

1986년 우리찾기모임 결성
       (대종교청년회, 배달민족청년총연합회 등)

1991년 단군단 결성

1993년 한민족운동단체연합 결성

1975년 설립된 삼균학회(조만제 회장) 지도

1994년 어천절을 북 단군릉에서 개최, 남북 공동 개천절 합의
       (안호상, 김선적)

1995년 개천절 민족공동(남북,해외) 준비위원회 결성
       (장소: 원구단)

2000년 단군탄신절 및 텡그리연방축제 조직위원회 결성

2002년 개천절 민족공동행사를 북 평양 단군릉 개최
       (준비위원장 한양원)

2003년 개천절 민족공동행사를 북 평양 단군릉 개최
　　　(준비위원장 황우연)

2005년 민족운동진영총연합 결성(민족 종단 세력 동참)
2006년 동북아우호협회 결성(중국 교포 동참)
2007년 12월 20일 민족자주연맹 경설(민족 정당 세력 동참)

‣ 민족회의 창립 10년

2009년 7월 17일 민족회의 창립대회

2009년 8월 15일 민족회의 통일 준비정부 결성

2009년 12월 1일 간도반환 제소 성공, 민족주권 세움.

2010년 간도 의병대회, 역사광복군 결성

2011년 5월2일 민족회의 원로회의 결성

2011년 8월 27일 백포 서일 총재 기념사업회 설립

2013년 민족회의 제 2기 출범 (한민수 원로주석 등 기독교계 동참)
2013년 민족회의 스위스 재단 설립 추진

2014년 6월 9일 기천검가의 발족 및 본천개벽 선언

토요일만이 아니라, 일요일에도 오전 10시에 무료 지도.

단, 불로장생법 무예인 기천 지도는 별도로 회비를 받는다.

2017년 민족회의 제3기 출범

2018년 중국고미술국제협회 발족(요, 금, 청은 신라의 후예)

2019년 민족회의 창립 10주년 기념 대회

4. 준비 30년간의 민족회의 업적

1) 간도협약이 100년(2010. 9. 4) 되기 전에 국제사법재판소에 간도반환 제소(2010. 9. 1)하여, 간도가 영영 중국 땅이 되는 것을 방지.

〈국제사법재판소에 제소한 증거, 간도반환제소 접수증을 들고, 중국대사관 앞에서 만주땅 간도를 내놓으라고 시위하는 민족회의 대표단〉

2) 민족의 天統을 잇는 원구단의 개천대제 주관

3) 원구단 개천대제를 축으로 개천절 세계평화축제 개최

4) 간도,의병독립운동의 시원지, 첫 임시정부터, 안중근 의사의 단지동맹터 등이 있는 러시아 핫산지구의 땅 천만평 확보 (총 22억 평을 확보해야 함)

5) 단군 무예이자 천부경 무예, 氣天 발굴.
여기에 지감법인 수진삼법, 봉우 선생님의 조식법을 융합, 일의 화행하여 국조단군 대황조님으로부터 내려온 한민족 일만년 비전의 검학 복원.
 - 검학은 인류사 최고의 건강법, 깨달음 도법

6) 민족의 얼, 천부경을 최초로 삼일신고로 해석하며, 천부경 수련법, 검학 정립

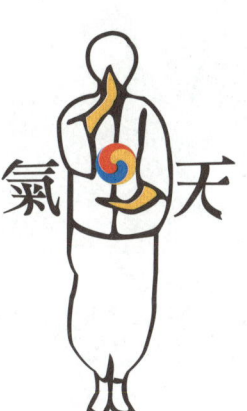

7) 개천절 남북공동행사(장소: 북 단군릉)를 통해 통일이념이 단군이념임을 남북공동선언했으며, 통일비용이 들지않는 삼태극통일론을 정립함.

8) 밝혀지지않은 고구려의 안시성 발굴(안시성은 현재 의무려산의 북진시)하며, 의무려산 북진묘에서 민족의 정령들을 깨움.

9) 남북통일연석회의를 주도한 김규식 선생의 민족자주연맹을 만 60년만에 다시 부활, 향후 이범석 장군의 민족청년단(족청)도 다시 부활할 예정.

(검자 오른쪽이 김규식 박사 손녀 김수진 여사)

10) 치우천왕 기일(음 10. 10)과 단군왕검 탄신일(음 5. 2), 고주몽 단군과 치우천왕 탄신일(음 5. 5) 등을 발굴, 추모행사하며, 역사 의식 고취.

11) 안호상 박사님의 유지를 받아, 민족기념관 건립 운동 전개 (기념관안에 치우천왕상, 새 통일조국의 태천단, 민족도서관, 민족회의 청사 등 포함)

12) 쑥뜸, 수소, 씨놀, 인터넷쇼핑몰, 고미술품, 천손식품, 북방개발 등 각종 민족사업 개발

13) 뉴그린로드 대장정

그린랜드는 뉴그린로드의 종점지. 한민족이 가야할 뉴그린로드의 꿈의 나라. 그린랜드 대통령(오른쪽 두 번째)과 민족회의 대표 검자(가운데)가 개발 협의.

이누이트 족(그린랜드 인구 6만 중 5만)은 기본적으로 한민족과 DNA를 같이하며 한민족의 근면성으로 자원 공동개발 관심사.. 경재개발을 함께 하여, 1년에 7천억 원의 적자를 해결하는 것을 최소목표로 한다. 대한민국 국토면적의 21배로서 자원의 보고로 민족회의 통일준비정부와 자원개발에 대한 의견교환〉

그린랜드 정부 사람들과의 회동

5. 조직

1) 최상위 조직. 민족회의 원로회의 결성(2011년 5월 2일)

황우연 원로주석(사단법인 숭조회 회장), 조만제 원로주석(삼균학회 이사장), 한민수 원로 주석(세계기독교총연합 총재), 김문겸 대종교 총전교, 김광욱 천도교 교령, 조정근 원불교 전교령, 박종호 민족중건총본부 총재, 서영훈 적십자사 전 총재, 박상림 단군단 총재, 김세환 치우학회 회장, 이종완 유엔평화봉사재단 총재, 박영록 전 국회부의장, 정종복 배달학회 회장, 김창수 동국대 교수, 박성수 삼균학회 회장, 송호수 박사, 이종옥, 역사연구가(행촌 이암선생 후손), 김세환 치우천왕회 총재, 김구연 동양천문학회 회장, 배

갑제 한국효도회 이사장, 강승훈 서울언론클럽 회장, 손경식 대한민국 서화원로총연합회 이사장, 김산호 화백(주신대학교 총장), 대양상인(기천문 초대문주) 김영민 화백(김홍도 화백 종손), 김현풍 삼각산자연환경보존연합회 회장, 박태옥 화백. 김병철 고려대 석탑장학회 이사장, 이형구 단군학회 회장, 오순희 개천민족회 총재, 홍수표 개천민족회 총재대행, 정재문 해석 정해영 선생 장학문화재단 이사장(국회 전 외교통상위원장) 안경홍 박사, 안경환 박사, 이종호 박사, 이선영 고조선역사문화 재단 이사장, 김진혁 개천대학 총장, 유일신 총재, 김성식 상임원로, 청풍 김진태 시인, 이해학 목사, 이교부 민족회의 통일준비정부 명예정통령, 정의석 일본 담당 검학사부, 진용옥 교수, 박항진 실크로드 총재, 이만준 회장, 김원웅 광복회 회장, 강신철 간도찾기 회장, 김호일 노인회 회장, 무형문화재 이삼목 선생 (이상 무순).

현재 3명의 원로주석 중, 황우연 사단법인 숭조회 전 회장이 원로 중 최고인 상임주석, 여성 원로주석 박태옥 화백, 원로주석 한 분은 공석.

2) 실무 집행 조직

민족회의의 운영, 경영은 운영위원회 120명, 즉 검가가 운영. 운영위원회의 지도부는 검학을 수련하고 지도하는 기천검가(= 단군단) (사무총장 : 검황) 이다.

운영위원회 중 집행본부 최고위원회(36명 이하)가 홍익화백제로 민족회의와 통일준비정부의 자산을 관리한다.

자산의 처분 경우(중국고미술품, 사무실 등)에는 처분 중개자 20%, 민족회의 공금 40%, 자산의 원주인 혹은 원소유자의 유족회 40%로 정한다.

최소 1년 이상 검학을 수련하지 않으며, 검가 법호를 받지 않은 사람은 최고위원이 될 수 없다.

집행본부 법적대표(총재)가 유고 시 최고위원회에서 화백제로 차기 총재를 결정한다. 만장일치 화백제로 총재를 못뽑을 시에는 서열로 총재를 결정한다.

서열은 조직에 대한 공적에 따라 매년 바뀔 수 있으며, 법적대표(총재)가 매년 송년회(매년 12월 20일 민족자주연맹 창립기념일) 공지한다 .

최고위원 중 집행본부 총재는 전통제로 차기 총재를 임명한다. 총재의 갑작스런 유고시에는 서열로 차기 총재가 정해진다. 최고위원회에서 홍익화백제로 차기 총재가 선임되지 못할 경우에도 서열로 차기 총재가 결정된다.

최고위원은 집행본부 법적대표(총재)가 임명·파면한다.

집행본부 법적대표(총재)는 단군단(= 기천검가) 총재(사부)로 전통제이다. 현재 집행본부, 단군단 법적대표(총재)는 검자이다. 실무적 대표는 검백, 여러 명이며, 다수의 부대표가 있으며, 지도위원장, 집행위원장, 사무총장, 사무국장, 각 국장, 각 위원장, 홍보대사 등 실세적인 조직들이 있다.

3) 간도반환 제소를 위해 정부 형식을 갖추는 조직, 통일준비정부 간도임시정부의 법통을 이어, 명칭 사용.

정통령은 초대 정통령으로 사단법인 우사 김규식 박사기념사업회 회장이시자, 4.19혁명 지도자이신 이기후 박사님으로 선임되었다.(작고)

현재 2대 정통령은 이상면 박사(前 서울대 법학대학 학장, 하버드대 박사) 명예정통령은 현재 이교부 선생이 추대되었다.

통일헌법은 부통령 제도를 두어 정통령은 통괄하고 7명의 북두칠성 부통령들이 각기 각 전문 분야에서 맡은 역할을 한다(호칭은 통령 앞에 전문 분야 이름을 붙인다).
① 국제연합을 총괄하는 국제통령
② 교육통령(차옥덕 박사)

③ 각 장관들을 관장하는 국무령(노태구 교수, 동학민족통일회 상임대표)
④ 10주년 창립행사에 500여 명의 회원 참석(김원웅 광복회장, 장호권 장준하 선생기념사업회 회장 등 축사)
⑤ 다음의 민족회의 카페에 회원 2000여 명.
⑥ 민족회의는 원로회의 산하에, 통일제헌의회, 통일준비정부, 집행본부 등 세 개의 기구가 있으며, 각 국가 내에서 원활한 활동을 위하여, 국가별로 민족회의 재단을 둘 수 있다.
⑦ 민족회의 후원구좌 : 우리은행 1006-101-347111 민족회의

〈민족회의 조직도〉

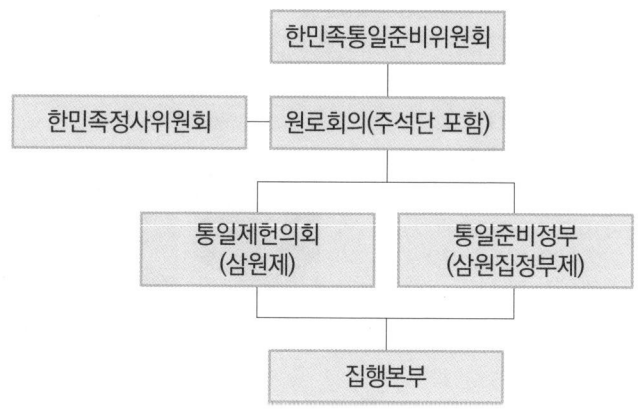

Ministry of National Defense

참 간도협약이 국제법상 무효인 이유

1. "간도협약"은 1905년에 대한제국을 강제하여 "을사늑약"을 맺었고, 늑탈한 대한제국의 외교권을 일본이 행사하여 일청간에 체결한 것이다. 을사늑약은 군사를 동원하여 강박에 의해 체결된 조약으로 국제법상 무효라는 것이 국제법학자들의 공통된 의견일 뿐만 아니라 국가간에 체결된 조약중에서 강박에 의해 체결된 대표적인 사례로 지적되고 있다.
   따라서 간도협약은 국제법상 무효인 을사늑약에 의해 대한제국의 외교권을 탈취한 일본이 청국과 맺은 협약이므로 당연히 원천무효이다.
2. "간도"의 영토영유권을 주장할 수 없는 일본이 당사국인 대한제국을 제쳐두고 청국과 체결한 조약이므로 당연히 무효이다.

※ 우리의 영토인 간도반환청구소송이 2009년 9월 1일 국제사법재판소(ICJ : International Court of Justice)에 정식으로 접수되었다. 민족회의통일준비정부(대표 김영기)와 300여 시민단체로 구성된 대표단은 국제법상 영토분쟁 소송가능기한인 100년을 3일 앞두고 접수가 완료되어 더 큰 의의가 있다. 특히, 일본은 1952년 중국과 일본 양국이 1941년 12월 9일 이전에 체결한 모든 조약, 협약 및 협정은 무효임을 세계만방에 합의 공포했으므로 명백한 간도반환요구의 근거사유가 된다.

국제사법재판소 접수증

(5) 제국주의 열강의 반응

1) 가쓰라·태프트 밀약(1905.7) : 미국은 필리핀에 대한 지배권을, 일본은 조선에 대한 지배권을 상호인정하게 되었다.

2) 제2차 영·일동맹(1905.8) : 영국의 인도 지배와 일본의 조선지배를 양국이 서로 인정하였다.

가쓰라 다로   하워드 태프트

3) 포츠머스조약(1905.9) : 일본은 영국과 미국의 지원을 받아 러·일전쟁에서 승리하였고, 러시아로부터 일본의 조선에 대한 지배권을 인정받게 되었다.

국방부 역사교과서에 게재된 민족회의 통일준비정부

제2장 단군주의의 결정체 : 민족회의 통일준비정부

　역사혁명, 민족정신혁명을 해야 한다. 더 이상 늦어서는 안된다. 일본, 중국, 영국, 프랑스, 독일, 미국까지 선진국들은 어떻게든 민족혁명을 성공해서 선진국에 오른 것이다.
　우리나라가 여지껏 진정한 선진국에 들어가지 못하고 실제는 거의 식민지 상태인 것은 역사혁명, 민족정신혁명의 과정을 거치지 못했기 때문이다. 특히 인류 역사의 역사권력을 가져야 한다. 이는 이홍범 박사님의 "아시아 이상주의" 책사에 그 근서가 잘 나타나 있다. 이러한 역사혁명, 민족혁명을 위해서는 이를 지도할 지도부가 있어야 한다. 과거 동학이 왜 실패했는가?
　여러 이유가 있지만 우선 지도부가 그 당시 정부보다 더 조직적이지 못했기 때문이다. 새로운 시대를 열기 위해서는 정부형태로 조직되는 것이 좋다.

이를 위해 정통의 민족진영은 많은 준비를 해왔다.

1. 연 혁

민족회의 통일준비정부는 서기 2009년(한기 9206년) 8월 15일 간도협약 100년을 맞이하여 간도 땅이 영영 지나(중공) 땅이 되지 않도록 국제 사법재판소에 간도협약 무효와 간도반환 청구를 제소하기 위하여 수립되었다.

왜냐하면 국제사법재판소에는 유엔에 가입된 정부만이 제소를 할 수 있기 때문이었다. 그러나 문제는 네덜란드 헤이그의 평화궁에 있는 국제사법재판소가 이 통일준비정부를 인정하여 평화궁 정문을 통과하고 접수를 할 수 있을 것인가 였다. 평화궁은 개인이나 일반 NGO 단체가 출입하거나 서류를 접수하지 못하기 때문이었다.

그런데 다행히 국제사법재판소는 통일준비정부의 간도반환 제소의 서류를 접수하여 주었다. 이로서 민족대표자회의체로서 통일제헌회를 구성하여 민족주권을 가진 민족회의가 구성한 통일준비정부는 국제적으로도 객관적으로도 인정을 받고 그 기능을 하고 역사에 남게 되었다. 이는 BC 238년 고조선의 해체 이후 처음으로 민족주권이 다시 세워진 것이다.

2. 목 적

 민족회의 사이버통일정부는 억만세 혈통을 이어야 할 우리 한민족의 영원한 구심점을 만들고자 수립되었다. 유대민족이 몇 천년간 나라를 잃고 세계를 방황하였어도 토라와 탈무드를 정신적 핵으로 하고, 프리메이슨의 그림자 정부가 조직되어 몇 천년만에 이스라엘이라는 나라를 세웠듯이 우리 한민족은 남북이
 서기 2002년도, 2003년도 단군릉에서 개최된 개천절에 통일이념으로 공동선언한 단군이념 즉 "검학"을 정신적 핵으로하여 민족주권을 가진 민족회의 통일준비정부가 끝내는 통일조국인 대〈한조선〉(가칭)을 수립하려는 것이다.

 통일준비정부는 영토가 있으면 좋겠지만 영토를 꼭 필요로 하지는 않는다. 통일준비정부는 한민족이라 생각하는 국가들(대한민국, 북조선, 몽골, 중국내의 조선족, 만주족, 묘족 등의 한민족국가연합(United States of Republic of Korea)을 이루어 인디언, 터어키의 중앙아시아 국가들, 불가리아외 한민족혈통을 가진 유럽국가들, 그린랜드 등등)의 영토안의 곳곳에 소재하며, 소재하는 그 국가의 헌법과 법령을 따르며, 정치에 관여하지 않으며, 선거투표로 이긴 그 국가의 정부가 잘 되도록 협조하고 그 국가들의 정부들이 갈등하거나 전쟁하지 않도록 중재역할을 하며, 한민족의 동질성을 강화하여 통일되거나 국가연합하도록 할 것이다.
 이제 세계는 정치, 종교 및 인종의 날카로운 대립과 경쟁의 시대

로 들어가고 있으며 정경분리정책의 무한대경쟁의시대로 변화 발전해가고 있으며 군사전략 학자 Dr. Marton A. Kapplan 교수의 학설인 핵거부권(Unit Veto International System)시대로 발전하여 인류공멸의 공포를 안고 영일이 없는 세상이 되었고 특히 국경을 접한 나라들 간에 갈등과 충돌이 수시로 있어 왔기 때문에 안보, 외교, 경제무역, 금융 협력을 위해 원친근공(遠親近功)의 관계수립 공법이 절대 중요한 원칙으로 선택되고 있다. 다국적 대형화기업의 시대이므로 국경의 의미가 없는 시대이다. 이 시대에 영토를 넓히고자 전쟁을 할 수 없는 시대가 되어가고 있다.

만약 전쟁을 하게 되면 그 어마어마한 핵무기로 인류가 공멸할 것이기 때문이다. 그러므로 이제는 경제, 무역, 금융 및 문화영토의 전쟁이며 한민족은 1919. 3·1독립만세운동에서 체득한 종교연합운동의 공법을 세계화시켜서 세계 10대 종교가 인류의 평화공존을 위해 뜻을 같이하고 있으므로 한민족의 다목적 마켓팅 넷트(Global Marketing Net)가 형성되고 있어 통일준비정부는 영토가 없이도 정신의 무한한 우주영토속에서 통일정부의 부흥발전과 인류 평화공존에 위대한 기여를 할 수 있을 것이다.

이러한 통일준비정부의 정신적 핵인 검학은 한민족 고대사의 한단고기(조화)와 철학인 천부경(교화) 그리고 세계홍익민주주의(치화-아시아 이상주의 책자 등)를 심법으로 하는 고도의 심신건강 수행법으로 일만년 이상을 한민족을 통해 내려온 인류최고의 경륜이다. 인류 역사상 어떠한 이념도 수행법을 가지지 못했고 범국민적 신앙과 수행없는 개혁은 또다른 수탈과 독재를 낳아 실패한다는 역사적 교훈을 보듯이 단군이념 즉 "검학"은 수행법이 있어 완전한 이념으로 인류 역사상 최고의 가치이며 세계평화를 이룩하여 홍익인간 이화세계를 이룩하는 기능이다.

요약하면 민족회의 통일준비정부는 검학을 정신적 핵으로 하여 한민족의 영원한 구심점이 되고 민족통일과 세계평화를 이룩하여 홍익인간 이화세계를 하는 것이 그 목적이다.

이에따라 홍익인간 이화세계의 민족회의는 궁극적으로 한민족만의 민족회의가 아니며 세계의 모든 민족들이, 특히 소수민족들(The Minorities)이 개인과 같이 자유롭고 평등하며 전통문화를 누릴 기회를 찾도록 해주는 열린 민족주의이며 세계자유민주주의 요람이 될 것이다.

3. 정통성과 맥, 그리고 업적

한민족에는 여러 국가가 있고 수많은 NGO단체들이 있지만 한민족을 대표하고 통일시킬 수 있는 민족주권을 가진 것은 민족대표자회의체이고 통일제헌의회인 민족회의이다. 민족회의가 탄생시킨 사이버통일정부 즉 통일준비정부는 민족주권을 가지고 있지마는 다음의 그간 업적을 통해서도 우리 한민족을 대표하는 명실상부한 통일정부라 할 수 있다.

첫째로, 모두에 설명한 대로 민족회의는 간도반환제소를 하여 민족정기와 다물흥방(多勿興邦)정신과 민족주권을 세운 역사적 위업을 통일정부수립에 주춧돌을 놓은 것이다.

둘째로, 국경일인 개천절에 천단(현재는 대한민국의 원구단, 향후 뜻을 모아 신시의 첫 국가이름을 따서 청구단을 좋은 곳에 세운다)에서 민족대표자들이 모여 (매년 10월 3일 오전 11시) 천제(天祭)를 올리며 천제민족의 전통(傳通)을 잇는다.
우리 민족은 천제권을 가진 신권국가이기에 이러한 천제를 올리는 것은 통일정부로서의 정통성과 권위를 가지는 것이다. 진정한 민족대표라면 매년 개천절에 원구단의 천제에 필히 참석하여야 한다. 그리고 이를 시급히 세계문화유산으로 등재해야 한다.

셋째로, 일제강점기 때 대한제국을 이은 상해임시정부의 법통을 실질적으로 계승해온 것이다. 한독당의 부활과 한독당동지회를 통하여 백범 김구 선생님의 맥을 이었으며 민족자주연맹의 부활을 통해 우사 김규식 선생님의 맥을 이었으며, 삼균학회의 창립을 통해 상해임시정부의 헌법과 그 이념인 삼균주의(三均主義)와 조소앙 선생님의 맥을 이었으며 그외 청산리대첩을 승리로 이끈 북로군 정서의 백포 서일 총재님 등 많은 독립운동가들의 맥을 이어 실질적인 이 시대의 상해임시정부 그리고 간도임시정부와 같다.

물론 대한민국 정부는 헌법상 상해임시정부법통을 이어 받는다 했지만, 아직도 서기 1948년 8월 15일을 건국절로 하자며 상해임시정부를 무시하는 몰지각한 정치인들이 있으며 헌법전문에 상해임시정부의 이념인 홍익인간 이화세계의 단군이념이 빠져있으며, 외래 교주의 탄신일은 국경일로 기리고 있는데 정작 국조 단군대황조님의 탄신일(음력 5월2일)은 국경일로 기리지 않고 있다. 또한 현실적으로 북은 소련군이 점령하고 남은 미군이 점령한 상태에서 상해임시정부는 정식정부형태로 들어오지 못해 결국 그 역할을 못한 상태에서 6·25가 일어나 상해임시정부의 민족진영이 거의 없어진 것을 우리 민족회의 통일준비정부가 다시 부활시킨 것이다.

우사 김규식 선생님이 "민족정통세력만이 통일을 주도하고 통일시킬 수 있다"라고 말씀하셨듯이 우리 민족회의 사이버통일정부 즉 통일준비정부는 상해 임시정부와 간도임시정부 법통을 이은 민족정통세력이며 민족이 필요로 하는 민족주인세력이다.

넷째로, 이미 말하였듯이 음력 5월 2일 단군 탄신절을 최초로 국경일로 지정하여 매년 단군탄신절을 기리며 고주몽 고구려단군과 치우천왕의 탄신절인 음력 5월 5일 단오절까지 단군세계평화축제 기간으로 정하여 국조단군들의 정기를 지켜왔다.

다섯째, 인류역사상 최고의 이념인 단군이념 즉 검학을 한민족 통일이념으로 공식 선언한 것이다. 남북공동개천절 행사를 통해 서기 2002년도, 2003년도 10월 3일에 북 단군릉에서 남·북 해외 대표들이 모여서 공동선언한 것이다.

이는 한민족의 영원한 좌표를 설정하고 홍익인간 이화세계를 이룩할 것을 다짐한 것이다. 이외에도 많은 업적이 있으나 생략하며 민족회의 통일정부가 정통성과 맥이 있으며 민족의 살 길을 개척하고 있음을 천명한다.

4. 시대적 상황과 활동계획

왜 이제는 통일준비정부가 본격적으로 나서야 하는가?

한민족의 중심지역인 한머리땅(한반도)에 풍전등화의 위기가 닥쳐오고 있다. 대내적으로는 남북간의 이질화된 갈등으로 핵전쟁의 위험에 있으며 남남갈등이 심화되고 빈부격차가 심해져서 1%가 99%를 수탈하고 국부가 외국으로 유출되며 경제공황의 위기까지 가고 있고 부정부패가 극에 달해서 "사기공화국"이라는 오명까지 외국으로부터 듣고 있다.

더 나아가 청년들의 실업율은 높아지고 출산율은 세계최저로 한민족이 지구상에서 사라질 전망이며 여성은 여성대로, 노인은 노인대로 모든 연령층이 극치로 생활이 어려워져 자살율도 세계에서 가장 높고 "헬조선"을 외치고 있다.

대외적으로는 "100년 내로 다시 돌아오겠다"고 장담한 일본이 이제는 합법적으로 한머리땅에 들어올 수 있는 수순이 만들어졌으며 몬산토 등 다국적기업들의 GMO 식품들과 백신, 항생제들이 침략하여 발병율이 급속하게 치솟는 등 민족말살을 하고 있다. 대륙의 지나(中國)나라는 "위대한 중화주의의 부활"을 외치며 노골적으로 동북공정을 진행시키고 있다. 어찌할 것인가?

정치인들은 혼돈과 방황에 빠져있으며 덩달아 정부도 혼미에 빠져있다. 이에 우리 민족회의 통일준비정부는 우선 대한민국 정부의 헌법, 정책과 법률안에서 타율적 상황하에 있는 남북정부가 날카로운 대치국면을 완화시켜 민족자결원칙(The principle of self determination for people)에 따라 범국민운동으로 우선 민간차원의 범민족 총궐기 운동을 진행하되 한미와 자유우방을 비롯한 대한민국 정부와 유대를 가진 모든 국가들과의 분리불가(Inseparable Unity)원칙을 굳건히 유지하면서 경제, 무역, 금융, 종교, 문화예술 및 고급 과학기술적 유대가 훼손되지 않고 더욱 공고해지도록 해야 된다고 믿는 것이다.

물론 정부의 전문성 있는 자문을 구하며 온 민족의 일대각성운동을 전개해 나갈 것이다.

역사는 역사권력을 가진 세력에 의해 이끌려가고 만들어진다. 여태까지는 인류역사가 서양중심사관으로 많은 잘못이 저질러졌다. 이제 우리 한민족은 가장 한민족적인 것이 이젠 가장 세계적인 것이 될 수 있다는 확신을 갖고 있다. 우리는 지금 봉우 권태훈 선생이 말씀하신 황백대전환기를 맞이하여 새로운 역사관으로 인류가 올바로 이끌어야 한다.

그것이 이홍범 박사가 주장하는 세계홍익민주주의이다. 우리는 민족의 올바른 역사를 찾아 민족자아를 제대로 확립해야 한다. 그래야 우리 한민족의 위대한 이념을 만천하에 실현시키고 지구촌의 모든 갈등을 잠재우는 균형자(The balancer) 역할을 담당하게 될 것이다.

이에 첫째로, 우리는 민족회의 통일준비정부 통일헌법 안에 있는 헌법재판소보다 더 위에 존재하는 헌법기관인 "한민족정사위원회"를 본격 조직해 오고 있다. 그리고 역사광복군을 조직하고 있다.

한민족의 진실되고 권위있는 역사학자들이 규합될 것이다. 그리고 식민사학자들은 부끄러움을 당할 것이다. 통일준비위원회-한민족정사위원회에서 심의 비준된 한민족의 정사 일만 년의 역사를 바로잡아 통일헌법심의비준시 특별규정으로 한민족정사위원회의 기능을 설정하여 남북정부가 합의에 이르도록 진력할 것이다. 그 전에는 비록 〈한단고기〉가 해석상 이견이 있더라도 한민족 정사로 준용할 것이다.

또한 세계적인 역사 석학들이 참여하는 "세계역사회의"도 구성하여 올바른 인류역사를 정립 지원하여 엄청난 민족-부족간의 다툼과 갈등을 해소시켜서 인류평화공존의 지구촌을 확립할 것이다. 대규모 역사대회를 하자. 물론 세계역사회의를 하기 전에 우리가 내부적으로 완벽한 준비가 되어야 한다.

둘째로, 지역 곳곳에서 검학대회를 하여 통일정부를 조직, 조각해 나가고 그 산하에 역사광복군도 조직한다. 한민족 정통사와 전통이념을 충분히 인식하면 식민사학은 저절로 소멸될 것이 분명하다. 그리하여 향후 세계적으로 검학대회를 진행한다.

셋째로, UN을 방문하고 UN에 민족회의를 NGO로 등록도 하며 점차 세계민족회의를 건설해 나간다. 여기에는 우주의식인 검학을 정신적 핵무기로 활용한다. 검학을 세계화하며 의식화, 조직화하는 것이다. 인본주의를 제창하며 브루조아 척결을 외쳤던 공산혁명은 조직 방법에는 성공한 것 같지만 온고이지신(溫故而知新) 교훈을 배격하였으므로 실패하였다.

칼막스의 역사해석(Karl Marks, Interpretation of History)에서 강조하기를 지난날의 전통과 관습은 현대의 생동하는 지성들의 두뇌를 마치 쇠망치와 같이 억누르고 있다(The traditions and customs of the past centuries weighes like an incubus upon brain of the living)고 주장함으로서 공산주의를 창시하면서 동시에 스스로 묻힐 묘지를 파 놓은 것이다. 오늘날 신앙인과 종교지도자들과 인류의 평화공존을 갈구하는 심령들은 다 돌아서서 지구촌에서 공산주의가 사라지고 있다. 세계인들이 마침내 공산주의의 반인간적이고 수탈적이고 독재적인 방식은 따를 수 없다는 결론에 이를 것이다.

우리는 전국 각 지역에 세계 각 지역에 세계평화지구 즉 현대판 소도 즉 부도를 건설한다.

공산혁명은 부루조아를 적으로 하며 소비에트 지구들을 만들어 갔지만, 우리의 적은 없다. 바로 자기 자신의 타성·습관, 잘못된 관념, 지나친 욕심, 기득권을 누리려는 계급의식·권위의식이 적이다. 우리의 적은 (한)민족을 부정하는 사람이다.

우선 인구의 1%를 차지하는 엄청난 부자 그룹이 각성해야 한다. 돈은 반드시 똥이 되고, 독이 되고, 사람 몸을 쳐서 몸을 병들게 한다. 그것이 우주의 법칙이다.

사람이 많이 먹고 밖으로 내보내지 않으면 병에 걸리듯이, 반드시 부자들은 사회에 돈을 반환해야 한다. 그러면 돈이 없는 사람들이 돈을 쓰고 소비할 수 있게 되고 경제도 활성화가 되어 부자들이 가진 기업들도 매출을 유지해서 돌아가게 된다. 부자들이 자발적으로 베풀어야 기업들이 돌아가고 경제 공황이나 폭력혁명을 막을 수 있는 것이다.

넷째로, 통일준비정부는 사이버통일정부이나, 가능한 영토를 가지는 것이 더 좋다. 이를 위해 이미 러시아, 간도, 즉 핫산에 한국인이 점유한 600만 평을 개발해 내야 한다. 여기에 모든 사람들이 적극적으로 참여해야 한다. 이는 섬과 같이 막힌 대한민국에 힘과 희망을 주며 여기에 연해주, 시베리아, 중앙아시아, 북유럽, 그린랜드, 북아메리카·남아메리카, 호주, 아프리카로 가는 뉴그린로드를 시작할 수 있다.

대한민국 사람 3000명이 러시아 핫산에 요양주택을 지어 이민투자를 하게되면 고려인자치공화국을 세워 방황하는 고려인들을 안정시키고 러시아정부의 많은 부담도 덜어 줄 수 있다. 지금 대한민국은 어느 나라보다도 뉴그린로드를 개척하여 실크로드의 길 확장이 대륙으로 통달하기 위하여서라도 러시아와 가장 많은 유대를 하여야 할 때이다.

이를 위해 빠른 시일 내에 러시아 대통령과 직접 조약을 한다. 미국은 이를 뒤에서 소리없이 비밀리 지원해 주어야 한다.

미국과 러시아는 한민족을 남과 북으로 분단시키고 6·25 전쟁이 나게 한 원인제공자로 그에 대한 손해보상을 하는 마음으로 무상지원을 해야 하는 것이다. 이러한 "모세의 출애굽"같은 "뉴그린로드의 대장정"은 일만년전 대홍수로 북방으로 세계로 뻗어나갔던 한민족의 역사를 다시 재현하는 것이다.

특히 그린랜드는 한머리땅의 10배 크기 영토인데 지하자원은 100배가 넘으며, 그러함에도 불구하고 인구는 6만 명에 불과하다. 그런데 놀라운 사실은 이중 5만 명이 한민족 혈통을 가졌다는 사실이다. 그리고 기가 막힌 현실은 그린랜드 정부 적자가 7천억 원으로 이를 덴마크 정부가 메꿔주고 있으며 그리하여 그린랜드가 덴마크 식민지라는 사실이다.

민족회의가 여기를 방문했던 사유는 이러한 한해 적자 7,000억 원을 없앨 수 있는 경제개발 방법을 찾기 위해서이다. 대한민국 정부 예산이 450조 원 가량되는데, 여기에 약간만 떼어내어 그린랜드에 투자를 하여 경제개발을 도와주면 그린랜드는 독립을 하게되고 우리 민족과 국가연합을 할 수 있을 것이다. 그리고 우리가 백만 명 정도 이민투자를 가야할 것이다.

다섯째로, 에너지 개발이다. 지금 세계는 금년도에 프랑스, 한국, 미국의 협력으로 인조태양광을 하늘에 쏘아 올리는데 성공하였다.

이 태양광은 청정에너지를 무한대 생산할 수 있어 핵에너지 발전도 핵무기도 필요없는 시대가 열린 것이다. 한국기업이 이 계획에 핵심부품의 납품을 하게되어 참으로 자랑스럽다. 우리는 서해안 조력발전과 무한동력에너지 개발을 통해 차세대 에너지를 개발해왔다. 서해안 남북평화협력지대에 우선 조력발전을 개발하자. 이는 남북간에 화합과 뉴딜정책효과를 낳을 것이다.

또한 더불어 신의주을 개발하여 북조선을 보호해야 한다. 북한에는 풍부한 지하자원이 있는데, 그 잠재적 보증력이 약 1경 5천조가량이라 한다. 정부와 한민족 재벌 그룹들이 적극적으로 북한의 잠재보증력을 담보제공 받아 세계의 선한 자금을 유치하여 일천 만이산가족을 중심으로 모든 한민족 중소기업들이 마음놓고 북한에 투자개발하도록 하여야 한다.

국내기업에서 만약 그대로 방치하면 외국기업이 선체결을 하게 된다. 북한이 국가부도를 당해도 내내 우리 민족의 손에서 지켜질 수 있다. 지금 한반도를 중심으로 새로운 분위기가 조성되고 있다.

중국, 러시아 및 북한이 협의한 북핵포기와 대북평화협정을 6자회담 결의로 동시에 체결하자는 방향이 모색되고 있고, 한미일도 숙고하고 있다. 그러면 남북평화통일의 과정적 선결요건은 남북간의 화해와 동질성회복이다. 여기에는 대한민국 정부가 북한지원의 재량권을 확보하게 되며 이것이 민족자결원칙에 맞는 해법인 것이다. 지금 한민족 특히 한국민은 적극적으로 민족회의 통일준비정부를 성원해야 된다. 한민족의 잠재력 역량을 총동원하자!

5. 통일준비정부 조직

민족회의는 원로회의 산하에, 통일제헌의회, 통일준비정부, 집행본부 등 세 개의 기구가 있으며, 각 국가 내에서 원활한 활동을 위하여, 국가별로 민족회의 재단을 둘 수 있다. 민족회의 법적 대표는 집행본부 총재이다.

통일준비정부는 통일헌법 상에는 몇 가지 사항만 다르고 대한민국 정부 조직도와 함께 똑같이 한다. 대한민국 정부의 멘토역할 즉 자문역할을 쉽게 하기 위해서 이다.

다만 대통령은 정통령으로, 국무총리는 국무령으로 이름을 변경한다. 간도임시정부의 법통성을 받았기 때문에, 또한 대통령이라 하면, 현재 대한민국의 대통령과 혼선이 빚어지기 때문에 이렇게 호칭하기로 했다. 또한 부통령을 북두칠성으로 7명 둔다 대한민국 헌법과 통일조국 헌법이 또 다른 사항은 최고 헌법기관으로 법인연합체 한민족통일준비위원회-한민족정사위원회 위원장 3인과 한민족정사위원회 전문위원 15명으로 구성 운영된다. 그 밑에 역사청과 종교청과 우주청을 둔다.

정통령 위에 33인의 원로회의가 있으며 그 위에 주석 원로로 세 분(조만제 주석, 황우연 주석, 한민수 주석-모두 작고, 현재 공석)의 원로주석이 있다. 세 분 원로주석과 통일제헌의회 상임의장과 통일준비정부 정통령과 집행본부 총재(=통일준비정부 비서실장)

등 6명이 함께하는 〈한민족통일준비위원회〉가 최고의결기관이다.

집행본부는 조직의 under 조직이고 off 조직으로 집행본부 법적 대표(총재)는 전통제이다.

민족회의(통일준비정부)의 법적 대표는 집행본부 총재(검자)이다. 통일제헌의회와 통일준비정부는 open 조직이고, on 조직이다. 집행본부는 부통령들과의 사이에 일체 비밀이 없으며 일심동체가 되어야 한다. 부통령 이상으로 올라가는 모든 문서는 비서실(집행본부 관할)을 거쳐 사전에 미리 검증·결재되도록 한다.

나머지 조직은 대한민국 정부와 같이 한다.

6. 진행방법

강화도 민족회의 사무실을 중요 거점으로 한민족통일준비위원회를 수시로 가동한다. 후원금 예산과 회계 결산은 비밀을 원칙으로 하며(물론 중요 부처 공유), 집행본부가 민족회의 예금구좌를 관리한다. 민족회의의 운영, 경영은 운영위원회 120명, 즉 검가가 운영한다. 운영위원회의 지도부는 검학을 수련하고 지도하는 기천검가(= 단군단, 사무총장: 검황)이다.

운영위원회 중 집행본부 최고위원회(36명 이하)가 홍익화백제로 자산을 관리한다. 자산의 처분 경우(중국 고미술품, 예술품, 부동산, 사무실 등)에는 처분 중개자 20%, 민족회의 공금 40%, 자산의 기부자 혹은 기부자의 유족회 40%로 정한다.

최소 1년 이상 검학을 수련하지 않으며, 검가 법호를 받지 않은

사람은 최고위원이 될 수 없다.(토, 일요일에도 오전 10시 무료지도. 단, 무예 기천은 유료 지도)

집행본부 법적 대표(총재)가 유고시에는, 서열로 우선 차기 총재(법적 대표)를 정하고, 다음 열리는 최고위원회에서 화백제로 차기 총재를 결정한다. 만장일치 화백제로 총재를 못 뽑을 시에는 정해진 서열로 총재를 결정한다: 서열은 조직에 대한 공적에 따라 매년 바뀔 수 있으며, 총재가 매년 공지한다.

최고위원은 집행본부 총재가 임명, 파면한다. 집행본부 법적 대표는 단군단(=기천검가) 대표(사부)로 전통제이다. 현재 집행본부, 단군단 법적 대표인 총재는 검자이다. 지속적으로 통일준비정부를 점차적으로 조직해 나간다. 통일정부는 일사분란한 것을 원칙으로 한다. 일단은 좀 더 깨달은 상부 조직의 지도부에서 상명하달이며, 문제가 있을 시, 그 이후, 하의상달이다.

대외적으로 민족회의 통일준비정부를 공식 홍보하며 한민족에게 민족의 구심점이 있음을 알리며 해외교포들을 결집시킨다.
① 식민사학 척결과
② GMO추방
③ 강원도 중도 유적지 보존 등이 현재 3대 투쟁 주제로 이를 통해 조직을 확충한다.
러시아 핫산 간도 개발이 뉴그린로드의 대장정의 시발점으로 이를 통해 자금을 확보한다.

이제부터 사이버통일정부, 통일준비정부에 대한 한민족 천만 명 지지 서명을 시작한다.

한기 9218년 (2021년) 9월 21일

민족회의 통일준비정부
법인연합체 한민족통일준비위원회-한민족정사위원회 일동

* 본 선언문은 민족회의 통일준비정부 내규이나, 실제 불문율이다. 집행본부 총재가 조직 인사 및 서열을 매년 공포한다.

후기 얘기 1

단군주의 책자를 발간하면서

45년의 세월이 흘러갔다. 삼각산 밑에 있는 지금의 녹지빌라에서 대학교때 부터 살면서, 단군주의를 꿈꿔 왔고, 드디어 45년만에 책자로 내게 되었다. 한평생 오직 *단군*이라는 화두로 살아온 것이, 내가 생각해도 스스로 신기하다.

집 주변에 애국 독립운동 지사님들의 묘소가 많아서 그런지, 그 영력들이 내 몸에 들어 왔는지, 나는 민족을 생각하면 피가 뜨거워지는 것 같다.

단군주의! 단군주의는 민족주권을 세운 것이고, 이는 앞으로 정치를 하려는 사람은 필히 공부해야 것이다.

내가 꿈꾸는 것은, 공자의 인생과 같이 정치에 전혀 관여하지 않는 사부의 길을 가면서, 단군사상가로서, 민족과 통일을 위한 정치가들을 양성하고 싶은 것이다.

본 단군주의 책자가 나오면서, 나는 방황과 혼돈과 부패와 음모와 모함의 정치계를 올바로 세울, 민족혁명의 정치세력이 만들어지길 원한다. 단군주의는 그 안에 수행법을 가지고 있다. 인간, 인류를 위한 인본의 공부이다.

깨달음의 정상에서 너와 내가 없음을 실천하는 공부이다. 인류 역사상 가장 완벽한 마지막 이념이다. 그리고 수행법의 몸 공부는 모든 운동에서 내공과 정신력을 키워준다. 만약 내가 올림픽 선수촌의 사부가 된다면, 올림픽 기록들을 한단계 올릴 자신이 있다.

군대에서도 검학을 가르친다면, 태권도의 모태인 택견의 모태인 기천의 모태인 검학으로서, 훌륭한 군인들을 양성해 낼 수 있다. 경제력이나, 무기나, 인원수에서 엄청난 우위에 있던 월남이 무너지고, 아프칸이 무너지는 것을 보면서, 결국 전쟁의 승패는 명분, 정신력, 단결력인데, 이런 면에서 단군주의는 지구 상에서 가장 강한 군대를 만들 수 있을 것이다.

단군주의는 검학이지만 칼, 검이 아니라 본심본태양이고, 황금인간을 뜻한다. 황금인간, 단군학이다. 우리 민족은 황금인간을 꿈꾸는 광명의 백의민족이다. 현 인류 문명의 모태이다. "현재 이 세상이 어지러운 것이 어찌 뿌리 사상이 현세와 맞지 않아서 인가?"

"세상이 자기의 근본 뿌리, 즉 쥐뿔도 몰라서 그렇다"는 옛 선조님들의 말씀같이, 우리는 고대 한단시대(환국+ 배달국+고조선)로부터 빛을 발견하여, 동방의 르네상스를 해야 하는 것이다. 그것이 민족중건이다. 모쪼록 단군주의가 이제 세상에 나가서, 홍익인간 이화세계를 이룰 것으로 믿는다. 이미 민족주권이라는 삼태극기를 꽂은 민족회의 통일준비정부가 그 역사적 사명을 다하리라 믿는다.

이제 동해안 해변을 달리는 열차 같이, 연해주 해변을 달리는 열차를 타고 싶다. 그리고 베링해협을 넘어, 얼음의 알래스카를 가고, 그린랜드로 그리고 인디언 대륙으로 가서, 체로키 인디언들의 음악을 듣고 싶다. 내 생전에 이루어진다.
나는 검학 수련으로 내 몸과 마음을 추스려야겠다.
아! 빛나는 통일 조국, 〈대한조선〉의 미래, 그것은 우리의 민족회의 통일준비정부가 가져올 것이다. 옛 한단시대로부터 빛을 발견하여, 동방의 르네상스를 일으키자. 검학 즉 금풍으로 개벽을 일으키자.

* 모두에게 감사드립니다.
사실 한 분 한 분 거론하며 감사드려야 하지만, 만약 한 분이라도 빠지면 아주 섭섭할 것이기에, 전체적으로 함께 감사드리는 것을 양해바랍니다.
오늘의 검자를 있게 한 고마운 분들은 제가 살아오면서 만난 분들입니다.

특히 이 책을 읽는 분들일 것입니다.

저 때문에 고생하고, 제대로 못 돌본 가족은 물론 가장 우선 감사하고도 미안합니다.

우리는 하나이고, 결국 보다 더 나은 미래를 함께 할 것이기에, 주변 모두에게 꼭 보답할 것입니다.

감사하고 감사합니다.

후기 얘기 2

책을 내면서 정치를 말한다.

단군주의는 정치사상이다. 정치란 무엇인가? 홍익인간이화세계를 실천하는 것이다. 홍은 공산주의의 장점이고, 익은 자본주의의 장점이다. 인간이 주체이다. 이화는 절대 종교의 수준까지 올라간 과학이다. 단군주의는 세계주의이다.

인류사를 보라. 결국 자본주의 아래에서는 물질적 부가 최고 상위로 집중될 수밖에 없다. 그러나 이것을 공산주의로 평등시키면, 인간들은 창조를 하려 하지도 않고, 힘들게 노력도 하려 하지 않는다. 정치는 이러한 집중된 부를 인간적으로 사랑으로 베풀게 하는 것이다. 그러나 깨달은 인간이 아니라면, 자발적으로 하기 힘들다. 그래서 제도적으로도 모색해야 한다. 부가 나뉘어져야 자본주의도 제대로 돌아간다. 우선 부가 집중된 사람들이 깨달아야 한다. 깨달으려면 힘들게 수련해야 한다. 그러니 그 힘든 수련을 즐겁게 하고, 그 힘든 수련이 몸을 엄청 건강하게 만든다는 것을 깨닫게 해야 한다.

　돈이 많고 천하를 제패해도, 사랑과 행복을 모르고, 건강치 못하면 무슨 소용인가? 그러나 이러한 자발적인 것 위에, 부가 집중된 사람들이 제도적으로 그 부를 즐겁게 내놓을 수 있도록 강구해야 한다. 그것이 단군주의이다. 단군주의는 완성된 것이 아니다, 끊임없이 시대에 따라 가장 인간적이고 적합한 제도를 찾으려는 구도의 길이다. 여하튼 인간적 수련이 없는 이념은 껍데기이다. 또한 이러한 올바른 이념이 없는 정치도 껍데기이다.

　정치계는 혁명 되어야 한다.
　정치인들이 역사의식을 가지고 검학으로 수행하며 정치를 해야 한다. 단군주의자들이 많이 나와 정치계가 새로 개편되어야 한다. 정치인들이 자발적으로 단군주의를 통해 헤쳐 모여 새로운 정치를 하고 통일을 이루고 북한을 세계를 위한 홍익인간 이화세계(弘益人間 理化世界)의 생산기지로 만들고, 베링해협을 넘어, 전세계에 뉴그린로드 대장정을 가자.

　그러기 위하여 한편으로는 북측의 김정은 위원장이 민족회의 통일준비정부를 빨리 인정하여 우리 민족이 쉽고 빠르게 통일을 해야 하는 이유를 마지막으로 얘기하고자 한다. 우선 2003년도 개천절 실무회담 때 일화를 말씀드린다.

　나는 지난 실무회담에서 대회비용을 아주 적은 비용으로 합의하였기에, 올해 개천절은 순조로이 되리라 생각했는데, 거기에다가 남측에서는 아무도 가보지 못한 김일성 주석전용 단풍관에서 실무회담을 하기도 해서 너무나 기분이 좋았는데, 마무리 짓기 위해 만난 실무회담에서 북측은 갑자기 3배가 넘는 비용을 요구했다.

난 2배 선에서 합의하자고 했는데, 북측이 이를 허가 받고자 하면, 내가 하루 더 금강산에서 협상을 위해 머물러야 했다. 북은 당연히 허락할 수 있는데, 나는 남측의 통일부 허가를 받아야 하는데 갑자기 안되는 것이었다. 그러나 개천절 행사를 하려면 할 수 없었다. 다른 일행이 통일부 허가를 받아내기로 하고, 나만 남아있기로 했다. 그런데 이건 법적으로 월북이었다.

하여튼 개천절 행사 비용이 합의되고 금강산을 나오려는데, 북이 가지말라고 한다. 지금 나서면 남측 통일부는 해결이 되었는데, 유엔사 절차가 아직 안되어 유엔사 영창으로 간다는 것이었다. 그때서야 나는 DMZ가 우리 영토가 아니라 유엔 영토라는 것을 새삼 각성했다. 우리 통일준비정부는 많은 것을 남 정부나 북 정부에 요구하는 것이 아니다. 바로 이 못쓰는 DMZ를 우리 통일준비정부에게 달라는 것이다.

물론 유엔사하고도 협의를 해야되고, 결국 미국의 허가를 받아야 될 것이다. 그러러면 우리는 통일이 되어도 미국과는 혈맹일 것을 강조해야 한다. 그런데 그것이 향후 중공을 대하는데서도 유리하게 활용할 수 있다. 하여튼 김정은 위원장은 경제개방을 해도 민주화되는 북 주민들 때문에 위태해지고, 안 해도 위태해진다.

북핵을 해도 경제제재 등으로 위험하고, 비핵화해도 위험해진다. 그러나 통일준비정부와 5년 마다 바뀌는 남측 정부와 미국이 어떠한 일이 있어도, 김정은 위원장 생전동안 권력을 보장한다면, 김정은 위원장이 마다할 필요가 없다.

더구나 우리는 신의주를 홍콩을 대체할 국제금융도시로 키워 북에 있는 석유와 지하자원을 개발하여 통일수익 100경을 만들어주고, 서해평화특별지대에서 무한동력과 조력발전으로 북의에너지 문제를 해결해주고, 연해주에서 농작을 할 수 있게하여, 식량문제도 해결해준다는 데, 그리고 통일준비정부가 가지고 있는 뉴패러다임 과학과 첨단기술로 북을 발전시켜 주겠다는데… 김정은 위원장은 통일준비정부를 승인해주면 만사형통인 것이다. 그리고 군대를 남측 정부와 같이 매년 20% 씩 통일준비정부로 넘겨, 5년만에 통일 국군도 만들고, 막대한 국방비를 매년 20%씩 절감시킬 수 있는 것이다.

올해, 우리 민족회의 통일준비정부는 방북특사로 가서, 반드시 통일준비정부를 북으로부터 승인받아, 내년까지는 통일을 시켜야 겠다. 이것이 봉우 스승님이 말씀하신 황백대전환기로 가는 시초이자 뿌리, 민족통일이다.

이 시대의 정치는 종교를 완성시키는 역할이다.

성통공완(性通功完)!

성통, 즉 깨달았어도 공완 즉 이 사회에 홍익인간 이화세계(弘益人間 理化世界)의 업적을 이루어야 하는 것이다.

성통의 종교는, 공완의 정치로 결국 하나인 것이다.

후기 얘기 3

DJ 대통령을 선몽한 이야기 전체

간도 반환 제소를 하러 네덜란드 헤이그에 갔을 때, 첫날 밤이었다. 천신만고 끝에 예약한 호텔을 찾아서 첫날 밤을 자는데, 사실 우리의 목표가 이루어질지 알 수 없음에 걱정하며 잠을 청했다. 네덜란드 암스테르담에 저녁에 도착해서 헤이그까지 오는 그 어려웠던 이야기는 길으니 따로 하고자 한다.

꿈은 너무 생생하여 실제 같았다.
2009년 8월 말이니, 이미 DJ는 돌아가셨을 때인데, 꿈에서는 아프셔서 병원에 계신 때로 나왔다. 근데 그 분이 나를 찾아 오신 것이었다. 나는 그 분께 "아니 몸이 아프신데 어떻게 오셨느냐"고 했다. 그리고 일면식도 없는 나를 찾아오신 것도 이상했다. DJ는 나에게 "당신이 나와 같이 미국에 가야겠다"는 것이었다. 나는 "아니 선생님은 원래 반미주의자 아니시냐?"고 했더니, DJ 말씀이 "미국을 반대해서는 안되고, 미국과 친하고 미국을 활용해야 한다"는 것이었다.

하여튼 지금 부시 대통령이 대통령 생일잔치에 초대를 했는데, 함께 가자는 것이었다. 미국에 도착하니, 무슨 큰 컨벤션 홀 같은 곳에 수천명이 부시를 환호하고 있었고, 부시는 멀리 한국에서 온 DJ를 소개하며 한 말씀을 부탁했다.

나는 그때 "에구 아프신 분인데… 오래서서 연설하려면 힘든데"하고 걱정하면서, 만약을 대비해 연설대 바로 앞자리에 앉았다. DJ가 연설하는데, 그 내용은 잘 기억이 나지 않았지만, 부시 초청을 받은 미국 하객들은 DJ의 연설에 박수와 환호로 맞이 하고 있었다.

"한국과 미국은 영원한 친구이다"라는 내용 같았다. 그런데 아니나 다를까 환자로서 힘이 부치고 아픈 DJ께서 픽 쓰러지시는 것이었다.

예감이 있었던 나는 재빨리 단상으로 뛰어 올랐다. 쓰러져 누워 계신 DJ를 앞에서 일으켜 세우려니, 너무 무거워 할 수가 없어서, 뒤에서 양 겨드랑을 안고 일으켜 세웠다. 그런데 갑자기 DJ가 획 180도 돌더니 나를 꽉 껴안으시는데, 알지 못할 뜨거운 열기로 안으시면서, "그래 바로 당신이야" 하시는 것이었다.

나는 경호원들에게 빨리 병원으로 모시라고 하면서 잠에서 깨어났다.

그 날 밤은 약간의 비도 오면서, 헤이그의 이비스 호텔 방은 으슬으슬하고 좀 추웠다. 그러나 DJ가 나를 얼마나 뜨겁게 꽉 껴 안았는지, 몸이 얼얼하면서도 그 뜨거움이 내 몸을 몇 시간 감돌았다

실제 같았다. 내가 잠에서 벌떡 일어나니, 걱정으로 잠을 못자고 있었는지, 부대표 김영수 씨가 일어나서 "왜 그러시냐?"고 했다.

나는 "아니 정말 좋은 꿈을 꾸었는데, 분명 우리 일이 성공할 것 같다. 걱정 말고 푹 자라"고 했다.

그리고 많은 사연 끝에 2009년 9월 1일에 간도 반환 제소는 성공했다.

민족주권을 세운 것이다.

그리고 이제 역사교과서에 나오기 시작했다.

"그래 바로 당신이야!" DJ가 말씀하신 그 의미가 뭔지는 자세히 모르지만, 민족통일은 내가 가는 방향과 전략이 맞다는 느낌으로 나에게는 와 닿았다.

나는 DJ를 추종하거나, 통일운동을 하는 분들께 감히 얘기하고 싶다. 민족통일을 위해서, 역사 교과서에 나오는 민족회의 통일준비정부를 함께 실체화하고 강력하게 만들자고.

그것이 DJ의 유언이라고…

후기 얘기 4

♥ 세계 전국 각 지역의 집강소를 이끌, 정권 창출과 통일과 세계평화를 위한 접주들을 모집합니다.♥

그대의 본래 모습, 민족이 부르는데 오지않겠습니까?

통일 공생과 세계 홍익을 위해, 각 지역에 만십방의 우주 꽃을 피우자. 그동안 영적인 신물을 가지고 있으면서도, 자각을 못해 썩히고 있었다. 그러나 어느 순간 모든 것이 개벽을 위해 열리고 보여지고 있다.

한편 그동안 민족의 각 분야를 민족 정통적 시각에서 밝히던 세력들이 깨달음의 성통에서, 이제는 실천의 공완을 위한 정치로 나섰다.

총체적 위기의 민족상황이기 때문이다. 이런 모든 것이 껍데기이며 쓰레기인 기성 정치인들이기 때문에 발생한 일이기 때문이다.

기존의 더러운 목불인견의 정치를 보고만 있을 것인가? 사람다운 사람이라면, 이젠 정의를 위해 나서자. 이 어찌 하늘의 뜻이 아니겠는가? 그리고 신묘하게도, 대권을 위한 도자기로만 알아 간직해오던 백자 항아리가 최수운 선생님의 뜻과 영적인 힘이 담겨져 있는 신물이 아닌가?

"한번 권력을 잡으니 하늘을 바꾸어, 우주 만십방에 꽃들이 피어나도다"라고만 생각하며, 대권을 잡는 도자기로 300억 원에 파는 것을 모 대권후보와 협상도 했었는데, 경주의 동학 유적지 용담을 다녀온 뒤 (아래 실물 사진과 감정서 참조 요망)

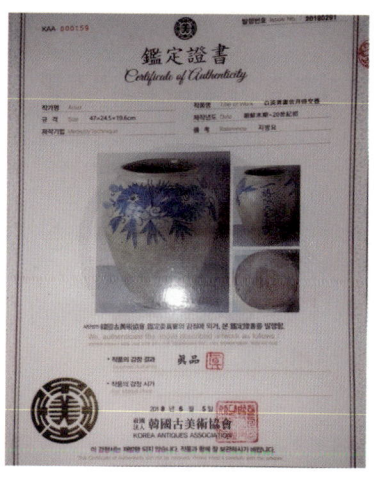 

"하나의 집강소가 하늘을 바꾸어 우주 만십방에 피어나도다"라는 최수운 선생님의 영적인 신물이라는 것을 깨달았다.

단군릉 개천절 때 남북, 해외가 통일이념으로 선언한 단군주의(일명 검학)가 금풍이 불면 완성된다는 제3의 동학, 무극대도 동학이 아닌가?

이제는 모든 것이 확연해졌다. 바로 우리가 단군주의로 민족통일과 세계평화를 선거혁명으로 이룰 때라는 것을.

모이자. 하나로 함께 하자.

민족의 잔을 하늘 높이! 일편단심!

새로운 용담가로 우주의 꽃을 피운다.

신용담가.
동학에 화룡점정 하라
구미산 용담에 황금거북이 와서,
아무도 부르지 않던 용담을 이윽고 때가 되어 용담이라 부르며
모두가 원뿌리 단군으로 돌아가 하나가 되니,

시천주.
천주님 하느님 하나님 한울님을 모시는 것이 아니라,
자기 안에 이미 한울님이 존재한다는 것,
자기 몸 안에 누구나
천부경의 본심본태양 황금태양 단군 검이 있다는 것 ,

한민족은 각자 자기 안에 국조 단군님의 DNA가 있다는 것,
신사기에서 있듯이 오색인종이 한 형제라는 것, 그리하여 동학이 운삼사되어 제3의 동학, 황금태양의 무극대도 검학으로 완성되니.
시천주, 인내천, 사인여천, 이신환성을 이루도다.

571 본래 영이 묘연만왕만래하고,
용담검이 춤추고,
동학의 화룡점정이 용담에서 이루어지도다.
용담의 용이 기다리고 기다리던,
거북과 하나되어,
괴질 시대 이후 세계일가를 구제하는 구용(거북용)을 이루도다.
용이 성통하였으나,
거북을 만나 공완을 이루도다.
종교의 성통이 정치의 공완으로 전환하는 이 때,
성통공완하라.

민족회의 공식 오픈 채팅방에 들어오셔서, 민족 주권의 진정한 주인이 되십시요.
https://open.kakao.com/o/gOcsx5R

각 지역 접주 신청: 010-4284-7111 조직위원장 검명.
010-3261-0865 정책위 의장 검부.
010-4298-9996 검자.

♥ 이시대의 의열인 통일

대한민국의 모든 문제는 통일이 되면 금방 해결된다.

물론 3통(남북강 자유로운 통신, 통행, 통상)도 이루어진다.

그러나 통일의 혼란을 막기 위해, 맨처음 당분간은 휴전선을 그대로 둔 삼태극 통일이다. 이번에 만들어진 민족정당, 공생홍익당이 곧, 갑자기, 통일을 이룩해 낼 것이다. 그동안 오랫동안 통일을 위한 준비를 끝냈기 때문이다.

유엔사는 이를 위해, 우선, DMZ 관할을 *민족회의 통일준비정부*로 이관 시킬 것을 정중히 요청한다. 그리고 우리는 서해평화협력특별지대로부터 시작하여, 중립평화구역을 만들어, 한머리땅을 세계평화를 위한 요람으로 한다.

통일은 쉽게 된다. 유엔사가 DMZ를 민족회의 통일준비정부에게 돌려줄 때, 이것이 한민족통일을 가져오고, 세계평화를 가져오고, 인류 깨달음의 황금시대를 가져올 것이기 때문이다

이제 20년이 지났고, 때가 되었으니, 공식적으로 추진코자 한다. 통일부에서도 세상에 알리지 말라고 하던 것인데, 20년이 지났으니 공식적으로 얘기해보자.

북 단군릉에서 하는 개천절 민족공동행사 관련으로 금강산에서 북측과 실무회담을 하던 때였다.

행사 경비 문제는 지난번 실무회담에서 다 끝난 얘기였는데, 북측은 다시 들고 나온 것이었다. 지난번에 회담해던 책임자는 그때 잘못해서 싸게 경비를 계산했는지, 바뀌어서 다른 책임자가 나왔다.

북측과 옥신각신 하다가, 결론을 내었는데, 북측은 중대사항이라 최고위층의 결재를 받아야 된다고, 좀 기다리다고 했지만, 남측인 우리가 통일부로 부터 받은 방북허가 기간은 그날까지였다.

이번에 모든 결정을 안하면, 올해 행사는 물건너 갈 판이었다. 그래서 회의 결과 할 수없이 집행위원장인 검자인 나만 남고, 다른 분들은 서울로 올라가서, 나의 방북기간을 통일부로부터 연장받아 보내기로 하였다.

하루 지나자, 북 최고위층으로부터도 결재가 났다고 한다. 그러나 북은 결재가 났지만, 남으로 귀환하려 했더니, 며칠 좀 더 금강산에서 기다리라는 것이었다.

왜 그러느냐 했더니, 원래 초청했던 기간 보다 더 오래 북에 남아 있는 것은 북에서도 허가가 났고, 남측에서도 좀 전 허가가 났는데, DMZ를 관할하는 유엔사의 허가가 나지 않았기 때문에, 지금 나가면 유엔사 영창에 들어간다는 것이었다.

무슨 영창? 기가 막히네.

남북이 합의해도 소용없다는 것이었다. 이때 나는 DMZ는 유엔사 관할이라는 것을 절감할 수 있었다.

북에서 오니, 통일부에서 난리가 났다. 내가 월북했었다는 것이다. 자기네들로서도 언론에 나면 큰일 인 것이었다. 세상에 알리지 말고 조용히 있어야 된다는 것 이었다. 특히 뭔가 조금이라도 트집을 잡는 정치권은 문제가 될 것이었다.

이제, 여하튼.
우리 민족회의 통일준비정부의 삼태극통일론은 간단하다. 북측과 남측이 민족회의 통일준비정부를 인정하면 통일되는 것이다. 1국 3체제 3정부로 당분간 휴전선은 그대로 둔다. DMZ와 서해평화협력특별지대와 신의주의 관할권을 남·북 정부로부터 민족회의 통일준비정부가 받아, 영토로 활용한다.

그리하여 DMZ의 ① 세계생태평화관광공원 ② 유엔의 아시아의 제5사무국 ③ 자원개발 등등을 할 수 있다. 그러나 이러기 위해서는 우선 유엔사로부터 먼저 인정을 받아야 한다는 문제가 있다. 그러나 오히려 유엔사의 승인을 받으면, 남북의 승인도 쉬워질 수 있다. 그리고 통일이 되는 것이다

UN, 나아가 세계, 북측 정부, 남측 정부가 민족회의 통일준비정부를 인정하면, 통일되는 것이 아닌가? 그래서 이를 추진하는 것을 우리는 먼저 만천하에 공포하고자 한다.
미국은 G1이 되기 위해, 만주까지를 민족주권을 가지고 바라보는 통일준비정부의 명분과 역사성을 충분히 활용할 수 있다. 세계

평화의 단초가 만들어지는 것이다.

국민통합, 민족통일을 위해서, 새시대 황금시대를 열기 위하여, 이 시대, 의열의 정신으로 우리 하나가 되어, 힘을 합치자. 역사광복군으로 통일을 이룩하자.

민족의 잔을 하늘 높이! 일편 ! 단심!

♥ 왜 이 시대의 화두가 "단군"인가?

우리가 단군주의 라고 강력하고 선명하게 나아가야 하는 이유가 있다. 단군주의란 무엇인가? 바로 홍익인간 이화세계이다.

그런데 왜 기독교의 반감을 살 수 있는데도 단군주의라 하는가? 홍익주의라고 하지 않는가?

첫째, 단군은 어떤 개인이거나 종교적인 용어가 아니라, 임금과 제사장을 겸하는 보통명사이고 역사적인 용어이다. 반감을 살 이유도 없고, 이를 설명하며 포섭해 가는 것이다. 그러므로 국조는 단군이 아니라 단군 한인 혹은 고조선으로 기준하면 단군 왕검이다.

둘째, 단군은 주제이고, 홍익인간 이화세계는 내용이다. 내용이 제목이 될 수는 없다.

세째, 홍익만 내세우면 인간, 이화세계의 내용이 빠지게 된다. 홍은 공산주의의 장점, 익은 자본주의의 장점을 뜻한다. 그러므로 홍익은 복합경제론이다. 그러나 진정한 철학이나 이념은 이것만 가지고는 안된다. 인간 즉 인간이 되는 인본주의 철학이 있어야 한다. 그리고 이화라는 과학·종교의 진리와 수행법 있고, 세계라는 열린 민족주의가 있어야 한다.

네째, 〈단군〉하면 뭔가 힘이 들어오지만 〈홍익〉하면 뭔가 약하고 뭔가가 빠진 느낌이다. 단어, 단어에는 뭐든지 영적인 것이 따르는 것이다.

다섯째, 지금은 통일을 위한 시대이다. 통일이 대한민국의 모든 문제를 해결할 수 있다. 그런데 북과의 통일은 오직 단군뿐이다. 북과의 통일운동 경험을 얘기해 보자면, 북은 한인, 한웅 같은 어려운 용어도 빼고, 단군은 홍익인간 이화세계(弘益人間 理化世界)라는 것을 남북의 누구나 다 알기 때문에, 복잡하게 하지말고 그냥 "단군"으로 통일되게 나가자는 것이다.

여하튼 이러한 이유로 "단군"이라는 용어를 회피하고, 미리 일부 기독교인들에게 겁먹어서 지고 들어가는 바보 같은 행위를 하면은 안되는 것이다. 대부분의 다른 종교인들은 단군이라는 용어를 좋아한다. 그리고 의식있고 올바른 기독교인들은 단군을 싫어하지 않는다.

여하튼 기독교 등을 핑계대며, 단군주의라는 용어를 사용하지 말자는 사람은 향후 분열주의자이고, 속으로 딴 생각을 품고 있는 사람이라고 보면 확실하다.

♥ 나는 무엇인가?

사실 나를 알 수 있는가? 묘한 존재이다.

많은 명상 끝에 나는 나라는 존재는 바로 "내가 꾸는 꿈이라"고 생각한다. 내가 몇 십년 간 아편같은 월급을 받으면서, 처자 가족과 생존하면서, 나는 이게 내 모습이면서도, 진정한 나는 민족통일과 세계평화에 매진하는 또 하나의 내가 진정한 나라는 생각을 했다.

그러기에 때를 기다리다가, 진정한 나를 찾아 회사를 그만 두었다. 나비는 구뎅이 애벌레가 나비가 아니다. 탈바꿈해서, 나비로 하늘을 나를 때 진정한 자기가 되는 것이다. 토착왜구와 적화세력의 쓰레기 안에서 살아온 정치인들이여, 혹 시민들이여, 이제 그대도 나비처럼 쓰레기 속의 애벌레에서 탈바꿈 할 때가 왔다.

그대는 단군주의라는 천부경 사상으로 탈바꿈할 수 있다. 환골탈태할 수 있다. 단군주의는 그대가 깨어나길 기다리고 있다. 그대의 하늘에서 날아다니는 평화와 사랑과 꿈의 삼태극 씨앗을 이제 우리의 땅에서 틔우라. 이것이 "개천"이다.

자기 안에 있는 하늘의 꿈을 땅에서 여는 깨달음. 이제 우리를 찾자. 때가 되어, 일만년 한민족 비전의 천부경이 *단군주의*로 보다 구체적으로 태어났다. 깨달음의 성통을 정치의 공완으로 한 차원 올릴 때이다.

이제는 정치에 잠여하지 않으면, 자기보다 못 깨날은 사람의 시배를 받게되는 세상이다. 이제 깨달은 사람이 정치를 해야 한다. 그래서 순수 민족운동가들이 정치로 나섰다. 우리가 우습게 보는 국회의원들을 꼭 하고 싶어 안달이 나서 그런 것이 아니라, 정치를 통해 보다 진정한 자유를 누리기 위해서이다.

이제 경제, 사회, 종교, 정치가 모두 하나이다.

자신의 환골탈태를 알리자, 주변 10에게 그 10명이 또 다시 주변 10명에게 각자 검자, 검명까지 초청하여 113명의 카톡방을 운영하자 이것이 나비효과이고 민족명예혁명이다.

진정한 진정한 그대를 찾는 길.

민족운동진영이 총연합해서, 정치를 하게 되었다. 우리가 하는 것은 사실 정치가 아니다. 민족운동, 통일운동을 위해 할 수 없이 정치의 탈을 쓰는 것이다. 사실 이것이 진정한 정치이다. 진정한 정치는 베풀고(경제적으로 주고), 깨닫게 하고, 뭔가 정의를 실천케 하는 것(의열), 즉 조화, 교화, 치화이다.

일찌기, 단군 할아버지는 사람이 이 3가지(조화, 교화, 치화)를 다해야 비로서, 완전한 사람, 전인이 되는 것으로 보았다. 즉 참전에의 길 이것이 올바른 정치이다.

대학 때부터 오랫 동안 순수 민족운동만 해왔다. 김구 선생님도 "반쪽 나라에서는 정치를 하지말라"했다. 오직 통일이 진정한 독립이다. 그러다가 사실 이승만 측에게 죽었다. 이제 민족운동진영은 보다 강해져야 하고, 선명해져야 하고, 일사분란해져야 겠다.

선비적인 모습으로는 안된다. 도깨비가 되자. 도깨비는 도를 깨친 선비이다. 실천을 한다. 지금은 그것이 정치이다.

플라톤은 그래서 일찌기 말했다. 정치에 참여하기를 거부함으로써, 받는 벌 중의 하나는 "자신 보다 못한 사람의 지배를 받는 것이다"라고. 우리는 사실 토착왜구와 적화세력의 쓰레기 껍데기 기존 정치 밑에서 살아왔다. 그래서 우리는 이에서 탈피하고자 하는 것이다. 공부를 많이 하면 머리에서 뿔이 난다고 했다. 신채호 선생이 많이 그렇다. 그리고 몽둥이도 들고 있다. 우리 민족진영은 결국 안두희를 몽둥이로 처단했다.

그러나 과거의 인물들을 가지고 시시비비하며 분열하는 짓은 말자. 그 당시는 민도가 그런만큼 그 시대의 영웅과 역적을 만들었을 것이라고 생각하자. 과거 인물들의 공·과중, 공을 생각하자. 역사는 왜곡하지 말아야 한다. 이순신, 유관순, 김구 같은 분들의 역사를 이상하게 왜곡해서 폄하하는 반민족 매국노들은 몽둥이로 때려 눕혀야 한다. 그렇듯이 우리는 악보다 강한 선의 힘을 가져야 한다. 여기서 가장 기본적인 것은 사상이다. 그래서 우리는 33년 간 단군주의를 공들여 가꾸어 만들었고, 이를 통일이념으로 북 노동신문에까지 남북정부가 합의하여 게재했다.

나의 본래 모습은 민족이고, 민족의 본래 모습은 단군(=부처=예수=하느님=국조)이고, 단군은 바로 나이다.

이것이 단군주의, 남북이 개천절 때 단군릉에서 통일이념으로 공동선언하고, 노동신문에 게재하였다. 일부 기독교인들을 두려워말고, 강하고 선명하게 단군주의로 나아가자.

단군주의로 민족의 르네상스를 일으키자. 새로운 시대, 대한민국의 모든 난제들을 해결해주는 통일을 이룩하자. 이제 우리는 이제 싹을 틔웠으니, 조금씩이라도 커가자. 커가는 보람이 있고, 그것이 행복이다. 인생은 행복해야 한다. 우리가 통일화폐를 발행하면서, 돈도 만들고, 조직도 만들고 민족통일과 세계평화를 이룩할 수 있다. 우리의 꿈은 함께하면 이루어진다.

지금은 선거혁명 시대이다. 돈도 없는 상태에서 우리는 정신으로 단군주의로 13카톡혁명을 이룩하자.

이것이 민족명예혁명이다.
매일 가능한 모두 모이자. 단군주의로 환골탈태하자. 새로이 개천하자. 그리하여 동방의 르네상스를 일으키자.

부 록

〈군자금을 만들기 위해, 검자의 드리는 말씀〉
　본 책자를 내면서, 민족회의 통일준비정부를 위하여, 빌딩이라도 한 채 헌사할 이 시대의 영웅, 국부, 의인을 찾지만, 모든 것은 스스로의 힘으로 하는 것이 좋기에, 다음과 같이 사업 제안을 해본다.
　통일준비정부 문화재청은 3000여 점의 고미술품을 소장하고 있다. 이것은 민족의 보물이다. 그러나 우리는 이를 활용하여, 군자금으로 쓰고, 통일조국을 건설하고자 한다. 그리하여 가자! 뉴그린로드의 길을 …

　이어 드리는 말씀, 서구는 흑사병 이후 르네상스를 하여 산업혁명을 일으키고 서세동점 하였습니다. 많은 예언에 나오는 괴질! 많은 사람이 죽어나가고, 그때 세상은 새롭게 개벽한다 했습니다. 아무 예고없이 찾아온 코로나19로 세계는 새로운 질서가 요구됩니다. 여행비자도 없이 그 어느 곳에나 쳐들어 가는 바이러스는 인류의 자각과 반성을 요구합니다.

코로나 이후에 기존 질서로는 인류가 유지되기 매우 어렵습니다. 코로나 이후에는 〈검학〉으로 우리가 동방의 르네상스를 일으켜 옛 한단시대의 영광을 재현하고, 동세서점하는 황백대전환기를 이룩할 것입니다. 금풍이 불면, 개벽되고, 무극대도가 이루어진다고 했습니다. 그 금풍이 검학입니다. 분리된 의식들이 하나가 되고 우리가 생명애로 연합할 때, 분명 희망이 있습니다. 기천검가는 뜨거운 민족애로 역사의 하나를 찾아 융합하는 사랑의 가족 또는 패밀리입니다.

기본적으로 천부경에 나오는 본심본태양을 체득하고 깨닫기 위해 수련해야 됩니다. 건강해지고, 괴질은 저절로 면역될 것입니다. 거기에 검허 박사의 뉴패러다임 과학이면 더욱 더 괴질을 두려워할 필요가 없습니다. 이제 우리는 민족혁명을 위해 군자금을 만들려 합니다. 검학 중 중요한 것은 역사이고, 역사의 중요한 부분을 차지하는 것은 유물, 유적입니다. 힘을 합해 국내 최초로 고미술품 국제 경매회사를 만들고자 합니다.

깊이 깨달아 보면, 깨달음의 정상에서는 너와 내가 없고 너와 나는 하나입니다. 북한 100여 회, 중국 역사탐방 100여 회, 그린랜드 등 세계 여러 나라를 100여 회 등 역사탐방하고 다니면서 내 마음에 상념된 것이 있습니다. 영감을 얻었습니다. 깨달음을 가지고, 고미술품에 도전하면서 고화, 고서로부터 화석, 고옥, 도자기, 청동기 등에 이르기까지 다양한 장르를 30여 년간 넘나들며 오늘에 이르게 되었고, 참 가치에 눈을 떴습니다.

우주의식에서 보면 지구는 좁쌀만 합니다. 그 속에 너와 나가 어디있습니까, 하나입니다. 얼마 전에 중국 고미술국제협회를 설립하고, 대륙의 문화와 역사, 전통이 고스란히 녹아내린 고미술 명품들을 경매하고 있습니다. 사실 중국의 주인은 우리 한민족이고, Corea가 중국입니다. 진실로 여기까지 많은 분들의 수고와 희생, 후원이 있었습니다.

검자는 여러분 덕분에 이렇게 컸고, 여러분들을 잊지 않고 있습니다. 마음 속에 기억하고 있습니다. 비행기가 이륙하고 내릴 때, 전체 에너지를 가동해야만 이륙이 됩니다. 여러 사람과 함께 모든 힘을 쏟아야 합니다. 올인해야 합니다. 민족회의 통일준비정부가 뿌리를 내리고, 각자의 일을 한다면, 더 큰 성공을 가져 옵니다.

그동안은 미진하여 세상에 본격적으로 나갈 수 없었습니다. 고미술품의 세계 시장은 매우 냉정합니다. 그러나 중국 도자기 시장은 중공의 문화혁명으로 흩어졌다가 문화개방으로 최고 명품을 계속 찾아가고 있습니다. 수만 개의 박물관을 짓고 있습니다.

높은 안목을 가지고 중국 도자기를 구입한다면, 향후 만년 동안 은 희망이 있습니다. 물질이 목적은 아니지만 목적으로 가는데 필 요한 도구이기도 합니다. 그동안 수집하여 모은 고미술품들을 전세 계에 오픈하여, 국제경매에 이르기까지 이제 역량이 찼고, 이를 공 개합니다. 진실로 기운으로, 마음으로 밀어주십시오.

우선 자본금 100억 원을 펀딩하고자 합니다. 1주 1,000원(액면 가 500원)그리하여 국제화하기 좋은 영종도에 우리나라 최초로 국 제경매장을 만들고자 합니다. 이곳에서 발생되는 모든 능력과 힘, 물질은 함께 수고하신 분들에게 나누고 이 세상을 이롭게 하는데 사용될 것입니다. 호랑이와 사자, 어린 양, 닭들과 개들이 함께 뛰 노는 싸움도, 다침도, 갈등도 없는 세상 눈이 산야를 덮음같이 희생 과 양보와 사랑이 넘치는 평화가 넘치는 세상이 지금 현재, 이 인류 에게 요구하는 하늘의 뜻입니다.

기천검가는 검가 법호를 가진 120명의 한민족 영웅들이 의무려 산(醫巫閭山)의 깊은 수면에서 깨어 영성과 하나의 파동으로 뭉쳐 서 이 일을 진행하고자 합니다. 에너지 파동의 공명을 일으킵니다. 진실로 하늘의 뜻이 이땅 끝까지 이루어지기를 기도합니다.

정신적으로 깊은 깨달음을 가진 사람이나, 경제적 정치적으로 성 공한 분들의 공통점이 있습니다. 그 모두가 자신의 개인의 삶을 살 지 않고 세상을 널리 이롭게 하는데 모든 능력을 사용한다는 것입 니다. 그것이 진실로 하늘의 뜻입니다. 무한생명체, 민체 이것은 검학의 산물입니다. 검학이 세상을 이화시킬 것입니다. 하늘이 괴질 이후로 인류에게 새로운 질서를 요구하는 것이 홍익인간 이화세계로 가득한 세상입니다. 몸과 마음을 바쳐, 이제 역사교과서에도 나오는 민족회의 통일준비정부를 함께 만들어 나갑시다. 모두가 함께 주인이 되어 역사를 만듭시다. 통일조국의 역사실록을 기록하며 써 내려 갑시다.

검자 올림

민족회의 공고

검옥션 2000만 주 중, 1000만 주를 모집합니다. 한 주당 가격은 1,000원 총 백억 원을 모집합니다. 영종도에 한국최초의 국제경매장을 속히 세웁시다. 통일준비정부 사무실을 겸해서 만듭니다.

10주 10,000원이라도 참여 부탁드립니다. 3000여 중국고미술품이 보증합니다. 내년부터는 올해 투자 공모에 참여한 분에게 이익을 주기 위해, 한 주당 1,000원 보다 높은 가액에 모집합니다. 가능한 올해 내에 참여 바랍니다.

참여구좌 : 우리은행 1006-401-470301
중국고미술국제협회

향후 계획

1) 민족주권을 세운, 민족회의 통일준비정부는 대한조선이라는 민족생명체 약칭 민체의 정부이다.

2) 민체 정부는 민체산하 각 나라의 체제는 물론 국방권과 외교권도 인정하는 동시에 민체 정부의 영토와 민족주권에 따른 외교권과 국방권을 민체 산하 각 나라로부터 자발적으로 할당 받는다.
3) 중국과 미국의 무역전쟁을 통하여, 중국이 분열해체 되는 것에 대비하여, 청나라를 복원하는 금청민국을 세운다. 집행본부 공동대표 중 1명이 금청민국의 임시 대통령을 맡는다.
4) 금청민국은 동북삼성과 산동성을 중심으로 동부해안 성들을 영토로 한다. 위구르, 내몽골, 티벳 등을 독립시키고, 소수민족들의 독립국들을 적극 지원한다.
5) 금청민국의 영토, 러시아 핫산, 몽골 1억 평 등을 담보로 전자화폐(디지털 화폐)를 발행한다.
6) 몽골에게 몽골 골동품과 신기술발전기를 무상증여하고, 몽골로부터 가장 먼저 통일준비정부를 승인받고, 개발 못해 반환했던 1억 평도 다시 받는다.
7) 러시아 연해주에 고려인 자치공화국 겸 한러 공생국을 추진한다.
8) 대한조선은 핵을 폐기하고, 신기술 발전기 등으로 자연환경을 가능한 보호하며, GMO 식품을 추방토록 한다.
9) 일본의 천황가와 적극적 협의하여, 일본도 민체에 들어오도록 하며, 대한민국과 과거의 역사를 청산하고, 새로운 협력관계를 세워, 대한조선이라는 민체를 세우는데, 경제적 두 개의 쌍기둥이 되도록 한다.

10) 그리하여 일단, 대한민국+북조선+금청민국+몽골+일본+한 러공생국들을 총괄하는 대한조선이라는 민족생명체를 세우고, 터어키, 탄자가 들어가는 중앙아시아 국가들, 그린랜드 등을 추후 포함시킨다.

★ 좋은 의견들을 내시어 조정·보완하여 실천합니다. 내년에 금청민국 개국식을 합니다.

♥ 중국고미술국제협회 검옥션 갤러리, 명품 판매 안내
검옥션이 열리는 요일은 추후 공고. 도가도 비상도(노자 도덕경) 도자기를 가히 도자기라 말하려면, 비상한 도자기라야 한다. 명품만을 추구하는 검옥션.
1) 시간 : 미리 사전 예약 다른 손님과 시간 겹치지 않게
전화 : 010-4298-9996 검옥션
2) 물물교환 가능, 반품 불가, 외상 불가, 진가여부를 법적으로 따지지 않는다. 결국 사는 사람의 안목으로 결정
경력 : 중국 및 한국 고미술품 30여 년 경력, 역사학 박사, 중국, 고조선, 고구려 역사 탐방 100여 회 루빼(100배~300배 현미경)를 통하여 과학적 감정 30여 년간 수십만 점의 감정을 통하여 데이타 축적.

★ Corea: Core(핵심, 중심) + a(땅) = 중국, 지금 중국 도자기를 하는 것은, 우리의 민족문화와 역사를 되찾고, 중원 대륙을

되찾는 길이 될 것입니다.

요·금·청은 신라의 후예임을 정사 실록에서 밝혔고, 원은 발해의 대씨 집안, 수·당은 선비족으로 조선의 노비족(중국이 비하한 말)이 아닌 평민계급, 명은 고려인 주원장이 이성계의 하인 집안, 송은 백제의 후예, 한나라는 동이족 수장인 치우천왕을 숭배하던 동이족 등등 중원 대륙의 원래 주인은 우리 한민족이었습니다. 지금 중공의 공산당은 얼굴만 동양인인 유태인이 코민테른을 통해 만든 것. 중국과 중공을 구별해야 합니다.

★ 중국 도자기를 합시다. 중공 도자기를 하지 마세요. 중공의 쓰레기 공예품으로 외화낭비를 하고 금수강산을 더럽히면 안됩니다. *검자의 고미술 감정법, 천·지·인 그리고 마지막으로 영안 감정법이다. 천은 안목 감정이다. 심미안도 포함된다. 유광, 발색, 태토, 시대 색깔, 시대 양식, 시대 기형, 밑굽, 관지 등등을 면밀히 봐야 한다. 지는 과학 기계를 통한 성분 분석이다. 안목으로는 성분 분석이나 유약의 현대 여부를 가리는데 인간으로서의 한계가 있다. 안목감정으로도 어느 정도 되겠지만 100년 전인지, 요새 화공 유약이 포함되었는지를 정확히 해야 한다.

안목으로는 성분분석을 할 수 없다. 예를 들어 칼슘 성분이 몇 % 들었는 지를 규소 성분이 몇 % 들었는 지를 안목감정으로 어찌 알 수 있겠는가? 인은 150배 정도로 현미경으로 보는 루빼 감정이다. 가장 신뢰할 만한 과학 감정이다. 영국 등은 230배 현미경으로 본다는 말도 있는데 아직 국내에서 구할 수 없다.

눈으로 기포들이 보이지 않기 때문이다. 루빼를 사용하지 않는 사람은 덜된 감정가로 보면 틀림없다. 유약은 결국 잿물이기 때문에, 300년 정도 지나면, 아무리 유약을 잘 했더라도 변이가 생긴다는 과학자들의 소견이다. 보통 80년만 지나도 기포 변이가 생기는데, 이를 통해, 축적된 경험을 통해 연대 측정이 가능하다.

나는 육안으로만 수 백만 점, 루빼 감정만 몇 십만 점을 하여, 나름대로의 데이타를 축적하고 있다. 특히 앞으로 군자금이 확보되어 X-ray 성분 분석기와 양자 감정기를 구비하면, 세계 최고의 감정, 옥션 회사가 되라라 확신한다.

마지막으로 영안을 통한 감정이다. 고도의 수행을 통해서, 고미술품 작가의 마음, 몸기운과 깊은 영적인 힘을 느낀다. 고미술품 작가와 시대를 넘는 소통을 추구한다. 염화시중의 단계, 나름대로 적어 보았다. 도자기의 세계는 여러 층의 하늘이 있다. 나는 아직 많이 모자르다. 깨달음의 세계는 끝이 없다. 강호제현의 편달을 부탁한다.

★ 참여구좌 : 우리은행 1006-401-470301
　중국고미술국제협회

다음으로 민족회의 통일준비정부 문화재청 보물 창고 일부를 공개한다. (약 3000여 점 소장)

이러한 보물 창고는 통일준비정부 영토와 많은 첨단 기술들을 담보로 하여, 통일화폐를 발행하는 데 활용하고자 한다. 많은 지원을 바랍니다.

소장품들 중 극히 일부를 공개한다.

1) 몽골과 삼태극 국가를 이루기 위해 선물로 가져갈 원대 유물 황지 대호, 공작유 말 한쌍, 유리홍 청화 백허고요

부록 563

2) 배달국의 문화 중 희귀한 살결의 홍산 옥기

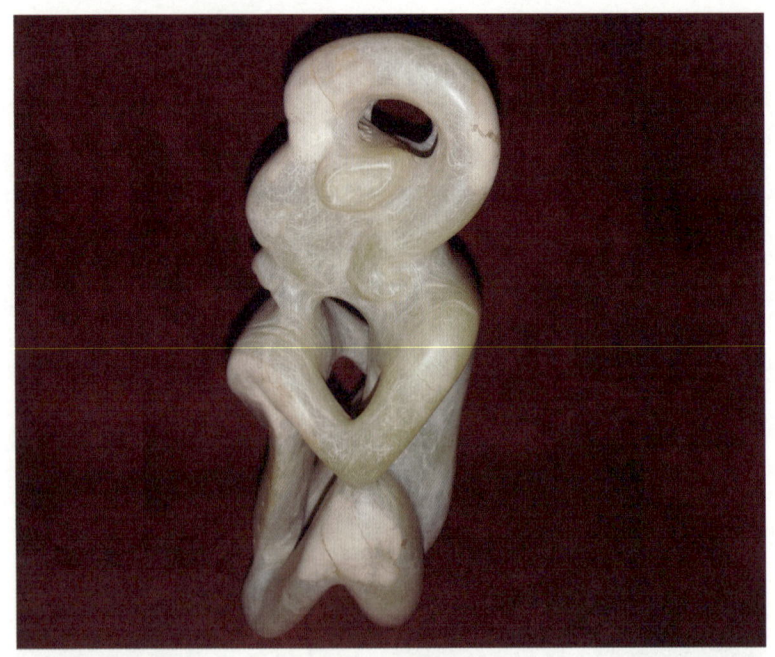

3) 고조선의 천부삼인 유물 중 다뉴세문경, 비파형 청동검

4) 인도의 천년 이상된 오석 불상,
그리고 불탄 상아 불상 朝鮮의 "鮮"자
漢字 내 洋을 묘사한 불상이 특이.

높이 57cm 정도

높이 53cm 정도

5) 전설의 희귀한 시요 불상

높이 63

6) 고대 청동기 향로

부록 567

7) 고대 토기, 도자기, 만자토기

높이 103cm 정도

8) 오래된 2미터 넘는 대형의 미얀마 금목불상

9) 다양한 대형의 고대 청동기 은상감 청동 여인 외

10) 청 강희제 달항아리, 조선 보다 먼저 달항아리 제작된 것이 역사적 청은 정사 만주원류고에서 신라의 후예임을 분명히 했다. 조선, 청은 남북조시대이다.

높이 49cm 대형

11) 인류의 어머니 마고 도자기, 대청 동치년제 작품 당시 황제가 마고의 夜事를 최대한 수집하여 보석과 금으로 역사적인 도자기를 만들었다. 민족회의 통일준비정부는 이 시대의 마고를 추대할 예정이다. 홍익인간 이화세계의 뛰어난 여인을 마고로 모실 예정이다.

높이 88cm

12) 대형 밝산 향로들 동이계 청동기들이다.
산동반도에서 출토된 것으로, 백제가 산동 반도에도 있었다는 것을 증명.

높이 63cm   높이 65cm

13) 운석으로 만든 장검들, 철로 되었으나 녹슬지 않는다. 하나는 상당히 오래된 듯 빗살무늬가 있다. 서양에서는 피라밋 미이라의 허벅지에서 단검이 나왔는데, 이것들은 장검, 운철검이다. 우주에서 온 운석으로 만들었다 해서, 〈우주의 검〉으로 명명.

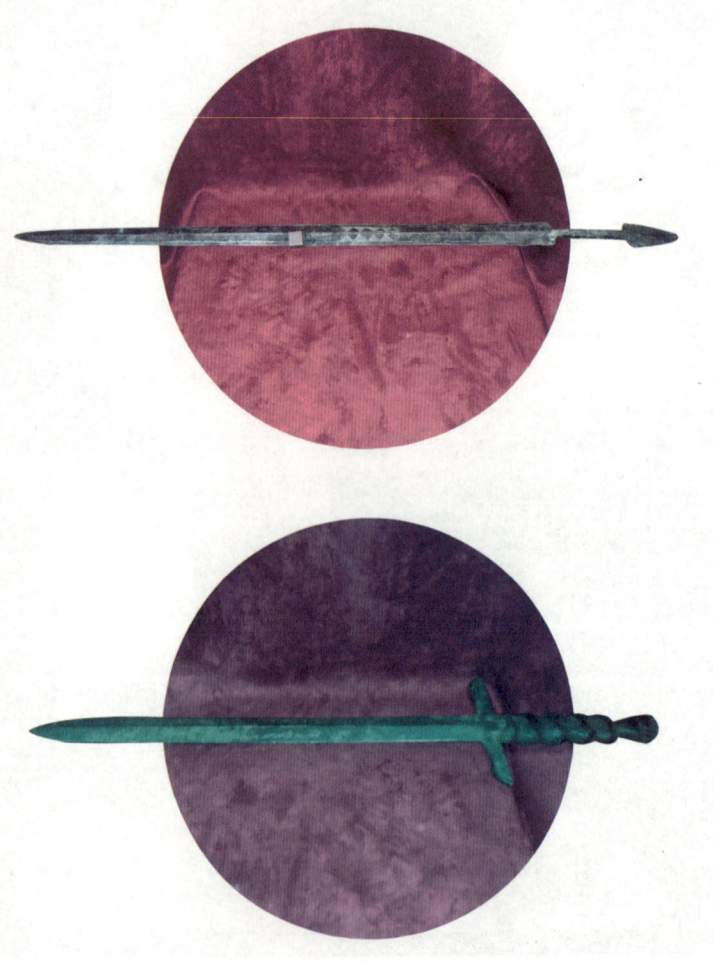

14) 한머리땅 유물

조선시대 해주 항아리. "일집개 천화만십방"이라는 어마어마한 글씨가 쓰여져 있다. 동학혁명이나, 갑오개혁 때 만들어진 것으로 추정. 대권을 잡을 사람이 필요.

오금유 고려시대 불상
검은 오금유 불상은 희귀.
(높이 90cm 정도)

15) 고대 청동기들

천구봉황 금동문 쌍촛대 청동기
양자 감정 결과 AD 202년 한나라 고조 유방 5년에 제작

높이 140cm

부록 577

16) 뉴그린로드를 상징하는 낙타 고미술품들, 이외 민족회의 통일준비정부 문화재청은 3000여 점을 소장하고 있다.

17) 유대왕의 토기 베개

유대왕 부부의 토기베개

다윗별은 사실 검학의 상단전 수련의 결정체이다. BC 3800년 전 수메르를 세운 여와(= 여호와)가 그 수련법을 서방으로 가져갔는데, 소실된 것으로 보이고, 그 상징만 남은 것이다. 그 수련법을 알려면, 검학을 배우면 된다. 성경은 "태초에 빛이 있었다"로 시작된다. 그 빛이 검이다. 성경에 여호와께서 진흙으로 된 사람의 형상에 생기를 불어넣어, 사람이 생겨났다고 하는데, 여호와의 그 생기가 바로 검이다. 다윗별은 그 검을 수련하는 상징이다. 그래서 검학은 성경과도 통한다.

유대인은 만주의 백두산에서 흘러갔고, 한민족하고 통한다. 유대

부록 579

인과 한민족은 한 형제이다.

　나는 알프스 산맥 중 한 곳 정상에 호텔을 알고 있는데, 전세계의 부호들이 전용 비행기로 와서 골프와 스키 등을 하는 초특급호텔이다. 제일 싼 방이 하루에 5백만 원쯤 된다. 왜 그 호텔의 매각이 비밀리 나왔는 지를 얘기하려면, 길고 비밀스럽다. 나는 이를 인수하여, 검학의 서양기지로 하고, 입회비를 1억 불로 하며, 서구의 초특급 재벌들에게 검학을 전해주고 싶다. 검학은 어차피 세계 최고 정상으로부터 퍼뜨리는 곳이 좋다.

　아무리 돈이 많아도 건강과 깨달음이 최고 아닌가? 거기에 자기네 유대 조상들이 소실한 수련법을 한다면 최고가 아닌가? 그 호텔은 인수하자마자 1조 원은 되는 가치를 가지고 있다. 가자. 스위스로 그 호텔을 인수하러. 마지막 사진은 유대가 로마에 망하여, 중원 대륙으로 들어와 살게 되고, 유물로 남게 된 다윗별 토기베개. 수천 년이 되었겠다. 다윗별은 지혜와 권위와 부의 상징, 통일정부가 소장하고 있는 다윗별 토기 베개는 2000년 전 중국으로 흘러 들어온 유대왕 부부의 베개로 추정되며 유대인들의 원래 고향인 만주를 찾아온 까닭에 만주의 이름 모를 왕릉에서 출토된 것이다. 유대인들은 유대가 망한 후 전세계로 흩어졌는데, 상당수가 중국으로 들어왔다.

　예수의 제자인 도마도 중원 대륙에 왔다가 한국으로 와서 김수로 왕과 인도의 허황후를 중매시켜 주었다. 유대에서 흘러온 유대인들은 유방과 항우가 패권을 놓고 겨룰 때, 먼저 항우에게 찾아갔으나 받아주지 않아 유방에게로 갔다.

　유방이 "무엇을 원하는냐?"고 하니, "성씨를 하나 얻어 중국에서 살고 싶다"하여, 객가 성씨를 주었고, 많은 화교들이 객가의 후손들이고, 이들이 세계의 돈을 많이 흡수했고, 화교가 많다. 객가의 촌락들은 세계문화유산으로 지정될 정도로 아름답고 효율적이다. 하튼 이 토기베개는 유대의 엄청난 유물로 몇천억원 이상 등 그 가치를 논할 수 없으나, 인연이 있고, 하나님께 진심로 열심히 간절하게 기도하는 분에게 싸게 양도할 것이다.
　이 다윗별 토기베개는 영적인 보물이다. 유대왕의 영기를 지니고 있다. 사실 지금 중공 공산당은 외모만 동양인인 유대인이 있다. 등소평이 좋은 예이다. 다윗별이 우리 민족을 비추고 있다. 중국이 Corea이다. Core(중, 핵) + a (땅, 나라) = Corea 중국
그러므로 중국 도자기는 한민족의 역사와 문화이다.

　사실, 유대인들은 높은 의식이 있다면, 이 유물을 보고 눈물을 흘릴 것이다.
　나라가 없어져서 전 세계를 헤매다 그 유대왕이 머나먼 고향 땅, 백두산과 만주 땅 가까이 와서 묻히고, 다윗별 베개를 남기고 간 역사, 유대인들은 이같이 진흙으로 각종 생활 기물들을 잘 만들었다.

강화 교동도 화개산 정상에서 북한땅을 바라보는 저자 검자

저자 주요경력

- 1957년 서울 출생.
- 1976년 서울고등학교 졸업.
- 1981년 연세대 경영학과 졸업.
- 1999년 대한제당 퇴직.
- 1977년부터 대학 동아리
  목하회 활동 (1977~1981)
  자본주의, 주체사상,
  민족역사, 단군주의 등을 연구.
- 우리찾기모임 (1984~1986) 민족의 역사, 철학, 문화 찾기 공부

- 단군단 창립, 현재 총재 (1986~현재) 각 신문에서 단기 연호 병행 사용케 운동, 친일 잔재 척결 운동 전개, 단군성전 건립 기금 적립. 단군성전 건립 기금 중 일부를 통일을 위해 자주평화통일민족회의 사무실 보증금으로 기부 이후 자주평화통일민족회의는 민화협을 주도하여 창립, 민화협은 6·15와 8·15 민족공동행사준비위원회를 주도하여 만듬.

  독립운동의 총본산 대종교 활동 주시경, 이극로, 김두봉 등의 조선어 학회가 대종교. 신채호, 박은식, 신규식, 김교헌, 이유립 등의 민족사학이 대종교, 서일, 김좌진, 홍범도, 이범석 등의 독립군이 대종교로 청산리대전투는 대종교가 한 것.
  조소앙 등 무오독립선언은 3·1 독립운동에 직접적 영향 신규식 등의 대종교 상해지사가 상해임시정부로 발전.
  대종교 청년회장 (1986~1988)
  대종교 삼일위원 (1989~1995)
  대종교 전강 (1996~1999)
  한민족운동단체연합 집행위원장 (1991~현재) "진정한 민족운동은 단군운동"임을 정립, 300여 민족단체 연합 기관지 "민족정기" 발간 – 단군주의 공식 선포(초대 대표 이수갑, 초대 사무총장 신혜원)

- 2000년 단군탄신절 민족공동행사행사 조직위원회 창립 현재 대표. 강화군청과 사단법인 숭조회가 연대하여 매년 축제 예수와 석가 탄신일은 국경일로 하는데, "단군 탄신일은 당연히 국경일로 해야 한다."
- 개천절민족공동행사준비위원회 집행위원장 (1995~현재) 이후, 천단인 원구단에서 매년 개천절 행사를 하여, 천통을 이음.

* 안호상 박사, 김선적 총통의 위임을 받아, 남북 해외 공동의 개천절 행사를 성공리에 완수. 중국 북경에서 2000년 4월 민족대표단 실무회담,(조성우 민화협, 김삼렬 독립유공자협회 등도 참가).
- 2001년 6·15 민족공동행사 민족대표단 참가 이후 계속 모두 참가 이후 8·15 민족공동행사에도 민족대표로 모두 참가.
- 2002년도 개천절 민족공동행사 집행위원장 (방북단장 : 한양원 민족종교협의회 회장) 이후, 북경, 심양, 평양, 금강산, 개성 등지에서 개천절 민족공동행사 집행위원장으로서 수많은 실무회담. 통일이념을 단군이념으로 남북, 해외 공동 선언.
- 2003년도 개천절 민족공동행사 집행위원장(방북단장 : 황우연, 사단번인 숭조회 회장) 통일이념을 단군이념으로 남북, 해외공동 선언.
- 2006년도 아리랑 축전 민족운동진영총연합 집행위원장으로서 600명의 방북단을 조직해서 참가 통일의식 고취.
- 사단법인 기천문 초대 사무총장 (1996~2003) 기천 책자 저술.
  통일 단군 무예 기천을 단군릉에서 공연.
  평양 전철에서 북한 주민들이 알아보고 박수를 함.
- 동북아우호협회 총재 (1999~현재) 중국의 동북공정을 막기 위해 고조선, 고구려 유적 탐사 백두산 개발 참여 중국 신문(장백산 신문)에 1면 표지 기사, TV에 방송 됨.
- 민족운동진영총연합 집행위원장(2004~현재) 600명의 민족대표단이 아리랑 축전 관람 등 성사단군민족통일협의회 본부 방문 (김선적 총통과 유미영 회장의 만남 성사) 민족진영의 명실상부한 최대 연합체.
- 민족자주연맹 상임총재 (2007~현재) 통일을 위한 정치인 동맹체 우사 김규식 선생이 해방정국기에 만든 최대 통일단체. 해방 정국기에 제헌의원을 대

다수 배출. "민족정통세력만이 통일을 이룰 수 있다." 민족대표자 회의체, 민족회의의 기반 조성.

- 민족회의 통일준비정부 창립 현재 대표 (2009~현재) 2009년 7월 17일 민족회의 창립, 2009년 8월 15일 통일준비정부 수립 2009년 9월 1일 간도 반환 제소 및 간도 협약 원천 무효를 국제사법재판소에 접수, 1909년의 간도 협약을 원천 무효로 하며, 간도 반환 제소를 하는 소장을 민족대표로서 네덜란드 헤이그의 평화궁에 있는 국제 사법재판소에 2009년 9월 1일 민족주권의 날에 접수.
- 2013년 민족회의 통일준비정부에 기독교계 합류 한민수 주석 (세계기독교총연합 총재, 통일조성기반상 총재) 영입.
- 기천검가 사부 (2014~현재) 한민족 1만년의 비전, 통일 단군의 수련법, 기천검학 복원, 우이동 솔밭공원에서 매주 토·일요일 검학 무료 지도.
- 2018년 미국 PEACE CORPS ACADEMY 역사학 박사 취득 지도교수 : 공시룬 박사 (중국 강택민 사촌동생) 논문 : 검학
- 중국고미술국제협회 총재 (2018~현재) 중국 것이 우리 역사, 문화, Corea가 중국이므로 중원대륙의 주인이 한민족임을 증명. 3000여 점의 중국 고미술품 소장.
- 2019년 민족회의 창립 10주년 기념대회, 성황리 개최. 원구단 복원 본부 창립.
- 2021년 IG-WGCA 국제기구세계기후협회 지원의장 취임.
- 2022년 숨은 영웅상
  : 민족회의 통일준비정부 단체 수상-2022년도 행안부공익지원사업-선한시민의 힘(대표 이경태) 주관

공적사항

상기 민족운동진영총연합 김영기 집행위원장은 2002년, 2003년 개천절 민족공동행사에 기여하고 민간통일운동 활성화에 귀감이 되는 자로 그 공적은 다음과 같음.

1) 세부 공적내용

◎ 민족회의 통일준비정부 수립(상임대표 김영기)

- 1909년의 간도 협약을 원천 무효로 하며, 간도 반환 제소를 하는 소장을 민족대표로서, 네덜란드 헤이그의 평화궁에 있는 국제 사법재판소에 2009년 9월 1일 민족주 권의 날에 접수.
- 간도 협약 100년이 되는 2009년 9월 4일까지 위의 제소를 하지 않으면, 국제법상 간도 및 만주의 고구려, 발해 역사를 중공에 빼앗길 수 있다는 그로티우스 학설을 감안하여, 0.0001%라도 국제법상으로 불리한 민족적 조건을 만들지 않기 위한 목적.
- 그동안 민족진영에서 통일이념으로 주창해 온 단군이념과 삼태극 통일론에 의해, 민족회의 통일준비정부를 기획 조직함.
- 우사 김규식 선생님의 "민족정통세력만이 민족통일을 주도하고, 민족통일시킬 수 있다."는 논지에 따라, 민족대표자회의체이자, 통일제헌의회인 민족회의를 2009년 7월 17일 창립하고, 그해 2009년 8월 15일 통일준비정부를 세움.
- 민족회의 통일준비정부는 "간도반환 제소는 유엔에 가입된 정부만이 할 수 있다"는 국제사법재판소의 국제법에 대응해 만든 것임.
- 한편으로는 갑자기 올 수 있는 통일을 대비해 통일헌법을 만든 것 임.
- 남북 양쪽 정부가 민족회의 통일준비정부를 인정하면, 바로 통일될 수 있음.
- 남측 정부는 각종 언론에서 민족회의 통일준비정부가 간도 반환 제소에 성공했다는 보도를 함.

또한, 국방부에서 발간하는 국사교과서에 게재(대표 : 김영기) 함으로써 민족회의 통일준비정부를 묵인. 북측 정부는 민족회의 통일준비정부가 내세우는 단군이념을 통일이념으로 개천절에 남북공동선언하고, 민족회의 통일준비정부가 간도 반환 제소에 성공했다는 보도를 통해서 민족회의 통일준비정부를 묵인.
- 민족회의 통일준비정부는 첨단 과학과 기술을 완비함으로써, 통일 후 막강한 경제력을 키울 수 있고, 통일 수익을 올릴 수 있는 홍익 체제를 완비.
- 남북평화협력 특별지대인 서해의 조력 발전을 통하여 에너지 문제를 해결할 수 있으며, 남북 경제 활성화를 할 수 있는 뉴딜 정책에 대한 사업계획서를 완비. *민족회의 통일준비정부는 고조선 해체 이후, 고구려 백제 신라 가야 등이 국가주권을 있었지만, 민족주권이 없어진 이후 몇 천년 만에 민족주권을 세운 것임. 고려: 요, 금, 원. 조선: 청. 대한민국 북조선이라는 남북조시대를 지나, 이제 명실상부한 통일 조국을 세우는 준비를 함. (별첨1. 간도 반환 제소 자료들)

2) 세부 공적내용
◎ 2006년도 아리랑 축전에 민족대표단 600여 명 참여 시킴.
- 민족단체들의 난립과 통일운동선상에서의 갈등과 분열을 막기 위해 민족운동진영총연합을 기획·조직하여 집행위원장(별첨2 자료)
- 북측 대방인 단군민족통일협의회의 요청에 따라 민족대표 단 600여 명이 민족운동진영총연합의 깃발 아래 아리랑축전을 관람토록 기획 조직함. (별첨3 자료) * 이러한 작업은 동질성 확보와 통일의식 고양에 큰 기여를 함.

3) 세부 공적내용
◎ 2002년, 2003년 개천절 민족공동행사 집행위원장(별첨4 자료)
- 1994년도 안호상 박사와 김선적 총통이 개천절 행사를 북측과 합의해 왔지만,

두 분이 남북 교류법 위반으로 실무 집행할 수 없기에, 실무집행을 위임 받음.
- 2000년도 4월 말 북경에서 남북 민족대표단 실무 회담 북측에서 6·15 남북 정상회담과 개천절 행사에 대한 회의와 의문이 많은 상태에서 특히 통일에 관해서 어떻게 통일을 해야 할지, 통일이 될지, 의문을 가진 북측 대표단에 게 김영기 집행위원장은 제 3의 이념인 단군이념을 제시하여 남북정상회담 과 개천절 행사와 통일에 대한 긍정적 자세를 가지게 함.
- 안호상 박사와 김선적 총통이 한수레의 단군 서적들을 김일성 주석에게 전한 얘기 김일성 주석이 백만 평의 땅 위에 1억 불을 들여 단군릉을 조성한 이유 남북의 공통 분모는 오직 단군이라는 얘기로 북측을 감복시킴.
- 북 평양, 금강산, 개성, 중국 심양, 북경 등에서의 수많은 실무회담을 통해 2002년도, 2003년도 개천절 행사를 준비.
- 개천절 행사를 위한 세밀한 사업 계획, 조직구성, 이에 대한 남북 양쪽 정부의 허가받기, 행사 참여 인원 모집과 조직 구성, 행사에 필요한 자금 조달, 홍보, 행사 참여 인원들에 대한 방북 교육, 왕복 비행기 문제, 실제 행사의 실무, 식순 등 진행, 남북 인사들에 대한 좌석 배치 등 예우문제, 제일 중요한 남북공동 선언문 작성, 대회사 및 각종 축사 작성(남북 인사들 모두 단군에 대해 너무 모르는 상태), 행사 마무리, 언론 인터뷰 등등 제반 실무를 직접 하거나 실무 지휘를 함.
- 남측의 단군학회 역사학자 20명을 개천절 행사 방북단에 동참 시켜서, 북측 사회과학원 역사학자들과 인문문화학습 대강당에서 단군의 실존을 토론하여 단군이 명실상 부한 실존 인물임을 증명하고 통일의 구심점임을 증명함.
- 단군으로부터 내려온 〈기천〉이라는 무예를 단군릉에서 남측대표 공연단으로서 공연케하여, 단군의 문화와 가르침이 실재하고 있음을 남북 주민들 모두에게 증명함.

- 국조 단군이 하늘로 올라가신 즉 어천하신 구월산 삼성사를 개건하게 하여 그 공로로 방북단으로서는 처음으로 황해도까지 여행할 수 있는 기회를 갖게 되어, 북한의 실상을 제대로 볼 수 있게 함.
- 개천절 행사 후, KBS 인터뷰를 통하여 중국의 동북 3성 교포들에게 통일에의 관심과 그 구심점으로의 국조 단군에 대한 실존과 민족의 생일인 개천절을 확실히 알게 함.

4) 세부 공적내용

◎ 6·15 민족공동행사와 8·15 민족공동행사의 성립에 도움을 주고, 이후 모든 통일 행사에 적극 참여.

- DJ정부와 노무현 정부 10년간의 6·15 민족공동행사와 8·15 민족공동행사 나무를 심는 식수 행사 등에 김영기 집행위원장은 민족대표로서 적극 참여하여 한번도 빠지지 않은 진기한 기록을 세움.
- 민화협(민족화해협력범국민협의회)이 창립될 당시, 단군단 대표로서 적극 참가하여 통일운동에 기여.
- 당시 민화협을 주도하여 만든 이창복, 조성우 두 분은 범민련이 너무 대중과 동떨어진 폭력적 통일운동을 하여 별도로 자주평화통일민족회의를 만들었으나 북측과의 소통을 범민련이 막아서 북측과 소통할 수 없는 상태였으나 우리 민족진영과 북측의 연락을 중계해 준 한준광 선생이 북측을 설득하여 민화협이 만들어 진 것임.

당시 북측의 신임을 받던 범민련은 자주평화통일민족회의를 분열주의파로 몰아서 북과의 소통을 막은 것임.

- 중국 교포 한준광 선생은 모택동과 김일성 주석 사이에 왕래하며, 양측 공산당사를 조정 해 준 분이었음. 한준광 선생은 안호상 박사님과 김선적 총통님

의 위임을 받은 김영기 집행위원장을 통하여 남측과 연락을 한 것인데, 민화협에 도움을 준 것임 결국 민화협은 이를 통하여 6·15와 8·15 민족공동행사를 주도하는 남측 대방이 된 것임.

- 민화협을 주도하여 만든 자주평화통일민족회의는 경제적으로도 어렵게 시작하여 그 당시 단군단 대표였던 김영기 집행위원장이 단군성전건립 기금 일부를 자주평화통 일민족회의 사무실 보증금의 상당 부분으로 주어서 사무실이 만들어 진 것임.

5) 세부 공적사항
◎ 통일이념인 단군이념 즉 검학 창립.

- 김영기 집행위원장은 연세대 경영학과 77학번으로 1학년 때부터 통일운동단체 목하회 활동을 하였음. 정치인 중 목하회 출신으로는 송영길 국회 외통위원장, 천호선, 최경주, 우상호, 김순태, 박선원 국정원 기조실장 등 쟁쟁한 사람들이 많음.
- 김영기 집행위원장은 마르크스주의, 자유자본주의, 주체사상 등을 넘어서 단군주의로 통일이념을 하고자 일생을 바쳤고 끝내 북 노동신문에 남북, 해외 대표들과 정부들이 승인하여 통일이념은 단군이념으로 됨.
- 단군주의 즉 검학은 깨달음과 건강의 수행법이 있는 이념으로, 기존의 이념들이나 종교들이 인본주의로 시작했으나 끝내 폭압과 독선, 독재로 마감하는 것은 깨달음과 자유 생명의 인격을 추구하는 수행법이 없기에 모순에 빠지는 것임.
- 이러한 단군이념으로 만든 민족회의 통일준비정부는 한민족의 구심점을 이룬 것임.

통일이념으로 개천절 때 단군릉에서
남북, 해외가 공동선언 한

단군주의

지은이   검자 김영기

발행인   민족회의

펴낸곳   민족회의

등 록   2024년 3월 18일

주 소   서울 강북구 인수봉로 78길 10, 지하층(수유등)

전 화   010-4298-9996

ⓒ 2024 김영기

ISBN 979-11-987245-0-2

값 25,000원

※ 이 책은 저작권법에 따라 보호를 받는 저작물이므로
   무단전제와 복제를 금지 합니다.